中国智慧思维300例

周溯源 主 编
周 至 副主编

中央党校出版集团 大有书局

图书在版编目（CIP）数据

中国智慧思维300例 / 周溯源主编. -- 北京：大有书局，2025.9. -- ISBN 978-7-80772-225-0

Ⅰ. B80

中国国家版本馆CIP数据核字第2025HX0493号

书　　名	中国智慧思维300例
作　　者	周溯源　周　至
责任编辑	叶敏娟　周　舟
责任校对	李盛博
责任印制	耿中虎
出版发行	大有书局
	（北京市海淀区长春桥路6号　100089）
综 合 办	（010）68929273
发 行 部	（010）68922233
经　　销	新华书店
印　　刷	中煤（北京）印务有限公司
版　　次	2025年9月第1版
印　　次	2025年9月第1次印刷
开　　本	710毫米 × 1000毫米　1/16
印　　张	35.5
字　　数	502千字
定　　价	128.00元

本书如有印装问题，可联系调换，联系电话：（010）68929847

编委会

专家简评

王伟光

第十三届全国政协常务委员、全国政协民族和宗教委员会原主任。中国社会科学院原院长、学部委员、一级研究员。中国社会科学院大学教授、博导，南开大学终身教授。中国社会科学院大学 · 南开大学21世纪马克思主义研究院院长

《中国智慧思维300例》遴选了从古到今300个案例，有战略思维、创新思维、逻辑思维、逆向思维、让步思维、迂回思维、补偿思维等内容，蕴含哲理，富含智慧，既有修身齐家的经验之谈，也有治国理政的理性探讨，从一个侧面反映了中华民族是勤劳、勇敢、智慧的民族。该书是对中华文明灿烂辉煌的一种解读。该书融知识性、思想性、故事性、可读性于一炉，是研究历史、取其精华、以史为鉴、增长智慧的大众读物，开卷有益。

王伟光

2024年5月26日

赵可铭

中国人民解放军上将，曾任解放军总政治部宣传部部长，国防大学政治委员、教授

《中国智慧思维300例》一书，立足当今中国现代化建设的伟大时代背景，精心选取内含思维智慧的典型事例，运用辩证唯物主义对其进行深刻剖析，透彻解说，故事生动，行文流畅，依事说理，寓理于事，以史为鉴，启迪心智。这是一部对中国历史文化进行创新性转化运用的好书，读来使人爱不释手，相信会受到广大读者的欢迎。我军广大年轻官兵阅读本书，对于树立科学思维，增强认知能力，改进工作作风，提高打赢战争的本领，会有实际帮助。

趙可銘

2024年6月27日

郭卫民

第十三届全国政协委员，中国公共关系协会会长，国务院新闻办原副主任，历任第十三届全国政协会议第二次、第三次、第四次、第五次会议新闻发言人、第十四届全国政协会议第一次会议新闻发言人

中华民族充满智慧。周溯源与周至博览古今大量文献，梳理了体现中华智慧的故事，编著了《中国智慧思维300例》，很有意义。既助力文化自信，展示中国形象；又启迪思想，增强能力，无论对于生活工作还是创新发展都很有借鉴。其中有大量优秀公共关系理念、元素，对于我们构建、形成中国特色公共关系的理论很有学习参考价值。该书内容扎实，持之有故，明白晓畅，文采斐然，逻辑严密，启发多多，值得一读。

郭卫民

2024年6月28日

郭传杰

计算化学专家，国际欧亚科学院院士。曾任中国科学院党组副书记兼中国科学技术大学党委书记。第十、十一届全国政协委员，第六届中国管理科学学会理事长

《中国智慧思维300例》一书，以古今智者的思维，启迪读者成为思维的智者。这是该书编著者高明有益的智慧之举。该书遴选案例数百，行文生动有趣。书中智慧荡漾，读来新风扑面，令人心旷神怡，开卷有益。

郭传杰

2024年6月28日

方光华

第十四届全国政协常务委员、全国政协经济委员会副主任，全国工商联副主席，中国民间商会副会长，历史学教授、博导。曾任陕西省副省长、西北大学校长

《中国智慧思维300例》是一部妙趣横生、引人入胜的作品。300个充满人生智慧的故事，既有古人的纵横捭阖、神思妙想，又有今人的运筹帷幄、慧心巧思。该书会使读者在含英咀华的同时，茅塞顿开，豁然开朗，增长智慧，奋而起行。

方光华

2024年6月30日

张海鹏

中国社会科学院学部委员、一级研究员，中国史学会原会长，中央马克思主义理论研究与建设工程首席专家，中国社会科学院近代史研究所原所长，中国社会科学院大学教授、博导

中国有5000多年文明史，中华文明独立于世界，从未中断。中华民族是一个智慧的民族，中国人民是智慧的人民。无论齐家治国平天下，求学经商勤稼穑，还是内政外交，礼制文明，科举学问，天文地理，上天下海，中国人都不缺智慧。思想家、政治家、军事家、战略家、文学家、企业家、革命家，这些智慧人士，成为推动中国与世界前进的精英。《中国智慧思维300例》从古今智慧人士的言行中，摘编有益于今人的精彩故事，无论励志励学，还是从政从戎从商，都可以从中获得教益，汲取智慧，为新时代中国特色社会主义建设作出自己的贡献。

张海鹏

2024年7月18日

主编简介

周溯源，博士、编审、研究员（二级），享受国务院政府特殊津贴。祖籍：湖北省黄冈市浠水县。1978年考入武汉大学历史系，1982年7月毕业。毕业时被选入《红旗》杂志哲学历史编辑部任编辑，后改任《求是》杂志哲史编辑部编辑。历任《求是》杂志哲史编辑部历史组副组长、哲史编辑部副主任、文化编辑部副主任。1993年评为副编审（副教授），1998年评为编审（教授）。2001年在职攻读著名思想史专家、西北大学名誉校长张岂之教授思想史博士，2002年被评为“西北大学优秀博士标兵”，2006年毕业，获历史学博士学位。2004年9月—2005年1月，在中央党校培训部第2期中青班学习，毕业论文“优秀”。

2008年从《求是》杂志社调入中国社会科学院，历任《中国社会科学》副总编辑（兼《历史研究》副总编、《中国社会科学报》副主编、《中国社会科学文摘》副主编）、中国社会科学网首任总编辑、中国社会科学院近代史研究所党委书记兼副所长、香港中国学术研究院首任常务副院长，

是中国社会科学院“登峰战略”资深学科带头人专项资助获得者，任中国社会科学院习近平新时代中国特色社会主义思想研究中心研究员、中国社会科学院大学·南开大学21世纪马克思主义研究院学术委员、宁波文化建设专家委员会委员、上海财经大学马克思主义研究院学术顾问、陕西国际商贸学院特聘教授、泰国格乐大学教授和博士生导师。曾任武汉大学、西北大学、广州大学、北京联合大学、天津大学教育学院、南京航空航天大学、中国延安干部学院等数所高校和党政干部院校兼职教授。发表文章数百篇，独著、编著图书数十部，35篇文章被《新华文摘》转载或摘登，20多篇（部）获国家和省部级奖励（含特等奖1项）。独著、合著、主编、合编的部分论著有：《文章五境界》、《路的遐思》、《学与思的足迹》、《学与思的足音》、《学与思的足印》、《学与思的足痕》、《学与思的背影》、《文史哲三十论》、《历代忧国忧民诗选》、《毛泽东评点古今人物》、《资政史鉴》（10卷）、《振兴中华之路》、《为官一任，造福一方：领导干部谈实干》（3集）、《千年忧思：古代思想家政治家治乱兴衰思想论纲》、《学者视域中的治国理政》、《论汉字再简化》、《读与评——周溯源书评选集》、《历史学思录——周溯源史学论文选》、《中国社会科学院学部委员学术自传》（5卷）、《生活与哲学文选》（3辑）、《中国文化知识精华》、《史学家自述》、《关于历史创造者问题的新思考》、《历史学是领导干部的必修课》、《提倡多一点历史眼光》、《历史的规律与历史的选择》、《论三大矛盾与科学发展观》、《关于自由的两个对子》、《如何理解“以人为本”中的“人”》、《住的问题》、《如何看待国学》等。

副主编简介

周至，北京人，美国公共管理学硕士，工程师，现任职于清华大学。研究领域：非营利性组织管理、教育管理信息化等。在报刊独著或合作发表文章数篇。在核心期刊《毛泽东邓小平理论研究》上发表《毛泽东以史为鉴学史致用简论》，在重要刊物《理论学习与探索》上发表《“科学技术是第一生产力”的重要论断是重大理论创新》，在《中国青年》上发表《志与业：人生无处不青山》，在《中华读书报》上发表《填补社会治理法学教材体系空白》《历史的镜鉴与时代的启迪》，在《滨城时报》上发表《论毛泽东与中国传统文化》；参与编写《智慧教育F5G全光网设计指南（高教版）》等；另有通讯文章荣获清华大学宣传部“互联网优秀原创文章”奖励。

序

人们在日常的学习、工作、生活中，包括科技发明、经济管理、部署作战等过程中，常常遇到一些难题，如果按照寻常思维，这些难题仿佛无解；但是如果打开思路，寻找规律，另辟蹊径，就可能“山重水复疑无路，柳暗花明又一村”，制胜成功。在漫长的中华文明发展史上，出现过无数英杰和智者，他们破解了多少难题？化解了多少矛盾？在这个漫长的历史进程中，毫无疑问，不乏智慧思维，有许多可圈可点的案例，把它们整理出来，讲好中国故事，展示中国形象，可以增强民族自信、丰富国人智慧、助力民族复兴，这无疑是一件有益的事情。本书遴选中国从古到今的智慧思维300例编著集成，内容上可谓亮点纷呈、美不胜收。研究这些案例，读者可以以史为鉴，得到启迪，从而提高自己的思维水平、决策水平、应变能力、工作能力，使我们更加聪明，超越前人，把事情做得更好。

当人们回首往昔时，往往会发现有些话言之不当，有些事为之不妥。回想起来感到额头冒汗，甚至脊背发凉，不禁感叹：当初怎么考虑不周啊？怎么如此笨拙呢？这说明今天自己的智慧在觉醒，在提高。孔子是圣人，他回首一生，说十五而志于学，三十而立，四十而不惑，五十而知天命，六十而耳顺，七十而从心所欲不逾矩。这就是说，他在四十岁以前，免不了糊涂懵懂；五十岁以前，免不了鲁莽盲动；六十岁以前，免不了浮躁自负；七十岁以前，免不了越位出格。圣人尚且免不了失误和不足，何况凡人？由此看来，无论身份高低贵贱，出差错是难免的，区别在于大与小、改与不改、是否善改。那么，如何使自己、家人、亲友、同人少犯或不犯错误？如何站在一个较高的起点上，做到更理性、更聪明？这就需要学习智慧思维。

无数人的经历证明：一个人要想发展顺利，需要高人指点、贵人相助、本人努力。高人指点，高人是谁？除了名师、高参，那就是历史：历史知识、历史规律、历史的经验教训。名师、高参难寻、难遇、难求，而历史就在书中，就在研究分析历史规律与经验教训的智慧读物中。善于以史为鉴、以人为镜者，人生发展就会好得多。如果没有名师、高参指点，又不懂以史为鉴、以人为镜者，随波逐流，其努力可能是盲目的、低效的、无效的，甚至起副作用的。因此，《中国智慧思维300例》旨在以史为鉴，益人心智，使人聪明，助人成功。

近年来，“智慧”已经成为高频词，诸如智慧工厂、智慧商店、智慧电器、智慧学校、智慧课堂、智慧医院、智慧海关、智慧港口、智慧助老、智慧驾驶、智慧机器人等，大家都在讲智慧、用智慧。这说明人们在反思，不再满足于过去的经验，不再迷信本本教条，不再盲目跟随大众，而是进一步思考：从来如此，就是对的吗？别人都如此，就一定适合我吗？人们开始注重时代大势，遵循时代大道，守正创新；注重分析自己的实际情况，研究自己的个性特色，寻找适合自己的路子。人们也越来越开始重视智慧、崇尚智慧、追求智慧。笔者编著本书，也不外乎提倡人们用更高的智慧、更优的办法、更低的成本，更好地解决问题，小到个人为人处世，中到团队管理，大到治国理政，都争取做得更好一些、更漂亮一些、更完美一些。

人们到了晚年，常常说：如果人生能够重来，我将会怎样做，不会那么做。这说明人生有多种选择的空间，并非唯一的宿命。今天，人类的理性选择越来越广泛，自我控制的自觉性不断增强。例如，绝大多数人做到不吸烟、不吸毒、不酗酒、不赌博、不说脏话、不随地吐痰、不酒后开车、不高声喧哗、不窥探隐私、不家暴、不霸凌、不浪费别人时间、讲礼貌、守信用等。但是，仍有不少问题令人忧思。例如，社会上还有不孝敬父母、不尊重老人、滥用食品添加剂、制毒贩毒、假冒伪劣、贪污受贿、金融“杀熟”、碰瓷耍赖、敲诈勒索、坑蒙拐骗、校园霸凌、拐卖妇女儿童、用极端手段向大众发泄私愤等现象，家暴也还在一定范围内存在。这些丑陋现象，与21世纪文明不相符，令人鄙视，有待依法治国、以德治国的进一步加强，有待人们提高智慧、增进共识、合力改进。

我们今天进入了信息化时代，海量信息触手可及。在网上任意输入一个关键词，就可以搜索到大量相关信息，如今人类的知识总量差不多一两年翻一番。不能奢望依靠个人努力掌握那么多的知识，而学会智慧思维、掌握正确方法，有时比掌握具体知识更重要。今天的互联网技术为人类智慧的交流和学习提供了便利，即使远在千里之外，一个电话、一条微信，可以提供对方物质帮助，也可以提供智慧帮助，促成问题的解决。因此，人类总的智慧在提高，总的水平与能力在提高，办事效率也明显提高。

本书内容丰富、资料翔实，遴选自文献典籍、畅销书籍、报纸杂志、网络文摘等，做到了文必有征、言之有据。本书所引用的资料均经过了主编加工，在不改变原文基本观点的前提下，做了资料来源查验、史实核对、细节核查、文字润色、字句提炼等工作，为的是更通俗、更大众化，使文字更加准确、鲜明、生动，使全书风格基本一致，增强可读性和思想性。

本书向读者展示了300个脍炙人口的智慧事例或哲思，对这些事例或哲思均有所评点，以深化认识、升华境界。全书分为14篇：一、战略思维；二、创新思维；三、逻辑思维；四、前瞻思维；五、辩证思维；六、迂回思维；七、逆向思维；八、诚实思维；九、借力思维；十、让步思维；十一、细节思维；十二、类比思维；十三、大局思维；十四、补偿思维。本书中有治国安邦的韬略，有攻坚克难的妙算，有经商理财的智谋，有外交论辩的高招，有认识世界、解释人生的哲思。这些事例富于哲理思辨，长于逻辑推理，蕴含聪明智慧，可给读者以启迪、力量和信心。

当然，智慧思维并不能保证人们永远不犯错误、所做皆能如愿，只是让人争取少犯错误，不犯大错误，尤其是不犯颠覆性错误，使付出的努力不断接近成功。它能使明天回忆今天，少一点遗憾，多一点满意；少一点愧疚，多一点欣慰；少一点自责，多一点自豪。人类昨天免不了犯错误，今天、明天、后天仍然免不了犯错误。在新形势、新情况、新实践面前，犯错误是必然的，是胜利的代价，是走向成功的阶梯。高明的做法是犯错误后善于总结，积极改进，进步提高。

人类有文字的历史迄今不过几千年，但人类已经创造了如此高的当代文明，值得人类引以为傲、凯歌行进、续写华章。

人类有文字的历史迄今不过几千年，还有很多问题没有解决，还有很多认知和做法不科学、不理性、不智慧，所以我们务必继续努力。

习近平总书记在党的二十大报告中指出："我国是一个发展中大国，仍处于社会主义初级阶段，正在经历广泛而深刻的社会变革，推进改革发展、调整利益关系往往牵一发而动全身。我们要善于通过历史看现实、透过现象看本质，把握好全局和局部、当前和长远、宏观和微观、主要矛盾和次要矛盾、特殊和一般的关系，不断提高战略思维、历史思维、辩证思维、系统思维、创新思维、法治思维、底线思维能力，为前瞻性思考、全局性谋划、整体性推进党和国家各项事业提供科学思想方法。""以海纳百川的宽阔胸襟借鉴吸收人类一切优秀文明成果，推动建设更加美好的世界。"多年来，本人一直考虑编写一本提高智慧思维的读物，留意收集资料、积累心得，相信既有助于自己，也有益于他人和社会。听了习近平总书记的报告，心头一亮，信心倍增，于是加快步伐，与副主编共同抓紧编著本书。我们要通过智慧思维，找到较好的途径和方法，解决好我们及全人类的吃饭穿衣问题、住房安居问题、交通出行问题、治病医疗问题、教育求学问题、养老保健问题、反腐倡廉问题、武装冲突问题、自然灾害问题、防疫问题等；解决好和平发展问题、民主自由问题、公平正义问题，满足基本生活的刚性需求、改善提高的发展需求、尽善尽美的理想需求等。

智慧是人类的瑰宝，谁不向往成为一个有智慧的人呢？答案是肯定的。中华民族几千年的传统核心价值观“三纲五常”，有糟粕，有精华，“仁义礼智信”可算精华，其中的“智”，就是讲智慧。我们中华民族明确宣言追求智慧已经几千年了，留下了大量的智慧思维案例，给我们以宝贵的启迪，我们应当好好研究学习，做好转化创新。今天，我们生活的时代，需要人才辈出，需要智慧大量涌现。实现个体的不断完善、实现中国式现代化、构建人类命运共同体，必须向保守僵化挑战，向抱残守缺挑战，向“小富即安”挑战，刻苦学习，提高智慧，与时俱进，行稳致远，臻于至善。

周溯源　周至

2025年4月

目 录

第一篇　战略思维 001

001　孔子首倡处乱世“有文事者必有武备” 002
002　孟子主张“居安思危” 003
003　伊尹受请，辅佐成汤 005
004　管夷吾巧设狡兔三窟，齐桓公英明任贤而称雄 007
005　不鸣则已，一鸣惊人 008
006　晏子仕而择主，辅佐景公 010
007　孙武献兵书奔吴，为严军纪斩美姬 011
008　田忌赛马，以弱胜强 013
009　保楚说秦，远交近攻 014
010　胡服骑射，见贤思齐 017
011　李斯与《谏逐客书》 020
012　汉文帝废除肉刑，推行薄葬 023
013　班超平定西域，为国戍边 025
014　刘备学圃蒙曹操 026
015　诸葛亮与《隆中对》 028
016　房玄龄择主辅佐 029
017　姚崇为官讲原则、敢担当 031
018　“高筑墙，广积粮，缓称王”的战略构想 032
019　地名中的治国谋略 035
020　魏源力倡“师夷长技以制夷” 037

021 林则徐建言禁鸦片 038
022 毛泽东与《论持久战》......041
023 人生不妨“倒着走” 043

第二篇　创新思维 045

024《论语》的说话智慧 046
025 哲人的智慧 049
026 政治家的智慧 050
027 厚德载物 052
028 召公以水比喻寓意深 054
029 晏子解读“和而不同”......055
030 晏婴巧用“撞车”破陋俗......056
031 关于变法的争议 058
032 商鞅变法，取信于民 060
033 曹冲称象 061
034 一纸书信胜千军 062
035 司马熹一石三鸟，转化危机为安详......063
036 “水可载舟，亦可覆舟”......065
037 韩愈论“伯乐”与“千里马”......066
038 司马光砸缸 067
039 夫妻对话中诞生的活字印刷......068
040《资治通鉴》中的修身智慧......069
041 “二十四史”中的人生智慧......072
042 秦大士妙答乾隆帝 073
043 冯玉祥征婚，李德全胜出......075
044 把木梳卖给和尚 077

045 如何让苹果畅销 079
046 只要有40%把握 080
047 三个问题转化为三份财富 082
048 贝聿铭主张见善思齐 083
049 君子受言以明智 085
050 职场辨识度 086
051 低调不低声 088
052 “窗”是一本读不完的书 090
053 亏人利己，余不乐见 094
054 寡味中找美味 095
055 “弱苗”也有用武之地 097
056 王选：一鸣惊人创一流 099
057 蔡元培择偶 101
058 华罗庚自学出智慧 102
059 旧家具换新家具 103
060 易如反掌的改变 104

第三篇 逻辑思维 107

061 万物并育而不相害，道并行而不相悖 108
062 上任之前先识鱼 110
063 晏子使楚，捍卫尊严 111
064 晏子劝阻齐景公求雨 113
065 暂属悲鸿 114
066 作之不止，乃成君子 116
067 刘邦论断“三不如” 118
068 黄霸巧断争儿案 118

069 心存敬畏 119
070 臣分忠良喻皇上 121
071 魏徵进谏方法好 123
072 听哭声破案 124
073 神童妙语讽大臣 125
074 比武器更重要的是智慧 126
075 陈俞治巫 128
076 包拯巧破割舌案 130
077 海瑞“请示”讽贪官 131
078 县令追查雷击案 132
079 梅汝璈的雄辩 133
080 只有美才会遇见好 135
081 为何要做好人 137

第四篇　前瞻思维 141

082 见微知著，见端知末 142
083 姜子牙妙等周文王 143
084 扁鹊治病 145
085 爱吃鱼却不受赠鱼 146
086 先见之明避后患 147
087 “醒来就笑” 148
088 范蠡功成名就，急流勇退 150
089 “三言而成虎”诫魏王 152
090 王翦伐楚之前讨封赏 153
091 范雎成功逆袭 154

092 经霜之甜 157
093 程邈的逆袭 159
094 提前疏远免后患 160
095 吕端反对太宗杀李母 162
096 冯谖为孟尝君营造三窟 163
097 最挤总在半山腰 165
098 智勇多困于所溺 168
099 疏远亲友，察而后用 170
100 伯颜取胜有高招 171
101 朱升的远见 173
102 人生不止一种选择 174
103 迎难而上的王永庆 176
104 霍英东沙中淘金 177
105 接待总统的长城饭店 178
106 目光放远一点，小黑点就看不见 179
107 现在是未来的伏笔 181
108 文人的孤独 183
109 有亏自己吃 184
110 君子不立危墙之下 186
111 预防他人之错，防止无心之失 187
112 “回头再来”出智慧 189
113 总有一片晴天等着你 190
114 人生需要“让利” 193
115 走好99步 195
116 给一朵菊花让座 196
117 追逐时代需求的郭芳枫 198

第五篇　辩证思维 201

118　塞翁失马，焉知非福 202
119　知足不辱，知止不殆 203
120　向“下”生长 204
121　“恶语”的魅力 206
122　孔子论为政 207
123　拱手贺贫 209
124　“满招损，谦受益”的处世智慧 210
125　换个角度看问题 213
126　画蛇添足与持满之道 214
127　压力 216
128　公孙弘的进退智慧 218
129　话少者胜 219
130　遵守规则是对自己的保护 221
131　创业与守成的不同见解 223
132　柳宗元的“敌戒”思维 224
133　知“短”善用 226
134　知人者智 228
135　王阳明感觉“此心光明” 229
136　把握分寸 231
137　“无功就是过” 232
138　曾国藩的“求阙斋” 233
139　不怕老 235
140　柔和的力量 238
141　搁置 239
142　莫让虚华累年华 241

143　登高不傲，居低不怨……242
144　请相信命运另有安排……244
145　善藏……246
146　“静”中藏了个“争”字……248
147　尽小者大，慎微者著……250
148　大钱来自小钱……251
149　以人为镜的古代君主……253
150　明白“四六”，分清“四六”……254

第六篇　迂回思维……257

151　巧谏庄王，巧谏秦王……258
152　触龙巧劝赵太后……259
153　邹忌说琴，威王发奋……261
154　邹忌讽齐王纳谏……262
155　庄辛巧谏，襄王醒悟……264
156　“螳螂捕蝉，黄雀在后”……266
157　惠施巧劝魏太子……267
158　信任无猜忌……269
159　说古喻今，巧谏文帝……270
160　国相晏婴的房子不见了……271
161　谏帅重士……273
162　忠言也可不逆耳……274
163　许绾谏阻魏襄王建中天台……275
164　不说硬话，不做软事……276
165　长孙皇后巧喻唐太宗……277

166 唐太宗会意拆楼台 279
167 说服“轴人”的方法 279
168 雍正实行耗羡归公与养廉银制度 281
169 绝妙的赠言 283
170 巧用“诉状”帮忙 284
171 女老师的善良“谎言” 286

第七篇 逆向思维 287

172 逆向思维，另辟蹊径 288
173 “欲擒故纵”，晏子进谏 289
174 以囚犯多寡断贤明 290
175 把“原告”放到了“被告”席上 292
176 罢免追捕盗贼的官吏 293
177 唐太宗“奖励”受贿者 294
178 范仲淹的“荒政三策” 295
179 赵抃特立独行涨米价 297
180 慢的境界 299
181 和而不同的君子之交 301
182 高价生意低价做 303

第八篇 诚实思维 307

183 周公一沐三握发，一饭三吐哺 308
184 心里的马 309

185 杯弓蛇影：心病还需心药治......311
186 夜而计过......312
187 保持适当的饥饿感......314
188 狄仁杰狱中诉冤情......316
189 “千人之诺诺，不如一士之谔谔”......317
190 劝谏不休的韩休......319
191 渡人·渡己......321
192 狄青靠战功改变命运......323
193 从不说谎开始......324
194 曹玮的天才与汗水......326
195 海瑞备好棺木，冒死进谏......328
196 公正执法与勇于自劾......330
197 不自律，皇帝也帮不了你......331
198 天才，就是缓慢的耐心......332
199 成功的诀窍在“耐烦”......334
200 兴趣成就的艺术大师......336
201 招聘考试的唯一制胜者......339
202 “不敢”......340
203 “一万”这个数字......343
204 热爱，就是天赋......345
205 不重蹈驴子的悲剧......347
206 人生得意莫尽欢......350
207 尴尬促成的一代大师......351
208 不打听别人的隐私......353
209 图钉的力量......355
210 “人言可畏”与“得言要察”......356
211 幸福是一个谜......359
212 你培养了好习惯，好习惯将玉成你......361

213 群居不倚，独立不惧……363
214 爱情不是无条件地占有……365
215 无我的境界……366
216 母亲是人生大大小小问题的答案……368
217 且向宽处行……370

第九篇 借力思维……373

218 识友之道……374
219 四面楚歌，攻心败敌……376
220 孙权巧借力……378
221 刘勰借助沈约巧推销……379
222 陈寔现场教子……381
223 陈子昂买琴……382
224 智救百姓，巧烧名册……383
225 李四光巧借父信传真情……384
226 戒烟高招……385
227 智慧的演技与真挚的爱……386
228 巧用“瑕疵”……388
229 “向钱看”，却不是为了钱……390

第十篇 让步思维……393

230 用幽默浇灌孩子的童年……394
231 给风留下可以刮过去的距离……395

232 不要与缺乏基本理性的人争辩......396
233 庄王绝缨，换来忠勇......398
234 蔺相如化解廉颇之怨......399
235 西门豹治邺......402
236 打在心底的板子......404
237 打金枝驸马闯大祸，郭子仪绑子上大殿......405
238 格局成于气度......406
239 “退步原来是向前”......409
240 “让他三尺又何妨”......410
241 关于“低”的思考......413
242 林语堂巧妙安排演讲时间......416
243 示弱......418
244 心中之门也该有一个门闩......420
245 会说话的人......421
246 送鸡蛋护菜园......423
247 星云大师妙论应对情感的变化......424
248 好脾气......425
249 自信助胜出......427
250 “不过”......428

第十一篇 细节思维......431

251 不贬低别人......432
252 “没有比翅膀更高的山峰”......433
253 决不可以轻视小人物......435
254 “一次也不去”与“一眼也不看”......437

255 举一反三的“归零法” 439
256 贵在坚持“日拱一卒” 440
257 南北东西都有路 441
258 殷实的沉潜 444

第十二篇 类比思维 447

259 鲁班发明锯子 448
260 危如累卵，启发灵公 449
261 巧比鹬蚌相争，劝阻一场大战 451
262 千金买回死马首 452
263 折箭说团结 453
264 唐太宗讲故事反贪腐 454
265 谏言如药 455
266 瓠里子批评“杀马治马” 457
267 且等 458
268 人生的补丁 460
269 皮箱与金表 462
270 悲观青年与睿智渔夫 463

第十三篇 大局思维 465

271 穷不失义，达不离道 466
272 “小不忍则乱大谋” 467
273 “南辕北辙”错方向 469

274 家风清正福泽长 470
275 自然磨损与自我磨炼 472
276 避嫌也是一种保护 474
277 张之洞理政二事 475
278 “不求甚解”辨析 477
279 “将军赶路，不追小兔” 478
280 德才相比，德更重要 481
281 风雨书声家国情 483
282 别把人生填太满 485
283 韩美林：一笔下去，都是君子骨 486
284 人有三命 488
285 “错得刚刚好” 491
286 给生命留白 492
287 判案兼顾“情”与“理” 494
288 字斟句酌、仔细推敲 496
289 人生四观 498
290 仙人掌 500
291 人生有三把钥匙 502
292 厂长的境界和眼光 505

第十四篇 补偿思维 507

293 卧薪尝胆图复兴 508
294 孙膑装疯逃生，庞涓马陵道丧命 509
295 司马迁忍辱著史，洗雪腐刑之耻 510
296 毛遂自荐 513

297 “浪子回头是个宝”……515
298 从“玄武门事变”到“贞观之治”……516
299 钱玄同给对方改过机会……518
300 《北京晚报》“不晚报”……519

跋……522
后　记……527

第一篇 战略思维

战略思维是一个军事术语，是指指导战争全局的计划和策略，现在也泛指决定全局的策略。本书讲的战略思维就是讲总体思维、全局思维，不限于军事领域。战略思维要求用大视野、大格局看问题，高瞻远瞩、胸怀整体，眼观六路、耳听八方，有一个总的考虑，不纠缠于细枝末节。战略思维有四个特点：第一，整体性——看问题、制定方案、做出决策，不限于一个方面、一个局部，而是涵盖方方面面；第二，前瞻性——用发展的眼光看问题，有预见，不但看到眼前，还要看到未来，能见微知著，见端知末；第三，系统性——把各个环节都考虑进来，把它们之间的变化、相互作用都考虑进来，不是孤立地、静止地、片面地考虑问题；第四，重点性——为了全局的胜利，不是平均使用力量，必要时可能丢卒保车，甚至丢车保帅。

001
孔子首倡处乱世“有文事者必有武备”

一提起孔子，人们都知道，他是我国春秋末期著名的至圣文人、教育家、思想家，被称为“孔夫子”“孔圣人”，而他的军事才能却鲜为人知。其实，孔子是一位文武兼备的贤相。他主张文治武功，提出“有文事者必有武备，有武事者必有文备”，因为无文不能治国，无武不能安邦。孔子对文、武关系的独到见解，指导他成功应对了各种危险局面，得以保国保身。

公元前500年，孔子陪同鲁定公与齐景公会盟于齐鲁交界处的夹谷山前。鲁定公对此次会盟想得很简单，带上随从人员就准备出发，没有考虑采取必要的武力保护措施。孔子当即向鲁定公献计说：“臣闻有文事者必有武备，有武事者必有文备。古者诸侯出疆，必具官以从，请具左右司马。”鲁定公采纳了孔子的建议，任命申句须、乐颀两位大将为左右司马，各率兵车，尾随而行；又命大夫兹无还率兵车三百乘，离会盟地十里下寨待命。到了会盟地，孔子探明齐国早有部队驻扎，于是他命令左、右司马随时准备战斗。

齐国大夫犁弥对齐景公说，孔子知礼无勇，不懂战事。明日会盟我们用三百人假扮乐工，乘其不备拿下鲁定公君臣，杀了他们，鲁国的命运就握在我们手中了。第二天，齐、鲁两国君相四人登坛会盟。齐景公使三百人上前奏乐，鲁定公吓得面如土色，孔子却毫不畏惧。孔子先让齐王去夷狄之乐，齐王自知理亏，便令“乐手”退下；他又要齐王将乐队领头者绳之以法，齐王不肯。说时迟，那时快，孔子按剑怒目，举袖大呼左、右司马，二将飞身上坛，于男女乐队中各揪出领队当场斩首，齐景公骇然，吓得丢魂失魄。会盟不欢而散，鲁定公在大军保护下返回都城。会盟后不久，孔子因护驾有功，被鲁定公任命为大司寇，代行相国之职。（参考文献：《史记 · 孔子世家》《孔子家语 · 相鲁》；资料来源：侯又白、周溯源辑议）

启示　孔子作为儒家的创始人，实际上文武双全。在“春秋无义战”的乱世中，他高瞻远瞩，洞察秋毫，深知内政外交的复杂和微妙、尖锐和残酷，首倡“有文事者必有武备，有武事者必有文备”。尤其在外交场合，他能够未雨绸缪、有备无患，具有高远睿智的战略思维。

002 孟子主张“居安思危”

春秋战国时期，众多国家之间常常你攻我伐，弱肉强食。有的国家惨遭失败，只好割地赔款，换取和平。失败之后，败国国君往往能卧薪尝胆，励精图治，通过“十年生聚，十年教训”，终于由弱转强，一举消灭以前的强国，报仇雪耻。但是，一旦强敌败亡之后，战胜国国君往往志得意满，怠于游乐，荒于国政。于是国势渐衰，几十年后又重演一场往日的悲剧，历史就这样轮回演进。

孟子目睹这种情况，总结历史周而复始的现象，深为感叹，从中总结了一条管理国家的重要经验，即“入则无法家拂士，出则无敌国外患者，国恒亡。然后知生于忧患，而死于安乐也”。因此，孟子一再规劝统治者要居安思危、未雨绸缪、主动作为、有备无患。孟子还说：

> 仁则荣，不仁则辱。今恶辱而居不仁，是犹恶湿而居下也。如恶之，莫如贵德而尊士，贤者在位，能者在职；国家闲暇，及是时明其政刑，虽大国必畏之矣。《诗》云：“迨天之未阴雨，彻彼桑土，绸缪牖户。今此下民，或敢侮予？”孔子曰：“为此诗者，其知道乎？能治其国家，谁敢侮之？”今国家闲暇，及是时，般乐怠敖，是自求

祸也。祸福无不自己求之者。《诗》云:“永言配命,自求多福。”《太甲》曰:“天作孽,犹可违;自作孽,不可活。”此之谓也。

这段话译成白话是:行仁政就可获得荣耀,不行仁政将得到耻辱;现在的人既不喜欢耻辱却又居于不仁境地,这就好像既不喜欢潮湿却又居于低洼的地方一样。假如真的不喜欢耻辱,那最好是以仁德为贵,尊敬士人,使有贤德的人处于一定的官位,有才能的人担任一定的职务。趁国家无内忧外患的时候,修明政治法律制度。这样做了,即使对方是大国,也会畏惧你。《诗经》说:“趁着天晴没阴雨,剥些桑树根上皮,补好窗子和门户。现在你们下面人,有谁还敢欺侮我?”孔子说:“写这首诗的人很懂理呀!能够治理好自己的国家,谁还敢欺侮他呢?”如今国家没有内忧外患,却趁着这个时候享乐腐化,这是自己寻求祸害。祸和福都是自己找来的。《诗经》说:“长久地与天命相配合,自己寻求更多的幸福。”《尚书·太甲》说:“上天降下的灾害还可以逃避;自己造成的罪孽可就无处可逃。”说的就是这个意思。(参考文献:《孟子·告子章句下》《孟子正义·公孙丑章句上》)

启示　**孟子(约公元前372—前289年),名轲,字子舆,战国中期邹国人。孟子的故乡距离孔子的故乡曲阜不远。孟子是著名的思想家、政治家、教育家,孔子学说的继承者,儒家的重要代表人物。相传孟子是鲁国贵族孟孙氏的后裔,幼年丧父,家庭贫困,曾受业于孔子的孙子子思,算是嫡传的学生。孟子学成以后,以士的身份游说诸侯,推行自己的政治主张,到过梁(魏)、齐、宋、滕、鲁等国。当时几个大国都致力于富国强兵,争取通过实力实现统一。孟子继承了孔子“仁”的学说,并将其发展成为“仁政”思想,被称为“亚圣”。“生于忧患,死于安乐”是孟子总结的一条执政规律,并以此警醒人们应该居安思危、未雨绸缪,争取永远立于不败之地。孟子的这一思想具有重要的历史意义和指导作用,在中国思想史上永远闪耀着光芒。**

003
伊尹受请，辅佐成汤

中国历史上涌现出不少贤相，在这些胸怀韬略、受到民众敬重的宰相中，最早的当首推伊尹（名挚，也称“伊奭”，？—公元前1550年）。伊尹本是植桑养蚕之人，能够成为商朝开国良相，在于他韬略非凡，具有战略思维。

大禹建立的夏王朝，传至桀时，桀王暴虐无道，致使国力日衰。此时，从属夏的小国商，则一天天地强大起来。

商国君成汤，每年都要去夏王朝的都城进贡朝拜，沿途听到百姓咒骂桀王之声，心中惴惴不安。他决定寻访贤才，推荐给桀王，使其能够从谏，改恶从善，以挽救夏王朝。

成汤听说在伊水河畔，有一位植桑养蚕之人，名叫伊尹。此人在耕作之余，博览群书，对古代英明君主治世之道很有研究，被乡里称为“贤人”。于是，成汤派使者，带着珍贵礼物，赶着装饰一新的马车去请他。可是，伊尹避而不见。

待使者第三次来时，伊尹感觉成汤确有诚意，又了解到成汤是一位宽仁大德的君王，便决定观察一下。成汤见伊尹到来，亲自率众臣出门迎接，以贵宾相待。此时，伊尹也改变了态度。他说：“我居住在这荒野之中，以尧舜之道作为我个人的快乐，为什么我不可以使现在的君子做尧、舜一样的君子呢？为什么我不可以使现在的百姓成为尧舜时代一样的百姓呢？上天养育了人民，就是要使先知先觉者去使后知后觉者有所觉悟。而我，正是百姓中的先知先觉者，我就得用尧舜之道去使现在的百姓有所觉悟。我不去使他们觉悟，还有谁担此重任呢？”二人相谈数日，志同道合。

于是，成汤给夏桀写了一封信，把伊尹作为治国奇才推荐给他。伊尹到夏都后，发现夏桀竟然是一个昏君，就不愿为他效力。桀王见伊尹说话逆耳，也不想重用此人。后来，成汤就请伊尹回到了商国，真诚地拜他为相，授予国政。伊尹见成汤是位明主，决心把挽救天下的重任挑在肩上，倾力相辅，拯救百姓。他帮助成汤发展农桑，铸造兵器，训练军队，聘用贤能，使商国很快强大起来。

夏桀听说商国日益强盛，便以召见成汤为名，把成汤骗入国都，借机囚于夏台。成汤被囚，伊尹焦急万分，为救国君，他想出了一条计策：桀王不是贪财好色吗？就派人四处寻找绝色美女，觅取传世珍宝，送给桀王和他的宠臣赵梁，终于使桀王消除疑虑，放回成汤。

成汤回到商都后，在伊尹帮助下，确定了灭桀的战略计划，招兵买马，聚草屯粮，积极备战。为探测夏桀的实力，伊尹向成汤献计：“桀王军力有多大？号召力如何？我们很难看出，不如我们以抗贡的手段，先试探一下他的军情，再决定何时出兵。”成汤采纳了伊尹的计策。

第一年不给桀王进贡，夏桀大怒，调九夷之兵伐汤。伊尹说：“桀还有号召力，不宜与战。”于是继续进贡。

第二年，商又抗贡，桀更怒，又想调九夷之兵伐汤，但九夷反对连年用兵，不听调动，最后只征调到了三夷之兵，兵力单薄。伊尹见状，对成汤说：“可以对桀作战了！”于是，商汤联合诸侯军队，大败夏军，推翻了夏王朝，从此建立了商王朝。（参考文献：《史记·殷本纪》；资料来源：王俊峰、周溯源辑议）

启示 **伊尹认为，我是天下百姓中的先知先觉者，我有责任匡正天下，当今之世，舍我其谁？这就是以天下为己任的表现。有了这样的使命感，就有了行动的自觉；有了行动的自觉，就会有努力的效果。伊尹接受成汤的邀请，疏远夏桀，辅佐成汤推翻夏桀，建立商朝，表现出杰出的战略思维。自古成大事者，总是能践行自己的原则，有底气，有定力，看准目标，特立独行，不达目的不罢休。每个时代都需要这样的杰出人物，立时代之潮头，发思想之先声，建历史之功业。**

004
管夷吾巧设狡兔三窟，齐桓公英明任贤而称雄

管夷吾，即管仲（约公元前723—前645年），春秋时期颍上（今安徽省颍上县）人。因谋略卓越，避免了杀身之祸，辅佐齐桓公成为春秋第一霸。

春秋时，齐襄公有两个儿子，一为公子纠，一为公子小白。齐襄公十二年（公元前686年），齐国动乱，公孙无知杀死齐襄公，自立为君。一年后，公孙无知被杀，齐国一时无君。逃亡在外的公子纠和公子小白，都想尽快回国争夺王位。当时，齐国有三位饱学之士：管仲、鲍叔牙和召忽。三人很友好，想合力治理齐国。召忽认为，公子纠必能继承王位，他劝管仲和鲍叔牙说："对齐国来说，我们三人就像大鼎的三条腿，缺一不可。既然公子小白不能继承王位，那干脆我们三个人一同辅佐公子纠吧！"管仲思索了一会说："不行！国中的百姓都厌恶公子纠的母亲和公子纠本人。小白无母，人们必可怜他，究竟谁继承王位现在还难说。不如我们三人分开，一人侍奉公子小白，二人侍奉公子纠，将来继承王位的肯定是他们兄弟中的一个，到时不管谁继位，我们均进退有余、左右逢源。"最后他们分工：由鲍叔牙辅佐公子小白，管仲和召忽辅佐公子纠。

管仲为使公子纠当上国君，在公子小白归途中，设下埋伏。当公子小白来到时，他想一箭射死公子小白，结果射在公子小白脐部的铜制衣带钩上。公子小白装死，在鲍叔牙的协助下抢先回国，登上了君位，他就是历史上有名的齐桓公。

齐桓公即位后，设法杀死了公子纠和召忽，又决心加害管仲，报那一箭之仇。管仲为除杀身之祸，束身请罪，并承认是自己射的箭。齐桓公仍不原谅他，还是要处死他。但对齐桓公有恩的鲍叔牙极力阻劝，愿以身家

性命担保，指出管仲乃天下奇才，若桓公为齐国强盛，不计较个人恩怨，重用管仲，那将是国家之幸。

齐桓公在鲍叔牙的劝导下，免了管仲的罪，并真诚地拜管仲为相，让其主持政事。管仲感激桓公不杀之恩、信用之德，殚精竭虑，施展才华。他辅佐齐桓公，在政治、经济、文化、军事等方面进行了一系列改革，努力建立了“九合诸侯，一匡天下”的盖世功勋，使齐桓公成为春秋时代的第一个霸主。（参考文献：《史记·齐太公世家第二》《史记·管晏列传》）

启示　管仲先提出与鲍叔牙、召忽分开辅佐公子纠和公子小白，后从齐桓公的对头变为齐桓公的贤相；从担任贤相后从事的一系列改革到建立“九合诸侯，一匡天下”的功勋，均表现了管仲的深远考虑和战略思维，不愧为历史上杰出的宰相。

005
不鸣则已，一鸣惊人

战国时，齐国国君齐威王（？—公元前320年），妫姓，田氏，名因齐（一名婴齐）。他在位三十余年，用邹忌为相、田忌为将、孙膑为军师，注意发展思想文化，办有“稷下学宫”，接待各国学者前来讲学。因齐威王知人善任，锐意改革，齐国的政治、军事和文化都呈现出一派欣欣向荣的气象。

齐威王在周显王十二年（公元前356年）继位，即位之初，他曾将国家政事交给卿大夫治理。但是没过几年，出现百官荒侈、行政不理的混乱局面。对此，齐王宫中一个叫淳于髡的人，出来借隐语讽谏。淳于髡向齐威王道：“齐国有一种大鸟，栖息在王庭之中，三年来既不飞也不鸣。大王可知它是什么鸟吗？”齐威王听出弦外之音，机智地还以隐语，答道：“这种鸟呵，不飞则已，一飞冲天；不鸣则已，一鸣惊人！”意指自己将亲自整治国家，振兴齐国。

针对百官荒侈、政事不理，齐威王从刷新吏治"鸣"起。他颁下命令，召集全国各地行政长官七十二人，对他们进行政绩考核。结果是赏了一人、杀了一人。赏的是被某些人说成表现不好的即墨大夫，杀的则是被某些人交口称赞的阿大夫。

齐威王召来即墨大夫，对他说："自从你在即墨任官以来，毁谤、非难你的舆论每天都有。我不敢偏听偏信，派人到即墨去，使官看到那里田野开辟，农业发展，百姓生活能够自给；官府办事效率也高，地方安宁，秩序井然，一派治理得很好的景象。"齐威王看了看一言不发的即墨大夫，继续说道："但是，反映到我这里的情况却与现实不一，何故？这正是你为官正派，不贿赂我的左右、不追逐一己的声誉所致。因此，我要重赏你，以此鼓励那些埋头做事品行端正的官员。"于是，齐威王下令赏赐即墨大夫食邑万家。

齐威王又召见了阿大夫。他面对一脸谄媚相的阿大夫说："自你在阿地任官以来，我几乎每天都能听到赞誉你的言论。但是，我的使官亲察阿地的结果，却是田野不修、百姓贫困。往日，赵国攻我鄄邑，你拥兵坐视不救；卫国攻取我薛陵，你竟然连此事都不知！"齐威王说到这里，怒目而视股颤已久的阿大夫，接着厉声分析："然而，为何我总是听见赞誉你的言论呢？原来是你以钱财宝物贿赂我之左右，以换取一己私誉！你为官行政不思修治，使得百姓困苦不堪；为官领兵不思战守，见国家危难而不救，尸位取禄，败坏政风，还站在这里做什么！"说完，齐威王将目光从阿大夫身上移开，扫视了一下殿内的众臣，声色俱厉地说道："我要依法治理齐国，是非不能不辨，奖惩不能不明。"于是，下令将行贿沽名的阿大夫，以及收受贿赂而歪曲事实的左右谗臣，一并烹了。

齐国官员人人震惧，从此恪尽职守，不敢伪诈饰非，齐国因此大治。各诸侯国在此后长达二十年的时间内，不敢攻讨齐国。（参考文献：《史记 · 田敬仲完世家第十六》《史记 · 滑稽列传第六十六》）

启示 勤于政事，才能把国家治理好；勤于农事，才能有好的收成。作为一名在朝廷工作或是在地方工作的政府官员，必须为政清廉、勤于政事、有所作为，为官一任、造福一方，方才不负重托，自己也问心无愧。如果为政一方，不理国事，只是阿谀奉承、玩弄权术，那必将误国误民，最后也毁了自身。

006
晏子仕而择主，辅佐景公

晏婴（？—公元前500年），字仲，谥平，夷维（今山东省高密市）人，春秋时齐国名相。他择主而仕，心爱民众，使奸佞畏惧；辅佐了齐景公，保证了自己功成名就，一生安宁。

晏婴任大夫时，齐国已日趋衰败，国内动乱、民不聊生，齐庄公昏庸无能，淫乱无度，用奸佞，远贤能。晏婴一再劝谏，庄公非但不听，反而生疑。于是，晏婴奉行“国有道，即顺命；无道，即衡命”的策略，既然辅佐庄公无望，便将家中财产上交国库，余下一些分给穷苦百姓，民众对他十分敬重。他辞职归里，以打鱼种地为生。他认为凤凰择木而栖，人要择主而仕，庄公不仁，辅佐他日后必有杀身之祸，不如早日离去。过了不久，庄公与大臣崔杼之妻私通。崔杼大怒，杀死庄公。当时，庄公的心腹重臣，不是自杀就是逃往国外。晏婴闻讯，想去齐都吊唁。家人劝他不要去，如去就有被杀的危险。晏婴说：“我作为相国，已尽苦谏之责，庄公私事，与我何干？”他赶到灵堂，不顾崔杼提剑在旁，抚庄公尸体痛哭。崔杼的心腹之人，都建议杀死晏婴。崔杼说：“晏婴深得民心，杀了他会失去人民的拥护，引火烧身!”崔杼立景公为国君，自立为国相，威逼群臣盟誓服从自己，不从者，当场杀掉。大臣为活命，个个盟誓表示听命。

轮到晏婴，他怒视崔杼说：“我只忠于国君，服从有利社稷之人!”他拒不服从崔杼，正气凛然。崔杼深知晏婴为人，无可奈何，只好放他回家。后来，齐景公任晏婴为相，另加封他六十座城邑，晏婴谢绝景公加封，勤勉国事，使齐国一天天强大起来。

齐景公当了国君，对百姓不知体恤。三天一小宴，五天一大宴，一旬一出游。晏婴想借机劝导景公。一次，齐景公带妻妾出游，见路边有堆堆白骨，晏婴流泪说：“我悲叹这些人，生死均不逢时。”齐景公惊问为什么这样说。晏婴说：“从前先君桓公出游，遇饥民则赐食；遇病者则赏钱；见民劳苦，则减轻役税，民以国君出游为幸。这些人如生在那时，就不至于饿死，死了也不至于露骨荒野。”景公听后，深感惭愧，即令随从把尸骨埋葬。回宫后，下令三个月内不再出游。晏婴曾“一日三责”齐景公，使他厚民、乐民、勤于朝政，使齐国复兴。

晏婴死后，齐景公催人驾车吊唁。路上怨车慢，他下车急跑，且边跑边哭，见到晏子尸体，景公一下子扑在上面大哭不止，悲痛欲绝。由此足见景公与晏婴的情谊深重。(参考文献：《晏子春秋》《史记·管晏列传》)

启示　晏婴散财理政，表现出他的高洁品质；面对崔杼的威逼，大义凛然，表现出他“威武不能屈”的气节；他巧劝齐景公节俭，悲悯穷人的尸骨，表现了他的爱民情怀；他“一日三责”齐景公，使齐景公勤于朝政，使齐国复兴，表现出他的战略思维和杰出智慧。

007
孙武献兵书奔吴，为严军纪斩美姬

孙武（约公元前540—约前470年），字长卿，春秋时齐国乐安（今山东省境内）人，是中国古代杰出的军事谋略家，所著《孙子兵法》，是一部内容完备、博大精深、恢宏精辟的兵学名著。孙武为古今中外兵家谋略之鼻祖。

孙武年轻时，齐国发生了内乱。他带着自己所著的兵书，从山东逃奔到南方的吴国，经伍子胥推荐，吴王阖闾亲自召见了他。

孙武见了阖闾，知其是位有道君王，便拿出自己写的兵法十三篇，一篇一篇地呈给吴王。阖闾每看一篇，都赞叹不已，拍案叫绝。《孙子兵法》有计篇、作战篇、谋攻篇、形篇、势篇、虚实篇、军争篇、九变篇、行军篇、地形篇、九地篇、火攻篇、用间篇，篇篇言简意赅，揭示了战争的一般规律，提出了朴素的唯物辩证战争观，主张慎战，提倡灵活机动的战术思想。这些，都是孙武对春秋以前战争经验的总结和提炼，是孙武智慧的结晶。

吴王见兵书，如获至宝，立即拜孙武为将军，格外敬重。为考验孙武的军事指挥才能，吴王让孙武用他的宫中美女试演阵法。孙武心里明白，这是吴王对自己的试探，也是自己建功立业的好时机，决心好好操练 。

于是，从吴宫中选了一百八十名美女，分为两队，由吴王的两个宠姬为队长。一百八十人各换战装，持戟列队而立。操练前，孙武对宫女提了明确要求，转而又对吴王说："操练如战场，如有不听将令者，依军法处置!"吴王答应："可以！"于是，孙武便令宫女们按照要求演练。但宫女们以为是游戏，为的是取乐吴王，所以散漫无纪、不听指挥，做错动作还大笑不止。孙武一遍又一遍地教，众人皆不用心；孙武三令五申，众人仍然视为儿戏。吴王的两个宠姬，带头不守军纪，孙武一气之下，下令将二姬斩首。吴王一听，大惊失色，急忙对孙武说："我已知将军善用兵了，不必杀人，如杀此二姬，我就吃不下饭，睡不好觉，请不要杀她们！"孙武说："臣既已受命为将，将在军，君命有所不受!"于是斩了二姬，用其次为队长，继续操练。

众人吓得心惊胆战，哪个还敢怠慢？于是，令行禁止，不敢出声，完全听从指挥。吴王观之，虽因失去二姬而心疼，但深知孙武用兵之法，信赏必罚、纪律严明，如果以他为将，攻敌破阵，必然取胜。从此，吴王对孙武深信不疑。不久，即命孙武率兵攻楚，孙武五战五胜，所向披靡，不负厚望。（参考文献：《史记 · 孙子吴起列传第五》）

启示 **孙武受命为将，指挥操练宫女，做到令行禁止，表现了军事家的才华与作风。即使吴王爱姬违纪，有吴王求情，也不敷衍，严格行令。当然，孙武也可以看在吴王的面子上，放两位爱姬一马，不杀她们，顺从吴王，但那样的话，孙武的形象便有瑕疵。孙武正因为不迁就、不敷衍，保持了定力，所以得到了吴王的信任，担任了大将军，才有了后面的辉煌。**

008

田忌赛马，以弱胜强

战国时期，齐国大将田忌（妫姓，名忌，字子期），常同齐威王（齐国国君）进行跑马比赛。他们在比赛前，双方各下赌注，每次比赛共设三局，胜两局以上的为赢家。过去每次比赛，田忌总是输给齐威王。这天，田忌赛马又输了，十分郁闷，回家后把失败引起的不快告诉了军师孙膑。孙膑是大军事家孙武的后代，熟读兵书战策，深谙兵法，足智多谋，只是曾被魏国将军庞涓陷害，造成了双腿残疾，不能率兵打仗。他被田忌救到齐国后，很受器重。田忌待他为上宾，请他当军师。

孙膑说："将军与大王的马我都看了，其实，将军的三个等次的马与大王的三个等次的马实力相差都不大，但毕竟差那么一点儿。您第一局派出上等马与大王的上等马比赛，第二局派中等马与大王的中等马比赛，第三局派下等马与大王的下等马比赛。您这样按常规参赛，永远会输。"田忌不解地问："不这样，又怎么办呢？"孙膑对田忌说："下次赛马时，您照我说的办法办，一定会胜，您只管多下赌注就是了。”孙膑将计策告诉了田忌，田忌听后大喜。于是他主动与齐威王相约，择日再进行赛马，并下赌注千金。齐威王听了，不屑地说：“田将军又想给寡人送银子了，再比，将军也是输。”

赛马这一天到了，双方的骑士和马匹都来到赛场。齐威王和田忌在看台上饶有兴致地观看比赛。孙膑坐在田忌的身旁。赛马开始了，按照孙膑的吩咐，第一局田忌派出了自己的下等马，对阵齐威王的上等马。结果可想而知，田忌输掉了第一局。齐威王十分得意。第二局，田忌派出了自己的上等马对阵齐威王的中等马，结果田忌赢了第二局。第三局，田忌派出自己的中等马对阵齐威王的下等马，田忌又赢了第三局。三局两胜，田忌最终得胜，从齐威王处赢得了千金赌注。（参考文献：《史记·孙子吴起列传第五》）

启示　这个历史故事告诉人们，要想在比赛中取胜，首先要知彼知己，准确把握彼此的实力；其次要总结经验教训，打开思路，跳出常规，另辟蹊径；最后要统筹全局，处理好整体与局部的关系，如果能够在整体上取得重大胜利，那在局部上做出牺牲损失是必要的，也是值得的。在整体实力弱于对方时，采取以下对上、以上对中、以中对下的方法，可以取得总体胜利，这种方法在智慧上高人一筹。

009
保楚说秦，远交近攻

一个国家的早期战略相对容易制定，只需要考虑清楚两件事：一个是在众多的机会里，哪些是最有吸引力的；另一个是哪些是你有能力、有潜力拿到的机会。想清楚后，基本上就能确定该干什么了。但到了后期，兵强马壮、资源丰富，想打谁就打谁、想干什么就干什么的时候，你的战略核心需要确定的则是“不做什么”。

秦国早期战略比较简单——打身边心腹之患——赵、魏、韩。在秦把魏国、赵国、韩国都打服了之后，秦国也到了似乎打谁都能打、想打谁就打谁的状态，反而面临“与谁竞争”这样一项重要议题。做战略规划的人，通常会在一个既定的状态下先列出可选方案，比较一下，然后选出一个最佳方案。

魏、韩都被秦国打服了，秦王让武安君带着魏、韩、秦三国联军去打楚国。秦王实际上已经定好了战略——下一步的“与谁竞争”就是打楚国。军队还没有出发，楚国的使者黄歇就到了。黄歇也怕秦国带着韩、魏一下子就把楚国灭了，所以他赶紧反过来“帮助”秦王调整战略。

黄歇很会表达，上来就说物极必反。他说：“季节到了特别冷的冬天，就会暖起来；到了特别热的夏天，就会冷起来。做事也一样，你把棋越堆越高，风险就越来越大。棋垒到最高处，一有风吹就会坍塌。秦国现在的地——天下东、南、西、北，您有西、北两块，相当于天下之半，这是过去没有过的事。您一直打得挺猛、挺强、挺顺，都快要打到齐国去了。您歇了两年，把魏国打服后，又往四方打。现在打谁谁怕，您威望是天下第一。您打了一路胜仗，现在反而到了关键时刻。如果您借着兵强马壮，战无不胜，一门心思地这么打，我担心您可能有后患。如果您能放慢节奏，不用那么着急打，而是施以仁义，巩固阵地，消除后患，那您肯定是最了不起的千古之王。”

黄歇借古喻今，说服秦王远交近攻。此言始之易，终之难。黄歇接着引用了古诗：“《诗》曰：‘靡不有初，鲜克有终。’《易》曰：‘狐涉水，濡其尾。’”《诗经》说，初始的胜利，很多人都有，能笑到最后的则不多。意思是：“狐狸过河，虽然过去了，但尾巴湿了。”言下之意就是，两部经典都说了，取得初始胜利容易，能够善终很难。

除引用《诗经》《易经》这样的经典著作外，黄歇还举了几个现实的例子。“吴国信越国，于是带着越国一块打齐国，赢了；但是回来后吴国却被越国收拾了。”这是一个例子。另一个例子是：“智伯带着魏、韩去打赵国，结果魏、韩在打下赵国之前背叛了智伯，杀了智伯。所以，今天您觉得应该先攻打楚国，但是您别忘了，韩、魏仍是您潜在的强敌，我很替您担心。现在楚国是您的帮手，邻国赵、魏、韩是您的敌人。今天大王您相信韩国、魏国跟您好，就像当初吴国信越国一样。韩国、魏国其实正在谋划着怎么欺负秦国。”

黄歇先立了个旗子，做了一个判断，之后就开始说他的证据。他说了一个残酷的事实：“大王，您对韩、魏没有任何恩德，他们对您还有长期的怨恨。韩国、魏国有接近十代人都死在秦国的刀剑之下。所以韩、魏如果不亡国，不彻底并入秦国，那就是秦国的危害，秦国就要提防。”

“您现在带领他们、武装他们、资助他们攻打楚国，攻打楚国从哪里出兵？您要借道韩国、魏国吗？如果您那么做，将士出发的那一天，希望您要意识到，他们可能就回不来了。如果您不借道韩、魏，那么，您就要选择攻打一些不毛之地，最后您虽然打了楚国，实际上没有得到什么实惠。也就是说，赵、魏、韩、齐很有可能在秦兵和楚兵打得不可开交、无法撤军之时，出兵攻打您。交战的地理位置对他们来说很有优势，如果齐、魏占了秦国已经占了的好土地，那齐、魏将变得很强大。”

“秦国跟楚国合在一起，韩国就会害怕。等您攻下了韩国，用十万兵镇守韩国的国都，魏国也一定会听命于您。然后，您就可以再跟齐国打交道。很快，在您拿下韩、魏之后，燕、赵和齐、楚就不再接壤了，齐、楚也没有燕、赵的通道了。燕、赵孤立了，齐、楚也孤立了，这四国您都不用打，他们就已经感觉到疼了。”

黄歇在上述的论述中，已经把秦国最后一扫六国、一统天下的战略说清楚了。秦王不是等闲之辈，立刻让武安君先不要攻打楚国，然后让黄歇回去和楚国约亲，让秦国和楚国成为好兄弟。

这就是“远交近攻”的故事，一个要被打的国家派出了一名使者，帮

助进攻国调整了战略，从而保护了自己国家的故事。(参考文献:《战国策 · 秦策三》)

启示 **黄歇用“远交近攻”的道理，启发秦王，不要联合韩、魏，攻打楚国；相反，应该联合楚国，防范韩、魏，先把远处的敌人稳住、拿下近处的地盘，再向外扩张。黄歇用战略思维说服了秦王，使楚国避免了一次战乱。**

010
胡服骑射，见贤思齐

战国末年，不仅秦国一代又一代地出现了有为的国王、名将、名臣，其他国家也在努力富国强兵，自立自强，有许多为人津津乐道的故事。发生在赵国的“胡服骑射”，是《资治通鉴》里记载的学习先进、取长补短的故事。

赵武灵王（？—公元前295年，嬴姓，名雍）的父亲——赵肃侯在世的时候连年征战，几乎战无不胜，是不可一世的北方霸主。但是在公元前326年，赵肃侯逝世，年仅十四岁的赵武灵王继位。跟赵国邻近的所谓的“友好邻邦”——秦、楚、燕、齐、魏五国各派一万精兵前来“照应”，说是吊唁，其实是来看看能捞到什么好处。年幼的赵武灵王刚刚即位，就面临着赵国被强敌围困的危险。

然而，赵武灵王在即位之初，就显示出了非凡的才干。他在托孤重臣肥义的帮助下，先是让赵国全境戒严，全民皆兵，在代郡、太原郡、上党郡、邯郸等地，赵军全都进入高度戒备状态，随时准备战斗；然后游说韩国、宋国、越国、北方的游牧民族首领，“赵国如果被灭了，对各家绝不是好事，希望各位对我能帮就帮，不能帮至少不要再打我，否则我会拼死一战”。

在各国大军压境之际，赵武灵王发令，五国使者只能带着吊唁之物入境，军队不能进入赵国国境。五国使者来到赵国之后，看到赵国精锐军队严阵以待，纷纷打消了攻赵的念头，吊唁之后便匆匆离去。五国联军退去之后，赵武灵王开始着力恢复邦交，与魏、韩两国重新结好。赵武灵王虽然年仅十四岁，但临危不乱，有勇有谋。

《东周列国志》关于赵武灵王这样记载：赵武灵王身长八尺八寸，络腮胡子，面黑有光，气宇不凡，有志统一天下。但赵国地理位置很不利，北面是燕国，东为东胡，西面与林胡、楼烦、秦国、韩国为邻，可以说四面被围。在这种情况下，如果不尽快强盛起来，就有被他国“吃掉”的危险。为了增强军事实力，赵武灵王进行了一系列的改革。他先做调研，四处考察——去了北边的中山国，又到了北边的荒漠，还到了黄河，登上了黄河旁边的一座山。在山上，赵武灵王与肥义商量：“胡人（北方少数民族）穿短衣，骑马射箭，打仗十分灵活，而我们穿长衣大褂，打仗很不方便。我们又习惯用马拉着战车作战，很不灵活。”他准备实行变革，推行“胡服骑射”，改变原来的宽袍大袖，学习胡人的骑马射箭，代替笨重的车战。骑马射箭，速度、灵活度、能量、战斗力，都会提升一个量级。但他担心地说：“大凡有高出世俗的功绩者，必然会被说成是违反习俗者，即便有独到的见解，众人也会对他不满。我如果在全国推行胡服骑射，天下定会讥议我。”肥义是思想开通之人，听到君王为了国家的强盛而搞变革，当即表示赞成，成为第一个支持者。有国相支持，变革的信心增强了，赵武灵王率先穿上了胡服，并且很自信、有定力。他坦诚地说：“傻子在笑，明白人在看。这事我定了，我们就学胡人怎么穿衣服、骑马、射箭，加上汉人的规模、我们定居的习惯，日后必将成为天下非常大的一股力量。虽然现在整个世界都在笑话我，但是北方胡人的天下、北方的中山国，我一定会拥有的！”

赵武灵王身着胡服一事，像“大地震”一样，在朝野引起强烈震荡。

他决心做好大臣们的说服工作。他先是派王孙继捎话给叔父公子成："我穿胡服上朝，希望您也身着胡服，您是我的父辈，如果我下令全国穿胡服，您若不穿，我怕惹起天下议论。"并且全面阐述了倡行"胡服骑射"的缘由。公子成仍表示不理解，捎口信说："我早就听说您穿胡服了，只是因为我卧病在床，行动不便，未能及时给您提意见。我觉得，我国是文明礼仪之邦，是那些未开化的部族应该仿效取法的地方。如今您反倒放弃我国的长处，而套用远方之服，变古之教，是否合适，望您再三考虑。"

赵武灵王认为，公子成是老一辈人，又是赵国的贵族，说服公子成是实行变革的一个关键。于是，他亲自来到公子成家中，借慰问病情的机会，进一步做说服工作。武灵王对公子成说："人穿什么衣服，是为着行动方便；用什么礼，是为着办事方便。所以圣人视当地风俗而因地制宜，根据行事的便利而制定礼节。不管是越国，还是吴国，礼节和服饰并不一样，利国便民的原则却是一样的。因此，只要对人民有利，圣人采取的措施不是一成不变的。今天赵国的形势，东方有河，但是赵国却没有水军；西边与秦、韩等国接壤，却没有骑射之备。所以我想推行胡服骑射，增强国防力量。您却憎恶变服之名，而忘国事之耻。"赵武灵王从赵国的形势及名与实的关系上论述了改革的必要性，特别是讲到赵国刚被秦国打败的国耻，使公子成醒悟了过来，公子成连连磕头说："我实在是太愚蠢了，您继承的是先人的遗志，为的是使赵国强大起来，我怎么敢不服从您的命令！"

接着，赵武灵王又分别做反对变革的贵族赵文、赵造的说服工作，阐述了"治世不一道，便国不法古"(《商君书 · 更法》)等深刻道理，守旧大臣一个个转变了思想。很快，赵国上下统一穿上了胡服，以骑马射箭取代了车战。

经过胡服骑射的改革之后，新的战略、新的军事技能确实让赵国变得更强大了。赵国超越了狭隘的民族观念和时代局限性，学习了新的战争技术和理念。"胡服骑射"让赵国在赵武灵王的统治下复兴了一段时间，并且如他所想，中山的土地归他了，漠北胡人的土地也归他了。赵武灵王的“胡服骑射”，助他实现了当初的理想。胡服骑射是那时候的先进战术，赵武灵王的“胡服骑射”，才是中国骑兵的开始。中国很早以前就开始用马，商代的时候就开始用战车；而把战车放开，让人骑到马上边，看上去是进步了一小步，其实是战争史上的一大步，开当时风气之先。（参考文献：《战国策·赵策二》《资治通鉴·周纪》）

启示　**赵武灵王的“胡服骑射”改革，动机是好的，头脑是清醒的，目光是深远的，目标是进步的，决心是坚定的，措施是有力的，效果是理想的，表现了赵武灵王敢破敢立、锐意进取的战略智慧和坚强意志。“胡服骑射”改革与传统的“天朝至尊”观念相冲突，群臣放不下大国的架子，因而群起抵制。赵武灵王说服群臣赞同改革，不是恃国王之威，而是先个别耐心地做骨干大臣的思想工作，一个是国相，一个是元老大臣，这几位都是朝中最有影响的人物；其次结合赵国的历史和现状，阐述“变”与“不变”的利弊；最后是用“便国不必法古”“循礼者不足多”的哲理，解开了反对派的思想扣子。这是倡行“胡服骑射”取得成功的几个原因。**

011
李斯与《谏逐客书》

战国时期，秦国国王嬴政车裂大臣嫪毐之后，逐步掌握了全部实权。这时，有宗室大臣向秦王建议：“大王，您看那些外来客卿，在秦国做官，最终都是为他们自己的国家做说客，危害秦国，应当把他们全部驱逐出境，清除隐患，方才安全。”秦王嬴政听后，未经深思、未经周密论证，就同意了这个建议。公元前237年，秦王十年的时候，向全国下达了逐客令，驱逐全部外来客卿。

李斯（？—公元前208年），原籍是楚国人，也在被驱逐之列。李斯已经收拾好行李，准备回国。将要离开的时候，总感觉逐客令不对劲，如鲠在喉，不吐不快，于是鼓起勇气给秦王嬴政写了一份奏议——著名的《谏逐客书》。鲁迅先生对这篇文章有高度的评价，说秦国时期的文章，李斯的《谏逐客书》写得最好。这篇文章中，李斯采用逐层分析的手法，论证了逐客令的错误。

首先，李斯指出，从前秦穆公实行开明政策，广纳天下贤才，从西边戎族请来了由余，从东边宛地请来了百里奚，请他们为秦的大业出谋划策；而且，当时秦国的重臣蹇叔来自宋国铚邑（今安徽省濉溪县），丕豹和公孙枝则来自晋国（今山西省）。当年秦国称霸春秋，秦孝公起用卫国（今河南省）人士商鞅实行变法，使诸侯归附，使国家强盛。接下来，秦惠王起用魏国（今山西省）人士张仪，破坏六国的合纵大计，使他们都向秦国靠拢。到秦昭襄王的时候，又得到魏国人士范雎的帮助，使政府权力扩张，私人权力减弱。这些人都来自异地，都为秦国的强大做出了巨大贡献，使秦国收复了二十多个小国。而秦国有名的君主，并未因他们是异地人而拒之门外，反而因任用他们而得益。由此可见，外籍人士总的来说没有什么对不住秦国的地方。

李斯又说，臣听说地域辽阔粮食就多，国家广大人口就多，军队强大士兵就勇敢。因此泰山不拒绝泥土，所以形成了它的高大；河海不挑拣细流，所以成就了它的深广；帝王不拒绝众多的百姓，所以能使自身功德昭著。因此，地域不论东西南北，百姓不论异国他乡，一年四季充实美好，鬼神降恩赐福，这就是五帝三王无敌的原因。现在秦王却抛弃百姓以帮助敌国，拒绝宾客以为诸侯成就功业，让天下的贤士退却而不敢向西而来，裹足不前而不进入秦国，这就是所谓“借给敌人武器，送给盗贼粮食”。

如今的逐客令对待人才很成问题，不问可用不可用，不论是非曲直，不是秦国人都得离去，是客卿的一律驱逐。再看看那些女色音乐、珍珠美玉，它们都不产于秦国，但是大王却照样想拥有。这样看来，大王所重视的是美色、音乐、珍珠、玉器，而轻视的是人才。这不是用来据有天下、控制诸侯的策略。

东西不是秦国出产的，可珍贵之物很多；贤士不是秦国出生的，而愿效忠的很多。如今驱逐客卿去帮助敌国，减少人才而对仇敌有益，使自己内部空虚而外部又跟诸侯结怨，要想国家没有危险，那是不可能的。

李斯直言指出，秦王的逐客令极为不妥，把各方贤能的人都赶出秦国，这就是为自己的敌人推荐人才，帮助他们扩张实力，而自己的实力却被削弱，这样不仅统一中国无望，就连保住秦国政权也是一件难事。李斯之言使得秦王如醍醐灌顶，恍然大悟，急忙下令收回逐客令，并把李斯从被驱逐的路上召回来，辅佐自己。

秦王嬴政因为听取了李斯的建议，不但留住了原有人才，而且吸引了其他国家的人才来投奔秦国。秦国在数年之内集聚了大批人才，壮大了自己，逐步削弱并吞并了六国。十年之后，秦王终于完成统一大业。（参考文献：《史记·李斯列传第二十七》《古文观止》）

启示　秦王嬴政下达逐客令时才二十三岁，不是成熟政治家的年龄。李斯面对秦王下达的逐客令，必须离开秦国。而李斯志在秦国有所作为，白白离开，心有不甘。怎么办？于是鼓起勇气，写了《谏逐客书》，对逐客令的错误进行了客观分析，最终说服了秦王嬴政，让其收回了逐客令，李斯本人也得以留在秦国发展。该文具有战略思维，指出了秦国要想发展国力、统一天下，必须发展统一战线，团结一切可以团结的力量；切不可相反，为渊驱鱼、为丛驱雀，落得个孤家寡人。《谏逐客书》颇有统一战线思维，讲得有理有据，以理服人。鲁迅评论说：“秦之文章，李斯一人而已。”他认为李斯虽为羁旅之臣，但其《谏逐客书》抗颜陈词，有一种不可抑制的气势，成为后世奏疏的楷模。

012
汉文帝废除肉刑，推行薄葬

中国从奴隶社会到汉文帝时代，一千多年中，在法律上一直实行肉刑。狭义的肉刑，包括黥（刺面并着墨）、劓（割鼻）、刖（斩足）、宫（割势）四种刑罚，起源于“杀人者死，伤人者刑”的原始同态复仇论。至夏、商、周成为国家常刑，有“三典五刑”之说，秦及汉初相沿不改。广义上的肉刑则指死刑以外的其他刑罚。以其侵刻肌肤、残害人体，故名“肉刑”。《荀子·正论》：“世俗之为说者曰：‘治古无肉刑，而有象刑。’”所谓“治古”，指的是尧、舜太平盛世。《汉书·刑法志》：“禹承尧、舜之后，自以德衰而制肉刑，汤、武顺而行之者，以俗薄于唐、虞故也。”这是说，肉刑始于夏、商、周三代。

淳于意曾是掌管都城粮库的长官，犯了罪，按照当时的法律，将被判处肉刑。他的小女儿淳于缇萦为了救父，随父到了长安，上书汉文帝为父求情。意思是说，她的父亲将受到肉刑，其结果是使受刑人的身体不能复原，也就永远失去了改过自新的机会。她情愿进官府当奴婢，替父赎罪。

汉文帝刘恒（公元前202—前157年）看了淳于缇萦的上书后深受触动，自责对下属教育引导不够，致使下属犯罪；犯罪后又对人处以肉刑，不给人改过自新的机会，这种传统刑罚是不对的。于是，公元前167年，汉文帝下诏废除了肉刑。其实，汉文帝废除肉刑，有三个因素促成。一是他本人是个仁君，爱民如子，治国安民高人一筹，有前瞻意识。秦国的重臣商鞅对肉刑给予肯定，认为实行肉刑的目的不是伤害百姓，而是为了制止犯罪。汉文帝不同意商鞅的说法，指出肉刑在历史上并没有达到制止犯罪的目的，问题在于“不教而诛”。汉文帝从预防、制止犯罪，教育、挽救罪犯的高度，说明肉刑的弊端及废除其的必要性。二是西汉建国以来实行“无为而治、与民休息”的政策，注意从各个方面减轻人民的负担，改变刑罚是其中一个重要方面。三是社会提出了废除肉刑的时代呼吁。从这个角度来看，淳于缇萦上书救父，得到了汉文帝的批准，就不是一个偶然的事件了。

汉初统治者注意吸取秦亡的教训，废除了一些严刑苛法，无为而治，于是出现了繁荣清明的“文景之治”。汉文帝在位期间，先后废除了肉刑中的墨、劓、斩左右趾（实即剕刑）和宫刑，被后人誉为“千古之仁政”。自此以后，肉刑一度停废，但偶有恢复，如汉武帝对司马迁所施宫刑（将男子阉割去势）。魏、晋以后，虽屡有恢复肉刑的议论，但终未被采用。当然，使用肉刑的个别事例还是有的。废除肉刑是中国社会从野蛮走向文明的重要标志，淳于缇萦的上书、汉文帝的批准，均功不可没。

汉文帝还注意从丧葬方面减轻人民的负担。他在遗诏中写道：当今之世，奢侈的葬礼造成严重浪费。许多家庭为了陪葬丰厚，弄得倾家荡产；为了长期守孝，全家生活受到损害。他下令全国官民丧事一律从简，首先从他自己做起。哭灵祭祀以三天为限，三天后一律解除丧服。他死后的陪葬品全部用陶瓷制品，不使用金、银、铜、铁等金属制品。汉文帝以身作则，为后人做出了榜样。（参考资料：白寿彝总主编《中国通史》，上海人民出版社1995年版；王占君《汉文帝》，华夏出版社2006年版）

启示　汉文帝废除肉刑，推行薄葬，影响深远，具有里程碑意义。肉体摧残是暴政之举，受刑后不能逆转，容易把人逼上绝路；灵魂改造则是良治之法，使犯人有出路有盼头。废除肉刑是对人权的尊重，是使人成其为人的一个重要方面。推行薄葬，主张丧事从简，改变了陋习，减少了浪费，节约了时间和财富，改善了人民生活，是高尚理性和伟大智慧的表现，此举千古流芳。

013
班超平定西域，为国戍边

东汉班氏一家，文武双全，世人敬仰。班彪是著名史学家；其长子班固，为《汉书》作者；次子班超，乃威震西域名将；小女班昭，才华横溢，有“才女”之称。

本文单讲班超的战略智慧。班超（公元32—102年），字仲升，东汉右扶风平陵（今陕西省咸阳市）人。公元62年，班超之兄班固任校书郎，班超和母亲随兄长迁往京城洛阳。因生活拮据，班超为官家抄书，以供养家母。他久伏书案，常常劳累过度。有时，他投笔长叹：“大丈夫，应立功异域，安能久事笔砚！”

东汉初，匈奴复起，西域诸国迫于匈奴压力，也附从反汉。汉明帝命窦固讨伐匈奴。班超投笔从戎，立了战功。于是，窦固派他出使西域，争取诸国与匈奴断交，与汉结好。

公元73年，班超一行三十六人，首先来到鄯善国。鄯善王起初对他们十分友好，但是不久后突然怠慢起来。班超经过分析，判断一定是有匈奴使者来到。一次，他以了解内情的神态，突然询问一个鄯善侍者有关匈奴来使的情况，从侍者口中探明了真情。班超对同行人员说：“如今匈奴使者来了，鄯善王改变态度。如果他把我们抓起来，送给匈奴，我们只有死路一条。我们身处绝境，只有杀死匈奴来使，才能死里逃生。”于是，大家按照班超的计划，乘夜纵火烧了匈奴使者的居所，烧死一百多人，杀死三十多人。

班超的大智大勇，使鄯善王大为惊恐，他急忙把儿子送到东汉做人质与汉结好。

汉明帝十分欣赏班超的机敏果敢，任他为军司马，正式委以汉使，继续出使西域诸国。班超等远离中原，独处异国，在西域几十个国家中穿梭外交，到公元78年，西域三十六国除焉耆、龟兹外，都附属东汉王朝。之后，班超又提出了“谈打结合”的策略。公元91年，班超终于平定了西域，东汉王朝重新设置西域都护府，任命班超为都护，居于龟兹。从此，班超威震西域！

班超在遥远的边域，一住就是三十余年。他六十九岁时，因年老体弱，思念故土，上书朝廷，请求回国。奏书说：“我不敢企望能到酒泉郡，但愿活着进入玉门关。现派我的儿子班勇随同安息国进贡使者入塞，趁我尚在人世，让班勇亲眼看到中原的风土。”可是，奏书呈上，朝廷三年不复，希望班超晚年继续为国戍守边疆。

班超的妹妹班昭对此心有不甘，她上书奏曰：“请在班超余年，让他活着回来。再次看到京城宫阙，使国家没有远方的忧虑，西域没有猝然的变故。”汉和帝被班昭奏书所感动，于是召班超回国，颐养天年。（参考文献：《后汉书·班梁列传第三十七·班超传》《资治通鉴·汉纪第三十六》；资料来源：侯又白、周溯源辑议）

启示　班超出身仕宦之家，幼有底功，长有所长，志存高远，投笔从戎，立功边疆。他火烧匈奴使者帐篷，用“谈打结合”的方式平定西域，戍边三十余年，展现了宏大的战略思维。他敢于斗争、善于斗争，勇气可嘉、智慧可钦。

014
刘备学圃蒙曹操

古人云：“张良辟谷、玄德学圃，非智者，不能也！”这是后世人对刘备大智若愚、大勇若怯的赞颂。三国时的刘备，胸怀大志，欲夺天下，但在沛城被吕布打败，只好投奔曹操，暂为栖身之地。曹操对刘备极不放心，严加控制。刘备为防曹操谋害，尽量掩其本色。为使曹操认为他是一个胸无志向的无能之辈，便在屋后开了一个菜园，终日在园里种菜、施肥、浇水、锄草，不问天下事。曹操派暗探监视刘备活动。探者每次回复都说："刘备在家闲居，每日只是在园圃里种菜。"尽管如此，曹操仍有疑心。

一天，曹操请刘备赴宴。酒至半酣，忽然阴云密布，暴雨将至。曹操指着天上一道闪电说："龙能大能小，能升能隐，大则兴云吐雾，小则隐身藏形，升则飞腾于宇宙之间，隐则潜于波涛之内。时已深春，龙乘时变化，就像人得志而纵横四海一样。龙之为物，可比世之英雄。玄德游历四方，必然知道当今谁是英雄。"刘备故意装傻，说出了袁术、袁绍、刘表、孙策等可谓英雄。曹操一一加以评论，指出他们都不是真正的英雄，并说："夫英雄者，胸怀大志，腹有良谋，有包藏宇宙之机，吞吐天地之志者也。"刘备问："那么，你说当今谁是英雄呢？"曹操用手先指刘备，后指自己说："方今天下，英雄只有使君与我！"刘备听到此言，以为曹操看破了他的心思，心里一惊，手中的筷子掉到了地上。这时，正巧一声巨雷响起，暴雨骤至。曹操问刘备："为什么掉了筷子？"刘备从容地拾起筷子说："一震之威，乃至于此。"曹操说："雷乃天地阴阳击搏之声，何为惊怕？"刘备说："我从小就害怕雷声，一听见雷声，只恨无处躲藏。"曹操冷笑，确认刘备是个胆小怕事的无用之人。事后，刘备对结拜兄弟关羽、张飞说："我在后园学圃种菜，是想让曹操知道我是无能之辈；席间掉了筷子，是怕曹操说出我是英雄；我说怕雷声，是想让曹操视我如小儿，这样，他就不会加害我了。"

后来，刘备主动请战，领军截击袁术，曹操答应了。刘备星夜上路，关羽、张飞问大哥此行为何这样慌忙。刘备说："吾乃笼中鸟、网中鱼。此一行，如鱼入大海、鸟上青霄，不受罗网之羁绊也！"曹操此次放了刘备，这才有了后来的三国鼎立之势，刘备终成一方霸业。（参考文献：《三国志 · 魏书 · 武帝纪》《三国志 · 蜀书 · 先主传》《三国演义 · 曹操煮

酒论英雄　关公赚城斩车胄》)

启示　刘备胸怀大志、腹有良谋，然而，因时运不济，“勉从虎穴暂栖身”；但他与曹操煮酒论英雄时，“巧借闻雷来掩饰，随机应变信如神”。后来，刘备与曹操、孙权三分天下，演出了一幕幕历史活剧，在历史上为后人留下了鲜明的独特形象。

015
诸葛亮与《隆中对》

诸葛亮在南阳隆中耕种，喜爱吟唱《梁父吟》，身高八尺，常把自己和管仲、乐毅相比，而当时人们并不认可，只有博陵的崔州平、颍川的徐庶认为属实。

适逢刘备驻扎在新野，徐庶拜见刘备，向其推荐了诸葛亮。于是刘备去隆中拜访，先后去了三次，才见到诸葛亮。刘备对诸葛亮说：“汉室的统治崩溃，奸邪的臣子盗用政令，皇上蒙受风尘遭难出奔。我不能衡量自己的德行能否服人，难以估计自己的力量能否胜任，想要为天下人伸张大义，然而我才智与谋略短浅，沦落为失败的局面。但是，我的志向并不甘休，您认为我应该采取怎样的办法改变局面呢？”

诸葛亮答道：“自董卓独掌大权以来，各地豪杰同时起兵，占据州郡的人不可胜数。曹操与袁绍相比，声望少，然而曹操最终之所以能打败袁绍，以弱胜强，依靠的不仅是天时好，也是人的谋划得当。现在曹操已拥有百万大军，挟持皇帝号令诸侯，确实不能与他争强；孙权占据江东，已经历三世了，地势险要，民众归附，又任用了有才能的人，只可把他作为外援，不可谋取。荆州北靠汉水、沔水，一直到南海的物资都能得到，东面和吴郡、会稽郡相连，西边和巴郡、蜀郡相通，这是大家都要争夺的地方，但是它的主人却没有能力守住它，这大概是上天用它来资助将军吧，将军可有占领它的意愿？益州地势险要，土地肥沃，自然条件优越，高祖凭借它建立了帝业。刘璋昏庸懦弱，张鲁在北面占据汉中，那里人民殷实富裕，物产丰富，刘璋却不知道爱惜。有才能的人都渴望归附贤明的君主。将军既是皇室之后代，而且声望高，闻名天下，广泛罗致英雄，思慕贤才，如饥似渴，如果能占据荆、益两州，守住险要的地方，和西边的各个民族和好，又安抚南边的少数民族，对外联合孙权，对内革新政治。一旦天下形势发生变化，就派一员上将率领荆州军队直指中原，将军您亲率益州军队从秦川出击，百姓谁不箪食壶浆以迎将军？如果真能这样做，则霸业可成，汉室可兴。”（参考文献：《三国志 · 蜀书 · 诸葛亮传》）

启示 **公元207年，徐庶把诸葛亮推荐给刘备。刘备前往隆中，三顾茅庐。诸葛亮在草堂里接待了刘备，分析了天下大势，令刘备悦服。后来，诸葛亮出山辅佐刘备。这篇《隆中对》出自陈寿的《三国志 · 蜀书 · 诸葛亮传》，诸葛亮纵谈天下大势，为刘备提出了发展方向，将来三分天下的建议，展现了杰出的战略思维。《隆中对》体现了诸葛亮的远见卓识，他善于审时度势，掌握全局，高瞻远瞩。诸葛亮在对策中，为刘备成就蜀汉大业规划了一条明确又完整的内政、外交和军事路线，描绘出了一个魏、蜀、吴三分天下的蓝图。诸葛亮先论“不可争”与“不可图”，次论“可争”与“可图”，最后写“争”与“图”的步骤和规划，由近及远，层层递进，思路清晰。刘备为之悦服，进而将其作为自己发展的路线图。**

016

房玄龄择主辅佐

唐初，宰相房玄龄病逝后，唐太宗李世民泪如雨下，三日不朝，并准其陪葬昭陵。不难看出，房玄龄在太宗心中的地位是多么重要！

房玄龄（公元579—648年），字乔，自幼聪敏，博览经史，工书法，善写文，其父曾任泾阳令。一次，年轻的房玄龄随父进京，他审视国情，看透了天下太平的假象，看到了暴隋将亡的征兆，悄悄地对父亲说："隋炀帝本无功德，只是迷惑百姓。现皇子间嫡庶混乱，互相倾轧，终有一天将自相残杀，毁国败家。眼下虽清平无事，但国亡已为期不远。"听了房玄龄的高深见解，父亲大为惊异。

隋末，秦王李世民举兵反隋，房玄龄听说李世民有远见卓识，便赶到渭北谒见。李世民与他一见如故，立马任玄龄为记室参军。房玄龄也庆幸遇到了明主，于是竭力相助。

唐高祖李渊的长子李建成，见二弟李世民智勇双全，功高盖己，便想除掉李世民。房玄龄看出了李建成的险恶居心，便对李世民的妻兄长孙无忌说："李氏兄弟间嫌隙已成，祸机将发，天下汹汹，人怀异志。变端一作，大乱必兴。不但要祸及朝廷，也会殃及社稷。我有一计，不如辅佐李世民继位。这样可外宁华夏，内安社稷，不然，将国破家亡，身名俱灭，死无葬身之地!"长孙无忌说："公之所言，正合我意。"遂入告李世民。李世民闻知，立召房玄龄问计。房玄龄说："国家患难，今古相同。没有圣明君主，不能安辑。大王功盖天地，传播四海，天意所在，何用人谋？"李世民闻言，拿定主意，决定先下手为强，于公元626年发动了"玄武门之变"，杀死了太子李建成和四弟齐王李元吉，迫使高祖李渊让出皇位，是为唐太宗。

李世民即位后，任房玄龄为宰相。李世民的叔父淮安王李神通，对厚封房玄龄不服气，对唐太宗发牢骚："你刚起兵时，是我率兵相随，房玄龄乃刀笔之吏，竟功居第一，臣心不服。"唐太宗回答道："今计功行赏，房玄龄有运筹帷幄，定社稷之功，如同汉之萧何，虽不冲锋陷阵，但助君指明方向，把握重心，故功居第一。叔父你虽是皇亲，我也不能因私照顾，滥予功臣同赏呀!"李神通词穷而退。

公元640年，唐太宗拜房玄龄为太子少师。三年后，又拜其为司空。房玄龄深知李氏皇亲对他怀有成见，如果官高禄厚，恐招来灾祸，于是上表辞官不就。唐太宗说：“过去张良让位，自惧盈满，知进能退，受到人们赞美，你也想向他学习，真是可敬可庆呀！”（参考文献：《旧唐书·列传第十六·房玄龄》《新唐书·列传第二十一·房玄龄传》《资治通鉴·唐纪八—十一》）

启示 **房玄龄洞察大势，择主从政，辅佐李世民，运筹帷幄，安邦定国，协助成就了盛世“贞观之治”。为避祸乱，他不受封赏，功成身退，保持了名节。房玄龄的成功，得益于他自惧盈满、知进能退的处世之道。**

017 姚崇为官讲原则、敢担当

宰相在封建社会是一人之下、万人之上的尊位。有多少人为争此官，明争暗斗，同室操戈！但唐玄宗欲让姚崇为相，姚崇却提出了一大堆先决条件，如不答应则不当宰相。这是怎么回事呢？

唐睿宗时，姚崇就是宰相。当时，太平公主倚仗自己是皇亲，经常干预朝政，使政令不能畅通。姚崇奏请皇帝让太平公主退居东都。结果，公主施威，没人敢动。姚崇却遭贬黜，被降为申州刺史。唐玄宗继位后，深知姚崇是位匡扶社稷的相才，欲召他为相。姚崇向唐玄宗提出，要用我为相，必须禁止宦官、外戚干政，以及奖励群臣劝谏等十项建议。如不答应，决不再任宰相之职。唐玄宗毫不犹豫，一一应允，姚崇这才出任宰相。姚崇这种先提条件再接受任用的战略考虑，为以后防人中伤、不失帝王信任，打下了坚实基础。

公元716年，山东地区蝗虫成灾，庄稼受害，百姓遭难，姚崇主张及时灭蝗。但当时朝臣中不少人思想迷信，认为蝗虫是“天虫”，不可扑杀，只能烧香跪拜，求它们飞走。这些人还在朝廷之上说姚崇一意孤行、违背天意，这样下去必给唐朝招来祸害。姚崇见蝗虫越来越多，急奏朝廷道：“蝗虫怕人，易为驱逐，且庄稼都有主人救护，必不辞劳，蝗虫有趋火特性，若夜间点火，火边掘坑，边烧边埋，除之可尽。”唐玄宗当即准奏。于是，姚崇立即派遣御史，分赴各州，督导灭蝗。但是，汴州（今河南省开封市）刺史倪若水，拒绝接待御史，抵制灭蝗。他上疏奏道：“消除天灾应靠仁德感化方法，当初刘聪（魏晋十六国汉赵国皇帝）就是因除蝗不成而为害更甚。”姚崇见奏章后大怒，他写信斥责倪若水：“刘聪是一个昏君，故德不胜妖；今主圣明，妖不胜德。如果说守臣有德，虫不入其境，那么现在你州飞蝗蔽日，是不是因为你无德！如果你坐视害虫食苗而不救，那么日后百姓挨饥受饿，你心何安！”倪若水一来理屈词穷，二来怕担当罪责，只好派出官吏指挥百姓灭蝗。结果，仅汴州就灭蝗十四万石，大大减少了粮食损失，百姓均称颂姚公。从此，唐玄宗对姚崇更加信任。（参考文献：《资治通鉴·唐纪二十六、二十七》）

启示　对于宰相职位，姚崇首先看到的不是高官厚禄，而是高尚的责任。为了履行好责任，所以他先提条件，满足了条件再上任。上任后，他遇事敢于担当，勇于负责，同愚昧守旧、懒惰拖拉、不负责任的行为开展斗争，体现了他的高尚节操，以及讲原则、敢担当的精神。

018

“高筑墙，广积粮，缓称王”的战略构想

朱元璋，生于元朝文宗天历元年九月十八日（1328年10月21日），濠州钟离（今安徽凤阳）人。朱元璋在家排行第四，家族兄弟排行第八，故

名“朱重八”。1343年，当地发生旱灾，次年春天又发生了蝗灾和瘟疫。不到半个月，朱元璋的父亲、大哥和母亲先后去世，只剩下朱元璋和二哥，家里没钱买棺材，甚至连块埋葬亲人的土地也没有。邻居刘继祖给了他们一块坟地。兄弟二人找了几件破衣服包裹好父母和大哥的遗体，草草安葬了。此后，朱元璋与他的二哥、大嫂和侄儿被迫分开，各自逃生。

朱元璋举目无亲，只好投奔皇觉寺，剃度为僧。不久，当地闹饥荒，寺庙得不到施舍，住持只好打发和尚们云游化缘。于是，时年十七岁的朱元璋只好离开寺院，托钵流浪。流浪了三年，他走过许多州府，看到了民间疾苦，也增长了社会见闻。此间，由于民族压迫和阶级压迫，社会矛盾日益激化，加上连年灾荒，饥寒交迫的农民纷纷起义，反抗元朝统治。二十五岁那年，朱元璋投奔郭子兴的红巾军，成为起义队伍的一员。由于朱元璋精明能干，郭子兴留他在身边做亲兵，后来升其为亲兵长（侍卫队长），又将养女马氏嫁给朱元璋。马氏聪明贤惠，是朱元璋的贤内助。朱元璋性格刚强，作战勇猛，精明睿智，沉着镇定，很快脱颖而出，成为郭子兴手下的一员大将。朱元璋志存高远，希望在群雄蜂起之秋，统一中华，重建太平。他很注意听取有学问、有远见的谋士之见。

攻打安徽和州之前，定远人士李善长投奔朱元璋。朱元璋以礼相待，并请教：“李先生，今天下大乱，如何才能太平？”李善长答：“秦朝时候也是天下大乱。出身亭长的汉高祖，气量大，能容人，又不滥杀人，所以很快就统一了天下。将军如能学习汉高祖，定当成就大业。”朱元璋于是照办，并留下李善长做谋士，高兴地自比为汉高祖得到了谋臣萧何。

1355年，朱元璋准备渡过长江寻求发展。这时，老儒士陶安来见朱元璋。朱元璋便向他请教过江后的方略。陶安称赞朱元璋有济世安民之志，不像其他拥兵割据的人只知抢掠妇女、财物，并无大志，建议朱元璋大军渡过长江，占领太平（今安徽省马鞍山市当涂县）后，迅速夺取龙盘虎踞的金陵，作为平定天下的根据地。朱元璋认同，按陶安之策，过长江，取太平，攻金陵。是年，郭子兴病逝，其子郭天叙接班当都元帅；但是不久，攻打集庆时郭天叙战死，于是，郭部的所有人马便都集中到副元帅朱元璋手里，朱元璋军力得到增强。

1356年，朱元璋攻下了集庆城，并将集庆改名应天府，从此有了一块稳定的根据地。虽然此时张士诚、陈友谅、方国珍等起义军首领已纷纷称王称帝，但朱元璋感到自己力量还不够强大，仍然低调，仅称“吴国公”。

下一步如何发展？打下集庆后，朱元璋得谋士朱升。朱元璋向他请教关于发展战略的思路，朱升说：“高筑墙，广积粮，缓称王。”这九个字，对朱元璋的未来发展做出了长远规划，契合当时形势，也符合朱元璋当时的实力，具有前瞻性思维。朱元璋非常高兴，采纳了朱升建议。正是在这一方针指导下，他一步步完成了统一中国的大业。

起义之初，中原逐鹿，在各路英豪里，朱元璋这一路并不起眼，比起东路占据江南富裕地带的张士诚，西路占据两湖的首领陈友谅，朱元璋夹在中间，仅据有安徽和南京，区域狭小，实力远不如人。由于当时起义者众多，元朝采取的政策是谁先称王就打谁。朱升的“高筑墙”是避其锋芒，先求自保；“广积粮”是发展实力，扩充兵马粮草；“缓称王”是让元军先打出头鸟，让他们彼此间消耗。朱元璋按照九字方针，等到实力强大后，再逐一消灭群雄，先后打败了陈友谅、张士诚和方国珍诸部，统一各路起义军，推翻元朝，最终在1368年实现了改朝换代的战略目标。从投身起义到建立明朝，朱元璋总共花了十五年光阴。（参考文献：《明史·列传第二十四·朱升》）

启示　**当年朱升为朱元璋设计的“高筑墙，广积粮，缓称王”的战略思路，是打牢基础、步步为营、稳健推进、最终取胜的方针。它要求不急功近利，不急于求成，循序渐进，久久为功。放在今天，这九个字，对我们的个人成长和作为，也具有很好的启迪作用。首先通过“高筑墙”的方式，固守自己的地盘。明确自己应该专注的领域，集中精力，在外界环境复杂干扰的情况下，坚定自己的攻坚范围，保证把主要力量用在关键处。其次，“广积粮”，强调储备实力。在“高筑墙”的基础上，深耕积**

累，搞通搞透，工作做深做细；保证战略上不出大的差错，尤其是不出颠覆性大错，把细节做好，步步为营，行稳致远。最后，“缓称王”，这是制胜的关键策略。“称王”实质是树旗号、发声明，求名声、创地位。在个人成长历程中，一些人容易犯的致命错误，就是过早地亮旗帜、谋高位，从而分散了干事业的精力，致使事业未竟，功败垂成。智慧思维告诉人们：必须稳扎稳打，久久为功，方得胜利。

019 地名中的治国谋略

成功的封建统治者喜欢不断积累和总结治国之策，而且会把这些良策写进圣旨、法律，甚至植入地名之中。特别是战乱之后，或者平定地方和边疆叛乱之后，他们痛定思痛，适时调整并出台政策与策略，还会把经典政策以极简明的文字，如“怀”“抚”“绥”“靖”等，植入地名之中，不仅让朝廷上下永远铭记，也让全国都牢牢记住历史。

以“怀”冠地名的有不少，体现统治者安抚、团结的意图和政策。北京怀柔之名就凸显出这个特征。唐朝平定北部边疆，为了安置好内附的契丹部落，特选此地，并于开元四年（公元716年）取《礼记 · 中庸》“柔远人则四方归之，怀诸侯则天下畏之”的句子命名为“怀柔”，寓“招徕安抚”之意。

河北怀安县，始置唐长庆二年（公元822年）。史书记载得很明确，怀安之称寓有“朝廷施行仁政，百姓怀恩而安”之意。

冠“抚”的地名，突出封建王朝统治者为巩固统治，坚持抚恤的政策和策略。

辽宁抚顺，以明代抚顺城为名。抚顺城建于明朝洪武十七年（1384

年），当时全国基本平定，但东北尚存少量元朝残余势力。为了稳定这股残余势力，明朝出台“抚顺持重”政策，目的在于“抚绥边疆，顺导夷民”，抚顺之名就含有“安抚顺导”之意。

江西抚州，在历史上比较著名。隋灭陈国时，在此打的一仗甚为艰苦、惨烈。隋文帝深感江山来之不易，遂将此地改为“抚州”，一则要彻底清除陈国的影响，二则要安抚当地民众，稳定局势。为此，选派杨武通“奉使安抚”。

在地名中植入“绥”字，体现了封建王朝统治者坚持安定、安宁的意愿和政策。

辽宁绥中县，明朝时为广宁中后所，因为这是清朝发迹之地，也是固有根据地，便改名“绥中”，寓“中后所永久平安绥宁”之意。

湖南绥宁县，“宋收复蛮地置县”。也就是说，宋朝平乱之后，取“安抚太平”之意，设绥宁县。

将“靖”植入一些地名，体现了封建统治者坚持社会稳定、安靖、平安的意愿和政策。

湖南靖州，古时名为诚州，常不安宁，北宋崇宁二年（1103年），朝廷即将出兵平定之时，占据诚州的杨晟臻“以诚州来归”，宋徽宗赵佶甚悦，“复置郡县，赐诚州名曰靖州”“取远人安靖之意也”，让归顺者在这里安静地生活。

江苏靖江，地处长江下游北岸，常年多水患，官民心多不宁，故名“靖江”，寓“江海安定太平”之意，以寄托人们美好的愿望，从精神和心理上给人们以安抚。（参考资料：高峻《地名中的治国谋略》，《新传奇》2020年第39期）

启示　汉高祖刘邦当年衣锦还乡时，与乡亲共舞，击筑高歌：“大风起兮云飞扬，威加海内兮归故乡。安得猛士兮守四方！”希望天下长治久安，海晏河清。其实不只是汉高祖这样，历代统治者莫不如此。从这些地名的命名与改动，可以看出统治者的意愿。毫无疑问，取这些表达长治久

安的地名，并不能保证国家的长治久安；要真正实现长治久安，必须实行仁政，以德治国，依法治国，赏罚公平，轻徭薄赋，让老百姓安居乐业。

020
魏源力倡“师夷长技以制夷”

魏源（1794—1857年，名远达，字默深，别号墨生、汉士，晚号良图，湖南省邵阳市人），中国近代第一个正式提出“学习西方”的思想家。他处于晚清基本封闭的时代，关于西方资本主义国家的长处，他主要关注其军事方面，认为：“夷之长技三：一战舰，二火器，三养兵练兵之法。”他认为“师夷”的具体办法是借助外国技术人员的传授，自行设厂制造新式船炮。他还由仿造外国军舰联想到制造商船，由仿造新式枪炮联想到制造民用产品，如，“量天尺、千里镜、龙尾车、风锯、火轮机、火轮舟、自来火、自转碓、千斤秤之属，凡有益于民用者，皆可于此造之”。他主张利用西洋以风力、水力、火力等为动力的机器。可以说，魏源是最早主张在中国建立近代新式机器工业的思想家、改革家。魏源还断言，如果中国能努力学习和采用西方的先进技术，中国就将会“风气日开，智慧日出”，就可以看到“东海之民，犹西海之民”，“云趋而鹜赴”地建立采用新式技术的工业企业。“师夷长技以制夷”，重点是能够“制夷”——学习夷人的长处、技艺，充实自己，是为了将来能够制夷。他最早提出了抵抗外国侵略的思想。（参考资料：张海鹏主编《中国近代通史》，凤凰出版传媒集团、江苏人民出版社2007年版）

启示　**作为中国近代著名思想家，魏源认为论学应以“经世致用”为宗旨，提出“变古愈尽，便民愈甚”的变法主张，倡导学习西方先进科学技术；首倡“师夷长技以制夷”，开启了中国了解世界、学习西方的新**

潮流。这是中国思想从传统转向近代的重要标志。魏源作为近代中国“睁眼看世界”的首批代表，成为清代著名启蒙思想家。

021
林则徐建言禁鸦片

英国完成工业革命后，需要一个广大的市场作为商品出口地，而中国刚好符合此条件。由于中国出产的茶叶、丝绸、瓷器等商品在欧洲市场十分受欢迎，英国人希望中国能开放贸易，但英国出口的羊毛、呢绒等工业制品在中国却不受重视。这使英国在中英贸易中出现巨大的贸易逆差（入超）。英国在18世纪开始实行金本位货币政策，而清廷则以银作为货币，与中国的所有贸易需要以银两折算，这使英国需要从欧洲大陆购入白银以进行贸易，金银一买一卖，令英国人利润受损。税率方面，中国对英国的进口货要抽百分之二十的高税率。直到19世纪二三十年代，中国对英贸易每年仍保持出超二三百万两白银的地位。为了改变这种不利的贸易局面，英国资产阶级通过外交途径强力交涉，未能达到目的，就采取了卑劣的手段，向中国大量走私特殊商品——鸦片，以满足他们追逐利润的巨大欲望。鸦片贸易给英国资产阶级、英印政府、东印度公司和鸦片贩子带来了惊人的暴利，打破了中国对外贸易的长期优势，使中国由二百多年来的出超国变成入超国。

“鸦烟流毒，为中国三千年未有之祸。”鸦片的大量输入，使中国每年白银外流达六百万两，中国国内发生严重的银荒，造成银贵钱贱、财政枯竭、国库空虚。鸦片输入严重败坏了社会风气，摧残了人民的身心健康。烟毒泛滥不仅给中国人精神上、肉体上带来损害，同时也破坏了社会生产力，造成东南沿海地区的工商业萧条和衰落。

早在1729年，雍正就发现鸦片是毒品，是公害，遂颁布了禁烟令：

贩烟者，枷号一月，发近边充军；私开鸦片烟馆引诱良家子弟者，照邪教惑众律，拟绞监候……这是清朝政府颁布的第一道禁烟令，不可谓不严。此时的鸦片输入量每年不超过二百箱。1780年，吸食鸦片者日增，乾隆重申清朝禁烟法令，并且禁止烟具的输入或贩卖。1796年，嘉庆帝也开始禁烟了，态度不能说不坚决，力度不能说没加大，但结果并不好：鸦片贸易由公开转入地下；鸦片价格上涨，每箱由二百元增加到五六百元；鸦片贸易激增，1795年至1797年年均进口一千八百余箱，1798年至1799年增至年均四千余箱。嘉庆年间，嘉庆帝先后共下发了六份文件，严禁鸦片。1820年，嘉庆死，道光继位。1821年，有御史揭发鸦片都流行到山西了。道光为之震动，严申鸦片禁令。1830年，道光拿出一份“绿头文件”，并且提醒官员们不要把自己的文件当作一纸空文。

1832年，两广总督李鸿宾的部队在镇压广东瑶民起义的战争中惨败。惨败的原因据说是官军因雨天鸦片烟管点不着火，造成士气不振。道光一听大为恼火，把两广总督李鸿宾、广东提督刘荣庆流放发配。

1833年，道光再一次颁发禁烟令，要求各地方督抚严厉禁烟。同年，英国议会通过废除东印度公司贸易专利权和商业职权法案，意味着英国远东自由贸易制度的建立，英国人人皆可以来天朝做生意了，这生意的内容当然也包括鸦片。所以，鸦片问题到道光时，已成为统治者最头疼的问题。此时，朝廷官员进行了一场禁烟大辩论。

1836年，太常寺少卿许乃济向道光奏请弛禁鸦片。他认为，法令愈严，官吏贿赂愈丰，禁烟没有意义，不如索性放开，只准以货易货。再说，凡吸食者都是人渣，皇上大可不必顾惜。不与洋人互市，是拔本塞源，将影响沿海数十万民众生计。他因此主张弛禁。

道光看了许乃济的折子，有些动摇，遂把球踢到广东，命两广总督邓廷桢会同广东巡抚、粤海关监督等讨论。讨论的结果是，广东大吏们同意许乃济的弛禁章程，认为弛禁“实于国计民生均有裨益”。

参与讨论的并不仅有广东大吏，还有内阁学士兼礼部侍郎朱嶟、兵部给事中许球，这两人是主张严禁的。朱樽说：“弛禁鸦片，军队进不能战，退不能守。若说只许民食，不许兵食，但兵出于民啊，还有，一旦吸上了烟，父不能诫其子，兄不能保其弟，主不能制其仆，一切就全乱套了。”许球说：“鸦片入关，全怨广东大吏查禁不严；明知鸦片害人，还任其流行，征其课税，堂堂天朝太失体统；自古制夷，不外先严格要求自己，再旁及夷人；至于边衅，现在也考虑不得了，因为英夷不揣好心，他们自己不吸，专叫咱们吸，洋银外移，长此以往，后果不堪设想。”

道光一看，觉得也说得对，立场又转向了严禁。

1838年，鸿胪寺卿黄爵滋上奏，主张严禁吸烟，直接严惩吸食者，吸者死罪。说已查过资料，红毛人有食鸦片者，政府把其系在竿子上，用大炮击入大海，故红毛无敢食者，云云；又说，英国也是食鸦片者以死论。所以他请皇上严降谕旨，准给一年限戒。一年以后，仍然吸食，格杀勿论。

道光看了之后，感觉不错，遂再次往下传谕，令各省督抚讨论。各省督抚合计上交作文二十九篇。督抚们都主张严惩，如湖广总督林则徐，完全同意黄爵滋的意见，主张严禁。林则徐在筹议严禁鸦片章程折中提出“禁烟六策”。

林则徐在奏折中分析了鸦片烟的危害，并且给皇上算了一笔账：吸烟者一天需费一钱，一年就是三十六两，四万万人口若有百分之一吸食，年漏银就不止万万两了。他警告皇帝说：“若犹犹泄泄视之，是使数十年后，中原几无可以御敌之兵，且无可以充饷之银。”就是这句话，一语惊醒梦中人！当皇帝，如果手中一没钱，二没兵，那下场就是垮台。这两点，击中了道光皇帝的痛点，坚定了其禁烟决心。

林则徐提出的“禁烟六策”如下：

一、收缴烟具，考核官吏时把此作为标准之一；

二、劝令烟民自新，将一年划为四期，限期戒烟，逾期严惩，格杀勿论；

三、开馆兴贩者、制造烟具者，加重处罚，限期自首。逾期不自首者及自首后再犯者，不是什么好人，处以死罪，也没什么可惜的；

四、上级查处下属，逾期没查出来，或者对亲近者失察的，纪律处分；

五、实行株连，知情不报者，与正犯同罪；

六、为了减少冤狱，应用熬审之法。也就是疲劳战，长期熬你，旁边站两人观察，看你犯不犯烟瘾。

既然林则徐的思路这么清晰，何不启用？道光十八年（1838年）十二月三十一日，道光皇帝下旨，任命林则徐为钦差大臣，节制广东水师，赴广州督办查禁鸦片，从而出现了后来的虎门销烟壮举。（参考资料：张海鹏主编《中国近代通史》，凤凰出版传媒集团、江苏人民出版社2007年版）

启示 **吸食鸦片，无疑是有害的；禁止鸦片贸易，无疑是必须的。本来清朝历代有先例可援，到了道光年间，却出现了弛禁派，提出歪理邪说，致使高层摇摆。而林则徐抓住问题的要害，明确指出如果允许吸食鸦片，则数十年之后，朝廷一无可用之兵，二无可用之银，势必滑向垮台。林则徐以前瞻性眼光，为禁烟提出了有力的论据，坚定了道光皇帝的禁烟决心。他本人则成为禁烟钦差大臣，成为民族英雄，令人敬仰。**

022
毛泽东与《论持久战》

1937年卢沟桥事变之后，日本军国主义者发动了全面侵华战争。他们来势汹汹，不可一世，企图以“速战速决”的战略方针，采取“闪电式”的进攻方式，在三个月内使中国丧失抵抗能力，迫使中国投降。到

1937年12月，日本侵华部队已经占领了北平、天津，基本控制了整个华北，进而又占领了上海、南京等城市，准备继续向武汉、广州推进。面对日军的攻势，中国人民奋起抵抗，展开了一场轰轰烈烈的全民族抗战。

早在全民族抗战爆发前，以汪精卫为代表的亲日派就曾发布“中国武器不如人，战必败”的悲观论调，后来又说“再战必亡”，宣传“亡国论”。以蒋介石为代表的亲英美派，则幻想依靠英美等外援力量迅速取胜。当时在中国共产党内，以王明为代表的“左”倾教条主义者，因麻痹轻敌和过高估计国民党的力量，也幻想能够速胜，宣传“速胜论”。那么，抗日战争能否取胜？能否速胜？怎样才能取胜？这些问题就成为中国广大民众关注的焦点。广大民众迫切希望得到正确的解答。

1938年5月，在武汉会战前夕，面对“亡国论”和“速胜论”两种论调，中国共产党及主要领导人毛泽东同志冷静思考，全面地考察了中日战争的历史条件，仔细地研究了中日双方的力量，得出结论：日本的军队力量、经济力量和政治组织力量都是非常强的，而中国都比较弱，所以战争一开始，必然对日本有利。但日本是小国，人力、物力都有限；中国是大国，地大物博，人多兵多，所以日本想要最终打败中国，却是做不到的。况且日本发动的侵略战争在国际上是失道寡助，而中国是得道多助，中国能够得到国际社会的广泛同情与支持。据此，毛泽东同志推断，这场战争将会是一场持久战，中国将经历战略防御、战略相持、战略反攻三个阶段，最后胜利一定是属于中国人民的。

1938年5月26日，在延安召开的抗日战争研究会上，毛泽东同志发表了演讲，把他对这场战争的看法和推断——“论持久战”公之于众。随后，1938年7月1日，这次演讲以《论持久战》为名，发表于延安出版的《解放》期刊上，并迅速流传到国内外。国民党控制的地区也很快发行了这篇文章。《论持久战》一文，论述了抗战必胜的客观依据，预见了持久战的进程，并对怎样进行持久战提出了一整套方针，坚定了全国人民夺取抗战胜利的信心和决心。

1945年8月，当抗战取得全面胜利时，人们惊奇地发现：毛泽东对战争的预见竟是如此精准！（参考文献：《毛泽东选集》第2卷，人民出版社1991年版）

启示 **《论持久战》一文，是毛泽东同志以一个政治家和军事家的眼光发表的关于抗战进程和最后胜利的预见性和研判性文章。后来的抗战进程验证了毛泽东同志的预见。《论持久战》客观对比了中日之间的条件，提出持久作战方针，这是中国抗战最重要的战略决策之一。毛泽东同志的预见，不仅澄清了当时国内的种种混乱思想，更为全国人民夺取抗战的全面胜利指明了方向，增强了人民的信心。实践证明，毛泽东同志是中华民族富有远见、具有伟大智慧的政治领袖，是雄才大略的伟人。**

023 人生不妨“倒着走”

平时看电脑、手机，低头多了，导致颈椎、腰椎都不好。医生建议我平时多运动，倒着行走，也是相当有好处的。于是我经常倒着在公园里行走，身后的风景在前进，腰在向前挺起，有着不一样的行走体验，身体也有了很大的改善。

出行方便，用起了小汽车、电动车，不费力，轻快到达目的地。时间久了，感觉身体差了，缺少点什么，于是把原来用过、落满灰尘的自行车清洗干净再修理修理，从此，经常骑着自行车买菜、办事，陪家人散步，腿脚又充分利用了起来。大鱼大肉吃多了，长成了肥头大耳可不好，于是南瓜汤、红薯、玉米、窝窝头成了心中的美食。买来荠菜包饺子，买来鱼腥草腌着吃，买来南瓜藤煲汤喝……仿佛回到几十年前吃野菜的时候，但也感觉到这些素食粗粮带来的健康和舌尖上的跳跃……

手机看多了，焦虑也多了，周末关上手机，出门找乐，找朋友聊天，和家人外出登山、游玩，亲近自然，走进生活，不看手机舒展了身心，拉近了与亲朋家人的距离，滋润了双眼。妹妹产后抑郁，远距千里，怎么办？我挑灯夜战，给她写了一封长长的信，安慰和鼓励她。妹妹拆开信，看后流泪了，也笑了。倒着走，用起传统的沟通方法，帮妹妹驱散了心头的雾霾。

有智者说，中国有好多的生意都可以重来一次，依旧商机重重。时下经营业绩下滑，我不等不靠，主动电话联系客户，下市场了解需求达成合作协议，原来的老办法又拿上阵，赢来了公司稳中向好的局面。

任何事物都要进步，倒着走，看似向后退，实则徐徐向前。过去的岁月，简朴纯真，也奋发热烈。而今，吃穿住行、生活、工作，我们在享受物质充沛、高科技便捷的同时，日子倒着走一走，捕捉逝去的影子，有的是回味和美好。（参考资料：杨兵《人生不妨“倒着走”》，《扬子晚报》2024年10月29日）

启示　**作者杨兵用“倒着走”的方式治疗颈椎、腰椎毛病，大见成效，于是以此类推，用自行车代替小车、用素食代替荤食，改善了体质；进而用养生的方法治疗了妹妹的抑郁症；最后用返璞归真的传统手法改变了生意。他的一系列成功，说明“倒着走”方法管用、很灵。“倒着走”的实质是逆向思维。有些事当顺着来不行时，不妨反着来。因为万物都是对立且统一的。**

第二篇 创新思维

创新是褒义词，就是从无到有创造新事物、新思想、新理论、新办法，成功解决面临的问题，取得好效益。在已有的基础上寻求新的发展，也是创新。既有物质财富的创新，也有精神财富的创新。创新是改造世界、建设世界的主要方式，是推动历史前进的不竭动力。既有自然科学技术的创新，也有人文社会科学的创新，二者如“鸟之两翼、车之两轮”，缺一不可。

024
《论语》的说话智慧

“言行，君子之枢机。枢机之发，荣辱之主也。言行，君子之所以动天地也，可不慎乎？”这是《周易·系辞上》中记载孔子说过的一段话。

孔子将言行的重要性比喻成个人的枢机，枢机一发，主宰荣辱，可以惊天动地，不可不慎重。孔子善于说话，他说话既讲内容，又讲原则，还讲方法，即便是批评学生，也能让其欣然接受。因而，他的学生和朋友既乐于听他讲话，也甘于践行他所说的话，达到了“学如不及”“不令而行”的境地。

说话应当遵循以下原则。

一是慎言。孔子认为说话要慎重、准确、负责任，因为“乱之所生也，则言语以为阶”(《周易·系辞上》)，一切混乱的产生，就是因言语不谨慎而一步步发展的，因此“君子于其言，无所苟而已矣”(《论语·子路》)，君子对自己所说的每一句话都不能有一点马虎。

在日常生活中，“多闻阙疑，慎言其余，则寡尤。多见阙殆，慎行其余，则寡悔”(《论语·为政》)，说与做之前要多听多看，有疑虑、拿不准的地方先保留，拿得准的部分则要慎重地说和做，这样才能减少错误和后悔。

“夫人不言，言必有中”(《论语·先进》)，孔子欣赏那些对事不轻易发表意见，不说则已、开口必定切中要害的人。“其言之不怍，则为之也难”(《论语·宪问》)，当一个人大言不惭的时候，真正将其付诸行动就很难了。

二是择人择言。孔子认为说话要注意对象、场合、身份。“可与言而不与之言，失人。不可与言而与之言，失言”(《论语·卫灵公》)，和可以说话的人设防不说话，这会错失人才；不可与之谈的话却谈了，这就是说错了话。

“言未及之而言，谓之躁；言及之而不言，谓之隐；未见颜色而言，谓之瞽”(《论语·季氏》)，没有轮到自己讲话就越位抢话，是浮躁；该自己说话时却不说，是隐瞒；不会察言观色、观察环境氛围而贸然讲话，是盲目。“时然后言，人不厌其言”(《论语·宪问》)，在恰当的时候说话，才不会招致别人的讨厌。

除此之外，孔子认为还要根据说话对象的身份变通说话方式，讲“大道理”还是“通俗话”要依照听众来择取，以达到对话双方都满意的沟通效果，即“中人以上，可以语上也，中人以下，不可以语上也”。

在孔子看来，说话要避免以下问题。

一忌内容不当。“子不语：怪、力、乱、神”(《论语·述而》)，孔子语常不语怪，讲的都是社会生活中的常理；语德不语力，不推崇“暴虎冯河”的勇力，而是善用道德教化人；语治不语乱，探讨的都是为民、治国的大道；语人不语神，关注的都是个人修德和社会众生。

二忌巧言令色。“巧言、令色、足恭，左丘明耻之，丘亦耻之”(《论语·公冶长》)，花言巧语、面貌伪善和过分恭敬是可耻的行为。

三忌强嘴利舌。“御人以口给，屡憎于人”(《论语·公冶长》)，对待别人以口舌强辩，往往会招致他人的厌烦。

四忌无端抱怨。“在邦无怨，在家无怨”(《论语·颜渊》)，他认为自己取得成就得益于从不抱怨，“不怨天，不尤人，下学而上达”(《论语·宪问》)。

孔子除了关注说话的内容，也十分讲究说话的艺术，他认为说话还要有以下技巧。

首先，他注重“辞达而已矣”。孔子惜言如金，字字珠玑，认为辞不贵多，取达意而止。如评价包含三百余篇内容的《诗经》时，他只用了三个字“思无邪”，即概括了其所有诗篇之共同点在于思想纯正；提及君子的标准时，“君子不器”这四个字，就说明了君子应不限于一技一艺，而去广泛地汲取知识、博学洽闻；评价自己学生时，他更是一语中的，如“由也果”“赐也达”“求也艺”，寥寥三字即点明子路、子贡、冉求三人的个性与才能，词约意丰，言近旨远。

除“辞达”外，孔子也很重视文采，认为“言之无文，行而不远”（《左传·襄公二十五年》），没有文采的话就传播不远。他善用比喻、对偶、归纳、对比等修辞方式。如：“入则孝，出则悌”（《论语·学而》），“君子周而不比，小人比而不周”（《论语·为政》），“岁寒，然后知松柏之后凋也”（《论语·子罕》），“益者三友，损者三友”（《论语·季氏》）等。

他还特别提出要平衡内容与文采的关系，“质胜文则野，文胜质则史”，朴实多于文采，就未免粗野，而文采多于朴实，又有些华而不实，唯有“文质彬彬，然后君子”（《论语·雍也》）。

话语传达了一个人的智慧、情感、态度。除学习孔子的说话技巧外，还要时刻践行“恭、宽、信、敏、惠”这五种品德，才能真正让自己的话“行而能远”。（资料来源：周溯源辑议）

启示　人表达感情和意愿的形式，不外乎语言和行动，表情也在语言之列。所以，孔子十分重视语言和说话，说话很有讲究、很有艺术。同样的意思，有多种表达方式；不同的方式，效果有差别，且有时差别很大。俗话说“一句话好了人，一句话恼了人”，就是这个意思。尤其在政治场合和外交场合，讲话必须高度注意语言的分寸、表达的角度，配以适当的表情和动作，方能取得理想的效果。写文章也是说话，是用笔说话。孔子强调文章要做到辞达，要有文采。孔子本人的讲话，说话通透，文章练达，为世人做出了榜样。

025
哲人的智慧

哲人，通常是指智慧卓越的人，也指哲学家、思想家。哲人的智慧在于揭示世界的发展规律、具体事物的演进规律，倡导社会行为的基本规则，从而给人们以方向和力量、信心和勇气，引导鼓舞人民前进。孔子曰：“岁寒，然后知松柏之后凋也。”（《论语 · 子罕》）孟子曰：“天时不如地利，地利不如人和”“得道者多助，失道者寡助”（《孟子 · 公孙丑下》），“富贵不能淫，贫贱不能移，威武不能屈”（《孟子 · 滕文公下》）。荀子提出：“君者舟也，庶人者水也。水则载舟，水则覆舟。”（《荀子 · 哀公》）“天行有常，不为尧存，不为桀亡。”（《荀子 · 天论》）杜牧曰：“秦人不暇自哀，而后人哀之；后人哀之而不鉴之，亦使后人而复哀后人也。”（《阿房宫赋》）白居易诗云：“离离原上草，一岁一枯荣。野火烧不尽，春风吹又生。”（《赋得古原草送别》）苏轼诗云：“不识庐山真面目，只缘身在此山中。”（《题西林壁》）朱熹诗云：“半亩方塘一鉴开，天光云影共徘徊。问渠那得清如许，为有源头活水来。”（《观书有感 · 其一》）

北宋大儒张载，谈他的人生目标是著名的“横渠四句”：“为天地立心，为生民立命，为往圣继绝学，为万世开太平。”文天祥诗云：“人生自古谁无死，留取丹心照汗青。”（《过零丁洋》）王冕《墨梅》诗云：“不要人夸好颜色，只留清气满乾坤。”于谦诗云：“千锤万凿出深山，烈火焚烧若等闲。粉骨碎身浑不怕，要留清白在人间。”（《石灰吟》）东林党人顾宪成提出：“风声雨声读书声，声声入耳；家事国事天下事，事事关心。”顾炎武提出：“天下兴亡，匹夫有责。”（《日知录 · 正始》）鲁迅说：“希望本无所谓有，也无所谓无的。这正如地上的路，其实地上本没有路；走的人多了，也便成了路。”（《故乡》）诸如此类，难以尽举。（资料来源：周溯源

辑议）

启示　人类生活离不开哲人，哲人“为天地立心，为生民立命，为往圣继绝学，为万世开太平”，“立德、立功、立言”。他们讲的名言，流芳千古，代复一代，泽被后人，具有很高的智慧和价值，值得我们学习研究、传承弘扬。

026
政治家的智慧

政治家，是军事家和战略家，其智慧主要表现在对时局的深刻分析、对形势的正确预见上。他们有高超的战略思想，能做出科学的决策，指挥部队或民众攻坚克难，克敌制胜。所谓“运筹于帷幄之中，决胜于千里之外”，就是对政治家活动的描述。

政治家的智慧至关重要，关系国家兴衰、民众福祉，影响民族的现在及未来，大国政治家还会影响世界的格局与走向。杰出政治家的伟大之处，在于在关键时刻，能够代表时代潮流和民众意志，勇于担当、砥柱中流，扶大厦之将倾、挽狂澜于既倒，拨正航向；能够凝聚民众力量，合万众于一心、集众志而成城，向着伟大目标进军，善作善成。

中华人民共和国的开国元勋毛泽东，从青年时代起就拥有远大的志向、非凡的气魄和卓越的智慧。五四时期，他创办《湘江评论》，把青年一代为国奋斗、责无旁贷的道理讲得鲜明通透。1927年，蒋介石、汪精卫相继背叛革命，导致大革命失败，中国共产党召开了八七会议。在此会议上，毛泽东有力地批判了右倾机会主义错误，响亮地提出“枪杆子里面出政权”的口号，为中国共产党继续前进拨正了航向。八七会议后，他领导发动了秋收起义，带领起义部队建立了井冈山革命根据地，不断发展壮大。当有人提出“红旗到底能打多久”的疑问时，他满怀信心地回答：“星星之火，可以燎原！”1937年7月，中国全民族抗战爆发后，“亡国论”和“速胜论”颇为流行。对于抗日战争，毛泽东做出了科学分析和英明预见。1938年5月，他发表了《论持久战》，批评了“亡国论”和“速胜论”两种错误观点，为中国人民指明了抗战前景，坚定了胜利信心。三大战役取得胜利后，国、共两党的军事力量发生了重大变化，国民党希望共产党止步，划江而治。毛泽东的回答是：“宜将剩勇追穷寇，不可沽名学霸王！”“打过长江去，解放全中国！”由于毛泽东的远见、勇气和智慧，新中国很快就屹立于世界的东方！

毛泽东还在思想理论方面有一系列创新。他提出在战略上藐视敌人、在战术上重视敌人的思想；在敌强我弱时提出“敌进我退、敌驻我扰、敌疲我打、敌退我追”的游击战略方针；在我强敌弱时，提出“十大军事原则”；提出人民战争思想，以弱胜强；提出毛泽东思想的立场、观点、方法有三个基本方面——实事求是、群众路线、独立自主；总结出中国共产党人的三大法宝——统一战线、武装斗争、党的建设；强调无论是夺取政权还是巩固政权，无论是武装斗争还是经济建设，都要从中国实际出发，把马克思主义基本原理同中国具体实际相结合，反对教条主义、经验主义、机会主义；提出党建思想，提出从严治党的原则和方法；提出培养千百万革命事业接班人，防止“和平演变”的战略思想；提出“政策和策略是党的生命”“关心群众生活，注意工作方法”，反对脱离群众、脱离实际的官僚主义、形式主义的领导原则；提出自力更生为主、借助外援为辅的思想；提出建设中国“四个现代化”的目标，强调中国应该对人类有较大的贡献。毛泽东有强烈的民族自尊自信，相信中华民族有强大的生命力、中国人民有无限的创造力，不但善于破坏一个旧世界，而且善于建设一个新世界。总之，毛泽东思想内容丰富、博大精深，是中国人民的指导思想、胜利旗帜。（参考文献：《毛泽东选集》第1、2卷，人民出版社1991年版；参考资料：周溯源编著《毛泽东评点古今人物》，红旗出版社1998年版）

启示 政治家往往兼有领袖、统帅的身份，是军队的指挥者、群众的领导者。政治家的智慧对历史的进程产生着重要影响，促进历史的发展，在一定程度上影响着历史的走向，决定着成败胜负、治乱兴衰。政治家，在历史上占有特殊的地位，杰出者留下明显的痕迹和深远的影响。

027 厚德载物

厚德载物，出自《周易·坤卦·象传》。《象传》解释说："地势坤，君子以厚德载物。"乾坤，是天地的象征。厚德载物，是由"地势坤"引申出来的，大地的品德就是博大、厚实、柔顺，承载并养育万物。厚德载物，就是说君子应像大地一样博大宽厚，能够虚怀若谷，包容各类人与各种事物，并给予引导和帮助。

在古代思想家看来，面对纷繁复杂、变幻莫测的自然界与人类社会，人们应该效法天地，既要自强不息，也要厚德载物。有刚无柔，只健不顺；有动无静，只进不退，二者均不可取。为人处世，必须刚柔相济、动静结合，在不违背天道的前提下，不断提升自我，利人利他。

厚德载物，强调容人容物，善待他人他物。厚德可以载物。孔子主张"己所不欲，勿施于人""己欲立而立人，己欲达而达人""君子尊贤而容众"，这些恕道原则，就是厚德载物的具体写照。孔子认为，做人应将心比心，自己不喜欢的，不要强加于他人。自己独立通达，也要使他人独立通达，从而实现人与人之间的良性互动。"立己"，要靠自强不息；"达人"，则靠厚德载物。厚德载物，不仅意味着成全自己，而且意味着要成全他人、成全万物。

受厚德载物思想的影响，中华民族很早就形成重德的风尚与传统，人们普遍认为做人要行德为善，社会各界皆有其道德规范。官吏要讲“官德”，要勤于政事，使民以时，轻徭薄赋，廉洁奉公；士人要讲“士德”，要有贫贱不移的志向、兼济天下的情怀、舍生取义的气节；商人要讲“商德”，经商时要做到货真价实，童叟无欺；教师要讲“师德”，授业解惑，为人师表；医生要讲“医德”，仁心仁术，救死扶伤；艺人要讲“艺德”，做人为艺，德艺双馨；百姓也要讲“公德”，要厚道、诚实、勤劳、节俭。（参考资料：陈良《厚德载物》，《中国纪检监察报》2022年12月9日）

启示 **传承与弘扬厚德载物精神，就是将中华传统美德与现代伦理道德有机结合起来，不断追求与完善各层面的道德修养，使人养成现代文明人格。为人要讲个人品德，做到宽容正直、诚信友善、洁身自好、自尊自强、向上向善等；工作或做事，要讲职业道德，做到诚实守信、爱岗敬业、办事公道、服务热情、忠于职守等。在家，要讲家庭美德，做到尊老爱幼、男女平等、夫妻和睦、勤俭持家、团结邻里等；在外，要讲社会公德，做到文明礼貌、助人为乐、见义勇为、爱护公物、保护环境、遵纪守法等。道德品格的形成与提升，关键要靠自律与自省。面对五光十色的外界，必须守得住底线与初心，抵得住种种诱惑，不随波逐流。同时，要经常自省。曾子说：“吾日三省吾身。为人谋而不忠乎？与朋友交而不信乎？传不习乎？”（《论语 · 学而》）孔子说：“见贤思齐焉，见不贤而内自省也。”（《论语 · 里仁》）所谓自省，就是自我反省，检查自身行为是否符合规范，如若行为失范，就要及时纠正。一个人时常反省，从思想意识、情感态度、言论行为等方面深刻地认识自己、剖析自己，就能及时发现并弥补自己的缺点与不足，从而不断增强德行、提升境界，行稳致远。切忌认为在社会风气不正的情况下，做好人会吃亏上当，以致迷失正确的前进方向。**

028
召公以水比喻寓意深

周厉王是西周末年的一个暴君，他无节制地剥削百姓，百姓怨声载道。厉王派人监视，发现谁说他的坏话就杀谁的头，使百姓不敢讲话，百姓们在路上相遇，只能用眼色示意。于是，厉王得意忘形地说："我能止息诽谤了，百姓不敢讲话了。"大臣召公听到这话后，马上谈了自己的见解："您只是暂时堵住民众的嘴罢了，并不是他们没有怨言了。您用强制的手段堵住民众的口，不许民众说话，其后果比用泥土堵住河水不让水流走更危险。用泥土堵塞河水，一定有冲决的时候，那就会造成更大的损失。不让民众讲话会像川壅而溃一样。因此，善于治水的人，排除障碍，引水畅流；治理百姓，要创造条件，使他们畅所欲言。"那么，如何使民众敢于讲话又不会乱套呢？召公说："天子处理政事，要努力使公卿士大夫收集民间诗歌，进献给天子，用来考察民情和政治得失；要使盲人朗诵讽谏的诗或念劝诫的文章；使少师献上箴言；使各种手工工匠及奴隶的意见通过官吏传达上来；使君王身旁的人进献规劝和教诲……然后，君王根据各方面的意见考虑斟酌，决定如何处理。"召公讲了一连串采纳民意的措施建议后，又回到不可"防民之口"上，他说："老百姓有嘴巴，如同大地有山川一样，都是大有用途的。财富衣食是由山川生产出来的，民众用口发表意见，政事的好坏才会显露出来，同样能起到增加财富衣食的作用。民众心有所想而出之于口，这是情理中的事，不能强行堵塞。堵塞众口，就会失去人们对你的拥护。"（参考文献：《国语·周语上》）

启示　召公是位有远见的政治家，他劝阻厉王"防民之口"，用"川壅而溃，伤人必多"作喻。这比喻符合实际，证之古今，在在可见；生动形象，说服力强，运用了劳动人民与洪水作斗争的经验，将自然科学知识

运用到治国之道上。世间的事物虽然千差万别，但蕴含的哲理却有相同之处。治水要靠疏导，对民意也要善于疏导，“防口”与“川壅”同样有害。虽然厉王没有采纳召公的意见，但是召公的这番议论系至理名言，千古流传，给人启迪与警醒，后世有作为的统治者因此而虚心纳谏。

029 晏子解读“和而不同”

齐桓公喜欢穿紫色王袍，于是全国的人都穿紫衣，弄得紫布、紫绢大涨价；楚王喜欢细腰女子，于是全国的女子不吃饭减肥。街头小孩唱儿歌：“人人穿紫衣，穿上就神气；升官又发财，不用再费力！楚王好细腰，细腰多苗条；三年不吃饭，饿成水蛇腰！”

齐景公问身材矮小而又机智的晏子：“爱卿，我听孔老夫子对他的学生说：‘君子和而不同，小人同而不和。’这是什么意思？”

晏子说：“主公，所谓‘和’者，君甘而臣酸，君淡而臣咸。”

君主如果是甜的，那么，大臣就应该是酸的；君主如果是淡的，那么大臣就应该是咸的。只有这样，才能形成高能的领导集团结构；如果君主甜，大臣也甜，那就甜得腻人，甜得不好吃了。满朝文武一个味儿，这个领导集团就没有生气，这个国家就没有创造力，没有凝聚力和战斗力，而且使得世风懒惰、投机取巧，即使有周公制典、尚父领兵，也不能有多大作为。

齐景公说：“我明白了！天下一色，反而失色。先太史史伯说过：红黄蓝白黑，五种颜色和谐配搭，就很好看。那么什么是‘同’呢？”

晏子说：“单调的颜色使人疲倦，单调的声音使人烦躁，单调的味道使人反胃。这就是‘同’的不足。史伯是先太史。他看到当时的先朝‘去和而取同’，搞一言堂、一刀切、一锅煮，不准有不同意见、不同风格、不同流派存在，从而预言朝政一定会衰落。很可惜，果然被他不幸言中了。”

齐景公问：“寡人治国，有没有这样的危险呢？”晏子回答：“主公，现在我们齐人，不论男女老少，听说主公喜好什么便追随什么。民趋其利，士求其好，物价腾飞，产业单一，于事无补，于国不利。”

齐景公不禁感叹：“啊！卿言极是。寡人不察，该如何补过呢？”

晏子说：“先王时期，管子说：‘千里之路，不可扶以绳……万家之都，不可平以准。’就是说不要搞千篇一律、千人一面，而应该是‘乡有俗，国有法，食饮不同味，衣服异采’(《管子·宙合》)。其本意就是君甘臣酸。”

齐景公悟到晏子之意，于是经常换穿不同颜色的衣服，国人着衣随之千姿百态、一派生机。(参考文献：《晏子春秋·外篇》)

启示 **“和而不同”是孔子思想体系中的重要组成部分。“君子和而不同，小人同而不和。”(《论语·子路》)君子可以与他周围的人保持和谐融洽的关系，但他对待任何事情都必须经过独立思考，从来不会人云亦云、盲目附和；小人则没有自己独立的见解，只求与别人完全一致。除为人处世外，其实在所有的问题上，都能体现出“和而不同”和“同而不和”的区别。我们办任何事，都应注意从实际出发，实事求是，古为今用不泥古，洋为中用不照搬。要鼓励创新，尽量做到“百花齐放、百家争鸣”，使“人人握灵蛇之珠，家家抱荆山之玉”，从而集思广益，众志成城。**

030
晏婴巧用“撞车”破陋俗

有段时期，齐国流行这样一种娱乐：驾车上街的时候，如果遇见了熟悉的人也驾着车，两人就会高高兴兴地用车轮互相撞击，以此为乐，撞击时都非常用力，撞得越狠，他们就越高兴。撞车成了一种娱乐活动。

这种撞车游戏虽然能令彼此开心，但其弊端也显而易见：一是车轮经过多次撞击之后就不结实了，需要经常更换，缩短了使用寿命，无形中造成了浪费；二是在街头玩撞车，往往会引起许多人围观，造成交通阻塞，影响了其他人的正常通行。正因如此，官府便发布命令，禁止此种撞车行为，但收效甚微。官府便又发布命令，称若再发现有在街头撞车者，罚款若干。但还是没能禁止此种娱乐行为，人们依然乐此不疲。

当时齐国的宰相是晏婴，晏婴也反对这种游戏。他了解到，有关部门虽三令五申发布命令却未能有效禁止，便认真思考了一番，想出了一个办法。

第二天，晏婴找来一个属下，交代了一番，让他驾着一辆车到街头的某个地点等候；随后，晏婴也上了一辆新车，命人驾着这辆新车，赶往约定的地点。根据事先商定的计划，当晏婴乘坐的车与属下的那辆车会面时，属下的那辆车忽然撞向了晏婴的车，两人装作不认识，分别下车查看车被撞的情形。因为事情发生在闹市街头，所以，立即引发了众多百姓围观。有些人认出了晏婴，便纷纷说："哎呀，这不是宰相大人吗？"一听说宰相的车和人相撞了，围观的百姓便更多了，很快里三层外三层地围了起来，大家议论纷纷。晏婴一看围观的人很多，而且自己的身份也被认出来了，便叹了口气，摇了摇头，皱着眉头说："唉，与人撞车是不吉祥的凶兆，难道是我祭拜神明时心意不够尊敬、平日居家待人不够谦和吗？"说完，他便一边叹息着，一边闷闷不乐地离开。

这件事很快便传遍京城，没过多少天又传遍全国，从此以后，齐国人再也不以撞车为乐了。有关部门三令五申不能禁止的问题，晏婴略施小计便把它禁止了。（资料来源：周溯源辑议）

启示　大人物的行为，具有影响力，普通人常常会效仿。晏婴就是充分利用自己的影响力，把自己的好恶表达了出来，轻而易举地禁止了大

街上撞车这种恶习，实在是智慧之举，也是以身作则的成功范例。

031
关于变法的争议

有一天，秦孝公与大臣商鞅、甘龙、杜挚研究国家大事。孝公说："现在我想通过变更法度治理国家、改革礼制教育百姓，但是我又担心天下的人会议论我。"

看到孝公犹豫，商鞅首先发言："我听说，行动犹豫，就不会有成就；做事犹豫不决，就不会有功效。您得赶快决定变法的计划，不要顾忌人们的议论。况且行事高明的人，本来就会受到世俗的非难；有独到见解的人，总是会受到一般人的讥笑。俗话说：愚笨的人在事后还弄不明白，而聪明的人在事先就能看出苗头。不可以与一般之辈商量创新，只能让他坐享其成。圣人只要能够强国，就不必沿用旧制度；只要能够利民，就不必遵守老规矩。"

孝公高兴地说："讲得太好了！"

"不对！"大夫甘龙不赞成，迎头驳了一句。甘龙说："我听说，圣人不会改变人民的习俗而施行教化，明智的人不会变革制度而治理国家。如果变法是不依照秦国的老规矩，而换一套办法教化人民，我担心天下的人会议论您。"

商鞅反驳说："你所说的，不过是世上俗人的话。平常人总是安于旧习惯，而那些学究又往往局限于自己熟悉的老一套。这两种人可以做官守成，但不能和他们讨论打破常规的大事。三代的礼制不同，却都成就了王业；五霸的法度不一，都成就了霸业。所以，聪明的人能够立法，愚笨的人只能受法的制约；而受法制约的人，是不可以和他讨论变革的。君上不必再疑惑。”

这时，大夫杜挚发言表示坚决反对变法：“我听说，没有百倍的好处，不可改变旧法度；没有十倍的功效，不可更换旧器物。我又听说，遵守古法不会有过错，依照旧礼不会出偏差。希望君上好好考虑。”

在座的三位大臣，有两位坚决反对变法，阵势是二比一。商鞅毫不示弱，继续辩驳说：“前代的政教各不相同，该效法哪一个古代呢？过去的帝王并不走重复的道路，该依照哪一位帝王的旧礼呢？”甘龙、杜挚口口声声说“遵守古法”，到底遵守哪个“古法”呢？仅仅这两句就驳得两位大夫哑口无言。商鞅接着说：“礼和法要按具体情况规定，国家的法令要因时制宜。治理天下不是只有一种道理，为国谋利不一定非要效法古代。商汤、周武王并不遵循古制，也让国家兴盛起来；殷纣、夏桀并没有改变旧礼，国家照样灭亡了。可见，违反古制的不一定因非议而灭亡，依照旧礼的也不一定值得多加赞扬。君上，您不要再疑惑了。”

听到商鞅这番关于改革的宏论，如江河泻地，似波涛汹涌，特别是他的关于古圣贤商汤、周武王不循古制而强盛的讲话，让孝公很振奋。孝公连连夸赞：“说得好。我听说荒僻小巷的人少见多怪，见识不广的学究喜欢无谓的争辩。对于世俗的议论，我不再顾虑了。”

在商鞅有理有据的宣传鼓动下，秦孝公的改革决心坚定了，各种非难改革的议论再也不能迷惑视听。于是，秦国颁布开垦荒地的法令，接着又颁令实行废井田、开阡陌，建立县制和改革军制等一系列改革，为后来秦统一中国奠定了坚实的基础。（参考文献：《商君书》《史记 · 秦本纪第五》《史记 · 商君列传第八》《资治通鉴 · 周纪》；资料来源：随汶、周溯源辑议）

启示　这场关于要不要变法的辩论，是一次思想交锋。商鞅积极参加辩论，目的是转变秦孝公的思想。而要说服秦孝公，就必须逐条驳倒甘龙和杜挚的谬论。商鞅紧紧抓住秦孝公等的思想症结，即：变法会不会遭到世人的非议？是不是一下子得到百十倍的好处才能变法？古法及老规矩能不能打破？他引古证今，逐项辩驳。比如，杜挚说要遵循古法，商鞅马

上诘难，古代的政教不同，该效法哪一个古法呢？然后，顺着论敌讲“法古”的话茬，用历史事实说明，变法有利于国家的兴盛。这对于坚定秦孝公变法的决心，无疑十分有力。

032
商鞅变法，取信于民

战国时期，秦国与中原六国相比，在政治、经济、文化等各方面都比较落后。秦国想要强盛起来，首先要有雄才大略的领路人。公元前361年，秦国的新国君秦孝公即位后，决心富国强兵，他做的第一件事就是招聘人才，张榜颁布他的命令：“不论是秦国人还是外国人，只要有谋略能使秦国强盛起来，就可以做高官，封食邑。”

有一个卫国的贵族叫公孙鞅，也就是后来的商鞅（约公元前390—前338年），在卫国得不到重用，听说秦孝公招贤，就来到了秦国。商鞅向秦孝公谈了变法图强的意见，受到了秦孝公的肯定，被封为高官。秦孝公让商鞅主持变法。商鞅在颁布新法之前，威信还没有建立起来，怕民众不相信新法，就想了一个办法。他派人在都城的南面竖了一根三丈高的木头，对大家说：“谁能把这根木头扛到北门，赏金十两。”当时围观的人很多，但没有人扛这根木头，大家不相信这会是真的。商鞅见百姓不相信，就把赏金提高到五十两。“重赏之下，必有勇夫”，这时有一个人抱着试试看的心理，把这根木头扛到了北门。商鞅立刻派人赏给他五十两。这件事一传十、十传百，秦国百姓都知道商鞅有令必行、说话算数。商鞅言而有信的形象树立后，便把新法公布出来，在全国实行变法。一年之后，老百姓积累了很多不满。恰好太子也触犯了法律。商鞅说，变法实施不了，主要原因就是上边的人不带头执行。太子犯法，我没法杀他，那就把太子的老师处理一下，上刑！于是，将太子的两个老师——公子虔、公孙贾都处以劓刑。从那以后，秦国人都开始小心翼翼地遵纪守法。

商鞅变法一实施就是十几年，秦国面貌大变，道不拾遗，山中再无盗贼。就像商鞅变法鼓励的，老百姓越来越“勇于公战，怯于私斗”，村庄、城市、国家都治理得很好。过去说商鞅变法不好、不方便的人，现在反过来说，变法真好！十八年后，秦国成为战国时期最强盛的国家，为秦国统一六国奠定了基础。（参考文献：《史记 · 商君列传第八》）

启示　商鞅变法的目的是秦国民富国强，颁布的法令是中国历史上的优良法典，虽然得到了秦孝公的首肯，但由于商鞅是“外来户”，人们并不熟悉他，不敢轻易相信他。上层人士也大多反对变法，因为变法将损害他们的既得利益。在这种情况下，商鞅如果硬性推行新法，必然会因无人理睬而流产。商鞅通过奖赏扛木头这件事，用看得见、摸得着的事例为大家做出了榜样，达到了取信于民的目的，为推行新法做了必要的铺垫。这是商鞅智慧思维、聪明过人的表现。

033
曹冲称象

《三国志》记载，孙权为了示好，命人送了曹操一头大象。曹操很高兴，带着儿子和官员一同去观赏。

大象又高又大，身子像一堵墙，腿像四根柱子。官员们一边看一边议论：“这么大的象，到底有多重呢？”曹操问：“谁有办法把这头大象称一称？”有的人说：“得造一杆大秤，砍一棵大树做秤杆。”有的人说：“有了大秤也不成啊，谁有那么大的力气提得起这杆大秤呢？”还有的人说：“办法倒有一个，就是把大象宰了，割成一块一块的肉再称。”曹操听了直摇头。

曹操的儿子曹冲此时才七岁，他站出来，说："我有个办法，把大象赶到一艘大船上，看船身下沉多少，就沿着水面，在船舷上画一条线。再把大象牵上岸，往船上装石头，装到船下沉到画线的地方为止。然后，称一称船上的石头。石头有多重，就知道大象有多重了。"

曹操微笑着点点头。他叫人照曹冲说的办法做，果然称出了大象的重量。（参考文献：《三国志・魏书・武文世王公传》）

启示　曹冲的思维就是灵活变通，把整体化为部分，再将部分合为整体。当整体"啃"不动时，就要善于化整为零，分而治之。七岁的曹冲有此思维智慧，的确非凡，所以这个故事千古流传，成为经典。

034
一纸书信胜千军

公元502年，梁朝江州刺史（汉代始设州级长官，主管军政）陈伯之听了部下邓缮等教唆，起兵反梁，战败投奔北方，做了北魏的"平南将军"。公元505年冬天，梁武帝命临川王萧宏（公元473—526年，字宣达）任统帅，大举北伐，结果没费一兵一卒，仅用文攻，就使陈伯之率部返回了梁朝。

原来，萧宏了解到陈伯之背叛梁朝并无他因，只是受了别人挑拨，一时迷惑，失去理智，做出狂妄之事，心里也是不得安宁的。鉴于此情，萧宏决定文攻。他指使记室（相当于秘书）丘迟写信劝陈伯之归降。

丘迟（公元464—508年，字希范）是南朝梁文学家，文章写得很漂亮。为了说服陈伯之归降，他充分发挥写作特长，信写得义正词严、入情入理而又娓娓动听。他在信中，首先晓以大义，严厉地批判了陈伯之的叛国投敌行为，使其羞愧；然后反复说明梁朝不咎既往的政策，消除陈的顾虑。并告诉他，“迷途知返”，为古代圣贤所赞许，“不远而复”，为古代的典籍所推崇，只要他及早反正，立功赎罪，梁朝就会不计前嫌，照样重用他。最后，信的末尾写道：“暮春三月，江南草长，杂花生树，群莺乱飞。见故国之旗鼓，感平生于畴日，抚弦登陴，岂不怆悢！”意思是说：你陈伯之本是梁朝大将，现在两军对阵，看到梁朝的旌旗战鼓，一定会感慨怀念过去的时光吧！想一想江南杂花生树、莺飞草长、杨柳飘丝、惠风和畅的美好春色，再看一看北方的荒凉，你难道不感到伤心吗？

陈伯之看到这封信后，故国之思、乡关之情油然而生，深为自己过去的所为而愧悔，终于下定决心，在公元506年春末，回到了梁朝。（参考文献：《昭明文选·与陈伯之书》《梁书·陈伯之传》《南史·陈伯之传》《古文观止》；资料来源：王祥武、周溯源辑议）

启示　丘迟的一封书信使陈伯之不战而降，其原因就在于丘迟不但抓住了对方怕归降后不被信任的心理，反复说明梁朝不咎既往、宽大为怀的政策，解除了陈的后顾之忧；而且努力激发对方思念家国的情绪，坚定他回到故国的信念，终于使对方情有所动而义有所通。丘迟因此为梁朝立了大功，这封书信也成了中国文学史上的名篇，《昭明文选》《梁书》《南史》都收了这篇传诵极广的《与陈伯之书》。

035
司马熹一石三鸟，转化危机为安详

战国时，中山国相国司马熹，足智多谋，深受国君信任，但国君的宠姬阴简，却很憎恨司马熹，经常在国君枕边说他的坏话，如果国君有朝一日听信了这些谗言，司马熹必定大祸临头。历史上，受妇人陷害的良相勇将为数不少，司马熹对此十分清楚。于是，便与智者田简，研究了应对之策——“一石三鸟”。

不久，七雄之一的赵国来了一位使者，中山国对这位使者不敢怠慢，相国司马熹寸步不离地陪伴着。在宴会上，司马熹神秘兮兮地对使者说：“听说赵国有很多擅长音乐的美女，但是比不过我们中山国。我们中山国有一位美女能歌善舞，长得赛过天仙，称得上绝代佳人，足使赵王大吃一惊。她就是国君的宠姬，叫阴简。”使者暗暗记在心里，一回国就把这个消息告诉了赵王。赵王一听，心中大喜，急命使者到中山国，请求把阴简送给赵王。如果国君同意把阴简送给赵王，司马熹就会摆脱困境。

但是，中山王舍不得把爱姬送人。这样一来，朝中文臣武将都慌了，生怕赵国借此滋事，使国家蒙难。中山王也左右为难，一时不知如何是好。司马熹看准时机，便向国君进言：“我有个办法，既可回绝赵国，又可确保我国安全。”国君闻言，喜形于色，忙问：“你有何策？”司马熹说：“王上索性把阴简封为王后，阴简成了一国之王后，赵国就不能要了。这样回绝赵国，不会惹怒他们，他们从此也就死心了。”中山国君知道司马熹素来与阴简不和，但在关键时刻，司马熹却为阴简着想，真是宰相肚里能撑船。于是，国君立马封阴简为王后，赵国真的不再提此事了。就这样，中山国的安全得到了保证。阴简当了王后，她知道是司马熹出了大力，心中很是感激，前怨顿消，转而对司马熹感恩戴德，倍加推崇，从此司马熹也就坐稳了相位。（参考文献：《战国策·中山策》）

启示 **俗话说：“好肉怕三刀，好人怕三刁。”司马熹尽管常怀忧患、谨慎行事，但他不敢保证中山王能不受宠姬阴简“枕头风”的挑拨，从而影响自己的前程和身家性命。于是，他主动出击，与谋士一起设了一个局，结果如愿以偿。此事给人的启迪是，面临可能到来的风险，不能被动地坐等事态发展，要积极应对，主动出击，决策周全，从而转危**

为安。

036
“水可载舟，亦可覆舟”

唐太宗李世民是历史上少有的明君。唐朝是在灭隋的基础上建立的，唐太宗李世民亲自参加了推翻隋朝的战争，目睹了隋朝灭亡的全过程，亲身感受到了隋末农民起义的强大威力。因此，总结隋亡的教训，巩固唐朝的统治，是唐太宗经常思考的大问题。唐太宗常常与群臣讨论隋亡的原因。有一次，唐太宗与著名的诤臣魏徵探讨治国之道。唐太宗问魏徵：“隋朝仅存在两代，为什么那么快就灭亡了呢？”魏徵回答：“因为隋朝皇帝失去了民心。”唐太宗又问：“那么，百姓和皇帝之间应当是什么关系？”魏徵回答：“皇帝就像一艘大船，天下百姓就好比是汪洋大水。船只有在水中才能乘风破浪。但是，水能载舟，亦能覆舟。百姓能够拥戴皇帝，同时也有力量将他推翻。太上皇李渊高举义旗，迅速推翻隋朝的暴虐统治，就说明了这个道理。所以，作为帝王，需要时刻记住这一点。”唐太宗听罢魏徵的话，深以为然。（参考文献：《贞观政要·论政体》）

启示　唐太宗铭记“水能载舟，亦能覆舟”的历史规律，悟出“贵以贱为本，高以下为基”（《老子》）的道理，懂得“天子者，有道则奉为君主，无道则弃为独夫”的历史教训，从而把“民惟邦本”作为执政的主导思想，使百废待兴的初唐呈现“贞观之治”的繁荣景象。唐太宗善于纳谏，在很大程度上也是吸取了隋朝灭亡的教训。

037
韩愈论“伯乐”与“千里马”

韩愈（公元768—824年，字退之）在人才管理方面有独到的见识。他在《杂说》中把贤人比作“千里马”，把好的管理者比作“伯乐”。“世有伯乐，然后有千里马。千里马常有，而伯乐不常有。故虽有名马，只辱于奴隶人之手，死于槽枥之间，不以千里称也。”即是说，一个好的管理者是发现人才的先决条件。许多人才被埋没、被白白浪费的原因，就在于没有人独具慧眼发现他们。他强调，对杰出人才，要为其创造发挥才能的必要条件，其待遇应当高于常人。他又以马作比喻：“马之千里者，一食或尽粟一石。今之食马者不知其能千里而食也。是马也虽有千里之能，食不饱，力不足，才美不外见。且欲与常马等不可得，安求其能千里也？”他认为世间许多杰出人才被埋没、荒废，但有些统治者却否认世间有杰出人才存在，他激愤地感叹：“呜呼！其真无马耶？其真不知马也。”不是世间没有杰出人才，而只是统治者没有识别人才的能力。他不但有这样的思想，而且在实践中身体力行。当韩愈看到才华横溢的青年学者李贺因未避父讳而妨碍其参加进士考试时，便不顾保守势力的非议，写了《讳辩》一文，为李贺鸣不平，以此帮助李贺，并使其才能得以发挥。（参考文献：《杂说·马说》）

启示　**韩愈是唐代著名的哲学家、思想家，儒学分支道学的创始者。他又是著名的文学家、古文运动的倡导者。韩愈出身寒微，早孤，兄嫂抚养成人。唐贞元八年（公元792年）进士及第。在任监察御史时因上疏言宫市之弊得罪上司，被贬为阳山令。唐宪宗元和年间（公元806—820年），随裴度平淮西有功，迁刑部侍郎。又因谏迎佛骨触怒宪宗，被贬为潮州刺史。穆宗时，被召回京师，历任国子祭酒、兵部侍郎、吏部侍郎等**

职。他首倡的“伯乐”与“千里马”之说，独树一帜，开拓了人们观察人才的视野，强调了杰出人才的非凡之处，为后人认识人才、发现人才、培养人才、使用人才打开了新思路。

038 司马光砸缸

司马光（1019—1086年，字君实，号迂叟），是中国历史上著名的史学家。他小时候智救小伙伴的故事流传至今。

司马光家的花园是个捉迷藏的好地方，司马光小时候常常和弟弟妹妹在读书写字之后，就去那里玩。这天，父亲请了几位好友在屋里聊天品茶，客人们带来了自己的孩子，这下家里可热闹了。“一起玩捉迷藏！”司马光提议，孩子们纷纷响应。花园里有假山、有树、有花，假山旁还有一个用来蓄水的大瓦缸。孩子们有的躲在缸后，有的躲在假山旁，还有的躲在树后。“来呀，来呀，我在这儿，快来抓我。”孩子们嚷着，笑着。那个蒙了眼睛的小孩摸过来了，他们又很快往假山上爬。可是，有个小孩一脚踩空，只听“噗”的一声，这孩子掉进了装满水的大缸中。这缸比人还高。孩子们吓坏了，边哭边叫，转身就跑，想去叫大人。只有司马光没有跑，他就近捡了一块大石头，双手举起，用力朝缸的下部砸去。瓦缸被砸开一道口子，水哗哗往外流。等大人们闻声赶来时，掉进缸里的小孩已经得救了。（参考文献：《宋史·列传第九十五·司马光》）

启示　**面对小朋友溺水、生命垂危之际，司马光勇于打破现状，用石头砸缸，救出朋友。因为当水缸与小孩生命不可兼得时，舍小救大、丢车保帅便是智慧的选择。小司马光的果敢与睿智，令人赞叹。**

039
夫妻对话中诞生的活字印刷

毕昇（约公元970—约1051年）是中国活字版印刷术的发明者。据说他从年轻时起，就有志于改革雕版印刷。起初，他从一幅画上的几枚图章中得到启示，把每个字刻在一块木头上，印刷时将刻有字的小木块拼在一起。这样，活字印刷的最初雏形就产生了；但是，经过实验，用小木块做成的活字在印刷中达不到预想的效果。因为木块的纹理疏密不均，沾上墨水后，整个版面高低不平，印刷效果很差。第二次再使用时，由于小木块已经被墨水浸胀过，每块木块又粘在一起，不易拆开，重新使用也很困难。怎么办？面对挫折，毕昇不放弃，继续思索，苦苦追求，一定要找到刻字的理想材料。

毕昇在灶前帮妻子烧火，又说起要找一种既不吸水又可以刻字的理想材料。妻子听后，就指着旁边的瓦罐说："这东西不吸水，可是它不能刻字。"妻子的话一下子点拨了毕昇：是啊，瓦罐不能刻字，但它不就是用泥烧制成的吗？我可以先用泥坯刻成一个一个字，然后烧制，这样不就可以制成不吸水的活字了吗？毕昇兴奋不已，第二天就来到窑场，将刻了字的胶泥土坯放到窑中进行烧制。这一次的实验有了很大进步，但是效果仍不理想，烧制后的活字泥块有的有小孔，有的有裂缝。毕昇并不气馁。他四处寻友拜师，从老艺人那里学到了和泥、制坯、烧制火候等一流技术，经过不断摸索和改进，达到了比较理想的效果，最后成功地用胶泥代替了木板刻字，活字印刷术终于获得了成功。（参考资料：陶伯华、马禾主编《怪异思维》，黑龙江人民出版社2000年版）

启示　活字印刷是中国古代的四大发明之一，是影响人类文明进程的突破性创造成果。这一成果的取得，是毕昇不断探索的过程：久思不得其解的困境，之后妻子不经意点拨，他敏锐地捕捉到其中的奥妙，由此及

彼地联想以及积极向艺人学习、不断地实验等。“有志者事竟成”，最后获得成功。

040

《资治通鉴》中的修身智慧

在卷帙浩繁的历史文化典籍中，北宋史学家司马光所主编《资治通鉴》，以“鉴于往事，有资于治道”而名传千古、闻名于世，它与《史记》并称“史学双璧”。古人云：“为人君而不知《通鉴》，则欲治而不知自治之源，恶乱而不知防乱之术；为人臣而不知《通鉴》，则上无以事君，下无以治民。”可以说，司马光奉献给后人的《资治通鉴》是史书，更是古人修身的智慧宝藏，对今人也大有裨益。

慎独自淑，表里如一。“慎独”是儒学的一个重要概念，最早见于《文子 · 精诚》，曰：“圣人不惭于影，君子慎其独也，舍近期远塞矣。”《礼记 · 大学》道：“人之视己，如见其肺肝然，则何益矣，此谓诚于中，形于外，故君子必慎其独也。”司马光深受先秦儒学思想影响，一生信奉“慎独”，认为这是一个人的情操和气节。他经常说：“吾无过人者，但平生之所为，未尝不可对人言耳。”(《训俭示康》) 说的就是做人做事光明磊落，保持住“慎独”的良知。

《资治通鉴》收录了这样一个例子，说的是东汉安帝年间，荆州刺史杨震发现一个叫王密的人，才华出众，便向朝廷举荐。朝廷接受了杨震的举荐，委任王密为昌邑令。王密铭记杨震的知遇之恩，当杨震因工作调任路过昌邑时，在夜深人静之时，王密特送上黄金表示感谢，并低声说：“黑夜里，无人知道，您就放心收下吧。”杨震拒绝接受，说：“天知、地知、你知、我知，怎么能说没有人知道呢？”说得王密羞愧难当，起身谢罪，收起金子走了。这则故事告诫后人，在无人监督时，也要坚守内心底线，做到不放纵、不逾矩。

司马光收录这些相关案例，旨在提醒后人对自己要有严格的要求，培养“慎独”的品性。古人云“君子不欺暗室”，说的就是一个人在私底下要能严格要求自己，做到慎独、自淑、表里如一、品德高尚，因为这是区分“众人”和“君子”的重要标志。

淡泊宁静，俭以养德。《资治通鉴》曰：“取之有度，用之有节，则常足。”《诫子书》有言：“静以修身，俭以养德。”《周易》言：“君子以俭德辟难。”古语中有很多关于“俭”的箴言，告诫后人要培养俭朴的作风，从“俭”中去体验生活的艰辛与不易，不断磨炼自己的心性。古人素有“一箪食，一瓢饮，在陋巷”的乐趣；还有“不以物喜，不以己悲”的豁达与平和。常言道，“一粥一饭，当思来之不易；半丝半缕，恒念物力维艰”，保持勤俭节约的传统美德，才能遗大德于世间。

司马光认为，一个人要拥有修身智慧，淡泊明志的心性和勤俭节约的美德是必不可少的。在他漫长的从政历程中，俭以养德是其一生的信仰，并将“俭”列为家风，时时告诫后代“俭能立名，侈必自败”的道理。司马光生活的年代，人们竞相讲排场、比阔气，成了常态，他特意给儿子司马康写了一封家书《训俭示康》，旨在告诫儿子和后代继承俭朴家风，永不奢侈腐化，其中列举的一句警示名言流传至今：“由俭入奢易，由奢入俭难。”司马光在朝廷中长期身居高位，宋朝赏识文官，给他们较高的待遇。在这种情况下，维持相对富足的生活比较容易，但是，司马光始终坚持“吾心独以俭素为美”，始终保持“衣取蔽寒，食取充腹”的生活状态，将自己所有收入都拿出来当办公的费用，或散布给生活艰难的穷苦百姓。为什么他能做到？是因为他懂得“侈，误之大也”的道理。他常问：“吾今日之俸岂能常有？身岂能常存？一旦异于今日，家人习奢已久，不能顿俭，必致失所。岂若吾居位、去位、身存、身亡，常如一日乎？”这是大贤的深谋远虑与人生智慧，正所谓“大贤之深谋远虑，岂庸人所及哉”？

为人正派，大气坦然。在《资治通鉴》中，唐朝大书法家柳公权（公元778—865年，字诚悬）的故事被收录其中，这并不只是因为他的字写得好，更是因为其德行好、品德高尚。收录这样的案例，旨在告诫后人为人正派、大气坦荡的道理。《资治通鉴·唐纪五十七》曰："上问公权：'卿书何能如是之善？'对曰：'用笔在心，心正则笔正。'上默然改容，知其以笔谏也。"

与柳公权并称"颜柳"的颜真卿在二十五岁时中了进士，为官为人非常正直，但是常常遭到诽谤和排挤。为官后不久，因得罪权贵大臣杨国忠，被朝廷贬官下放，到河北的平原郡当太守。这时，正值河北一带发生了"安史之乱"，由于形势复杂，不少地方官闻风而逃。颜真卿挺身而出，动员各方面的力量打击叛军。随后，他还联手北海郡太守贺兰进明一起平叛。贺兰进明才能不大，却喜欢抢功邀赏，爱出风头，颜真卿非常大度，坦然面对名誉利益，从不计较个人得失，凡事以大局为重。几场大仗下来，颜真卿在百姓中的威信猛增，受到后人的敬仰与爱戴。

大气坦荡、顾全大局、不计较个人得失，不仅对于官员十分重要，对于常人个人修身养性也十分重要。对于官员而言，只有能够心胸宽广、大气坦然、不计较个人得失，才能在国家危难面前挺身而出，挽救国家于水火；对于个人而言，养成大气、坦荡的品格，也是重要的人生财富。常言道，"君子坦荡荡，小人长戚戚"，说的就是一个人如果心胸开阔，就能气定神闲、举重若轻，心中无所挂碍，才能勇往直前。（参考资料：张文靖《〈资治通鉴〉中的修身智慧》，《学习时报》2019年5月31日）

启示　《资治通鉴》中的慎独智慧、淡泊智慧、正气智慧，对每个人都有重要意义。正如清代史家钱大昕所说，读十七史，不可不兼读《通鉴》。"读资治通鉴，就像看高人下棋。历史人物的每一步，都是一个棋谱。我们看多了，自会下棋了。"《资治通鉴》正是一盘智慧的棋局，打开人的历史视野，开悟人的思维。

041
“二十四史”中的人生智慧

“夫居高而必危，每处满而防溢。”该句语出《北史·列传·煬憨皇后萧氏》。居于高位一定有危险，须防微杜渐；东西满了，务必防止溢出来。“满招损，谦受益”，此乃先贤总结出来的经验教训。

居高的危险，在在可见。有很多词语反映这一点，如“高处不胜寒”“曲高和寡”“势高益危”等。所以，居高者必须谨慎、小心翼翼，以免失势，一落千丈，身陷难堪境地。

“满”的解释是骄傲、不谦虚。当一个人志得意满，要风得风、要雨得雨时，就很难听进不同意见，容易自我膨胀、唯我独尊、随心所欲、得意忘形，最后走向反面。

“满招损，谦受益”，这个普遍真理，适用于任何时代、任何领域、任何个人。所以，在生活中要切记“每处满而防溢”，时刻谦虚谨慎、清醒智慧，以保证行稳致远。

“明者见危于无形，智者规祸于未萌。”该句出自《三国志·魏书二十八·钟会》，意思是明智的人在危险还没形成时就能预见到，智慧的人在灾祸还未发生时就会有所觉察。一个智慧的领导者，要有这种能力，做到高瞻远瞩，见微知著。为人处世，不能忽视小问题。“小洞不补，大洞吃苦。”世间万事积于忽微，跬步能至千里，蚁穴可溃长堤。“小恶”不惩，便会滋生“大患”。

“夫太刚则折，至察无徒。”这是《晋书·列传·周闵》中的名言警句，释义：“过于刚直就会折断，极其明察就没有门徒。”这个道理，古今通用。好比牙齿虽然尖硬，却一颗颗地掉落，而舌头虽柔软，却陪伴人的终生。个中道理，可让人触类旁通。勾践的“卧薪尝胆”、韩信的“能屈能伸”，都是运用了刚柔并济的智慧，达到了以屈求伸的目的。

“至察无徒”，不难理解。有一个自命不凡的人埋怨身边人毛病太多，合作不理想，一位禅师告诉他：你知道“水至清则无鱼”吗？美玉还暗藏着瑕疵呢，何况人乎！有雅量、懂包容的人才有大气度、大格局，君子亦如是。如果对人要求过于苛刻，就没有人愿意和你交朋友了。（参考资料：李艳霞《〈二十四史〉中的人生智慧》，《思维与智慧》2020年第3期）

启示　该文讲的几个道理，比较具有原则性，是从生活中抽象出来的，因而概括性强，涵盖面广，值得体会、领悟。把哲理践行好，保证不犯大错，尤其是不犯颠覆性错误，行稳致远，臻于至善，乃是人生的不断追求。

042
秦大士妙答乾隆帝

众所周知，秦桧是南宋朝历史上著名的奸臣。他为了私利，主张与金人议和，并不断打压主战派，著名的抗金英雄岳飞因此惨遭杀害。在南宋以后的数百年间，上至朝堂，下至黎民，都痛恨秦桧，人们还在岳飞的庙门前修了秦桧等的跪像，让他们常跪在英雄面前赎罪。不仅如此，有位途经此地的文人雅士，还分别在秦桧夫妇的跪像上，题写了一副对联，以此羞辱二人：“咳！我本丧心，有贤妻何至若是；啐！妇虽长舌，非老贼不到今朝。”

由于秦桧名声很臭，秦氏家族在此后的五百多年时间里，一直抬不起头来，只能迁居到全国各地过隐姓埋名的生活。直到清朝乾隆年间，隐居在南京的一支秦氏家族中有一人高中状元，才再次引发社会的关注。这位状元名叫秦大士，他高中状元后，不仅巧妙地化解了乾隆的“刁难提问”，还在路过岳飞庙时写下了两句诗，成为名句流传下来。

史料记载，秦大士的先祖名叫秦梓，是秦桧同父异母的兄长，在南宋时，两人曾同朝为官。但与秦桧不同，秦梓为官清廉，刚正不阿，他不仅没有与秦桧同流合污，反而与他划清界限。在岳飞被害后，秦梓愤然与弟弟断绝了关系，带着全家迁居到江苏溧阳隐居。在此后的数百年时间里，秦梓的后人分散到安徽、江苏等地，秦大士家就是清朝初年从安徽当涂迁到南京居住的。康熙五十四年（1715年），秦大士出生于南京，他的曾祖父是秀才，父亲是太学生，受家庭环境影响，他自幼学习四书五经，十岁便能读能写，出口成章，下笔成文，被誉为“神童”。成年后，才华横溢的秦大士在科举路上顺风顺水，二十三岁考中举人，三十八岁又高中进士，并且名列一甲，就是人们常说的状元。

在清朝，想要考中进士非常难，很多人努力一辈子都不一定能考中，因此有“三十老明经，五十少进士”的说法。在进士中，五十岁都算是年轻的，而三十八岁就高中状元的秦大士，自然是众多进士中的佼佼者。秦大士考中状元的这一年，恰逢皇太后六十大寿，乾隆为了给母亲祝寿，特意将这次会试改称“万寿恩科”。在乾隆亲自主持的殿试中，秦大士对于皇帝的提问对答如流、不卑不亢，他的才华和胆略得到了乾隆的赏识，被授予翰林院修撰，负责编写国史。

在之后的日子里，喜欢吟诗作对的乾隆，经常找秦大士一起谈论文学典籍，探讨诗句文章，每次都获益良多。因为其博学多才，乾隆多次任命秦大士作为官学的总裁和科举考试的主考，后又升他为翰林院侍讲学士，负责教皇子读书。虽然乾隆很欣赏秦大士的文采，可俗话说“伴君如伴虎”，常年陪在皇帝身边，难免出现意外情况。《清朝野史大观》记载，有一次乾隆得知了秦大士是宋朝大奸臣秦桧的后代，这让追求“十全十美”的他心里很不舒服，就召见秦大士询问情况。见面之后，乾隆问道：“汝家果秦桧后人乎？”

别看这个问题很简单，却是一道送命题，如果秦大士回答“是”，那一直追求十全十美，在道德上标榜忠义、孝道的乾隆，自然不会允许一个奸臣的后代在朝为官，轻则将其削职为民，重则将其充军发配，甚至让其掉脑袋也有可能。如果回答“不是”，那就是欺君之罪，必死无疑。面对乾隆的“刁难提问”，秦大士略作思考，回答道：“一朝天子一朝臣。”

这个回答巧妙至极，堪称滴水不漏。首先，他没有否认自己是秦桧的后代；其次，表明了自己的忠心，告诉乾隆，自己不是秦桧，皇上也不是昏庸的宋高宗。秦大士的这个回答，让乾隆很满意，从那以后乾隆更加信任他了。

除这次乾隆的“刁难”外，在生活中秦大士也经常遇到一些尴尬的场面。有一年，他和几位同僚一起外出游玩，恰好路过岳王庙。众人想考一下状元的才华，就起哄让他念刻在秦桧背后的那副对联，之后还让他用诗句表达一下此刻的心情。面对众人的奚落和嘲讽，秦大士很无奈，张口说道：“人从宋后羞名桧，我到坟前愧姓秦。”众人听了这句诗，明白了秦大士心中的苦闷，再也不起哄嘲讽他了，还纷纷鼓掌为他叫好。而这句诗也成了名句，一直流传至今。（资料来源：周溯源辑议）

启示　在宋朝，秦桧作为奸臣，做了很多损害国家和人民利益的坏事，尤其是以“莫须有”罪名杀害抗金英雄岳飞，普天同愤，理应被钉在历史的耻辱柱上。这也影响了其后代的正常生活。但随着时间的推移，这种影响越来越小，一些品德高尚、为人正直的后代，也能慢慢地再次站到历史的舞台上，秦大士就是一个很好的例子。

043
冯玉祥征婚，李德全胜出

冯玉祥，字焕章，原名基善，安徽巢县（今安徽省巢湖市）人，行伍出身。早年入淮军，后投北洋军，历任旅长、师长、河南督军及陆军检阅使等职。

冯玉祥将军有过两次婚姻。结发夫人刘德贞于1905年与冯玉祥成婚，婚后夫妻相敬如宾，育有两男三女，共五个孩子。1923年，刘德贞身染重疾，在北京协和医院病逝。刘德贞与冯玉祥共同生活近二十年，没有官太太架子，吃的是粗茶淡饭，穿的是粗布衣服，出门从不坐轿，在家里能浆洗缝补。因此，人们都称她为“平民夫人”。

冯玉祥中年丧妻，身边还有一群未成年的孩子，急需重组家庭。当时不少姑娘仰慕这位率领千军万马的将军，愿意嫁他为妻。一时间，上门替冯将军做媒的或亲自求婚的人络绎不绝。

求亲中最令人注目者要算陆军元帅曹锟的千金。一天，曹锟派副将到冯玉祥寓所，表明曹元帅愿将千金许配给冯将军。冯玉祥一听，觉得不合适，但碍于情面，又不好直说，便婉言相告：“元帅厚爱，我求之不得，只是需得千金过门之后，必须委屈她做到三条：一不得穿绫罗绸缎，只穿粗布衣裳；二要纺纱织布；三要精心抚养前妻留下的几个孩子。”这三条一出，曹家千金未能接受，求亲之事也就告吹了。

冯玉祥有意续弦，又不肯轻信媒妁之言，对于求婚者，一律要面谈，要亲自考量对方的才情志趣，再做取舍。面对前来求婚的女子，冯玉祥问得最多的一句话是：“你为什么愿意与我结婚？”有的女子回答：“你郎才，我女貌，郎才女貌，天作之合。”也有的女子回答：“你是英雄，我是美女，英雄就该配美女。”还有的女子答道：“我琴棋书画皆晓，才貌俱佳，只有许配给你，我才不会辜负这一生。”

这些女子的回答，冯玉祥都不满意。就在冯将军有些失望之际，一位皮肤微黑、相貌端庄但不修边幅的姑娘走进了他的视野。冯玉祥没有单看相貌，诚恳地询问来者：“你为什么愿意与我结婚？”姑娘的回答简洁有力：“上天怕你做坏事，让我来管你！”这一句话，把冯玉祥镇住了。的确，一个统率千军万马的大将军，容易做好事，也容易做坏事。如果无人管束，那就难说了。这句话打中了冯玉祥的要害。在当时，还有哪个女子敢说出这种话？是的，未来的夫人应该就是她了！冯玉祥当即敲定了婚事，这位姑娘就是李德全。

李德全1896年出生于北京一个信奉基督教的家庭，蒙古族，父亲是一位牧民，靠省吃俭用供女儿读书。李德全后考入华北女子文理学院，1923年毕业后在北京贝满女中做了教师。李德全冲破传统价值观的羁绊，做特立独行的女性，得到了冯玉祥的赏识。1924年2月24日，她与冯玉祥举行了婚礼。婚后，李德全一方面操持家务、教育子女，一方面积极参加社会活动，成了冯玉祥治军理政的得力助手。抗战时期，她在战场上筹办中国战时儿童保育会，抢救和保护许多受苦受难的儿童。中华人民共和国成立后，她是第一、第二、第三届全国人大代表，是中央人民政府首任卫生部部长，历任中国红十字总会会长、中华全国体育总会副主席、全国政协副主席等职务，一直致力于祖国的建设事业。1972年4月23日在北京病逝，享年七十七岁。（资料来源：周溯源辑议）

启示　李德全之所以敢于向冯玉祥求婚，并且成功，一是她有底气，虽然说不上相貌超群，但也是德才兼备、才貌俱全；二是她发挥了超常思维，没有循规蹈矩，没有讲郎才女貌、贤妻良母之类的话，而是从使命的角度看待婚姻，不落俗套，提升了境界，使冯将军发现了一个事业上的杰出助手，从而认可了李德全。

044

把木梳卖给和尚

有一家效益不错的大公司，为了扩大经营规模，决定高薪聘请营销主管。广告刊登以后，前来报名的人非常多。人多而岗位有限，这家公司便用了一个极妙的考试办法，以便从中选拔出最理想的营销人才。

这一天公司经理把所有的应聘者召集在一起开会，当众宣布说：“为了能够选拔出高素质的营销人员，现在出一道试题，如果谁有办法把木梳卖给和尚，而且卖得最多，他就可以成为本公司的营销主管。”大家一听，极为困惑：和尚全都是光头，连一根头发也没有，怎么可能买木梳啊？大多数应聘者认为试题太难，不一会儿就相继离开了。最后只剩下三位应聘者：甲、乙和丙。负责人交代：我给你们十天时间，十天之后来汇报销售成果。

十天后的时间很快就到了，三位前来汇报。公司经理问甲：“你卖了多少？”甲不好意思地回答：“卖了一把。”“你是怎么卖的？”“我历经千辛万苦，到了许多庙宇，结果遭到和尚的责骂，被和尚们赶了出来。最后我在下山途中，好不容易见到了一位善良的老和尚，好说歹说才卖给他一把木梳。”“老和尚要木梳也没有用啊。”公司经理笑着说。“是啊，他是听到我诉了半天苦以后，为了安慰我才买的。”

接下来轮到乙汇报。他先告知卖了十把，然后叙述经过：“我去了一座名山寺庙，由于山高风大，那些前来烧香拜佛的善男信女，头发都被风吹乱了。我就劝庙里的住持说，这样拜佛，是对佛的不敬，必须先梳梳头发，然后再仪容整洁地叩拜。住持采纳了我的建议，买走了十把梳子。”

最后，经理问丙：“他们都卖了梳子，你卖了多少把？”丙回答：“我卖了一千把。”“是真的吗？你是怎样做的呢？”丙说：“我也上了一座名山，这座山上有许多庙宇，在上山的路上，我见到了许多善男信女，他们都有一颗虔诚的心。于是我想，他们费了那么大的劲，爬了那么多的山路，好不容易才上了高山去烧香拜佛。如果庙里能回赠他们一些信物，那么，他们就会觉得不虚此行。于是我找到了庙宇里的住持，告诉他：“您的书法非常好，可以先在梳子上刻上‘积善梳’三字，然后送给那些施主与香客，以作纪念，保佑其平安吉祥，鼓励其多做善事。他们一传十、十传百，你们庙宇的香火一定会越来越旺。”住持听后大喜，觉得有道理，他一下子就买下一千把梳子。

乙和丙在卖木梳的过程中，表现出从“无”中看到“有”的创造力，并且有推销的能力，于是，乙和丙两位应聘者被公司录取了。（参考资料：《卖木梳的故事》，载佘明哲《超越时空的大智慧——新解〈道德经〉》，社会科学文献出版社2014年版）

启示　卖梳子给和尚，初看很荒唐，因为和尚不梳头。要想让和尚买木梳，就应该打开思路，看到虽然和尚不梳头，但与和尚打交道的善男信女都要梳头；梳子除了梳头，还有礼品的功能。应该在激活和尚购买木梳的需求上下功夫。案例中三个卖梳子的人有三种思路，三种思路的差异归根到底是激活和尚购买木梳需求的层次不同。甲和乙，仅仅停留在梳子的原本功能上，与和尚的需求脱节，故而销售成绩平平。丙把梳子卖给住持，并请住持在梳子上刻上“积善梳”三字，然后送给那些施主与香客，使庙宇的香火越来越旺。这样一变通，梳子的功能大大超过原本的功能，满足了和尚“使寺庙香火越来越旺”的需求，故而销售成绩飙升。可见，不管遇到多么荒诞的问题，只要运用灵活创新的思维方式，总能找出解决的办法。

045 如何让苹果畅销

有一年年初，水果市场预测表明，该年度的苹果将供大于求。这使众多的苹果供应商和营销商暗暗叫苦，他们似乎都已认定：“今年必将蒙受损失，在劫难逃！”

难道只能如此么？不！要想办法。就在许多人长吁短叹时，有位年轻的果农却想出了一个高招：他决定为他的苹果增加一个“祝福”功能。他相信只要在苹果上出现表示喜庆与祝福的字样，如“喜”“福”等，就能领先于人，卖个好价钱。

于是，当苹果还在树上生长时，他就把提前剪好的纸样贴在苹果的阳面，如“喜”“福”“吉祥”“爱你”“欢乐”等。果然，由于贴了纸的地方阳光照不到，渐渐地，苹果上也就有了“福”“喜”这类的祝福字样。

待到苹果上市时，由于这位果农的苹果别具一格、前所未见，具有全新的祝福功能，大受欢迎，十分畅销，取得了别人想象不到的成绩，利润颇丰。（参考资料：杨春鼎主编《成才思维》，黑龙江人民出版社2003年版）

启示　**当面临困难时，要相信总有办法克服。往往不是没有办法，而是有办法但自己没有找到。这位年轻果农的高招，就是在大家叫苦时想出来的。智慧来自信心，有了信心就有智慧；有了信心和智慧，就有了出路。**

046

只要有40%把握

著名天文学家、中国科学院院士叶叔华有一句名言：“办一件事，只有40%的把握，如果停在那不动，就会慢慢变成零；如果积极争取，概率可以变成60%、70%，最后做成。”这也是她奋斗的足迹。1994年8月，南京紫金山天文台新发现的一颗小行星，经申报提名，获国际组织批准，被正式命名为“叶叔华星”。在中国和国际天文学界，以个人名字为新发现的行星命名的，为数不多，女性更少。

1950年，当叶叔华满怀建设祖国的热情，从香港到南京中国科学院紫金山天文台求职时，工作人员的回答让她吃了“闭门羹”：“天文台只招一个男的。”她当即给时任台长、天文学家张钰哲写了一封长信，列举了五大“不应该不用自己”的理由。这封信打动了台长，她被聘到紫金山天文台徐家汇观象台工作。作为女性，叶叔华不仅涉足了以男性为主体的天文研究领域，而且成为中国天文史上唯一一位女天文台长。1978年，随着改革开放，叶叔华这位在国际天文学界早有名气的女学者，有机会走出国门，带团到法国进行业务访问。

1958年起，徐家汇观象台着手筹建世界时综合系统，叶叔华勇挑重担，经过大量严谨试验分析，找到了一套适合我国观测台站相对较少、观测仪器不够稳定等特点的数据计算处理方法。此后，全国各地天文台陆续加入这项工作，有了处理数据的新方法，加之观测仪器不断增多，我国世界时综合系统越来越完善。1964年起，我国世界时测量精度便跃居世界第二，此后一直保持国际领先。1993年初，中国科学院数理学部和中国天文学会联合组织征集“中国天文学90年代大型科学项目”提案，她提出建设65米全波段射电望远镜的提案，却没能入选。虽然这一设想没能入选，但这一想法却一直萦绕在她心头。2008年1月，叶叔华再次提出建设65米全波段射电望远镜的建议，争取到了立项支持。如今，这台被命名为“天马”的65米全波段射电望远镜，在我国探月和探火星等任务中发挥了重要作用，还让我国天文学家拥有了相应的国际话语权。叶叔华所从事的研究，没有一项有100%把握，甚至连50%把握都没有，但叶叔华善于把握时机，也敢于负责，硬是把一个个只有40%把握的事情做成，并且做到了世界领先的位置。（参考资料：唐剑锋《只要有40%把握》，《思维与智慧》2022年第1期）

启示　叶叔华院士的“40%说”，对于每个人，尤其对有远大理想、远大抱负、创造潜能的人来说，都具有重要的启迪、激励和鼓舞作用。一个人有多努力、有多刻苦、有多执着，就有多大的舞台，就有多大概率在这个舞台上找到属于自己的位置，就有多大概率演好自己的角色、胜任自己的角色。叶叔华院士用自己奋斗的七十多年历史证明了这一点，也让许多人对“40%说”有了信心。

047
三个问题转化为三份财富

浙江省江山市的周金明，前些年使用能过滤水中淤泥、提高水质的砂性土规模化养殖大闸蟹，使得螃蟹不仅腹部白、卖相好，而且口感极佳。可养着养着，他就遇到了一个棘手的问题：水塘边经常出现蟹壳上带个洞的死蟹。周金明想不明白：按理说螃蟹壳很硬，能用什么凿出洞呢？

他日日守在水塘边，终于发现了问题所在。原来，一只大闸蟹从蟹苗长到成蟹，要经历十几次脱壳。脱壳期的螃蟹，壳像软壳鸡蛋一样经不起触碰，蟹钳也没长好。而螃蟹养殖地依山傍水，生活着大量的白鹭和灰鹭等鸟类。刚开始，投入水塘的蟹苗个头小，可以躲进水草里进行脱壳。可随着螃蟹的个头越来越大，水草都遮不住它们，所以极容易被白鹭、灰鹭发现，最后被啄食。

周金明很伤脑筋：白鹭、灰鹭那么多，如果请人二十四小时轮流驱赶，根本不现实。怎么做才能解决白鹭吃蟹的难题呢？有个专家建议周金明试试在养螃蟹的地方种上一些水稻，原理很简单：水稻高于水面，可以给个头大的大闸蟹提供很好的隐蔽场所。此外，螃蟹也是水稻的好搭档，它不仅能为水稻疏松土壤，其粪便也是天然的肥料。

通过稻蟹共养的模式，周金明不但很快解决了鸟害问题，而且还增加了一份水稻的收入，这让他喜笑颜开。令他没想到的是，想把两份财富稳稳地攥在手里并不是那么简单，稻蟹共养之后，“螃蟹杀手”白鹭、灰鹭很快消除，可“稻田杀手”福寿螺和杂草又来祸害水稻了。

福寿螺专吃秧苗，而且繁殖迅速，一平方米的水塘能有一百多个，对水稻的危害极大。另外，种上水稻之后和水稻争抢养分的杂草也越来越多，不利于水稻的生长。周金明了解到，农户都靠往稻田打药来对付福寿螺和杂草，这下他又为难了：自己的稻田里养了螃蟹，如果打药，就会破坏它们的生态平衡。无奈之下他只能带着工人费时费力地边捡螺边插秧。更头疼的是，这种方法还治标不治本。

前有白鹭偷吃螃蟹，后有福寿螺祸害水稻、杂草争抢水稻养分，这可如何是好？周金明觉得，后两个问题也得像第一个问题一样，必须从根源上解决。所幸，专家又支了一招：养鱼。周金明很快买来草鱼、鲫鱼和鲤鱼的鱼苗，投进稻田养起来。为什么是这三种鱼呢？原来，鲫鱼和鲤鱼以动物性饲料为主，很喜欢吃稻田里的害虫和福寿螺，而草鱼以杂草为食，这三种鱼一组合，福寿螺和杂草的问题就一并解决了。

此后，周金明每年3月投入蟹苗、6月插秧，紧接着再把鱼苗放进去。通过蟹、稻、鱼的共养模式，周金明高效利用了水塘，养出的蟹膏满黄肥，种出的稻米软糯弹牙，养出的鱼肉质紧实，样样都很受消费者欢迎。（参考资料：张珠容《三个问题与三份财富》，《思维与智慧》2022年第10期）

启示　周金明通过蟹、稻、鱼的共养模式，把三个棘手问题转换成三份可观财富。这得益于他每次遇到问题时，首先尊重专家的意见，懂得对症下药，相信“一物降一物”，万物相生相克，总能找到解决问题的办法。有思路就有出路，有出路就有效益。

048
贝聿铭主张见善思齐

2019年5月16日，享誉世界的建筑大师贝聿铭逝世，享年一百零二岁。中国园林大师陈从周对贝聿铭予以很高的评价，评价贝聿铭的建筑设计在“曲”字上下尽功夫，在和人的交往上，却是那么开朗爽直，做得尽善尽美，与人没有任何隔阂。作为建筑界叱咤风云的大人物，贝聿铭私底下究竟是怎样与人打交道的呢？

学别人好的地方

贝聿铭二十七岁在哈佛大学建筑研究所攻读研究生时，遇到了杰出导师布鲁尔教授，他成为导师最喜欢的学生。布鲁尔是第一个提出光线对建筑有重要影响的人，认为是光线使建筑有了生命。对这一理念贝聿铭大为欣赏，并在后来他自己的建筑设计中广泛采用。特别值得一提的是，布鲁尔非常喜欢喝酒，他经常邀请贝聿铭一起吃饭喝酒，每次都喝得醉醺醺的。但是，贝聿铭很有节制，从不多喝，并且没少劝诫导师："小酌怡情，大饮伤身，请适可而止。"后来，贝聿铭在回忆起导师时，十分幽默地说："我不学他喝酒，专学他的建筑。"

一心只管去设计

法国总统密特朗选中贝聿铭主持卢浮宫的重建设计，谁料有些法国人却大叫："怎么叫一个华人修我们最重要的建筑？"法国文化部长讥讽贝聿铭，说他设计的玻璃金字塔是"一颗寒碜的钻石"。有一次，贝聿铭走在巴黎街头被人认出，民众当街围攻斥责他，但贝聿铭都付之一笑。他对助手说："最美的建筑，应该是建筑在时间之上的，时间会给出一切答案。"后来玻璃金字塔落成后，法国人无不惊喜，改口称赞为"卢浮宫里飞来的一颗巨大宝石"。密特朗总统授予贝聿铭法国最高荣誉奖章，并不无抱歉道："我知道您受了很大委屈，是您不随波逐流，成就了一座最美建筑！"贝聿铭则不计前嫌，开玩笑说："幸亏我不懂法语，听不懂他们在说什么，刚好落得两耳清净，一心只管去设计。"

接纳不同意见

当年，园林规划设计专家檀馨受委派配合贝聿铭，参与香山饭店的园林工程设计。合作过程中，他们对"清音泉"的假山设计产生了不同意见。贝聿铭认为不能拿石头乱堆，抹黑原有的设计，因为当时没有好的假山石，而且会堆假山的老师傅很少。而檀馨这一方的专家却说一定要堆，因为中国园林讲究“山贵有脉，水贵有源”，不能只有泉水，没有假山。争论到第四次的时候，檀馨拿出精心设计的“假山”效果图以及选中的样石，向贝聿铭汇报。贝聿铭看了特别高兴，说样石确实很好，景色一下子活了……檀馨后来对人崇敬地说：“贝聿铭没有大师的架子，很有大家风范，好的意见他都能接受，不像有的专家，意见不容反驳。”（资料来源：周溯源辑议）

启示　贝聿铭一生设计的大型建筑在百座以上，遍布四大洲，几乎拿遍建筑界所有的世界顶级奖项，被誉为“世界现代建筑最后的大师”。有人说，贝聿铭的个人交际魅力和他的建筑才能同样重要。的确，做事先做人，立业先立德。这是永恒不变的道理。

049
君子受言以明智

一天，袁凯跟随几个朋友去拜访杨维桢。那天，杨维桢心情很好，写了一首咏白燕的诗，其中有两句：“珠帘十二中间卷，玉剪一双高下飞。”众人看完后，都纷纷夸赞这首诗写得好。可袁凯却对这首诗提出了批评：“你的这首诗，似乎还没有尽摹物态之妙，意境也较为平淡，与你以前的那些诗相比，实在算不上是精品！”大家都担心杨维桢会生气。但杨维桢却很大度，并向袁凯表示感谢。

袁凯接着说：“晚生不才，也写一首同题诗，请杨先生指正！”说着，便提起笔写了一首诗：“故国飘零事已非，旧时王谢见应稀。月明汉水初无影，雪满梁园尚未归。柳絮池塘香入梦，梨花庭院冷侵衣。赵家姊妹多相忌，莫向昭阳殿里飞。”杨维桢一见大为惊奇，连连赞赏此诗写得好。袁凯也得到了“袁白燕”的雅名，一时闻名诗坛。

南北朝傅昭有句话：“君子受言以明智。”意思是君子是可以接纳他人劝谏的人，这让他们更加聪明和富于智慧。袁凯之所以受到杨维桢的赏识，是因为他为人坦诚，在与别人的交往中能以一颗真心相待，不违心说恭维话、奉承话。如果我们都善于接受他人的善良劝谏，那么，就有了共同提高的基础，结果是既成就了别人，也成就了自己。（参考资料：王章材《君子受言以明智》，《演讲与口才》2023年第12期）

启示　**在中国古代，君子是指具有高尚品德和智慧的人，他们通常能够听取他人的建议，因而明智修正，从中受益。一个人即便能力再强、本事再大，也不要过高地估计自己，能够接受别人的意见才能避免盲目自信和固执己见所带来的风险，在复杂多变的环境中做出正确的判断和选择。相反，那些自以为是、固执己见的人往往会因为缺乏理性和开放的心态而陷入困境。这也提醒我们，在决策和行动时应该保持谦逊和理性，善于倾听不同的声音，以免因一意孤行而导致不良后果。**

萨克雷说：“在所有的劝谏中，最伟大、最正确、最天才的办法是修正。”与人交往中，我们如果能够谦虚地接受他人的意见，就会提高认知水平，增长见识和智慧，从而少走弯路。

050
职场辨识度

陈笛在一家教育集团工作，做事认真踏实，知识底子扎实，可在公司干了两年多，一直原地踏步。陈笛很苦恼，忍不住跟一位前辈吐槽。这位前辈和陈笛他们公司有过不少合作，他说：“公司职员那么多，如果没有辨识度，领导怎么会注意到你呢？”

“辨识度？”陈笛深思熟虑之后，恍然大悟：对！一个模糊的人怎么可能脱颖而出呢？得在自己身上贴有个人风格的闪亮标签，才会成为引人注目的职场IP。

有一次，主管从总部开完会回来，显得很失落，说：“我们部门居然没有一个擅长汇报工作的，我们的成绩原本在各部门中走在前列，但每次汇报工作时我们都不出色。”

陈笛一听，灵机一动，决定给自己贴上第一个闪亮标签：擅长汇报工作。陈笛立即着手从网上找了很多关于如何汇报工作的文章，列出重点，从PPT到思维导图，再到平面设计，埋头苦干，逐一攻克。每次往主管邮箱发汇报工作的邮件时，都严格要求自己。主管果真开始关注她，交给她一些总结、汇报性的工作，陈笛每次都做得很好。后来，每次去总部汇报工作，方案都由陈笛来做。就这样，陈笛成了主管的助手，薪水也跟着上涨了。

陈笛给自己设置的第二个闪亮标签：收到领导和客户的邮件、微信留言后，最多不超过10分钟，一定回复，即使有的问题一时回答不了，也先给予对方初步答复，然后想办法给出更详细和成熟的答案。这样逐渐在她身上形成了“工作认真、可以信赖”的光环。

尽量让领导和客户做选择题，而不是问答题，这是陈笛给自己贴的第三个闪亮标签。有一次，主管给的工作任务方案中，有一项是关于外场人员发传单的工作，传单什么时候发、发哪些地方、以什么形式发，这些原本都是随意规定的，陈笛综合了公司外场人员反馈过来的数据，又亲自去一线调研了几天，然后综合梳理出几个理想方案，供领导选择。最后领导根据她的提示，选择了一个最佳方案，招生人数大幅上涨。

陈笛的主管因业绩突出和能力强，升到总部管理层任职，然后他向总部力荐陈笛接替他当主管，总部很快同意了。

三个闪亮标签，就让陈笛在一年多后当上了主管。陈笛经常对下属说：你们都把自己最闪亮的标签贴出来，这样公司才知道你的真实本领，也方便公司恰当地安排你的工作。（参考资料：王月冰《职场辨识度》，《风流一代·青春》2019年第7期）

启示 **俗话说得好："不怕无人请，就怕艺不精。"陈笛用努力、创新思维、可观业绩，为自己贴出了三个闪亮标签，赢得了部门主管职务。陈笛的经验证明，如欲得到领导的重视、群众的信赖，挑更重的担子，做较大的贡献，享受较好的待遇，首先要练好本领，苦干巧干，最好有高招、绝招，做到德才兼备、成绩优异，方可脱颖而出，如愿以偿。**

051 低调不低声

低调是成熟后的一种儒雅，是成功时的一种平静。眼下，低调一说颇为流行，很多人视低调为一种人生哲学、处世圭臬和成功诀窍。低调似乎被越来越多的人所青睐、信奉和推崇，"低调做人、高调做事"成了不少人的口头禅。

低调就是以平和的心态、处下不争的姿态待人接物。"圣者无名，大者无形。"低调是一种谦虚谨慎的风度、从容不迫的气度，是成熟后的一种儒雅、成功时的一种平静。低调的人深刻而不肤浅、内敛而不浮华。低调既是一种修养，又是一种内涵。低调的人内心是平静的，心态是平和的，具有波澜不惊、心静如水的定力。只有修炼到一定境界的人，才能放下身段，不显山露水。

低调既是一种能力，又是一门艺术。低调的人懂得何时何地、何种情形下隐忍，具备把握分寸的能力。低调既是一种智慧，又是一门学问，在纷纷扰扰中留得一分清醒，懂得留有余地，“择高处立，寻平处坐，向宽处行”。

低调的人好相处、易成事。与之相处，如闻一袭幽兰，暗香扑面，让人心生静怡；与之对视，如赏一幅水墨丹青，韵致悠然，让人心旷神怡；与之交流，如品一杯淡淡香茗，清香萦绕，让人陶然于胸。古往今来，因低调而受益者不乏其人。春秋谋士范蠡助勾践灭吴雪耻后，隐退经商，富甲一方，被后人尊为“商圣”；三国时，诸葛亮对蜀国厥功至伟，但他谨守人臣本分，低调做人、功成不居，让后人敬佩不已；清朝名官张英克己为官，不让权力任性，书写了“六尺巷”的佳话；老红军甘祖昌，曾被授予少将军衔，虽因数次负伤身体不好，但坚持回乡务农；2015年，诺贝尔生理学或医学奖获得者屠呦呦，始终专心搞研究，面对鲜花和掌声，保持着一份难得的平静……山不自恃高而耸立云端，海不自恃深而容纳百川，地不自恃厚而承载万物。做人当低调，而功成名就者、才华横溢者、位高权重者、春风得意者尤要低调，需要丢掉附加在身上的优越感、尊贵感等。只有志存高远而低调行事，才能善结良缘、事业顺达。

低调并不是不把事情做好，而是不把做好的事情拿出来炫耀。低调不等于低声，不意味着无所作为。现在，有的人往往以低调为幌子或托词，不愿、不敢和不善发声，面对各种似是而非、混淆视听的奇谈怪论，选择沉默，在大是大非面前扮演“开明绅士”，做起了“鸵鸟”；有的人信奉“出头的椽子先烂”，惧怕“枪打出头鸟”，需要担当时却选择退缩，唯唯诺诺支支吾吾；还有的甚至趋炎附势，毫无骨气，让低调变了味、走了形。低声，说到底是不敢担当、缺乏骨气的表现，是人格萎缩、精神萎靡的写照。

低调做人不等于低级做人，更不是做低级的人。（参考资料：徐文秀《人可以低调，不可以低声》，《秘书工作》2016年第11期）

启示　低调做人要求人们谦虚谨慎，不摆架子，不摆谱，平等待人，礼让敬人，尤其是有身份、有级别、有权势、有功劳的人；低声是不喧

哗，不大叫大嚷，有时的确需要低声。但该文讲的“低声”，是面对是非不发声、面对责任不担当、面对困难不作为。这样的“低声”必须反对。人生的意义在有为，人生的价值在奉献。仁人志士、共产党人，平常时期要看得出，非常时期要站得出，危难时期要豁得出，不可击鼓传花，把责任推给别人，只顾自己明哲保身。

052
“窗”是一本读不完的书

一

窗是人类文明的产物，动物的巢穴则无窗。住只有门的房子叫生存，住有了窗的房子才叫生活。

没有窗时，人们盖房建屋是想与屋外的大自然隔绝；有了窗，有了越来越大的窗，人们便想与美丽的大自然融为一体了。窗，其实是一个缩小了的门，曾经有“窗门”（两扇为门）与“窗户”（单扇为户）之称。还有，天窗可把满天云霞甚至整个星空都一并收入小小的“窗”中。

清新的空气通过窗才能进来，污浊的空气通过窗才能出去。报载，一个人一年在室内大约可产生二十吨二氧化碳，不开窗，这些毒气还不得把人憋死？

房虽小，有窗远眺，小屋也大了；房虽大，若无窗，大房也觉小。一间屋若没有窗，就等于没有阳光和通风，如居洞穴。没有窗的房子不能叫房子，只能叫监狱，即使监狱也有窗——小小的铁窗。

远古时房屋没有窗，人们可以破墙打出一扇窗；就怕连墙也不敢破，老辈人说随意破墙等于糟蹋房子。第一个在墙上开窗的人，是为迎接阳光进入，还是为坐在屋里就能闻到大地的芳香，虽不得知答案，但他的功绩，相当于打开了文明世界的第一扇窗。

只因有了窗，晨风才会进入房间。清早，打开窗，让阳光照进屋来，让新鲜空气涌进屋来，屋里顿时挤满了一天的清新。院里花香四溢，推开窗，花香也进屋了，红花绿叶、满园春色也进屋了。经常开窗、喜欢大窗的人内心灿烂，总想把自己与大自然融在一起；经常关窗、喜欢小窗的人性格孤僻，总想把自己与外界隔开；不喜欢窗、从不开窗的人，窗关了心也会被堵塞……

每天，我们都要开窗、关窗。关窗，是把寒冷、雨雪、雾霾关在窗外；开窗，是把朝霞、春风、阳光迎进屋内。二者不可搞反，傻子才会把春天关在屋外。别人会帮你打开窗，但不是所有窗都能打开。你把你的心窗关闭了，别人是很难打开的。风只会为你关窗，风不会替你开窗。歌德在辞世前曾经说："把窗子打开，让更多的光进来！"他想让光为他送行。

作家钱钟书说："门是人的进出口，窗可以说是天的进出口。有了门，我们可以出去；有了窗，我们可以不必出去。"

二

窗，是一个神奇的画框。一扇窗，恰到好处地把窗外的景致变成了一幅幅活着的立体画卷，且天天更新。推开窗，仿佛春天就镶嵌在这个不大不小的窗框里。一年四季，在窗口按时转换；日出日落，在窗前轮番上演。新绿与金黄、残缺与圆满在窗口不停地交替接班：下雪了，下雨了，刮风了，窗口又实况放映起了关于雪、风和雨的彩色电影。

窗与心情有关。烦闷时，打开窗，如打开你的心窗，仿佛"相思一夜梅花发，忽到窗前疑是君"。屋里待久了，看书看累了，可以"举手推开窗前月"。窗含着"西岭千秋雪"；芭蕉上的"窗前雨"，会立时飘进你的心田。

窗掩饰不住感情。《红楼梦》中林黛玉的"寒烟小院转萧条，疏竹虚窗时滴沥。不知风雨几时休，已教泪洒窗纱湿"，曾经让多少人唏嘘感叹。

窗与月还是一对亲密伴侣，站在窗前，倚窗待月，对窗望月、思月，窗月相映，一窗残月，半窗花月，月满西窗……有了窗，月才更媚；有了月，窗才更美。

窗是清纯的，家乡的花木格小窗上，常常贴着一片片银色的、透明的月光。李白抬头从透过月光的那扇古老窗口，一直低头静思了一千多年的故乡。

窗是幸福的，太阳每天都在窗前升起，朝霞最先映在窗上，阳光总忘不了温柔地与窗亲吻。

那天忽下大雨，一只漂亮的小鸟飞到窗台上，原来它是来这儿避雨的。真希望不下雨时，小鸟也能常来这里做客。有时让人想，我们何须家财万贯、车马盈门，只要拥有这一扇窗，世界不都装进这窗里了吗?

三

夜晚，每间屋里点亮的灯窗是瞒不住的，有多炫目的灯光就有多诱人的幸福。窗不会说话，却有千言万语：窗灯闪烁，那是窗脉脉含情。

早晨，窗前放上一盆刚刚开放的鲜花，主人的心窗也被打开了。窗伴鲜花心也如花，窗伴灰尘心也该擦。你快乐，窗也露出笑容；你烦恼，窗也一脸沮丧。有人留恋窗内，有人向往窗外。往外看，是风景；往里看，是生活。朝远处望，只见森林不见树木，心胸豁然开朗；一直看近处，只见树木不见森林，就会过于现实。

从窗口看外面，能看到枯叶杂草，也能看到鲜花嫩芽；能看见垃圾淤泥，也能看见绿树小鸟；能看到躲进角落里的愁容，也能看到洒满阳光的笑脸……关键看你朝哪儿看。

同一扇窗，早晨看到的是红霞朵朵，夜晚看到的是满天星斗；雪天看到的是银装素裹，雨中看到的是烟雨蒙蒙；秋天看到的是万木萧条，春天看到的是万紫千红……大自然也有喜怒哀乐，脸色不一样，景色也不一样。同一扇窗，向上看是蓝天，向下看是土地，向左右看是树木，向远处看是风景，向更远处看是大海，借助天文望远镜向更遥远的地方看是宇宙……你的目光有多远，你就能看多远。

窗里是风景，窗外也是风景。你站在窗前看风景，窗外看风景的人把你也当成了风景；你把远处一个个游人当成了风景，游人把一个个窗也当成了风景。你看风景是风景，风景看你也是风景，结果大家都成了风景……

当你打开一扇窗，世界上不知有多少窗此时也正在打开；世界打开了多少窗，也等于打开了人内心深处多少不一样的风光。

四

不仅房屋有窗，我们生活中不也处处有窗么?《诗经》打开了西周春秋的一扇窗,《史记》打开了上下三千年的一扇窗,《水浒》打开了北宋末年的一扇窗,《红楼梦》打开了晚清封建社会的一扇窗。报刊、书籍是一扇窗，舞台、银幕是一扇窗，文物、历史是一扇窗，电视、网络是一扇窗，微博、微信是一扇窗……

有的窗挂在墙上，有的窗摆在桌面，有的窗装进提包，有的窗捧在手里。每天有多少人在看手机，其实那是他们捧在手上的连通世界的一扇扇小窗呵!

正因有了这大大小小、各种各样的窗，我们才看到了窗里所看不到的多姿多彩的大千世界，连这窗也有了生命情感与思索。

世界是大窗，人心是小窗，窗里世界与窗外世界不一样，窗里窗外既相隔又相连。有时，小窗能看到大世界，大窗能看清人心的一个个小窗、小世界。

有时，黑暗并不可怕，怕的是心中没有一扇亮着的窗!

漆黑的夜空，满月最明亮，因为它是无边夜幕上打开的一扇圆圆的、银色的窗。

德国每个家庭平均藏书三百册。德国人说，一个家庭没有书籍，就等于一间房子没有窗，就等于一个家庭没有窗。

有人说，读一本好书，等于打开一扇窗。打开的窗越多，你心的小窗越亮堂、越睿智。你一生打开了多少窗？

有的书是一扇永远也看不尽的古老的窗，有的窗是一本永远也读不完的新鲜的书。（参考资料：吕游《窗是一本读不完的书》，《思维与智慧》2020年第17期）

启示　给房屋建造窗户是人类的一大进步。房屋需要窗户，人的心灵也需要窗户。房屋的窗户越大越亮堂，心灵的窗户越多越智慧。心灵的窗户有多样：书籍、老师、朋友、亲人、对手、经验、教训等。人应当不断发现窗户、开创窗户、增加窗户，让阳光照进心灵，让智慧充盈心灵，从而建设美好的物质生活和精神生活。

053
亏人利己，余不乐见

唐初，薛讷是名将薛仁贵的儿子，他平时不苟言笑、沉着勇悍。公元668年，主帅薛仁贵带上十九岁的薛讷一起率军攻拔高丽重镇扶余城，共杀获高丽军一万余人。此役，薛讷表现勇敢，击杀八名敌酋。战后，全部有功将士名册将上报朝廷论功行赏。行军主簿魏哲知道薛讷的真实身份，悄悄地将薛讷的三等功升为一等功。

名册上报至薛仁贵处，薛仁贵立即将薛讷的一等功划掉，魏哲在一旁轻声提醒："小将军若有一等功在身，将来承袭爵位，则是水到渠成之事，将军太不晓变通了吧！"听后，薛仁贵正色道："按律法，一等功一定是在军事上做出巨大贡献、对于战役起到决定性作用的将士，薛讷显然不够标准。很多将士或重伤或战死，也未能评上一等功。如果让薛讷评上，我不仅不能威服三军，良心更会坐卧不安，那就无异于混账东西了！”

薛仁贵如果昧着良心把薛讷军功定为一等功，肯定对儿子今后的发展有好处，却亏待了真正有功的将士，最终丧失人心，遭人鄙视。正因为他遵守法律、不亏良心，更多的将士愿意追随他，最终成为一代名将。德国改革家马丁 · 路德说：“昧着良心做事是不安全、不明智的。”不亏良心的人，一定是明理通达之人，走到哪自带光芒，更多的人愿与之交往。（参考资料：王章材《亏人利己，余不乐见》，《演讲与口才》2023年第17期）

启示　**趋利避害是人之天性，利己只是自我保护机制，是本能的趋利避害、趋吉避凶。人性之中，还会有智慧品德、修养情操、理想信仰等更为美好、高尚的一面，会在利己和利他之中做出良好的平衡。利己也许能获得一时荣华富贵，极端利己却只能身败名裂，惨遭报应。我们不仅要自我警惕，不要过于利己、自私损人，更要警惕并远离那些极端利己之人。因为他们为了一己私利不择手段，难免滋生恶行。所以，请擦亮眼睛，远离极端利己之人，避免沦为牺牲品。**

054 寡味中找美味

工作闲暇之时，我喜欢炒菜做饭。之前总是油盐、酱油、蚝油等各种调料齐上阵，辛辣、腌制常不离口，结果，最近体检，被医生提醒：以后饮食记得少油少盐。

人至中年，上有老下有小，身体也容易出问题，此时更要注意养生，有了健康的体魄，才能担负起更重的责任。

中医推崇健康的生活习惯，饮食要清淡，少吃动物内脏、肥肉、烧烤和腌制食物，严格控制盐和含糖量高的食物，多吃富含膳食纤维的食物，以预防心脑血管疾病……清淡饮食是中老年人的养生之道，我决定改掉不良的生活习惯。

我严格执行少油少盐的策略，可是，做出来的饭菜太寡淡了，一开始极不习惯，更不喜欢，“寡味”让爱好美食的我有点难过。可是，关关难过关关过，我的人生不是一直都这么走过来的吗？我决定改变心态，通过学习健康知识，增加对“寡味”给身体带来好处的认同感，继而调整口味，寻找新的美味。

一个馒头，寡味，但可以养胃；一杯白开水，寡味，但有助排毒；一碗清汤，寡味，但可以润心。寡味的东西，我初尝不习惯，坚持尝下去，竟也慢慢地喜欢上了。

南怀瑾说过：世界上真正好的味道，就是没有味道的味道，没有味道是什么味道？就是本来的真味、淡味，那是包含一切味道的。这话里的道理，我现在懂了。

生活中“寡味”的东西还有很多。

比如，每天重复地生活和劳动。我的一个同学几十年坚持在一家工厂工作，在车间和一堆不会说话的机器打交道，看似寡味，他却沉浸其中，研究出门道、悟出了情感，还带出了一批又一批徒弟。事业的成就和家庭的美满，让他在“寡味”中品到了幸福的真味。

再如，很多学习的过程也是单调、枯燥与辛苦的。背笔记、刷题、反复练习，过程是“寡味”的，但这也是沉淀和积蓄力量的过程，坚持下去，方能闻到来自苦寒的“梅香”。

我的一些爱好，如跑步、写作等，别人觉得枯燥寡味，非常累人，没有娱乐活动来得轻松、痛快。但我坚持了好多年，自得其乐，还从中增强了体质、润养了精神，让生命达到一个更好的状态。我的体会是，那些有益的“寡味”，要坚持为之，它们可慰心灵，可为生活提鲜。

在寡味中找美味，是我人至中年后的心得、感悟，是一个人走向成熟、厚重的标志。人间至味是清欢，品透“寡淡”让我的人生清醒从容，生活中的不如意更易释怀，抵达更曼妙的境地。

以乐观的心看生活，便能不惧寡味，不断成长，找寻到生活中的美好滋味。（参考资料：杨兵《寡味中找美味》，《广州日报》2023年03月11日）

启示　**生活内容原本是丰富复杂的，绝非单一单调的，成分不一，味道不一，有适合自己的，也有不适合的；有喜欢的，也有不喜欢的；有的可以选择，有的不能选择。然而，生活是否幸福，不全在客观因素，也有主观感觉。能选择的，尽量去选择；能调剂的，努力去调剂，使自己的生活尽量往幸福方面倾斜，多一些美好的感觉。**

055 “弱苗”也有用武之地

国家作物种质库主任钱前院士在参加一档节目时，讲了一件小事：他还在读研究生的时候，做水稻培育实验，专门挑的是不起眼的“弱苗”。比如，矮的小的都是成功率不太高的。他的老师很不理解，就问他：“你怎么找的都是一些要死不活的种苗，现在的主流都是做高产优质的研究，而你做这些实验，到底有什么用呢？”钱前院士说，他当时没敢说有用，而现在可以对大家说：“这确实有用。”

钱前院士拿出两把水稻苗，从品相上看，并无差异，可是他做了一个动作后立见分晓。其中一把水稻苗，从中间一折，水稻苗特别柔韧，怎么也折不断，而另一把水稻苗，轻轻一折，只听“咔嚓”一声，就断成两截。这种一折就断的水稻苗，纤维素含量很低，因为秆太脆弱，结不了多少稻粒，它算是水稻里的“弱者”了吧！钱前院士说：“但是，它有用。”

原来，他们在南方发展农业生态系统时，要在水稻田里养鱼，通过稻鱼共生，建立生态平衡系统。所谓稻鱼共生，就是稻和鱼相互利用，共同生长：水稻为鱼类提供丰富的稻花和有机物质，水稻吸引来的各种昆虫成为鱼儿的天然食物；同时，鱼给水稻提供天然肥料，鱼的游动又会翻松泥土，促进肥料分解，增加水中氧气，有利于水稻的生长。稻鱼共生，不仅让老百姓增产增收，还能保护生态环境。而这种一折就断的水稻苗，看似“又脆又弱”，其实它是草鱼最优质的饲料，每年稻谷收割后，就把这种青色的稻草打成饲料来喂养草鱼，因为它含的纤维素低，又脆又嫩，鱼最爱吃，而且，用它喂养的鱼，鱼肉鲜嫩，营养价值很高。所以说，要是在大田里种植水稻，这种产量不高的水稻就是“弱者”；要在“稻鱼共生”生态系统方面，它却是“强者”。钱前院士这么一说，众人恍然大悟，原来“弱”和“强”是相对的。

由于钱前院士总爱挑“弱苗”做实验，因此，被同事亲切地叫作“弱苗辅导员”。恰恰是因为他的“弱苗”实验，才发现了“弱苗”身上的优点，为人类的水稻事业做出了贡献。

现场观众很好奇：“钱院士，你当初是怎么想到要挑选‘弱苗’来做实验的？”钱前院士诚恳地回答：“因为我曾经也不是一名优秀的学生。大概在我上小学四年级的时候，我逃学了一个学期，当时可能是叛逆期吧，我在成长的路上，经历了许多挫折，所以我对待水稻时，总能感同身受。只要善于发现优势，‘弱者’往往也能变成‘强者’。”（参考资料：王小燕《水稻里的“弱者”与“强者”》，《思维与智慧》2022年第25期）

启示　优点和缺点是相对的，是优点还是缺点，要看具体的时间、地点和条件；条件变化了，性质和身份随之变化。从单一的效益来看，“弱苗”是弱项，但是从综合效益来看，“弱苗”又是强项。水稻如此，人也是这样。人有短处，也有长处，“天生我材必有用”，只要找到自己的优势，“弱苗”也有用武之地。

056
王选：一鸣惊人创一流

王选，出生于上海，江苏无锡人，计算机文字信息处理专家，计算机汉字激光照排技术创始人，国家最高科学技术奖获得者，中国科学院院士，中国工程院院士，第三世界科学院院士，历任北京大学计算机研究所所长、北大方正技术研究院院长、香港方正董事局主席。

王选搞照排系统时，并没有想到这个产品后来支撑起一个北大方正来。二十多年后他说：

我绝对没有想到会有后来的北大方正。那时，我想照排系统一定是交给工厂生产。我也没想过会有今天这样的荣誉和头衔。如果那时就一心想着荣誉和成就，也不会有今天的成绩，过分追求荣誉的人一般会急功近利。那时追求荣誉，不是做产品，而是写论文、评职称，还没有做，就想着荣誉，什么事也做不好。欧美科学界流传下面的说法：一心想得诺贝尔奖的人，得不到诺贝尔奖。那时追求的是价值，是看到了取代铅与火带来的变革不可估量，是一场技术革命。

王选搞照排系统，当时是被人看不起的。当时计算机界有它自己时髦的课题——操作系统结构和数据库管理系统。搞这些的人认为，计算机这么高级的东西怎么能用来搞“黑不溜秋的印刷”？当时，好多人认为照排只是一种自动控制；而王选则认为：“当时传到中国的时髦东西，已经是国外时髦过了的东西，我们觉得时髦的东西，人家已经不时髦了。”而且，王选当时就预见到在操作系统、数据库管理系统这类领域，中国人成功的可能性很小，因为得不到最前沿的“需求刺激”。一般人认为是“黑不溜秋”的东西，王选则认为出版系统有需求，里面涉及很多前沿的技术。另外，当时印刷界、出版界一些名人认为：“照排再好，但中国拣铅字更便宜。”王选则预见到了照排将给出版业带来的巨大变化和市场前景。对此，后来王选深有感触地说：“选题的好坏，和人一生的成就关系很大。”

我们今天说王选是位有市场眼光和远见卓识的科学家，不仅因为他选择了当时计算机界并不看好的照排，而且因为他当时就敏感地认识到要“跳过第二代光机式照排机、第三代阴极射线管照排机，直接研制第四代激光照排机”。而在当时要实现这个构想，一下子达不到共识，必须力排众议。王选在回忆录《艰难的起步》中写道：

“文化大革命”初期，有大字报批评我“喜欢一鸣惊人”。现在看来，“喜欢一鸣惊人”“喜欢标新立异”“要么不干，要干就要干第一流”的这种雄心壮志都不坏，关键在于还要有严谨细致、脚踏实地和锲而不舍的实干精神。

王选发明的“轮廓加参数”汉字信息高倍率压缩和高速复原技术，使字形信息的总体压缩率高达500∶1，获得欧洲EP009536专利。1975—1991年，他具体负责华光Ⅰ、Ⅱ、Ⅲ、Ⅳ、方正91电子出版系统的核心硬件——栅格图像处理器的研制，使国产照排系统技术逐步走向成熟，并实现了商品化。1993年，他推出方正93系统专用协调处理器芯片，进一步提高了性能价格比。王选教授个人拥有九项国内外专利，他把新的产品命名为“方正”。1994年，方正的激光照排系统拥有了高达9%的报业市场份额。加上“远程传版”技术，让中国的新闻出版业、印刷业受益良多。

王选并未满足，方正系统开始征服全球的华文报纸。后来的发展实现了王选的夙愿，实现了中文印刷的飞跃。（参考资料：陶伯华主编《精英思维》，黑龙江人民出版社2002年版）

启示　**王选的成功得益于观念的超前、思维的超常。王选所说“喜欢一鸣惊人”，“喜欢标新立异”，“要么不干，要干就要干第一流”，他的这些充满个性的话语，体现了超常思维、前瞻性思维的特征。当然，关键是他既仰望星空，又脚踏实地，具有“严谨细致、脚踏实地和锲而不舍的实干精神”，这才成就了具有里程碑意义的激光照排事业。**

057
蔡元培择偶

五四时期曾任北京大学校长的蔡元培先生，当时以争取男女教育平等、首开大学“女禁”而声名卓著。早在蔡元培先生做晚清翰林学士时，就已经在自己的婚姻大事上提倡男女平等了。1900年，蔡元培的原配夫人王昭病逝，这位著名翰林的婚事引起了许多人的关心，为他做媒续弦的人接踵而来。为了借此改革一下社会风气，蔡先生向人们宣布了择偶的五项条件：（一）女子须不缠足者；（二）须识字者；（三）男子不娶妾；（四）男死后，女子可以改嫁；（五）夫妇如不合，可离婚。当时做媒介绍的无一符合这五个条件，尤其是最后两条，使一些封建士大夫们感到惊骇不已。经过一年的光景，才选择到江西的黄仲玉，她不仅是天足、识字，而且工书画。黄仲玉欣然接受了蔡元培的条件，于是订了婚。

为了大力宣传男女平等的主张，1902年元旦，二人在杭州结婚，蔡元培先生举行了演说会，以代替闹洞房。来宾纷至，场面热闹。有个叫陈介石的朋友引经据典，阐述了夫妻平等的理论。另一个朋友宋恕，不同意男女平等之说，而主张男女双方应以学行相较，他开玩笑说：“假如黄夫人学问高于蔡先生，则蔡先生应以师礼对待黄夫人，这何止是平等呢？假如黄夫人的学问不及蔡先生，则蔡先生应以弟子礼对待黄夫人，平等又从何谈起呢？”

蔡先生听后笑着反驳道：“就学行言，固有先后；就人格言，总是平等。”（资料来源：周溯源辑议）

启示　蔡元培先生的可贵之处在于：他不但极力宣传男女平等的进步主张，而且还勇于在自己的婚姻问题上，打破几千年封建社会的藩篱。我们常说，重要的不仅在于认识世界，还在于改造世界。这就是在知与行

中，强调行的作用。蔡元培先生之所以赢得人们的尊敬，就是因为他不仅是自己进步理论的宣传者，还带头做自己理论的实践者。

058 华罗庚自学出智慧

华罗庚（1910—1985年）在青少年时代，命运艰辛、家境贫寒、病魔缠身，又无工作。十八岁那年，华罗庚得到了一份金坛县中学勤杂工的工作，他勤奋肯干，又十分好学，深深地感动了校长。不久，校长请他担任补习班的教员，然而，却遭到一些人的反对，说他“没有学历，怎能配当教师？”偏偏在这时，华罗庚又染上了可怕的伤寒，被医生判了“死刑”。真是祸不单行！但是，顽强的毅力使华罗庚从死亡线上挣扎起来，不幸的是他的左腿从此落下了残疾，走路只能借助手杖。

病痛的折磨并没有使华罗庚懈怠。为了生活，他又不得不去学校继续干那份勤杂工。一天下来，双腿钻心地疼，但他努力克制，仍在昏暗的灯光下不停地演算，把自己的精神全部寄托在数学王国里。他坚信，世界上的知识不只是在课堂上得到，只要有决心，自学也能成才。

有一天，他看到一个发表数学文章的刊物，就撰写了自己的第一篇论文，投给了这份刊物。不久，稿件被退了回来，上面写着：“此文算式，外国名家早已释疑，何必劳身？”刻薄的字句对华罗庚是个打击，但是并没有使他灰心，反而更加激励他的意志和毅力，下定决心，一往无前，坚持自学与写作。

1930年，华罗庚时年二十岁，上海《科学》杂志终于发表了他的第一篇论文。在这篇论文中，他向大名鼎鼎的数学家提出了挑战。这时，伯乐终于出现了。著名数学家、清华大学教授熊庆来无意中发现了华罗庚的这篇文章，于是邀请他到清华大学来。华罗庚十分珍惜机会，努力工作，拼命学习，每天工作和学习的时间不少于十八个小时。也许是中学里养成了自学习惯，到了清华，出色的自修才能惊人地表现出来。他常在熄灯后躺在床上闭目静思，将书本的内容融会贯通，遇上不解的地方便翻身下床，在灯下反复思考演算，常常通宵达旦。一本别人要看半个月的书，他只需三个晚上便可看完。半年后，只有初中学历的他，终于与大学里的研究生坐在一起听课了。仅用了一年半的时间，他就读完了大学的全部课程。至于他解决实际问题的能力，更是超过了当时的大学生，甚至一些教授解不开的难题，也求助于他。于是，华罗庚这个出身穷苦家庭的小学徒，靠自学起家，凭着自己不屈不挠的毅力和前辈科学家的关怀，挖掘自己的智慧潜力，终于成功地站在了清华大学的讲台上，成为当代著名数学家。（资料来源：周溯源辑议）

启示　华罗庚自幼家贫，命运多舛，学历低、起点低，但凭着顽强的自学精神，脱颖而出。他的成功，得益于非凡的自学。非凡的自学取得非凡的成绩，非凡的成绩赢得非凡的赏识，非凡的赏识带来非凡的栽培，非凡的自学和栽培，激发了他的智慧思维，从而取得了非凡的成就。华罗庚的成长，说明个人的努力是基础，长期坚持是前提，然后才有智慧思维的涌现，才有优秀成果的诞生。

059
旧家具换新家具

近几年来，随着城乡人民生活水平的提高，家具的更新换代发展较快。不仅青年新婚夫妇追求时髦、讲究式样，许多中老年夫妇也乐意迎合时代潮流。然而，许多消费者又不忍丢弃已有的旧式家具，只好望着那令人向往的新式家具市场驻足不前。位于陕西省户县东关的朱雀家具公司，是户县涝峪林场在改革中创建起来的国营家具企业，有充足的木材资源，又有从意大利引进的一条20世纪80年代最新水平的板式家具生产线，每年可生产高、中档各式家具五万套（件）。为了使产品销售变活，他们运用“起死回生”之术，构成一条“复活”线，在农贸市场家具展销大厅开展了新旧家具交换业务。凡有老式过时家具的居民或单位，只要拨通电话，营业部随即上门看货议价，请客人到店里挑选中意的新家具，成交后送新上门，拉旧回来。至于价格，双方按质议价，新家具执行零售价格，各计各价，找补差价。营业部收购的旧家具经修整、油漆后，在农村廉价销售。这种方法吸引了许多城乡消费者，城市居民手中的死物复活，在农村消费者手里发挥了价值；朱雀家具公司的新产品也随之走红。这种连环复活术堪称高明，以旧换新者络绎不绝。（资料来源：周溯源辑议）

启示　旧家具回收变新，卖给乡村继续用，新家具因旧家具退出家庭而得以销售，使市场活了起来，新旧家具都派上了用场，实现了使用价值，可谓互利双赢。这种创新智慧，看似简单，实在高明！

060
易如反掌的改变

某公每次开关家里的洗漱间房门，门锁总要发出“吱嘎、吱嘎”的刺耳声，夜间只要有一个人起来开门关门，其他人就会被吵醒。他曾察看了几次，感觉是锁芯机械摩擦产生的声音。想叫商家来修理，却由于装修时日已久而不知找谁。后来，实在忍受不了那种声音，便将耳朵贴在门锁上仔细听辨，发觉声音是从锁门头上发出的，于是试着往上面涂了一点食用油，结果刺耳声便完全消失了！

久久困扰一家人的难题居然如此容易地解决了。仔细想想，此类事情其实随处可见，许多看似错综复杂、难以解决的问题，解决起来往往只需举手之劳，犹如反掌之易——小到生活琐事，大到科学发明，莫不如此。譬如，贝尔发明电话之前，就有包括爱迪生、格雷和雷斯等在内的许多发明家已在研究电话，并十分接近成功了，但最后的成功却降临在贝尔身上。原因很简单：贝尔在物理实验中将一个旋钮多转了几圈，正是这多转的几圈，顿然使间歇电流转变成等幅电流，一个改写世界文明的伟大发明就此诞生了。

20世纪80年代，中国有位做豆腐的农民发明了一台"豆腐切割机"，曾被当地媒体广为宣传。所谓"豆腐切割机"，其实只是在有动力控制的机械臂上安装了一个铁片做成的网格而已，用这个网格照着整箱豆腐切下去，便有了一块块小豆腐……很多人总是觉得发明创造高深莫测、可望而不可即，可等到别人出来成果时，他却说这么简单，谁不会呀！是的，许多发明创造都极其简单，推广后人人都会，可偏偏许多人当初没有想到，或者不敢去想、不会去想，这就是发明创造的独特魅力。

然而，许多看似解决起来易如反掌的事情，解决之前却往往要经过长时间的冥思苦想，不知付出了多少智慧，穷尽了多少谋略。个中原因就在于，人们面对问题时极易受到习惯思维的影响、思维定势的束缚，总是爱用常规的思维方式去思考和解决问题，结果每每难有改变和创造。

历史和现实都在反复昭示一个真理：走出某些习惯思维的泥潭，常常能找到一块充满生机与活力的芳草地；打破某些常规思维的束缚，往往能开辟一个别有洞天的新世界。易如反掌的改变与创造，就在创新思维火花的一闪之间！（参考资料：胡建新《易如反掌的改变》,《思维与智慧》2022年第10期）

启示　**思想是行动的先导，而思维则是思想的先驱。凡事都要多动脑筋、"异"动脑筋、常"换"脑筋，不要被习惯思维所束缚，不要为表面现象所迷惑，更不要稍遇难题就轻易放弃，而应当试着从另外的角度多看**

几眼、多转几圈、多走几步。或许，当你“山重水复疑无路”时，脑子忽生灵感，思维突冒火花，骤然间“柳暗花明又一村”！因此，一个人若想在事业上有所创造、有所建树，就需要在思维方式上进行经常性的自我革命，从积淀着习惯思维的“板结层”中挣脱出来，从探寻常规思路的缺陷中获得创新发展的灵感，从突破常规工作的套路中产生出奇制胜的智谋，善于创造出“人无我有、人有我新、人新我高、人高我奇”的产品。只有这样，才能在激烈的竞争中掌握主动权。

第三篇 逻辑思维

逻辑思维的实质是推理思维，一般分为归纳推理和演绎推理。归纳推理是从个别到一般，演绎推理是从一般到个别。逻辑推理是人们认识世界的一种常用方式，从已知推断未知。事物的因果联系也是逻辑关系，如“种瓜得瓜，种豆得豆”，种什么收什么。文章的论点与论据也是一种逻辑联系，论点与论据必须一致。科学理论具有逻辑力量，一般来说思维也要求讲逻辑。

061
万物并育而不相害，道并行而不相悖

“万物并育而不相害，道并行而不相悖”，出自《中庸》。《中庸》原是《礼记》中的一篇，其作者一般认为是子思，即孔子的孙子。宋代朱熹将其从《礼记》中抽出，与《大学》《论语》《孟子》合称为“四书”。这句话是说，万物共同在一起生长而不互相妨害，道在一起施行而不相违背。“物之不齐，物之情也。”世界上的事物各有差异，这是自然的规律。“万物并育”和“道并行”，是承认不同事物之间的差异性和多样性，“不相害”和“不相悖”是对差异性和多样性的接受、尊重与包容。

和而不同、海纳百川，是中国人面对差异性与多样性的基本态度。中华文明起源于农耕文明，自给自足、靠天吃饭、宗族群居，崇尚安定和谐，讲究天人关系，重视家国伦理，处世达致中庸，体现为一种尊崇秩序、爱好和平、提倡互助、静气内敛的精神内核。在这样的意识里，“和也者，天下之达道也。”“和”成为中国传统文化中具有代表性的理念之一，蕴含天人合一的宇宙观、协和万邦的国际观、和而不同的社会观、人心和善的道德观，浸润和沉积在民族文化的各个层面。

《左传》记载，齐景公曾问晏子：“和”与“同”不一样吗？晏子用了两个比喻，便于齐景公理解什么是“和”。

第一个比喻是烹饪。他说“和”就好比做羹汤，醋、酱、盐、梅等不同食材都要用到，要让各种味道保持均衡，君子吃了这样的羹就会内心舒坦。

第二个比喻是音乐。他说“和”好比奏乐，声音是由一气、二体、三类、四物、五声、六律、七音、八风、九歌相互辅助构成的，清浊、大小、短长、疾徐、哀乐、刚柔、迟速、高下、出入、周疏相互调节，才能成为动听的音乐。

“同”就不一样了，就好比炖菜只有清水，琴瑟只有一个单音，谁肯吃这样的菜，听这样的音乐呢？“和实生物，同则不继”，中华文化尚和合、求大同，是智慧，更是格局。先秦诸子百家争鸣，儒家、道家、墨家、法家、兵家等，诸多的思想学术流派，共同鲜活了中国哲学的源头之水。在历史上，中华文明的发展受益于人类整体文明发展，并与其他文明相互影响。玄奘西行、鉴真东渡、张骞出使西域、郑和七下西洋……我们曾经谱写了万里驼铃万里波的丝路长歌，也曾经创造了万国衣冠会长安的盛唐气象。古老的东方大国不仅以卓越的智慧启迪世界文明，更以海纳百川的气度拥抱世界文明。

1937年七七事变后，京、津等地高校被迫大规模南迁。1938年4月，清华、北大、南开合组而成的国立西南联合大学在昆明成立。国难当头，中华文化命悬一线，西南联大的师生无畏日寇猖狂，不惧环境恶劣，团结合作，弦歌不辍。

这是一所只存在了八年多的大学，却在中国人的记忆中有着无可替代的地位。在《国立西南联合大学纪念碑碑文》中，冯友兰先生慨然写道：“三校有不同之历史，各异之学风，八年之久，合作无间。同无妨异，异不害同，五色交辉，相得益彰，八音合奏，终和且平。”

从具体语境上来说，“五色交辉，相得益彰，八音合奏，终和且平”，是说清华、北大、南开三校虽各有特色，却能无间合作，共同造就了一段佳话。正如冯友兰先生所说，西南联大的特殊意义，尤在于它是中华民族命运的一个缩影和一段启示。（参考资料：郝思斯《万物并育而不相害，道并行而不相悖》，《中国纪检监察报》2023年3月10日）

启示　中华文明五千多年绵延不断，是人类历史长河中唯一没有干涸、没有断流的文明。何以做到？一个重要原因，就在于其从来不是单一的、趋同的、排他的，而是在包容并蓄、交流互鉴中取长补短，不断发展，一次次吐故纳新而活水长流。历史证明，中华民族和而不同、美美与

共的文明发展理念，使文明交流互鉴成了增进各国人民友谊的桥梁、推动社会进步的动力、维护地区和世界和平的纽带，为人类文明进步做出了重要贡献。今后，我们仍将继续遵循“万物并育而不相害，道并行而不相悖”这个规律，不断推进人类命运共同体发展。

062
上任之前先识鱼

二千四百多年前，孔子的得意门生宓（fú，姓）子贱，被任命为鲁国单父宰。赴任之前，他特地来到乡野，拜访在此隐居的阳昼，向其请教理政良策。阳昼说：“你真抬举我了，我一乡野村夫，既没从过政，也没治过民，哪有什么良策？”

宓子贱说：“话虽如此，但我知道您学识渊博，不会让我白来一趟。”阳昼说：“你的诚心让我感动，我虽无从政经历，但钓鱼还是有些经验的，不妨说与你听听。”接着，他讲起了钓鱼的经历。他说：“我经常在这边的河里钓鱼，我每次将鱼钩安好鱼饵，甩到河水里之后，最先迫不及待咬钩的，是一种叫阳桥的鱼。这种鱼肉薄且柴，味道不佳，人们很不喜欢吃。而同一条河里的另一种鱼就不同了，它在水里游来游去，好像要咬钩，但似乎又不在意鱼饵。这种鱼叫鲂鱼，个大肉厚，味道鲜美，深得人们喜爱。”

阳昼讲到这里停住了，宓子贱若有所思地说：“您讲得太好了，我听明白了，多谢您的指教，我一定铭记在心。”宓子贱辞别阳昼，赶往单父上任去了。

单父不少消息灵通的人士，骑着高头大马，乘坐华丽的马车，赶来迎接宓子贱。宓子贱见状，急忙催促自己的车夫说：“赶紧走，避开他们。”

来到单父，宓子贱依然不待见那些阿谀逢迎他的人，而对那些不显山露水的人，他却主动接近，虚心向他们请教，并委以重任。

有人不理解，就问宓子贱："巴结您的人您避而远之，不巴结您的人却得到您的重用，这是何故？"宓子贱说："巴结人的人一定没什么真本事，他们就是阳昼所说的'阳桥鱼'；而那些不巴结人的人，不趋炎附势，往往有才干，能干事，是有真才实学的人才，他们就是阳昼所说的'鲂鱼'。"三年后，单父政通人和，百姓安居乐业，宓子贱的理政之道大见成效。（参考资料：赵盛基《上任前先识鱼》，《每周益读》2022年11月2日）

启示　宓子贱在单父政绩显著，与他的用人之道密切相关。他会用人，近贤臣远小人。他会用人的关键在于善于识人。识人的诀窍，其实并不深奥，有时从两种鱼身上就能得到启发，难就难在你究竟喜欢什么样的鱼。识人善任并不难，难在有没有这种用人的胸怀和雅量。

063
晏子使楚，捍卫尊严

晏子是春秋时齐国的名臣，曾在齐灵公、齐庄公和齐景公三朝任事，担任过齐国国相，足智多谋，清正廉洁，大公无私，是著名的政治家和外交家。晏子以有政治远见和外交才能、作风朴素而闻名诸侯。他爱国忧民，善于谏议，在诸侯和百姓中享有极高的声誉。《晏子春秋》详细记载了晏子使楚的故事。

晏子出使到楚国。楚人因为晏子身材矮小，在城门大门的旁边开一扇小门请他进去。晏子拒绝，他说："只有出使到狗国的人才从狗门进去，今天我是出使到楚国来的，不应该从这个狗门进去。"迎接宾客的官员只好带晏子改从大门进城。

晏子拜见楚王。楚王尖刻地说："齐国没有人可派吗？竟派您来做使臣。"晏子回答："齐国的都城临淄有七千五百户人家，人们一起张开袖子，就能遮天；一起挥洒汗水，就是下雨；街上行人肩膀擦着肩膀，脚尖碰脚后跟，怎么能说我齐国没有人呢？"楚王说："既然这样，为什么打发你来楚国呢？"晏子答道："齐国派遣使臣，有规矩，根据规矩做出不同的安排：那些有德有才者被派遣出使有德有才的君主所在的国家，无德无才者被派遣出使无德无才的国王所在的国家。我晏婴最不贤，是没有德才之人，所以只好出使到楚国来了。"楚王听后语塞。

此前，晏子将要出使楚国的信息报告到楚王那里，楚王听到后对身边大臣说："晏婴是齐国的一个能言善辩之士，现在他正要来，我想羞辱他一把，用什么办法呢？"侍臣回答："在他到来时，请大王允许我们绑着一个人从您面前走过。大王就问：'这个人是做什么的？'我们回答：'他是齐国人。'大王接着再问：'他犯了什么罪？为何抓他？'我们就回答：'他犯了偷窃罪。'如此这般，就可以羞辱晏子了。"楚王认可了这个方案。

晏子被引进到了楚国王宫，楚王请晏子喝酒，喝得正高兴时，两名小吏绑着一个人来到楚王面前。楚王问："绑着的人是做什么的？"小吏答道："他是齐国人，犯了偷窃罪。"楚王转而看着晏子问道："齐国人原来惯于偷东西吗？"晏子离席站立，沉着回答："我听说橘树生长在淮河以南的地方就是橘树，生长在淮河以北的地方就是枳树，橘子和枳子只是叶子相像，它们的果实味道却不同。这是什么原因呢？是因为水土不同。齐国的老百姓生长在齐国并不偷东西，到了楚国就偷东西，莫非楚国的水土使百姓爱偷东西？"

楚王无言以对，只好笑着答道："圣人不是能同他开玩笑的，我今天反而自讨没趣了。"（参考文献：《晏子春秋·内篇杂下》）

启示　晏子出使楚国，楚国三次想羞辱他，均被他成功反击，从而捍卫了自己的人格和尊严，更捍卫了齐国的国格和尊严。从这则故事可以

看出三点启示。第一，晏子有底气、有正气。他是齐国的大臣，代表齐国出使楚国，公事公办，堂堂正正，何惧之有？第二，晏子机智敏感，善于及时明察对方的意图，迅速做出恰当的反应。要他进小门，他指出这是进狗门，理所当然地予以拒绝；楚王笑话他作为使臣缺少风度，他通过自损，进而贬损了楚王。第三，晏子逻辑思维强，善于比喻，语气淡定，不卑不亢。当楚国小吏污蔑齐国人在楚国偷盗时，他用橘树生长在淮河南、北因水土不同而味道有异的例子，比喻齐国人正派而楚国风气不好。

064
晏子劝阻齐景公求雨

齐国久旱无雨，齐景公召集群臣问道：“天很长时间不下雨了，庄稼没有收成，百姓在忍饥挨饿。我让人占卜，说是因为高山和大河作祟。我想征收税赋，作为祭祀灵山的费用，众卿认为可以吗？”诸位臣子谁也不作答。这时，晏子站出来说：“不可以的!祭祀灵山没用，并不能解除旱象，反而还增加了百姓的负担，而百姓现在已经挨饿了。灵山固然以石头为身体、以草木为头发，天久旱无雨，山的头发就要焦干了，山的身体将发热难耐，难道它就不想让天神下雨吗？所以祭祀灵山是没有用的。”齐景公又说：“祭灵山不行，那么祭祀河神，可以不？”晏子回答：“不可以！河神以水为国，以鱼鳖为百姓，天长久不下雨了，泉水将要干涸，大小河也要断流了，他的国家就要完蛋了，百姓也快死光了，难道他还不希望天下雨吗？所以，祭河神又有什么用呢！”

齐景公听到这里，心里没主意了，问晏子：“按你说的，这也不行，那也不可，那现在还有什么办法吗？”晏子回答：“景公您应该离开平日所住的宫殿，露天而居，无所遮蔽，同灵山和河伯一起分担忧虑，这样或许可以使天下雨。”景公深以为然，于是，他搬出宫殿，来到野外，露天而居。第三天，天上果然下雨了，百姓于是开始栽种粮食蔬菜。齐景公异常高兴，说道：“太好了！晏子的话，的确大有用处！与其求拜神灵，不如加强自己的道德。晏子讲的正是这个道理，讲得多好呵！”（参考文献：《晏子春秋·内篇谏上》）

启示　晏子用山神、河神不能自保的现象，启发齐景公，说明祭祀无益，很有逻辑，很有说服力。景公受到启迪，明白与其求神，不如求自己；加强自身道德，才能得到天佑。

065
暂属悲鸿

徐悲鸿先生是近代著名画家，也是大收藏家。他收藏的名家字画有一千二百多幅，其中不乏国家级珍品。徐悲鸿有一枚印章，刻有“暂属悲鸿”四字。他生前曾多次对家人说：“这些藏品，我只是暂时保管。我去世后，一定要捐献给国家。”徐悲鸿去世的当天，他的太太廖静文女士遵照丈夫生前愿望，将全部藏品无偿捐给国家。

读到这个小故事，不禁为徐悲鸿先生的胸怀宽广豁达所感动。是啊，这世间，许多东西在我们手中并非永远为我们所拥有，只是暂时传到我们手中，由我们暂时保管而已。时辰到了，缘分尽了，必须交出去，交到他人手中，无论情愿与否。这没有什么可伤感叹息的，也没有什么可抱怨不平的。人世有兴衰，物事有聚散，这本是自然规律。我们所能做的就是平静地接受，顺势而为，努力做到相聚时珍惜缘分，分别时坦然放手。

苏东坡曾有一把年代久远的古琴，名叫“九霄环佩”。这把古琴是其父苏洵收藏唐代流传下来的雷琴（所谓“雷琴”，就是四川雷姓制琴世家造出来的古琴，据说这张古琴还是出自雷氏第一代人之手）。苏东坡非常喜欢这把古琴，无论走到哪里都带在身边。他视古琴为知音，会听、能弹、善度曲、长于填词，深谙古琴的制作原理，懂得古琴的真趣。“黄州惠州儋州”，这把古琴陪伴他度过许多艰难岁月。贬谪的日子里，苏东坡经常过着“食无肉、病无药，居无室、出无友”的艰苦生活，但只要弹奏一曲，在与古琴的交流中，灵魂化作琴音的清响，如草尖的露珠滑落清潭，似清风拂过竹林，内心就变得丰盈安然。

苏东坡临终时，深情地抚摸这把古琴，“汝陪吾数十载，而今将恢复自由之身……”人亡琴未焚。苏东坡的那把古琴开始在人间流浪漂泊。一千年过去了，不知几易其主。现在，这把古琴被香港一位收藏家所收藏。

苏东坡非常珍爱这把古琴，在贬谪的苦涩岁月里，这把琴带给他多少温暖的慰藉，但他们的缘分也就短短几十年。可见，光阴流转，人事变迁，物也有自己的命运在尘世辗转。我们所能拥有的时光极其短暂，相守是幸福，离散才是必然。

和珅是乾隆年间的重臣，权倾朝野。各地官员为了巴结讨好他，纷纷搜罗各种珍奇古玩敬献，一时间和珅富可敌国。乾隆死后，嘉庆帝下令将其抄家，他的财产统统被没收，时人称“和珅跌倒，嘉庆吃饱”。那些财产和珍宝只给和珅带来短暂的欢娱和荣耀，最终却给自己和儿孙带来灾祸，误了卿卿性命。

和珅当初为了搜刮这些奇珍异宝，也曾是费尽心机，不择手段。结果呢，这些非法占有的东西最终却成为他贪腐的一个又一个有力的证据，在其生前就已无情地弃他而去，只落得个被抄家被赐死的可悲下场。想一想，这是多么荒唐可笑、执迷不悟。

岂止是物，人与人之间何尝不是这样？一段天长地久的友谊，一段海誓山盟的爱情，走着走着就淡了，走着走着就散了。聚散离合本寻常，历来烟雨不由人。无论是与人还是与物，能够有缘相伴，同行一程已是不易。因此，不贪痴，不执念。相遇时彼此珍惜，善待对方，分别时不留遗憾，坦然面对。因为，这人世间的一切原本只是“暂属悲鸿”。(参考资料：张燕峰《暂属悲鸿》,《思维与智慧》2023年第22期)

启示 **“这世间，许多东西在我们手中并非永远为我们所拥有，只是暂时传到我们手中，由我们暂时保管而已。”想来，还真是这么个道理。只可惜，我们很多人太过愚蠢，对物太过执着，甚至为了疯狂占有，绞尽脑汁，不择手段，不惜付出昂贵代价也要得到。结果呢，耗费心血不说，还可能为自己惹来祸端，真是愚不可及。因此，人生在世，必须学会豁达，懂得放手，不要心存执念。对物如此，对人也要如此。缘来时珍惜，尽力呵护，善待对方；缘散时从容，洒脱转身，果断放手。以一种崭新的姿态重启人生，奔赴下一段旅程，这才是明智的态度。如果纠缠不休，岂不是作茧自缚？受伤最深的一定是自己。**

066
作之不止，乃成君子

常言道“习惯成自然”，如何理解这句话？孔子的六世孙、战国时期魏国国相孔斌对此有精辟的解释。

在司马光的《资治通鉴·秦纪一》中，记录了战国时期发生在魏国君臣之间的一件事。魏王向国相孔斌询问谁是天下高士，孔斌说：“世上没有这种人。如果说可以有次一等的，那就是鲁仲连了。”魏王说：“鲁仲连强作之者，非体自然也。”强求自己这样做的，而不是他本性的自然流露。孔斌则有不同的见解，他说：“人皆作之，作之不止，乃成君子；作之不变，习与体成，则自然也。”人都是要强求自己去做一些事情的，这样不停地做下去，便会成为君子；始终不变地这样做，习惯与本性渐渐相融合，也就成为自然了。

从孔斌的回答中，可以知道他心目中的“高士”，其标准应该是像鲁仲连那样，把道义放在更重要位置上，且比鲁仲连做得更好的人。那么，孔斌所推崇的鲁仲连又是怎样一个人呢？

鲁仲连是一个口才出众、谈锋甚健的“策士”，是一个为人排忧解难不图回报、视金钱如粪土的“高士”。当年，他为赵国解“邯郸之围”立下大功，却坚辞不受平原君的封赏及千金酬谢，他说：“世间最可贵的品格，是为人排患解难，却不索取回报。如果有所取，那是商人的勾当，我不愿做。”

对于鲁仲连，孔斌的评价是比较高的，可魏王却认为鲁仲连是强求自己这样做，并非他本性的自然流露。而孔斌接下来的回答，则具有相当的思想深度——他强调高士并非天生，而是像鲁仲连这样，能与自己的惰性抗争，并长期坚持的结果。或者说，长期坚持便有可能让人的善行成为习惯；而当习惯与一个人的本性融为一体时，便可以成为高士了。像鲁仲连这样的高士，历史上并不多见，否则，历史上就不会有那么多的纷乱战事了。（参考文献：《资治通鉴 · 秦纪一》；参考资料：龙悦《作之不止，乃成君子》，《思维与智慧》2022年第4期）

启示　孔斌所推崇的“高士”，为人们树立了一个标杆，那就是做好事不图回报。然后又揭示了一个规律：不图回报可能不是出自本性，而是对自己的强制要求；对自己长期强制要求，就会形成习惯，就会与本性合一。“高士”非成于一日，贵在坚持。有位名人说得好：“小心你的思想，它会成为你的行动；小心你的行动，它会成为你的习惯；小心你的习惯，它会成为你的性格；小心你的性格，它会成为你的命运。”发生在人们身上的事实正是遵循这样的发展逻辑。

067
刘邦论断“三不如”

一天，汉高祖刘邦在朝廷上与大臣们议论他何以得天下。众大臣议论纷纷，各抒己见。最后刘邦做了分析：“运筹策于帷帐之中，决胜于千里之外，吾不如子房；治理国家，抚百姓，搞粮饷，吾不如萧何；统百万之军，战必胜，攻必取，吾不如韩信。他们三个都是人杰，我能用之，所以得天下。项羽虽有范增，却不善用，所以最后败于我的手里。”这是一段精彩的经典论述。作为知人善用的典范，刘邦受到后人的赞扬和传颂。（参考文献：《史记 · 高祖本纪第八》）

启示　最强的智是众智，最大的力是合力。因此，最大的智慧莫过于博采众人之智，最高的才能莫过于善用众人之才。自古至今，所有成功的风云人物有一点相同，那就是善于用人，可得到英杰辅佐。张良、萧何和韩信是“汉初三杰”，全力辅佐刘邦，所以刘邦得以成功。东汉末年的三国时代，魏、蜀、吴各家都有一个精英团队辅佐统帅。曹操手下有郭嘉、荀彧等；刘备手下文有诸葛亮，武有关羽、张飞、赵云等；孙权手下有周瑜、鲁肃、陆逊等。有名臣良将尽忠效力，方能逐鹿中原，高歌搏击。刘邦的论断具有代表性，很精彩，是经典之论。

068
黄霸巧断争儿案

西汉宣帝时，颍川郡（今河南省禹州市一带）一家富户，有兄弟两人，住在一起。有一年，他们的妻子都怀了身孕，但嫂子伤胎流了产，弟媳则生了个男孩儿。嫂子很嫉妒，一天她把男孩偷偷抱走了。为争夺男孩的归属名分和抚养权，兄弟俩打了三年官司。然而，清官难断家务事，官府难以找到确凿证据判定此案，便把此案拖了下来。

黄霸（？—公元前51年，字次公）出任颍川太守后，此案交到了他的手上。妯娌俩对簿公堂。黄霸见状，心生一计。他让手下一个当差的抱着男孩，离两个女人各十步远。黄霸说："你们两家都说孩子是自己的，又拿不出确凿证据。本太守站在中间立场，不袒护任何一方。现在你们离孩子各十步远，我发号令，谁先抢到孩子，就把孩子判给谁。"说罢，一声令下，妯娌俩跑过去抢孩子。嫂子急于夺走孩子，生拉硬拽，弄得孩子大哭大叫。弟媳怕伤着孩子骨肉，只好松手，让对方强行抱去，站在一旁落泪悲伤。

黄霸见此情景，立刻断定孩子是弟弟和弟媳的。经过责问，兄嫂只好认错，把孩子归还给弟弟和弟媳。（参考文献：《汉书·循吏传·黄霸传》《风俗通义·佚文·折当》）

启示　黄霸依据亲妈爱子、对爱子不忍生拉硬拽的母性，对三年积案迅速做出明断。黄霸有担当，不推诿，善思考，一个测验，立见分晓，表现了智慧思维，维护了公正，令人钦佩。

069
心存敬畏

心存敬畏的人，是心智成熟的人。当我们对这个世界的美丽心存敬畏的时候，我们便会审慎地对待自己，对待遇到的每个人每件事。

我会敬畏每一朵遇到的花。由春入夏，我会发现每一段时间都会有不同的花木出现，由杏花到梨花到李花到桃花到海棠到玉兰到杜鹃，街道上、小区里、山野间，知名的、不知名的，灿烂夺目的、色相一般的。可这些花儿都那么容易打动我，特别是智能手机的方便，让我可以随时随地地捕捉花的芳姿，与喜爱的花儿合影，若是遇到暗香浮动的花朵，我一定要闻闻。正是这千姿百态的花，芬芳了世界，芬芳了你我的心，我们怎能不心存敬畏？

我会敬畏一双美丽的眼睛。还记得那句我们早已熟稔的话吗？——眼睛是心灵的窗口，这是颇为引人共鸣的格言。内心清澈的人，他的眼睛一定是单纯的，他对这个世界怀有本真的好奇与希望，带着积极的态度开始人生的旅程，他也知道前途不光是朗日晴空，但那恰恰是人生的组成部分，而我也始终相信，这最本真的眼神会贯穿人们的一生。

所以，我也相信那些阅尽千帆的人，他们的那双眼睛也是美丽的。没错，他们在人生的旅途中已看过了形形色色的社会百态，动人的、慑人的、撩人的、伤人的情景都一一看过。可恰恰因为这些千名万状情景的共同铸就，促成了他们的内心丰盈，此时的眼神是淬炼后的精钢，闪耀着质感的光芒，是陈酿的好酒，醇厚而清香。而此时的眼睛深蕴的，自然是富于岁月感的力量美，在这样一双眼睛面前，我们怎能不心存敬畏？

我还会敬畏一篇美丽文字。那可以是一首诗、一篇散文、一部小说、一幕戏剧，可以是千年前智者的灵性语言，可以是今人的率性而作。它在浩如烟海的作品世界里与我相遇，这样的缘分自然也抱着感念与珍惜的心。那些古今中外的作者，要么是因为他的天赋异禀而造就出了天才之作，要么是因为他的刻苦攻读，成就了自己的励志之才，要么是因为他的传奇经历，带给了世人不一样的感知世界的视角。

而关于阅读作品，杨绛先生的一段佳句甚合我心：“读书好比‘隐身’地串门，要参见钦佩的老师或拜谒有名的学者，不必事前打招呼求见，也不怕搅扰主人，翻开书页就闯进大门，翻过几页就登堂入室，而且可以经常去，时刻去，如果不得要领，还可以不辞而别，或另请高明，和它对质。”这种洒脱的态度多么令人振奋，我们无法生活千年万年，我们更无法直接与那些古今中外的智者面对面交流，而最廉价、最直接、最有效的方法，就是研习他们留给我们的一页页佳作。当这凝结了人类宝贵文明的作品呈现于我们面前时，我们怎能不存有敬畏？

敬畏是超越了喜爱的体验，是对这个世界庄重的审视，是对自己内心慎独的修检。它会让我们对生活充满积极的态度，一朵花，一双眼睛，一篇作品，因心存敬畏，能感受到别样的美丽。（参考资料：袁恒雷《心存敬畏》，《江城日报》2015年7月27日）

启示　康德说得没错，我们始终确实应该敬畏两样东西——“头顶的星空与心灵的道德律”。他甚至觉得自己就是一个星球，独自拥有世界。思维注入了山川的灵性，想象便跟着插上了翅膀。一瞬意念、一星灵感、一个浸着诗意的想象、一组鲜活灵动的词语，都可以成为一次激活、一种感动、一个进入新的境界的契机，让我们在刹那体验到生活乃至生命的极致美丽。平时，在车水马龙的街道间，耳朵为之闭塞、心门为之紧锁，而在一川春水浮动的岸旁，却可以品咂出许多令人欣喜的况味来。心怀敬畏，才能内心平静，内心坦荡，摒弃浮躁，摒弃心绪的忧烦，才能切实体味到真挚的友情温暖，体味到甜蜜的爱情依偎，体味到真理的思想滋养着灵魂。而敬畏本身，可以让人实现自我的调适、抚慰与升华。

070
臣分忠良喻皇上

李世民做了皇帝，任命魏徵做谏议大夫，专门给皇帝提意见。

有一天，有人告发魏徵包庇亲戚，李世民派温彦博去查办，结果根本没那么回事。但是温彦博却对李世民说：“魏徵虽然没有包庇亲戚，但起码行为不检点，不然为什么会有人毁谤他呢？”李世民又派温责备魏徵。

魏徵因此去见李世民，说：“我希望陛下让我做一个良臣，不要让我做忠臣。”李世民听了很吃惊，赶紧问：“忠臣和良臣不是一样吗？”魏徵答道：“不一样。像古代稷、契、咎陶，就是良臣；像龙逢、比干，就是忠臣。良臣以国事为重，公而忘私，本身享有美名，君主也因此获得好的声誉，子子孙孙传下去，国运无穷。而忠臣则不然，唯唯诺诺，只为个人打算，君主会因他得个昏庸的恶名，甚至国亡家灭。这便是忠臣与良臣的分别。”

显而易见，魏徵由于正直，主持公道，得罪了一些人，遭到非议，但是他不为个人辩解，而是由此引出必须划分良臣与忠臣界限的结论。由于这关乎朝廷的盛衰，李世民接着问：“做君主的通过什么途径才能明智，才能使朝廷拥有更多的良臣；犯什么毛病就会昏暗呢？”魏徵答：“君主所以明智，由于能够倾听各方面的意见（兼听则明）；所以昏暗，由于只相信一方面的话（偏信则暗）。从前尧、舜开放四方的门路，使自己看到四方的事情，听到四方的言论，所以虽然有共、鲧这批坏人，也不会受他们蒙蔽。秦二世深居宫中，只听赵高一个人的，结果秦朝的统治崩溃；梁武帝只相信朱异一个人的，结果侯景领兵打到京城，他还蒙在鼓里；隋炀帝只相信虞世基一个人，天下到处起事，他还不清楚。所以说，君主能倾听各方面的意见，就不会受到蒙蔽，下情就能上达。”李世民听到魏徵旁征博引，讲得深刻有理，连连称善。从此接受魏徵的批评更虚心了。（参考文献：《旧唐书·列传第二十一·魏徵》《新唐书·列传第二十二·魏徵》《贞观政要》；资料来源：随纹、周溯源辑议）

启示　魏徵善于利用各种机会进谏君主，他把无端受谤变成启发皇帝的由头。他指出的良臣与忠臣的区别就很有见地。魏徵在阐释良臣与忠臣的区别时，有两点值得赞赏。一是通过下定义达到批评和规劝皇帝的目的。他志做良臣，不做忠臣，实际上是提醒皇帝不能只喜欢唯唯诺诺的忠臣。二是旁征博引，引用历史上对良臣和忠臣的不同态度及结局，论证重用良臣有利于治国安邦的道理。魏徵运用历史知识，增加了说理的分量。

071
魏徵进谏方法好

魏徵明显地看出，唐太宗晚年陶醉于太平日子，不大爱听反面意见。他想找个机会对太宗指出这个问题。一天，唐太宗意兴很高，笑着问魏徵：“你看近来政治怎么样？”魏徵巴不得皇上这么发问，回答说：“贞观初年，陛下主动地引导人们进谏；过了三年，遇到有人进谏，还能愉快地接受；这一二年来，勉勉强强接受一些意见，可是心里总觉得不舒服。”太宗听了有点吃惊，问道：“你这样讲有什么根据吗？”

听到皇上要他摆事实，魏徵顺势谈道：“陛下刚即位的时候，判元律师死罪，大臣孙伏伽进谏，认为按照法律不应该判处死罪，陛下把价值百万的兰陵公主的园子赏给他。有人说赏得太厚了，您说：‘即位以来，还没有人向我进谏过，所以赏得特别厚。’这是您主动引导人们进谏。以后柳雄假冒在隋朝做官的资历，经主管部门发觉检举，判其死罪，大理寺少卿戴胄经过调查，说只应判徒刑，您最终同意赦免了柳雄的死罪。当时您还对戴胄说：‘只要像你这样坚持守法，就不愁滥用刑罚了。’这是您能愉快接受意见的表现。”

讲到这里，魏徵见太宗听得非常认真，略微停顿了一会儿，接着又摆第三条根据：“近来皇甫德参上书，说修洛阳宫是劳民伤财，收地租是严重地剥削老百姓，妇女流行高髻是宫中传出来的。陛下恨恨地说：‘这人要国家不役使一个人，不收取一文钱，宫女都没有头发，才称心满意呢！’当时我说：‘臣子上书，若不激烈直率，就引不起君主的注意，而激烈直率就近于毁谤。’当时陛下虽听从我的话，赏皇甫德参绸缎了事，但是心里总不舒服。这就是难以接受意见了。”

太宗明白了，说道：“若不是您，不能说这样的话。一个人苦于自己

不认识自己啊！”（参考文献：《新唐书·列传第二十二·魏徵》《贞观政要》《资治通鉴》；资料来源：隋喜文、周溯源辑议）

启示　魏徵劝谏唐太宗，一是趁太宗高兴的时候，二是趁太宗发问的时候。这是皇帝接受劝谏的最佳时机。魏徵时机把握得好。在进谏的方法上，魏徵注意找根据，用太宗的过去与现在进行纵向比较，有表扬，也有批评；表扬是为了批评，批评时不忘表扬。方式、角度和语气都很有讲究。难怪魏徵去世后，太宗悲叹：“我失掉了一面镜子！”

072
听哭声破案

自古以来，社会上出现案件后，官府都要组织力量侦破，而破案的方法也新奇不一。

唐朝德宗年间，晋国公韩滉（公元723—787年，字太冲）在润州任职时，一天晚上，他和属下们登上万岁楼喝酒。酒兴正浓，韩滉却放下杯子，脸上露出不高兴的神色，并对左右说：“你们听见妇人的哭声了吗？是在附近的什么地方？”有人回答说，哭声是从附近的某条街上传来的。韩滉便命人去找那个哭泣的妇女，并把她带回衙门。

第二天一早，韩滉升堂审问那个妇女，为何哭泣？妇女说，自己的丈夫死了，所以才痛哭。韩滉便派人去查看妇人丈夫的尸体，但却没有查出伤痕来。韩滉便命人守在了那具尸体旁。韩滉在堂上问那个妇人：“你丈夫是不是你害死的？”妇人连忙否认，并对天发誓，说自己没有杀害丈夫。审了两天两夜，妇人就是不承认杀害了丈夫。

再说那两个看守尸体的属吏，他们守着尸体的时候，看到有许多苍蝇飞过来聚集在了尸体的头部，便感觉有情况，于是查看尸体的头发，发现尸体的头顶上钉了一根铁钉，证明韩滉的推测是正确的，这个男人的确是被杀害的。有了确凿的证据，女人便坦白交代了：原来，她与邻居家的男主人私通，灌醉了自己的丈夫，把一根铁钉钉进了丈夫的头部，害死了丈夫。

案子破了以后，有人问韩滉："为什么您一听到哭声就知道这里面有杀人案呢？"韩滉回答："我觉察到她的哭声，哭得很急，一味干嚎，但没有悲伤，而且带有恐惧，这里面肯定有问题。"大家听了，都佩服不已。

无独有偶，汉代的王充在《论衡》中也记载了一个类似的案子。春秋时期，子产（？—公元前522年，名侨）任郑国国相。有一天早晨子产出门，听见有妇人在哭，在哭死去的亲人。他仔细地听了一会儿。听罢，就命人把那个啼哭的妇人带回衙门，亲自审讯。没过多久，那个妇人就招供了，承认自己杀害了丈夫，想用啼哭掩盖犯罪事实。仆人便问子产："您是怎么知道那个妇人杀死了自己的亲人？"子产答道："我是从她的哭声中判断出来的。大凡正常人对于自己亲爱的人，知道他病了就会忧虑，担心他会死去；一旦他去世了，则会悲痛不已。而这个妇人哭死去的亲人时，听不出悲伤，却让人感觉她心怀恐惧，所以我就判断这里面有不可告人的秘密。"（参考资料：唐宝民《听哭声破案》，《思维与智慧》2022年第4期）

启示　韩滉与子产两位官员，根据人之常情，逻辑推理，能从别人的哭声中判断出里面的蹊跷，分析案情，辨识真伪，进而侦破了人命大案，实在是聪明非凡。

073
神童妙语讽大臣

唐朝贞观年间，有一个神童名叫贾嘉隐。在他七岁那年，名声已经传遍大江南北，甚至连李世民也有所闻。为了检验他是不是有真才实学，李世民亲自在御花园召见了他，陪同召见的还有大臣徐茂公和长孙无忌。

两位大臣有意出题考验神童。站在槐树旁的徐茂公首先以戏耍的口吻问贾嘉隐：“我倚靠的是什么树？”贾嘉隐答道：“松树。”徐茂公以为他真不知道，立时纠正：“这明明是棵槐树，怎么能说是松树呢？”

贾嘉隐道：“您贵为朝廷三公，以公靠木，当然是松了。”

接着，长孙无忌也问：“我所倚靠的是什么树？”

贾嘉隐道：“槐树。”长孙无忌以为他在瞎猜，于是板着脸说：“胡说！我倚靠的明明是松树，你怎么说是槐树呢？”

贾嘉隐不慌不忙地答道：“以鬼靠木，自然是槐了。”

一句话说得长孙无忌非常尴尬。贾嘉隐虽然才思敏捷且能言善辩，但相貌丑陋。徐茂公改换话题，开始调侃：“这小孩的脸长得像獠面一样，怎么可能聪明呢？”贾嘉隐听完，反唇相讥道：“葫芦脑袋还能做宰相，獠面怎么就会失去聪明啊？”此言一出，赢得包括李世民在内的满堂喝彩。后来贾嘉隐确实不负众望，在十二岁那年考中进士。（参考文献：《太平广记·嘲诮二》）

启示　几番舌战，充分显示了贾嘉隐超凡的口才。尤其是“以鬼靠木”之句，具有双重含义：一是“无忌”之名，类似“无常”，含“鬼”之意；二是影射他俩提问题的动机不纯，有“捣鬼”之意。小神童不卑不亢，机智而又自信，以自己的聪明才智回击了对方的傲慢与歧视，留下了一段佳话。

074

比武器更重要的是智慧

郭逵（1022—1088年，字仲通）是北宋名将，他有名不仅是因为冲锋陷阵的勇敢，更是因为富于远见的智慧。最初，郭逵在北宋军中只是一个下级军官，因两次准确的预言而崭露头角。

康定二年（1041年），朝廷接受韩琦的主张，进攻西夏，出兵灵武。对此，郭逵提出了反对意见："地远而食不继，城大而兵不多，未见其利。"（《宋史·列传·郭逵》）结果，领兵将领任福在好水川中了埋伏，导致全军覆没，举朝震惊，这印证了郭逵的见识。

后来郭逵被时任京东路安抚使的陈执中看中，引为麾下的将领。有一次聚会，议论起当时的良将是谁，大家都认为当属葛怀敏。但是郭逵却不认同，认为："怀敏易与尔，他日必败朝廷事。"（《宋史·列传·郭逵》）葛怀敏在战争中很容易失败，他日必坏朝廷大事。此话一出，在场众人无不惊愕摇头，连上司陈执中都感到不满。过了几天，陈执中把郭逵叫到身边，问他是怎么做出这样的判断，郭逵回答："喜功侥幸，徒勇无谋，可禽也。"（《宋史·列传·郭逵》）好大喜功，心存侥幸，徒勇无谋，这是为将者的大忌，葛怀敏有此毛病，所以郭逵知道他总有一天必为敌所擒。陈执中点头称道："君真知兵也。"凑巧就在几天后，被众人所推崇的葛怀敏兵败身亡，这让人再次见证了郭逵的精准预言。

在陈执中的推荐下，郭逵升任真定兵马监押。上任不久，他就因平定保州叛乱而升职为"阁门祗侯、环庆兵马都监"，从而迈入高级将领行列。事实证明，他是名副其实的将才。延州观察使庞籍镇守河东时，任命郭逵掌管忻州。契丹派使者要求归还天池庙这个地方的地盘，如果处理不好，可能引发战端。庞籍不能决断，把这件事托付给了郭逵。郭逵马上查找档案资料，结果在太平兴国年间的档案中找到了证据，证明天池庙这个地方为宋地，他据此撰写檄文予以详细答复。契丹人看了檄文，为之愧服，没有再提出异议。

熙宁八年（1075年），交趾（今越南）李乾德乘宋朝无暇南顾之机，发动突袭，钦州、廉州、邕州等地相继沦陷。朝廷任命赵卨为主帅征讨交趾，可赵卨与副帅李宪因用兵意见不合产生矛盾，李宪被召回。仁宗皇帝想起了郭逵之能，随即任命他为安南行营经略、招讨使兼荆湖广南路宣抚使，全权负责南征。郭逵于是仓促上任，马上从西北赶赴南方，根据掌握的情况，很快制订了先降伏越南主要谋士刘应纪、令敌军丧失主心骨的作战方针，又联合越南周边诸国与宋军一同作战。短短数月之内，李乾德终因走投无路，不得不主动请降。

人们都称道郭逵为“将之神”，却不知道他每一次战绩背后付出的汗水。《宋史》记载，郭逵少时为人“慷慨喜兵学”，长大后投身军营，幸运地成为名臣范仲淹的部下。范仲淹对这个富有朝气的年轻人十分欣赏，常常“勉以问学”，亲自指导他读书。从此，郭逵勤奋攻读，不仅增长了见识，更体会到比武器更重要的是智慧。郭逵每战都做深入思考，仅在出征交趾的途中，他亲手写下的作战命令，总字数就有一部《尚书》那么多。（参考资料：清风慕竹《比武器更重要的是智慧》,《思维与智慧》2023年第13期）

启示　**智慧当然有天赋的成分，但它背后更多的还是汗水。一位举重世界冠军曾说：“我可以举起世界纪录的奖杯，却永远举不起我所流下的汗水。”这应该是所有成功者的写照。郭逵料事如神，作战有方，战必胜，攻必克，不仅有勇，更有智慧；既因天赋，更因他刻苦学习，善于思考。**

075
陈俞治巫

陈俞，字信仲，宋代江西临川县人。为人有豪侠之风，又好仗义助人。有一年，他进京应试，名落孙山。落第归来，他豁达开朗，一点也不沮丧。当路过久别的大姐家时，便顺便前往探望。没想到大姐一家染上了流行疫病，大门关得紧紧的，一家人只是等死，所以不许任何人来往。事实上也没有人肯登她家的门。

陈俞和随从仆人一次次敲门、呼喊，很想进去看看大姐家的情况。可是大姐就是不开门，在屋里劝阻他说："我家不幸，遭受这次大瘟疫，只能听凭命运的摆布了。真是没有法子啊！你为什么要进屋，甘心招惹灾祸呢？"陈俞不听她的劝阻，硬是用力推开门，一直往前走，大姐拦也拦不住。他看见门里供奉着神像，香火一排排正燃烧着，烟气弥漫呛人。他猜想一定是巫师摆弄的。于是，他对大姐说："大凡疫疠流行，原本是毒气蒸郁熏染而引起的，你们怎么可以把门窗紧关，再加上闭塞，不让空气内外流通呢？"他马上将大门和窗户统统打开，取出随身携带的苏合香药丸十枚，煎了大锅汤，自己先喝一杯，然后请大姐和她的家人，无论大人、小孩都喝。他把喝剩的药汤遍洒房内的墙壁、地面，再把巫师用来祭神的符箓、螺角、旗幡等器具都撤去。他干净利落地做完这些事情后，就端端正正地坐下来，等待巫师的到来。

一会儿巫师来了，他一走进屋里，惊讶地发现门窗大开，祭神器具不见踪影，不由得神情大变，满脸怒容。还没等他怒气发作，陈俞已从屋里疾步走出，掀开胡须，瞪圆两眼，愤怒地看着巫师，大声斥责道："你是什么东西，敢闯进这里！这一家儿女都很幼小，满屋都是病人。你却用妖术炫耀，迷惑和蒙骗病人，使他们的病不能及时得到医治。你到底安的什么心！我看你这样贪婪地诈骗钱财，简直就是强盗了！"说着，向自己的随行仆人使个眼色，仆人会意，将巫师捆绑起来。

巫师被捆之后，吵吵嚷嚷，为自己辩护、解释。陈俞威胁说要将他送到官府去。巫师这才慌了，急忙认罪告饶。陈俞解开捆绑他的绳索，递给他纸笔，叫他写自己的罪过和乞求私下受责之语。巫师写好并签字画押后，陈俞抽他三十鞭子，烧毁他的求神器具，把他赶出门外。陈俞所作所为惊动了邻里，他们震惊害怕，争着上前责备和讥讽陈俞。陈俞只是微笑，没有回答。

第二天，大姐一家人都摆脱了病魔，恢复了精神。目睹了这家人的变化，那些责备和讥讽陈俞的人都口服心服了。

陈俞后来又到了县城，遇见恶人欺凌弱者，他怒火中烧，侠气凌云，为弱者打抱不平，挥拳打死了恶人。恰巧这一年是南宋高宗建炎初元（1127年），朝廷颁布大赦令，陈俞获得赦免。此后，府县多方颂扬他扶危济困的义举，陈俞当上缙云县主簿，直到去世。（参考文献：《夷坚志·补卷第二·陈俞治巫》）

启示　巫师欺软怕硬、欺愚怕智、谋财害命，而陈俞则富有正义感。他懂点医学，也了解巫师的伎俩，得以挽救大姐一家人的性命，也用事实教育了全村村民。要识别并揭穿邪恶者的骗术、妖术，必须有胆有识，有智慧，敢担当。

076 包拯巧破割舌案

包拯是中国历史上有名的“包青天”，他断案明察秋毫，机智过人，公正廉明。传说在包拯当扬州天长县县令时，遇到这样一件事。一天，有个农民前来告状，诉说家中耕牛的舌头被人割掉了。“怎么会把耕牛的舌头割了？”包拯双眉紧锁，仔细思量。宋代为保护农业，曾颁布法令，严禁屠宰耕牛。那家人的耕牛未被杀死，舌头却被割了，是何道理？转念之间，他把那个农民叫来问道：“你到县里来告状，别人知道吗？”“没人知道。”农民回答说。“那牛的舌头被割去，邻居家知道吗？”“邻居家也不知道。”“好！”包拯有了主意。他悄悄地对农民说：“你回去后偷偷地把牛杀了，把肉卖出去。这事一定要做得很机密，不可告知任何人。这样做，我就会找到割牛舌的人。”农民回家后按照包拯的吩咐做了。这时，有个人跑到县里告状，告那个农民私宰耕牛。包拯盯着告状人问："你为什么要割掉人家牛的舌头？"那人听后，目瞪口呆。在包拯威严的目光下，只好低头，承认牛舌是他割的。(参考文献：《智囊 · 察智部 · 包拯》)

启示　一般与牛主人没关系的人，是不会关心牛主人如何处理自家牛的，不知来龙去脉，不可轻言。牛舌被割，无人告状；一旦宰牛，就来告状，必有缘由。包拯就是根据这个逻辑推断的。原来告状者与牛主有仇恨，积怨甚久，总想加害牛的主人，才想到这个办法，将耕牛的舌头偷偷割去，使耕牛不能吃草，迫使牛主将牛杀死，这样使其因私宰耕牛而触犯法令，达到杀牛毁人的目的。然而，诡计逃不过包拯智慧的双眼。

077
海瑞"请示"讽贪官

提起明代"敢把皇帝拉下马"的直臣清官海瑞(1514—1587年，字汝贤)，可谓家喻户晓，妇孺皆知，但他除生性耿直、强硬外，有时也讲圆通，亦不乏幽默。

当时有个叫鄢懋卿的钦差大臣，在出巡之时，煞有介事地发号施令，声称他"素喜简朴，不喜逢迎"，其实是当面一套背后一套。他所到之处，地方官员侍奉他，不仅白天要山珍海味、美酒佳酿，晚上更要安排其去声色之地。稍有不周，他就发火训斥。

但很快，这位专横跋扈、高高在上的鄢大人就碰到了一个"软钉子"——他接到时任浙江淳安县令海瑞的一份公函。公函中，海瑞先是照录其通令原文，然后好像畏畏缩缩地请示他："请问大人，下官是按您的通令行事呢，还是照搬前例？若按您的通令，恐怠慢您，我等心里实在过意不去；如照前例来做，又恐辜负了您体恤民情的一番好心。”

海瑞这个“请示”确实妙不可言，让鄢大人无从回答，左也不是，右也不是。不过这位钦差大臣还算聪明：咱惹不起还躲不起吗？于是，灰溜溜地绕道而行了。（参考文献：《事林广记》《明史·列传第一百十四·海瑞》；参考资料：黄仁宇《万历十五年》；资料来源：秋暝、周溯源辑议）

启示　海瑞运用逻辑思维，以子之矛攻子之盾，用“请示”的方法，先把钦差大臣鄢懋卿的巡察通告原文亮出来。中国人讲究“言必信，行必果”，如果你来本地“巡察”，就要如通告讲的那样，“素喜简朴，不喜逢迎”；如果做不到言行一致，那你就肯定不好意思来了。一个“请示”把鄢懋卿气得无话可说，也就没有颜面到海瑞管辖的浙江淳安县花天酒地、贪索资财、胡作非为了。

078 县令追查雷击案

雍正十年（1732年）六月，一天夜里下大雷雨，献县城西有个村民被雷击死。人们传说，这是触怒了天神。县令明晟前去验看后，吩咐把死者安葬了。

但是，县令一直觉得此事有些蹊跷，决心追查到底。过了半个多月，县令忽然派衙役捉来一个人，讯问他：“你买火药干什么？”那人回答说：“打鸟。”又盘问道：“打鸟的话，有一两火药就足够用一天，你为什么要买二三十斤呢？”那人答道：“多存一些备用。”县令继续盘查道：“你买药尚不足一个月，就算天天都在打鸟，最多用去一二斤，剩下来的火药放在哪里了？”那人词穷，答不上来，于是动刑审问，果然，他承认是因奸情杀人。最终那人与同谋的女人一同伏法了。

有人问县令："你怎么知道是这个人杀的人？"回答："火药没有几十斤不能伪造雷击。配药要用硫磺。如今是夏天，不是年节放鞭炮的时候，买硫磺的人有限。我暗里派人去街市上了解谁买硫磺最多，大家都说是某人，所以找出了疑犯。"又问："你怎么知道雷击是假造的呢？"县令回答："雷电击人是从上而下，地面不会破裂，最多毁坏房屋，那也是从上往下打。这次雷击却使得屋顶飞起，土炕面也揭开了，可见火是从下面发起的。还有，那一晚雷电虽然很猛烈，却只是盘旋在云端，并没有下击，这足以判断村民家的雷击是假的，所以我推断是蓄意谋杀。但那一晚村民的妻子回娘家了，无法讯问，只有先找到男子，才好审理。"

原来，县令在案发后之所以不动声色，把观察到的疑点暗藏心里，是为了收集更充足的证据。这个县令称得上是智慧审慎、明察秋毫了。(参考文献:《阅微草堂笔记 · 滦阳消夏录四》)

启示　献县县令通过逻辑推理和细致调研，判断村民被雷击不是天灾，而是人为，通过审问，得以证实，使凶手得到了惩罚。此案体现了县令替民负责、为民担当的精神，也体现了县令的睿智和沉稳。

079
梅汝璈的雄辩

1946年春天，出席远东国际军事法庭的十一国法官齐聚东京后，大家首先关心的是法庭上的座位排列顺序。庭长，经盟军最高统帅麦克阿瑟指定，由澳大利亚德高望重的法官担任。庭长之外，还有美、中、英、苏、加、法、新、荷、印、菲的十国法官。庭长当然居中坐。庭长左手的第一把交椅似乎已属美国法官，庭长右手的第二把交椅属于谁呢？法官们展开了热烈的讨论。大家心里都明白，座次表示着该法官所属国在审判中的地位。

为了国家的体面与尊严，中国法官梅汝璈一心要争到第二把交椅。当时的中国虽号称“世界四强”之一，可国力不强，徒有虚名，该怎么说呢？

“若论个人之座位，我本不在意。但既然我们代表各自的国家，我还需请示本国政府。”梅汝璈的头一句话就让人吃惊。若法官们各自请示本国政府，何时才能讨论出个眉目来。望着同事们惊讶的神色，他接着说：“另外，我认为，法庭座次应按日本投降时各受降国的签字顺序排列才最合理。首先，今日系审判日本战犯，中国受日本侵略最烈，而抗战时间最久，付出牺牲最大，因此，有八年全面抗战历史的中国理应排在第二；再者，没有日本的无条件投降，便没有今日的审判，按各受降国的签字顺序排座，实属顺理成章。”说到这里，梅汝璈略一停顿，微微一笑说：“当然，如果各位同仁不赞成这一办法，我们不妨找个体重测量器来，然后以体重之大小排座。体重者居中，体轻者居旁。”话音未落，各国法官已忍俊不禁了。

庭长韦伯说：“你的建议很好，但这个建议只适用于拳击比赛。”梅汝璈回答说：“若不以受降国签字顺序排座，那还是按体重排好。这样，即使我被排在末座也心安理得，并可以以此对我的国家有所交代。一旦他们认为我坐在边上不合适，可以调派一名比我肥胖的来替换我呀！”这个回答引得法官们大笑。

笑归笑，庭长韦伯仍未最后拍板。等到开庭前一天预演时，庭长竟突然宣布入场顺序为美、英、中、苏、法、加……梅汝璈立即对这一决定坚决抗议，并随即脱去黑色丝质法袍，拒绝登台“彩排”。他说：“今日预演已有许多记者和电影摄影师在场，一旦明日见报便是既成事实，既然我的建议在同仁中并无太多异议，我请求立即对我的建议进行表决。否则，我只有不参加预演，回国向政府辞职。”庭长召集法官们表决，预演推迟了半个多小时，入场顺序和法官座次终于按日本投降书各受降国的签字顺

序，即美、中、英、苏、加、法……排定。（资料来源：周溯源辑议）

启示　梅汝璈舌战十国法官，精彩非常。他先是慷慨陈词，表示了若不拿到第二座次，法庭就休想开庭的坚强决心，在精神上压倒对手。继而，他阐述此次法庭审判的是日本战犯，而中国“受日本侵害最烈”“抗战时间最久，付出牺牲最大”，并且排在第二接受日本投降签字。他摆出这两个最过硬的理由，高屋建瓴，使对手无法争辩。后来，他还说出以体重排列的办法，听似嬉笑，实则把中国不排第二的其他方案都置于荒谬之列。这些，充分表现了梅汝璈“国弱而志不短”的气概。

080
只有美才会遇见好

电视剧《人世间》里有一句经典台词，周蓉对女儿冯月说：“对女孩子来讲，丰富自己比追求别人重要。”是的，一味追求别人，除了可能会承受压力，还可能让你变得自卑，而丰富提升自己，则会让自己变得自信，变得强大。只有变美了，才会遇见好。

爱情如此。只有你足够优秀，才能遇见优秀的另一个。否则，即使你靠出众的颜值，或低三下四，也只能暂时捕获对方的芳心，如果没有深沉思想和独特魅力之甘泉浇灌，这份感情难免会昙花一现，渐行渐远。鲁迅先生在小说《伤逝》里写道：“爱情须时时更新，生长，创造。”所谓“更新”“生长”“创造”，首先是一番艰苦的自我革命、自我雕琢，如果无意忽略或刻意回避了这一步，结局只能望着对方大步远去决绝的背影黯然神伤、独自洒泪。就像涓生、子君的悲剧——不是对方太过负心，也不是自己过于痴情，而是双方距离加大，无法同频共振。

爱情如此，友情也是如此。你处于什么层次，就能交到什么层次的朋友。有句话说得好："不要追一匹马，你用追马的时间去种草，待春暖花开时，能吸引一批骏马来供你选择。"是的，如果你把攀附权贵结交显要的时间用在提升学问上、用在锤炼品格上、用在开阔心胸上，当有一天你拥有了出众的智慧、高远的眼界、旷达的胸怀时，自然会有人乐意结交你，与你做朋友。正如诸葛亮躬耕于南阳，但刘备仍愿意一次次放低身段一路风尘来三顾茅庐；正如嵇康虽然身份卑微只是一个打铁匠，但权贵钟会仍然愿意威仪赫赫带着一众随从来拜访他。俗话说得好："圈子不同，不必强融。"强融的结果只能是让自己受尽委屈，招致各种白眼，心灵受到戕害。与其把自己低到尘埃里，不如挺直脊梁，昂首阔步行走在前进的路上。当有一天你成绩卓然，那些你仰望的圈子或睥睨你的圈子，会纷纷为你敞开门扉，奉上含露吐香的橄榄枝。

职场也是如此。当你经历各种艰难困苦的磨砺后，拥有了超越他人的知识和能力、胸怀和格局，才能找到更适合展示才华的舞台。俗话说得好："求人不如求己。"与其寄希望于贵人出现，不如沉下心来脚踏实地做好自己，让自己成为那颗闪闪发光熠熠生辉的明珠。你一旦成了明珠，璀璨夺目的光芒，一定会吸引很多人的注目，一定会有很多人愿意把你放在与身价相当的盘子里。相反，即使因某种原因侥幸荣膺其位，只能是勉为其难，吃苦受累不说，还会拖累别人。凡德不配位、才不配位者，不可庆幸，说不定会带来灾祸。

说到底，这世间的一切美好不是从天而降，而是在于一个"配"字。梁山伯配祝英台成就了举世无双的爱情传奇，俞伯牙配钟子期谱写了流传千古的友情绝唱，魏徵等名臣良将配李世民开创了唐朝近三百年的煌煌基业。于普通人而言，你只有变美了，才会遇见好——我的美配得上你的好，才是真正的美好。你若盛开，清风自来；你若精彩，天自安排。（参考资料：张燕峰《只有美才会遇见好》，《石狮日报》2023年8月7日）

启示　美好都是我们每个人所期望的，但是如何去获得美好呢？只有我们自己变美了，才会吸引好，才能实现美好。而这其中，自己变美是

前提，更是根本。因此，面对生活中的不如意，不要怨天尤人，更不要自暴自弃，而是要平心静气，潜心耕耘，积蓄力量。当你在芸芸众生中脱颖而出，一定会遇到贵人的赏识和扶持。

081
为何要做好人

一天，有位国学老师到某中学开讲座，有学生问："老师，好人一定有好报吗？"老师答："不一定有。"学生又问："既然不一定有好报，我们为什么还要做好人呢？有人干干净净做人，清清白白做事，可什么都没得到，有些人坑蒙拐骗、吃喝嫖赌，却享尽荣华富贵。有人说，我们还不如干脆做个坏人潇洒。"老师笑了笑说："我给你们讲个有趣的故事吧。"

《论语 · 卫灵公》写道："在陈绝粮，从者病，莫能兴。子路愠见曰：'君子亦有穷乎？'子曰：'君子固穷，小人穷斯滥矣。'"老师说，当年孔老夫子也遇到同样的问题。《孔子家语》记载，孔老夫子在周游列国时，楚昭王非常赏识他，想要重用他，孔子很高兴前往。各国诸侯都知道孔子是位圣贤，楚国又是个大国，如果他在楚国被重用，对其他国家都是威胁。于是，当孔子一行人到了陈国时，陈蔡两国派兵将他们围住，不予放行。结果，孔子一行人粮食吃完了，跟外界又中断了联系，绝粮七日，只能靠吃些草根、树皮来充饥。直到后来楚国派兵营救，才解了围。在被围困期间，有七天吃不上东西，随行的很多人都饿病了。于是子路很不高兴地来见孔子，说道："君子亦有穷乎？"意思是君子也有穷途末路的时候吗？这让孔子十分惊讶。

随后，孔子陷入深思，君子也会走投无路吗？子路认为，我们是讲道德的人，我们是君子，君子怎么可以走投无路呢？子路对道德有一个淳朴的信念，就是做好人一定有好报，可是我们做了好人，为什么没好报？这里面还蕴含着一个可怕的逻辑推论——既然没好报，我们为什么还要做好人呢？孔子意识到，子路提出了一个非常尖锐的问题——道德的有效性。子路跟着孔子四十多年，他在孔子的心目中是最坚定的追随者。想当年，子曰："道不行，乘桴浮于海，从我者其由与？"子路闻之喜，子曰："由也好勇过我，无所取材。"意思是说，如果主张的确无法推行了，我想乘着木排漂流海外。但跟随我的，恐怕只有子路吧？可是现在子路却突然冒出一句"君子亦有穷乎"，孔子非常失望。你一直跟着我，想做一个君子，做一个好人，原来只是为图一个好报，做个好人为了一个好报，这就不叫信仰了，难道道德也会过期？

子路是一个急躁冲动的人，"由也好勇过我，无所取材"。从此番言谈中不难看出，当年孔子对子路的批评之严厉。孔子在批评子路"好勇"的时候，也是在提醒子路"好勇"不是不可以，但不能一时脑热，逞匹夫之勇。真正值得提倡的"勇"，不仅是有法可依，而且还应符合社会的道德规范。于是，孔子这次给子路的回答非常坚定："君子固穷，小人穷斯滥矣。"明确告诉子路，做好人本来就不一定有好报，但是即使没有好报，你也必须做一个好人。如果遭遇困境就不做君子，那么世界上就没君子了，既然这个世界还有君子，那就说明君子不是冲着好报才去的，而是为了某一种信仰去的。别看小人在顺境的时候，可能还能充一充体面，但一旦失势处于困境之中，小人就守不住道德底线了，就像河水泛滥一样没了方向，所以"小人穷斯滥"。君子固然会遭遇困境，但是君子因为有信念，他就不会丧失节操，不会堕落。

同学们终于明白，好人有信念，虽然信念不一定能够给你好报，但是信念会阻止你堕落，这不就是最大的好报吗？（参考资料：梁水源《为何要做好人》，《春城晚报》2023年7月12日）

启示　在孔子看来，做好人不图回报，做好人也不一定马上得到世俗的好的回报，这是常见现象。但是，保持做一个有正确信念的好人，可以保证你在这个世界上即使遇到穷困危难，也不迷路、不偏航，不会出现最糟糕的人生结局。而这，就是最大的福报！所以，我们应该选择做好人。

第四篇 前瞻思维

前瞻思维就是先看一步，就是预见，就是远见。毛泽东特别重视科学的预见性，即思维的前瞻性。他强调“为着领导，必须有预见”，“没有预见就没有领导，没有领导就没有胜利。因此，可以说没有预见就没有一切”（《毛泽东文集》第3卷）。前瞻性是对事物发展方向的科学预见。毛泽东对“领导”与“科学预见”的关系有过精辟的阐述。他指出：“预见就是预先看到前途趋向。”“坐在指挥台上，如果什么也看不见，就不能叫领导。坐在指挥台上，只看见地平线上已经出现的大量的普遍的东西，那是平平常常的，也不能算领导。只有当着还没有出现大量的明显的东西的时候，当桅杆顶刚刚露出的时候，就能看出这是要发展成为大量的普遍的东西，并能掌握住它，这才叫领导。”（《毛泽东文集》第3卷）前瞻性是对事物发展规律的科学分析。历史上，伟大人物都具备见微知著的前瞻眼光，能够在极小的变化之中准确把握事物的发展趋势并预先谋划，毛泽东就是其中的典型代表。1927年大革命失败以后，当时党内很多同志对局势比较悲观，对前途感到迷茫。但是，毛泽东从“剩下的一点小小的力量”中判断中国革命高潮快要到来。毛泽东在分析抗日战争时曾经指出，抗日战争将是一场持久战，将经过战略防御、战略相持、战略反攻三个阶段，中国人民终将取得全面胜利。这些前瞻性战略预见鼓舞了全国人民的胜利信心。

082
见微知著，见端知末

得知殷纣王开始使用象牙筷后，担任商朝太师的贤人箕子，感到忧虑和恐惧。因为箕子预见到：开始使用象牙筷，肯定就不愿意再把食物装在陶土做的器皿中，就一定会追求用犀角、宝玉制作的杯盘；有了犀角、宝玉的杯盘和象牙筷，肯定不愿意餐具中只装些蔬菜素食，就一定会追求牦牛尾、大象鼻和豹子胎儿之类的美味；有了牦牛尾、大象鼻和豹子胎儿之类的美味，接下来肯定就不会再安于穿着粗布短衣住在草屋里，就一定会追求穿着美丽的绫罗丝绸、住进高大宽敞的楼台华厦。如果君王崇尚如此奢靡的享受且贪求不已，必然会使天下陷入贫困而民怨国乱。后来，殷纣王果然因纵欲而亡国。箕子因预见了后果而提前离开商都，从而避免了遭受灾乱。

圣人看见了客观事物的某些细微现象，就可以预料到它的发展趋势；认识了客观事物的开端，就可以预见它的结局。因此，箕子看见殷纣王使用象牙筷子这样一件小事就产生忧虑和恐惧，并不是小题大做、杞人忧天，而是预见到了由此会造成天下贫困并带来大祸。后来的发展证明了箕

子的前瞻思维。(参考文献:《韩非子 · 说林上》)

启示　社会事物的发展有客观规律，不以人的意志为转移。一般人不能很快发现规律、预知事物的进展，往往被规律牵着鼻子走而不觉；智慧的人能够见微以知著，见端以知末，从而掌握选择的主动权，趋利避害。箕子能预知殷纣王使用象牙筷子会导致国贫民怨，运用的是逻辑推理和前瞻思维。据说有位顾客有一笔现金，拟在某银行储蓄。一天，他来到这家银行，存款前顺便做了点考察。他发现老板办公室书架上居然没有任何书籍、报纸，只是放着一些古董摆件；老板对客人爱搭不理，自顾自悠闲地修理指甲。于是这位顾客改变了主意，认为这家银行靠不住，改选了其他银行。果然，该银行后来不久因经营不善而倒闭了。

083
姜子牙妙等周文王

姜子牙（约公元前1156—约前1017年），即姜尚，名望，字子牙，俗称姜太公。因先辈被封于吕（今河南省南阳市），故称吕氏，又名吕尚。他是中国历史上最早享有盛名的政治家、军事家、谋略家之一。因辅周灭商有功，受封于齐，是周代齐国始祖。姜子牙年轻时曾在商都朝歌（今河南省淇县）宰牛卖肉，经常赔本，后到孟津（今河南省孟津县东北）卖酒为生，因不善经营，艰难度日。

姜子牙虽家境贫寒，但胸怀大志、勤奋好学，遗憾的是到了古稀之年，他仍然是空怀大志，没有施展的平台。他终日思索如何为国效力，救民于水火，因思虑过度，无心做事。有人说他难成大器。

当时殷商，日益衰落。纣王无道，荒淫无度，朝政腐败，民不聊生，而西部的周国，由于西伯姬昌实行仁政，人心安定，国势日强。天下民众，倾心于周。姜尚分析了天下形势，认定周必灭商，取而代之。当他获悉姬昌正在招贤纳士之时，便毅然离开了商都朝歌，来到西周领地渭水之滨的磻溪。

姜子牙得知姬昌经常到这一带打猎，于是，他每天到兹泉垂竿钓鱼。他钓鱼用的钩是直的，且不上鱼饵。这就是“姜太公钓鱼，愿者上钩”的由来。其本意，不是为钓鱼，而是坐等良机，会见姬昌，以图大计。这正是姜尚前瞻思维的高明之处。

一日，姬昌果来行猎，看到一老者在垂钓，直钩下水不用鱼饵，甚为惊奇，便和姜尚交谈起来。姜子牙说出了自己的治国韬略，令姬昌赞叹不已。姬昌拉住姜尚的手说：“我先君太公预言：‘当有圣人至周，周才得以兴盛。’你就是那位圣人吧？我太公望子久矣！”言毕，亲自把姜尚扶上车辇，一起回宫，拜为太师。

姜子牙大器晚成，有了用武之地。从此，他辅佐周室治国安邦，富民、灭商，至周文王死时已“天下三分，其二归周”，为灭商创造了有利条件。

周文王去世后，武王姬发继位，拜姜尚为国师，尊称师尚父。姜尚又辅佐武王执掌朝政。姜尚导演了八百诸侯会孟津的灭商大预演，指挥了牧野之战。他挥兵打进朝歌，纣王见大势已去，和妃子妲己自焚于鹿台。殷商王朝宣告灭亡。在姜尚的策划下，周室大振，成为中国历史上一个新的盛世。（参考文献：《六韬·文师第一》《吕氏春秋·首时》《史记·齐太公世家第二》；资料来源：侯又白、周溯源辑议）

启示　姜子牙虽然在青壮年时期没有找到施展才华的平台，但是他以国家事业为重，不追求个人的荣华富贵，不虚度年华，不“躺平”，且行且思、观察大势、潜心研究，终于来到了商衰周兴的历史关头。他精心策划，在磻溪直钩垂钓，终于结识了周文王，受到重用，实现了远大抱负。姜子牙“失之东隅，收之桑榆”，是大器晚成的典范。

084
扁鹊治病

春秋时期，有一位名医叫扁鹊。一天，他拜见蔡桓公，在蔡桓公身边站了一会儿，然后说："大王，据我看来，您皮肤上有点小病。要是不治，恐怕会向体内发展。"蔡桓公毫不在意地说："我的身体很好，什么病也没有。"扁鹊走后，蔡桓公对身边人说："医生总喜欢给没病的人治病，以便邀功请赏。"

过了十来天，扁鹊又来拜见蔡桓公，观察了一会儿，说道："大王，您的病已经发展到皮肉之间了，要不治还会加重。"蔡桓公假装没听见，没有理睬扁鹊。扁鹊只好退了出去。

又过了十来天，扁鹊再一次来拜见蔡桓公，慎重地对桓公说："您的病已经发展到肠胃里，再不治会更加严重。"蔡桓公听了满脸不高兴。扁鹊连忙退了出来。

接着过了十几天，扁鹊老远望见蔡桓公出门，立刻掉头就跑。蔡桓公觉得奇怪，派人去问原因。扁鹊解释道："病在皮肤，用热水敷烫就能够治好；发展到皮肉之间，用针灸可以治好；即使发展到肠胃里，服几剂汤药也还能治好；一旦深入骨髓，只能等死，医生再也无能为力了。现在大王的病已经深入骨髓，所以我不再请求给他医治。"

五天以后，蔡桓公浑身疼痛，派人去请扁鹊给他治病。扁鹊预知桓公要来找他，几天前就跑到秦国去了。不久，蔡桓公病死了。（参考文献：《韩非子 · 喻老》）

启示　"扁鹊见蔡桓公"的故事取自战国时期思想家韩非（约公元前280—前233年）创作的散文，取材于战国时名医扁鹊的传说故事。该篇讲述扁鹊拜见蔡桓公，几次指出蔡桓公病在何处，劝他赶快治疗的故事。

蔡桓公坚信自己没病，对扁鹊的态度由不相信，到不理睬，最后到不高兴，致使病情延误，小病酿成大病，最终病入膏肓，无药可医。韩非讲扁鹊为蔡桓公治病的故事，意在告诉人们，世界上任何一种现象，都会有一个起因、发展、结果的过程，也就是开头、发展、结局。在一件事情的开头，就能根据其逻辑和规律，预见它的发展和结果，就是有前瞻思维的智慧。人不能没有前瞻智慧，否则盲目发展下去，很可能出现不良后果，甚至出现“盲人骑瞎马，夜半临深池”的危险局面。要把矛盾和风险消灭在萌芽状态，对矛盾和风险发现要早、行动要及时，如错过了第一步，就抓紧实施第二步；如错过了第二步，就抓紧实施第三步、第四步补救。对矛盾和风险，要勇于面对，不能回避自欺。对为政者来说，应该勇于正视现实，直面个人灾难、社会危机，及早采取整治措施。也警示世人要防微杜渐，采纳忠言，及时改正，避免不良后果。

085

爱吃鱼却不受赠鱼

春秋时期，公仪休担任鲁国的相国，大家都知道他特别喜欢吃鱼。一位鲁国人送鱼给他，他却不接受。公仪休的弟弟感到奇怪，于是问道：“您喜欢吃鱼却不接受别人送的鱼，这是什么道理？”公仪休回答：“正是因为喜欢吃鱼，才不接受别人送的鱼啊！接受别人送鱼而失去相位，再想自己有足够的鱼吃就办不到了。不接受别人送鱼而不被免去相位，自己就能长久地有足够的鱼吃。”弟弟豁然开朗，并对哥哥的智慧和眼光表示钦佩。(参考文献：《韩诗外传·卷三·第二十一章》)

启示 **《老子》说：“是以圣人后其身而身先，外其身而身存。非以其无私邪？故能成其私。”即是说能把自身的利益摆在众人利益之后，反**

而可以先得利益；能舍得将自身的安全置之度外，才能使自身长久平安。公仪休具有前瞻思维，懂得舍与得、小与大、暂时与长久的辩证关系，因而能够维护自己的长远利益。

086 先见之明避后患

春秋时期，晋国有个智姓家族，与当时控制晋国的赵、魏、韩三大家族齐名。族长智申为了家族的兴旺，准备指定儿子智瑶做自己的继承人。族人们对族长的决定一致表示赞成，唯独一个叫智果的族人表示反对。智申问其故，智果说出了他的理由，他认为智瑶身上有五项超人优点：一表人才、精于骑射、通晓各项技能、文章流利、坚决果断；但有一项致命的缺陷：心胸狭窄、刻薄寡恩。五种出色优势加上毫无容人之量，谁能与之相处！若用智瑶，家族一定覆灭。

"智果言重了。"大家都这么认为。族长智申更不理会智果的建议，执意不改初衷，坚持让智瑶任继承人。但他没有想到，后来事态的发展果然被智果言中，智瑶当权后，专横跋扈、目空一切，根本听不进别人的意见和建议，处处自以为是，最终被赵、魏、韩三家所杀，智姓家族被屠。唯有具备先见之明的智果，因为提前改名换姓了，逃过了此劫。

再说陈平。陈平是西汉王朝的开国功臣之一，汉朝丞相，声名显赫，可他年轻时却穷困潦倒，不得温饱，更娶不起老婆。说媒的也不是没有，但女方一听说他家穷，就都摇头摆手。当地的富翁张负在经过一番仔细考察后却认为，陈平其实很聪明，也很勤劳、能干，吃得了苦，只不过时运不济，暂处窘境，他不会长期贫贱，也绝非甘于平庸之人，于是不顾亲友的反对，毅然地把自己疼爱的孙女嫁给了陈平，并且送了一份丰厚的嫁妆和嫁资。张负告诫孙女："不能因为陈家穷而侍奉不周。"张负的判断果然没错，后来陈平终于出人头地。

都说从吃饭可以看出一个人的品行，的确不假。其实，一个人的品行在分食物时也能看出来。陈平当年还在乡下时，乡里祭祀时让陈平负责分祭肉，也就是担任"宰"的职务，陈平分得格外认真、非常公平，父老乡亲甚为满意，都夸"陈平这娃子好，分肉真是一把好手"。陈平自己也很得意，说："让我'宰'天下，和分肉一样好！"后来陈平果然得以"宰"天下（任西汉丞相）。（参考文献：《资治通鉴・周纪》《东周列国志・第八十四回》；参考资料：曾昭安《智者的预判》，《思维与智慧》2021年第7期）

启示　常言道，"知人者智。"智果、张负能慧眼识人，具有前瞻思维——智果避免了一场灾难；张负培养了一个将才。由此可见，前瞻思维很重要。智果和陈平的故事还证明，有才无德会翻船，出身卑微也堪当大任。

087

"醒来就笑"

梁实秋在他的文章中曾提到，有一次病愈出院，"陡见日丽中天，阳光普照"，又见尘世熙攘、热热闹闹的凡间景象，忍不住欢呼："好一个艳丽盛装的世界！"梁公定是受够了医院的单调无味。这让我想起了居里夫人的一句话："不要等日子过去了，才想到它们的可爱之处。"

真正通透豁达的人，总能在庸常的日子里悟出处世的道道儿，不管是哲人还是普通百姓。

我记得，儿时的我爱哭，早晨醒来便觉着满肚子委屈，无来由地红眼掉泪。心软的母亲笑说"这是养了个林黛玉"。姥姥可不吃那一套，她把我带到她身边去过，每天黎明便催着我和她一起起床做家务。外面天还麻麻黑，山里冷得很，我没说话便要哭泣一场。她是绝对不允许的，在农村，大早晨哭嚎是最大的忌讳，姥姥斩钉截铁的语气不容反驳：“在我家，哭就会没饭吃，早晨哭的孩子会一辈子要饭！”她拎了根棉柴在手里：“我们小时候，谁要是敢哭，我爹劈头盖脸一顿打！你醒了就笑不行？你看看鸡下蛋了没有，有只松鼠从这棵树跳到那棵树上去了……多好的日子！”

“你醒了先笑，谁都高兴！”姥姥反复对我说这句话。在后来的很多个黎明，窗外响起第一声鸡鸣，姥姥便和隔壁的舅舅开始“拉大呱”，回忆以前的往事、稀奇古怪的传说，末了总要以“人活着就要勤劳心善，每天都得‘兴蓬蓬’过日子”结尾。我在黑暗中咂摸着那些神怪故事，不觉参与了他们的聊天，才懂得“兴蓬蓬”的意思就是什么时候都高高兴兴，有心劲儿才有奔头。

姥姥过过多少苦日子呢？抗战前期，在日本人开的工厂门口，日本人纵狗咬伤了她的腿，伤口感染，差点送了命；姥爷英年早逝，一表人才的大舅看守粮仓时遭人陷害，负气自尽……但记忆里我哪有见过姥姥落泪呢？她总是一副“铁娘子”的样子，每一个日子都“黎明即起，洒扫庭除”，从无懈怠和间断，更不知“赖床”为何物。或许受她的影响，母亲和二舅，总是在干活的时候唱歌唱戏，好像劳动就是一种享受，在劳作中奔赴一个又一个希望。

我便是那时，彻底改掉了爱哭的毛病，“醒来就笑”。当我工作中遇到难题时就想：真好，我居然可以去解决这样大的事；当生活中遇到困难我就安慰自己：经过这次，以后就知道如何应对了。这样想着，嘴角便习惯了挂着坚定自信的笑容。

人生不如意十之八九，不妨学学亦舒：当不开心的时候，就去想想有趣的事。“醒来就笑”是一种处世态度，让自信从容成为一日之始。（参考资料：张叶《醒来就笑》，《意林》2023年第3期）

启示 **大仲马曾说：“乐观是一首激昂优美的进行曲，时时鼓舞着你**

对事业的进取精神。”在现实中，一帆风顺的人生毕竟十分难得，多数人都要经历风雨挫折，在沧桑面前，保持乐观，也是一种不屈的精神和做人智慧。“醒来就笑”，是处世习惯的一种选择，也是自我救赎和解脱；同时，豁达的心态还如屠格涅夫说的那句话“乐观是养生的唯一秘诀”——使人健康。在困境面前，哭泣、抱怨和长久的忧愁并不能解决问题；不妨微笑面对，积极解决。古人云：“一人向隅，满堂皆为之不乐。”（《汉书·刑法志》）一个人情绪稳定、平和喜悦，不仅能使自己充满活力、改变命运，也能感染到别人的情绪，给别人带来快乐。在轻松愉悦的氛围中，一切困难也会迎刃而解。

088 范蠡功成名就，急流勇退

古人云“谋国易，谋身难”，故有“宦海无边深莫测，几人安得稳收帆”之说。春秋末，著名军事谋略家范蠡（公元前536—前448年，字少伯），功成名就，急流勇退，保全了自己，计高一筹，无愧于智者之列。

公元前494年，越王勾践先发制人，出兵伐吴，但主持军事的范蠡认为攻吴条件不成熟，力劝不要兴兵，越王不听。结果，在夫椒之战中，越军惨败。为使越国不至于灭亡，范蠡提出了委曲求全、厚礼求和的主张，并与勾践一起去吴国做人质，为臣仆三年，备尝屈辱。

一天，吴王夫差单独对范蠡说：“勾践给我当奴仆，你何必还跟着他？聪明妇女不嫁败亡之家，明哲臣子不跟国灭之君。你若抛弃勾践，归顺我，我就免除你的苦役，让你做大官。”范蠡跪下说：“亡国之臣，不敢语政；败军之将，不敢言勇。我是败国之臣，何敢再望富贵！还是让我随旧主为您服役吧！”夫差无奈，只好作罢。

三年后，夫差放勾践和范蠡回国。范蠡回国后，与主持政务的文种一起辅佐勾践，振兴越国。为灭吴，范蠡用尽了心机。夫差好色，范蠡就把自己的爱姬西施送给他，以乱其志；夫差造姑苏台，范蠡派人送去特大“神木”，以耗其国力；范蠡还以越受灾为由，经常向吴借粮，以减少吴粮储备……在范蠡、文种的努力下，攻吴时机日渐成熟。

公元前478年，越军伐吴，大败吴军于笠泽（今苏州南），吴王夫差力不能支，派王孙雒袒衣膝行，向勾践求和。勾践心软，正要应允，范蠡大声说：“大王！您忍辱受苦近二十年为了什么？现在能一旦抛弃前功吗？”王孙雒还要哀求，范蠡毅然击鼓进兵，夫差见大势已去，自杀身亡。

勾践灭吴，大宴群臣，军民欢庆，而勾践面无笑容，心事重重。范蠡深知勾践为人，只能与他共患难，不可与其同安乐。于是，决定离开勾践，隐姓埋名，以保其身。他离开前给好友文种写信说：“凡事盛极而衰，明智者要了解进退存亡之道，而不应超过应有的限度。俗话说：‘飞鸟尽，良弓藏；狡兔死，走狗烹。’你若不走，终有一天会遭杀戮。”文种对范蠡之言，半信半疑。

一次，文种有病，勾践亲自去看望他，走时留下一把剑，文种拿起一看，大惊失色，原来是当初夫差让伍子胥自杀的那把宝剑。这时，文种才后悔没听范蠡之言，只好以颈试剑，含冤九泉。

范蠡潜入齐国，自号陶朱公，从事经商和农畜业生产，成为巨富。（参考文献：《国语 · 越语下》《史记 · 越王勾践世家第十一》《吴越春秋》《智囊全集》；资料来源：侯又白、周溯源辑议）

启示　在高度集权的专制社会，“飞鸟尽，良弓藏；狡兔死，走狗烹”是常态，范蠡看到了勾践可共患难、难同富贵的迹象，于是功成身退，转行商业，保全其身，安度晚年。文种不听劝告，终受其害。事实证明，范蠡是具有前瞻思维的杰出智者。

089
“三言而成虎”诫魏王

战国时期，魏国派大臣庞恭（别名庞葱）跟随魏太子到赵国的邯郸去当人质。临行前，庞恭对魏惠王说：“如果有一个人说市上有老虎，大王相信不？”魏王毫不迟疑地回答：“我当然不会相信，老虎怎么会跑到市上呢？”“如果有两个人说市上有虎，大王您相信吗？”庞恭又问。“那我就有点怀疑了，但不一定相信。”魏王又答。庞恭接着问：“有三个人都说在市上看见了虎，大王您相信吗？”魏王毫不迟疑地回答：“那我可就相信了，三个人都这么说，总该是真的了。三个人怎么可能都撒谎呢？”于是，庞恭对魏王讲：“市上明明没有老虎，可是经过三个人反复说，您就相信真的有老虎了。如今我去赵国的邯郸，远离国都大梁，这其间的距离比王宫离市场的距离远得多；而讲我坏话的人，也一定会超过三个。希望大王能够明察，千万别偏听偏信。”魏王认为庞恭讲得很有道理，安慰说：“你放心去吧，对于各种议论，我会识别的。”听到魏王这么讲，庞恭如释重负，于是随太子踏上去赵国的征途。但是，果然不出庞恭所料，待他离开大梁不久，便接连有人向魏王讲他的坏话，以至于在他做人质期满后，连见魏王一面的机会都没有了，但好歹未遭杀身之祸。（参考文献：《战国策·魏策二》）

启示　有道是“谎言重复一千遍就成了真理”。庞恭用“三言而成虎”的道理试图说服魏王不要信谗言，不要盲目相信多数人的话，要重视调查研究，凡事要多加分析。庞恭这样讲是很有预见性和针对性的，因为“三人成虎”（见《战国策·秦策》）是人们生活中司空见惯的、为许多人亲自经历而又不易被察觉的。因此，也就很容易地说服了魏王，这无异于给魏王打了个“预防针”，有助于把坏事消灭在萌芽状态中。至于后来不幸而

言中，那只不过表明魏王受“三言而成虎”的影响太深罢了。

090
王翦伐楚之前讨封赏

王翦，战国末期秦国著名军事家。他任将军时，正是秦王（后来的秦始皇）征伐六国、统一天下之时。王翦南征北战，功勋显赫，是一位既能报国又善谋身的谋略家。

公元前226年10月，秦王准备挥师南下，进攻楚国，询问诸将，对楚作战需要多少兵力？年轻气盛的将领李信认为，有二十万大军足矣。老将王翦思忖良久说：“楚是大国，地广人多，是唯一能与秦抗衡的国家，要打败楚国，非六十万大军不可。”

秦王认为，王翦老了没有勇气，有些惧怕敌人；李信忠诚勇敢，其言可信。于是，采纳了李信的意见，令李信、蒙恬等率二十万大军伐楚。

王翦见秦王不听自己所言，心中明白，如继续留在朝中，将有大祸临头。于是，称病告老还乡，回到故土频阳（今陕西省富平县北），闭门谢客，静观战局。

李信率秦军抵达楚地后，分兵两路，使蒙恬带一部分兵力攻寝（今河南省临泉县），自己率一部分兵力攻舆（今河南省平舆县北），初战获胜。李信更认为，以手中二十万大军必能横扫荆襄，完成灭楚大功。哪知，楚国大将项燕在李信率军东进之时，就以主力尾随其后，骚扰秦军三天三夜，使其顾此失彼，疲惫不堪。之后，楚军又利用秦军轻敌冒进求胜心切的特点，先以形示弱，然后巧设伏兵，出其不意，大败秦军，李信前功尽弃。

秦始皇见李信战败，悔恨当初未听老将王翦之言，为挽救战局，他只好亲自到王翦家中向王翦道歉说："我悔不听将军之言，导致秦军大败，现在楚军向西逼近，威胁秦国，将军虽有病，能丢下我不管吗？"

王翦再三推辞，秦王恳请他出战。于是，他对秦王说："大王一定要起用我的话，非有六十万大军不可。"秦王只好答应他的要求。

出发前，王翦一反常态，向秦王讨要封赏，要求秦王赐给他大量田宅园地。秦王不解地问："将军出征还怕家中贫穷吗？"王翦说："我的子孙都在秦国，想为他们置点田宅做长久打算！"有心腹人士劝他说，出征前向秦王讨封太过分。王翦对心腹说："你们有所不知，秦王骄而多疑，如今把全国的兵力都交给了我，必生疑心。我为子孙讨田园是表示忠于秦国，不然秦王对我放心不下，不知何时，将大祸临头。"

王翦率军来到前线，采取了"坚壁而守，以逸待劳"的作战方针，任楚军叫骂挑战，他闭营不睬，只令士卒洗浴休息，改善伙食，加紧训练。这样，相持一年有余。楚军军心涣散，士气大减，项燕下令楚军东移，王翦见时机到，挥兵猛杀，楚军大败，大将项燕阵亡。次年，王翦又与蒙武协同作战，俘虏楚王负刍。楚地被纳入了秦国版图。（参考文献：《史记·秦始皇本纪第六》《史记·白起王翦列传第十三》《资治通鉴》）

启示　大将王翦，认为伐楚需要六十万大军，上不采纳，于是称病告退。当再次起用他时，却提前讨要封赏，以释王疑，做到了既为国立功，又保全自身。王翦善于前瞻，料事如神，给人启迪。

091
范雎成功逆袭

范雎是战国时魏国人，著名的策士。他擅长辩论，多谋善断，而且胸怀大志，有意开拓一番事业。但是，他出身寒微，不得已只能先在魏国中大夫须贾的府中任事。

一次，须贾奉魏王之命出使齐国，范雎作为随从一同前往。齐国国君齐襄王早已知道范雎有雄辩之才，待范雎到齐后，齐襄王便差人携金十斤及美酒赠与他，以示敬意。范雎对此深表谢意，却未敢接受齐襄王的赠礼。想不到还是招来了须贾的怀疑。须贾执意认为，齐襄王送礼给范雎，是因为他出卖了魏国的机密。须贾回国之后，将“范雎受金”的事上告魏国相国魏齐。魏齐不辨真假，也不做调查，便动刑杖惩罚范雎。范雎在重刑之下，肋骨被打断，牙齿脱落。他蒙冤受屈，申辩不得，只好装死以求免祸。范雎已“死”，魏齐让人用一张破席卷起他的“尸体”，放在厕所之中；然后指使宴会上的宾客，相继便溺加以糟蹋，并说这是警告大家以后不得卖国求荣。

这可真是飞来横祸。这么大的打击，几乎使范雎一命呜呼。为了保全自己，范雎忍受了这一切难以忍受的摧残和折磨。

范雎平白无故地受了这么一场肌肤之苦和情志之辱，一腔效命魏国的热忱化作了灰烬。他决计离开魏国，另谋一处以显身扬名。为了脱身，范雎许诺厕所的守者，如能放他逃出去，日后必当重谢。守者利用魏齐醉后神志不清，故趁乱请示了一下，诡称将范雎的“尸体”抛向野外，借此将他放了出去。范雎在一个叫郑安平的朋友帮助下逃亡隐匿起来，并改名为张禄。

就在范雎忍辱求全、隐身民间的时候，秦国一个叫王稽的使节来到魏国。秦国此时国力强盛，且虎视眈眈，有兼并六国的雄心。郑安平得知秦使王稽来到魏国，便扮成吏卒去侍奉王稽，目的是想寻找机会向他推荐范雎。一天，王稽在下榻的旅馆向郑安平打听，魏国有没有愿意与自己一起去秦国的贤才智士，郑安平便不失时机地向王稽陈说了范雎的才干。王稽当下决定于日暮时分，在馆舍与范雎见面。

日暮时分，郑安平带范雎来到王稽的馆舍。范雎面对王稽，侃侃而谈，条分缕析，议论天下大事。一席话还未谈完，其才情智慧已使王稽信服，王稽决定带范雎入秦。王稽使事结束，辞别魏王，私下带着范雎归秦。他们一路紧赶，来到秦国境内的京兆湖县时，只见对面尘土扬起之处，一队车骑驰驱而来。范雎忙问王稽道："对面来的是什么人？"王稽注目望了望，转身告诉范雎，来的是秦国相穰侯魏冉。范雎一听便说："据我所知，穰侯长期把持秦国的大权，厌恶招纳他国客卿入秦。我看，我与他见，只会招致他的侮辱，请您还是把我藏在车中，不见为好。"正说着，魏冉的车骑已到。魏冉向王稽说了一番抚慰他出使辛苦的客套话之后，果然不出范雎的预料，接着询问王稽："使君出使归秦，有没有带别国客人来啊？如果这样做，于我们秦国没有好处，只会增添麻烦！"王稽见这种情形，暗自佩服范雎的先见之明，赶忙答道："不敢。"魏冉看了看王稽，即示意驭手启车继续东行。

听到魏冉一行离去的车马声，范雎这才从车中探出身来，望着渐渐远去的魏冉的背影，心中沉思："我听说魏冉是一个聪明人，刚才他已经怀疑车中有人，只是决心下慢了，忘记搜索而已。"范雎一念及此，当即断然对王稽说："魏冉此去，必将后悔，非派人返回搜索使君的车辆不可。我还是下车避一下为好!"说完，范雎便跳下车，往道旁小径走去。王稽缓辔而行，以待步行的范雎。方才走了十多里，只听见身后一阵杂沓而急促的马蹄声响，魏冉遣回的骑卒已经赶了上来，将王稽的车马紧紧围住，一阵紧搜慢检，见车中确实没有外来的宾客，方才纵马而去。骑卒远去，大道清净。范雎从小路闪出，与王稽相顾一笑，上车策马，往秦都咸阳的方向急驶而去。（参考文献：《韩非子·外储说左上》《战国策》《史记·范雎蔡泽列传第十九》《资治通鉴》）

启示　**范雎装死逃出魏国，中途下车智避魏冉，表明他有较强的前瞻思维。入秦后，他充分施展辩才游说秦昭王，取得信任。秦昭王采用范雎的谋略，对内加强了秦国的中央集权，对外使用远交近攻的方略，进一步壮大了秦国的力量。秦昭王因此任命范雎为秦相国，封为应侯。**

092
经霜之甜

我曾到过霜降后的果园：树叶落光，果实凸显出来，在枝上悬着、缀着，飘着甜美的香味。果农说，苹果下树前，经两场霜，是最好的，果皮会变薄，还能增添一种霜甜。

哦，霜甜？多少次，苹果被我捧在手中，嗅其香气，幻觉中仿佛听到洁净的果肉中有沙沙的秋风吹过。原来那不是风，是霜簌簌覆下？

下霜的日子，干冷，却一定晴朗。

太阳未出，村庄的地面、屋顶、树叶的叶缘、一根根谷草上，都覆着一层寒冷的雪意。有的是长出点白毛毛；有的是镶上了蕾丝花边，有的就是一层雪白的盐粉。那些平日并不怎么美的枯黑树枝，霜白中露出细细的湮黑线痕。霜，让它们重新学会表达自己，清爽、简约而有韵致。

是呀，总有些事物，在霜降里凸显风姿。

松柏之质，经霜弥茂，这是骨气；枫叶之色，经霜愈红，这是历练；法桐，扑簌下落，半是浅青，半是赭黄，叫人生几分轻愁；墙上爬山虎，老红叶子掩不住一身虎骨，红艳艳叶下的烟火日子，经霜后更红火。

白居易写白菜经霜：浓霜打白菜，霜威空自严。不见菜心死，翻教菜心甜。霜前的白菜，菜帮生硬，味道青涩，吃起来口感呆板；一场霜，杀去青涩、愣怔之气，味道便醇厚、丰满起来，入口脆灵灵的。萝卜、白菜、红薯之类所含淀粉，在淀粉酶的催化作用下，水解变成麦芽糖。麦芽糖，再经麦芽糖酶的作用，变成葡萄糖。葡萄糖是甜的，且易溶于水，所以，白菜、萝卜、红薯越放越甜；还有柿子，经霜后，皮变薄、肉更甜。经历一场霜，能让果蔬具备更好的品质。

自然界的风霜，是一种物候现象；人生中的风霜，则意味着逆境、危机、艰难险阻，乃至无奈、低落，悲哀、痛苦。然而，面对风霜，去直面它，会懂得坚强；去熬过风霜，便迎来生命的升华和丰硕的收获。

霜，很细心，有着世间最敏锐的触须，对纳入它怀中的任何事物：脚印、童心、坚持、拼搏……它都会好好保存，并且缓慢地去其浮躁，增其甜润和宁静。它不是强制的力量，而是凛冽的提醒、无声的研磨。

因此，霜，是一种环境、一种历练，也是一种条件、一种要素。经风历霜，去品味、去感悟、去坚持；挺过去，最终会迎来更豁达绚烂的风景和更美好的人格心性。

霜叶胜花处，回首来路，再怎么严酷和艰难的打拼与煎熬，都会泛着一丝丝霜甜。

北宋大学士苏轼，因政治原因屡屡遭贬。困境中，朋友马梦得帮他申请了一块荒芜的旧营地耕种，艰难躬耕，供给衣食。严酷的境遇里，他恍然开悟：何必一定要在政治的旋涡里浮沉？

他开始欣赏接纳不同的东西。那个阶段，他写出了一生中最好的诗。他的诗歌连带他的生命都有了一股力量、一种包容。

经霜，不是摧残你，而是成就你。经霜之后，你会品到生命中最深的味道——霜甜。那种甜味，跟生命的品质、风骨、节操，都紧紧连在一起。（参考资料：米丽宏《经霜之甜》，《青年博览》2021年第5期）

启示　**人生在世，谁的人生都不会一帆风顺。成长的过程、事业的打拼，都会遭遇挫折、失败、危机、艰难险阻，这个时候，痛苦是不可避免的，但更重要的是，困难当前，不能只有无奈、低落，悲哀、痛苦；直面它，会变得坚强；去熬过困境，便会迎来生命的升华和丰硕的收获。挫折，是一种凛冽的提醒，更是一种无声的研磨。像植物经霜一样，风霜不会摧残你，更能成就你。**

093
程邈的逆袭

程邈原是一个芝麻小官，“初为县之狱吏”，以其善于写“大篆”而负责文书一类差事，因事得罪秦始皇，被下了大狱。堂堂政府官员，风光满满，陡然变成被体制抛弃的囚犯，落差何其大也，就此沉沦应是大多人之选。然而，程邈不在此列，他在一日日的煎熬中，想起了八百多年前的一件事：有个比他还要不幸的人在看不见尽头的牢狱中却能不忧不躁，潜心完成一件空前绝后的大事，这就是“文王拘而演《周易》”。但他演不了这个，想了半天，想疼了脑袋，也没有想出能够演点什么。作为古圣先贤的学生，百无聊赖中，就在地上有一搭没一搭地重温往日的工作。忽然有一天，电光石火般的灵感骤然而至，他简直高兴地跳了起来，对！演文字！

秦始皇年轻时，便是一个工作狂，统一天下后，面对百废待兴、乾坤再造的旷古未有之大业，他更是勤奋得不得了。《史记 · 秦始皇本纪》记载，他给自己定下死任务，每天不批完一百二十斤（一石）文件（竹简），绝不休息。其工作量之大可想而知。可是，即使这样，费时费力的篆文，仍然让许多军国要事被延误。倘若推演出一种易认易书的新文字，功德也不次于文王的《周易》啊！

说干就干！程邈把流传在民间的各种字体，凭记忆汇集在一起，一个字一个字地比较、研究、改进，十年后，终于搞出三千个简便易行的隶体字来。他把这一开创性的成果敬献给秦始皇。秦始皇看了很高兴，大笔一挥，认可“隶书”的诞生，且立刻赦免程邈之罪，还破格提升程邈为御史。

程邈是个奇迹。他从人生的谷底一下子跃上人生的巅峰，这个“乾坤大挪移”，恐怕让最为厉害的“轻功大师”也自叹不如。这首先得益于他敏锐的眼光，看到自己的长处之于国家高层所具有的重大价值，方向、目标极其明确；其次，一网打尽天下所有常用字体，聚而“歼”之；再次，他定力超强，不为任何外物所动，锲而不舍，持之以恒；最后，也是至为紧要的，就是他能专一不杂，每天一个字，铢积寸累，终于从容地笑到最后。看得准，下手狠，守得住，走得稳，有这几件利器在身，还有什么样的困境能够阻挡人的逆袭呢？（参考资料：马军《程邈的逆袭》，《思维与智慧》2021年第13期）

启示　程邈能打翻身仗，在于他贡献了突出的业绩；业绩的取得，源于他十年的苦功；能付出十年苦功，源于他的坚定信念；信念的坚定，源于他的前瞻思维；能有前瞻思维，源于他不甘沉沦。程邈的成功显示了他的卓越智慧，给人启迪。

094

提前疏远免后患

唐玄宗在位时，出身胡人的三镇节度使安禄山（公元703—757年），深受唐玄宗李隆基的宠信，官职越做越大，并且与杨贵妃勾结。一时糊涂的唐玄宗竟然要提升安禄山为宰相。右相杨国忠知道后，感觉权位受到威胁，而且担心野心勃勃的安禄山靠不住，便向皇上进谏不要重用安禄山。皇上听了杨国忠的启奏，也犹豫起来。

兵部侍郎张洎（一作张垍）是安禄山的好友，便将这事告诉了安禄山。有一次，张洎与在京任职的大诗人李白谈起了与安禄山交往的事。李白认为安禄山德不配位，坚持认为张洎与安禄山深交是失策，李白直言不讳地说：“我看胡儿安禄山有谋反之心，他的野心很大，到时会连累你的。你万万不可与安禄山交往过密，还是靠近皇上吧。”张洎听了好友李白的劝告，渐渐疏远了安禄山。不久，安禄山果然起兵反唐。安禄山兵败被杀后，没和安禄山同流合污的张洎，仍然受到了皇帝的重用。张洎深有感触地说："幸亏李白劝了我，让我疏远安禄山。否则，大祸矣！"

唐朝天宝十一年（公元752年），唐玄宗任命杨国忠为右相兼文部尚书，其从前兼任的判官和节度使等官职，都照旧兼任，权倾朝野。杨国忠为人蛮横而又浮躁，在朝廷上常常目中无人，对公卿以下的大臣颐指气使，满朝官员莫不惊惧畏服。有人建议陕郡进士张彖拜见杨国忠，投靠做他的门生，并说："只要拜见了杨右相并投靠他，马上可以得到荣华富贵。"张彖说："诸位先生认为倚仗杨右相如同依靠泰山一样，我却认为他只是一座冰山！一旦明亮的太阳升起，能不失去倚仗吗？我决不会投靠他。"果然，天宝十五年（公元756年），杨国忠随唐玄宗西逃入蜀，广大将士对杨国忠祸国殃民深恶痛绝，杨国忠中途在马嵬驿被乱兵所杀，他的朋党后来也遭到清算，没有一个得到好下场。

清朝，年羹尧镇守西安时，招贤纳士，帐下多有异能之人。有一个叫蒋衡的孝廉，颇受年羹尧的赏识。年羹尧曾对蒋衡说："下次科考，你肯定是头名状元。"年羹尧敢这样说，就是因为当时年羹尧权倾天下，自信考官不敢不听他的话。蒋衡看见年羹尧刚愎自用、骄奢跋扈，就对同僚说："大将军德不胜威，早晚有祸，我们这些人不能久居此地。"蒋衡的朋友不以为然。正好这个时候蒋衡病了，借此机会，他辞去年羹尧幕府的差事。年羹尧赠以千金，蒋衡坚辞不受，决意离开了年羹尧的幕府。没过几年，年羹尧果然大祸临头，被抄家降职，客死他乡，幕府中人皆受株连，唯独蒋衡躲过了这场灾难。（参考资料：江舟《聪明的"疏远"》，《思维与智慧》2019年第23期）

启示　**以上事例说明，坚守道德者，可能寂寞一时；但若结交了恶人，可能后悔莫及。达人善观物外之物，善思身后之身。人活在世界上，要坚守好自己的人格独立和道德操守，要有前瞻思维，谨慎择友，不可轻**

易依附。为了避免遭受祸害，对那些不靠谱的人要善于敬而远之，促其自省。

095
吕端反对太宗杀李母

宋太宗时，党项族李继迁骚扰西北边境，防卫军队奏报说捉住了李继迁母亲。此时，皇帝很想处死李母，宰相吕端（公元935—1000年，字易直）说："从前，项羽抓住了刘邦之父，想要烹煮他。刘邦说，如果你一定要烹煮我父亲，希望能分我一杯肉羹。真正做大事的人不应在小事上落井下石，用兽夹夹住野兽的后肢，却牵绊不住它的心。皇上今天杀死了李母，明天就能捉住李继迁吗？如果不能捉住他，那就是跟他结下怨仇，更会坚定他的反叛之心。"皇上说："那怎么办呢？"吕端说："依臣愚见，应当在延州安置李母，让人优厚地服侍她，而李继迁必然深受感动，从而再招降他；即使不能立即招降他，也可以此牵住他的心。"皇上拍手称好，采用了吕端的计策。李母后来病死在延州，李继迁不久也死了，李继迁的儿子终于缴纳了赎罪款，请求效命。这不能不说是吕端的功绩，说明吕端有前瞻思维。（参考文献：《宋史·列传第四十·吕端》）

启示　**吕端不同意杀死李继迁的母亲，认为使用光明正大的手段收服人心，才是正义之举。后来李继迁之子主动归顺，更证明了吕端的高明之处。德行是交往的基石。一个人无论何时何地，只有恪守道义、养正育德，让言行举止符合道德，才能树立良好的自身形象。如果锱铢必较，不能容人，冤冤相报，只会让事情往坏的方向发展，造成不可挽回的局面。吕端是智者，"吕端大事不糊涂"，且具有前瞻思维。**

096
冯谖为孟尝君营造三窟

孟尝君（田文）担任齐相时，封万户于薛邑。孟尝君的食客有三千多人，冯谖是其中之一。食邑的租税不够供养这么多食客，于是孟尝君就在薛邑放贷赚钱。由于年景不好，借债的人多数付不起利息，食客的生活无法保障，孟尝君为此很烦恼。孟尝君询问左右谁能把薛邑的钱收上来，有人推荐冯谖，于是孟尝君委托冯谖前去讨债。冯谖问："收完债后，买点什么东西带回来？"孟尝君说："你看我家缺什么，就买点什么。"冯谖同意了。

冯谖到了薛邑，把借钱人召集到一起，一共收得利息十万钱。于是杀牛置酒，举行宴会，特意强调把付得起和付不起利息的都找来，带上借钱契据以便核对。酒酣时，冯谖对大家说："孟尝君之所以向大家放债，就是让民之无产者有个本业，之所以讨债收息，是因为没有钱财供给宾客。如今有钱者约定还债日期，穷者无力还债，就烧掉契据免除债务。请各位吃好喝好。"坐者皆起而拜谢。

孟尝君听说冯谖烧毁了契据，生气地把他召回。冯谖回来后，孟尝君问："你买了什么回来？"冯谖说："我给你买了'义'回来。你说你家缺什么就买什么，我看你家金银绸缎、山珍海味样样不少，只缺一点儿'义'。"

冯谖接着说："办酒席是为了把人召集起来，这样才能了解谁穷谁富。富人给他限定还债日期，穷人则无论如何也还不上债，而且时间越长，利息越多，到了最后，他们只有逃亡一途。如果我催促紧迫，不但收不上钱，而且人们还会认为您贪财好利不体恤百姓，这不是激励士民、彰显您的名誉的做法。我烧掉毫无用处的借据，废弃有名无实的账簿，是让薛邑平民百姓亲附您而使您善良的名声传扬啊！”

后来，秦国和楚国传言孟尝君的名声压倒了齐王，齐王担心孟尝君可能控制齐国朝政，有朝一日会取而代之，就罢免了孟尝君的宰相职务。孟尝君被撤职后，一次路过薛地，薛地的老百姓争先恐后、扶老携幼迎接他。这让孟尝君感到得民心是何等重要！他对冯谖说：“先生，你买的‘义’我见到了。”

话说，那些门客见孟尝君罢官，都纷纷离去，只有冯谖留下。冯谖申请到秦国走一趟，争取恢复孟尝君的地位。孟尝君期盼其成功。冯谖到了秦国，对秦王说：“秦、齐是天下强国，诸侯间的游说之士或依附秦国、或依附齐国。秦、齐势不两立，最后只能有一个获胜。齐国之所以强大，是因为齐国有孟尝君。如今齐君听信谗言罢免孟尝君，孟尝君心中怨愤，必将离开齐国。如果他能入秦，那么齐国的情况、齐廷的人事，秦国就都能掌握了。所以您应该马上派使者载着厚礼偷偷去齐国迎请孟尝君，否则过一段时间齐王明白过来，再度起用孟尝君，秦国就失去这个良机了。”秦王听了很高兴，就派车十乘载着黄金百镒去请孟尝君。

冯谖抢在使者之前赶回齐国，觐见齐王说：“我私下得知秦国正派遣使者来迎孟尝君，如果孟尝君西去秦国为相，那么齐国就危险了。”齐王问冯谖怎么办为好。冯谖建议在秦国使者到达之前，马上恢复孟尝君的官位，并增加他的封邑以谢之。如此则孟尝君必喜而受之，秦国使者即使到了，也不能来齐国迎请国相，这样就能挫败秦国的称霸野心。当时齐王还犹豫不定，派人到边境上一看，果然秦王已经派了十辆车子来抢孟尝君，齐王马上反悔当初的决定，速召孟尝君，复其相位，增加千户封邑。秦国的使者听说孟尝君恢复了齐相之位，只好还车而去了。

接着，冯谖又为孟尝君向齐王申请分得了一份先王的祭品，并在薛城建筑一座宗庙。宗庙建成后，冯谖对孟尝君说：“狡兔三窟，不过活命而已。我为您尽力发展，如今三窟已成，您可以高枕无忧了。”（参考文献：

《战国策 · 齐策四》)

启示 **冯谖为孟尝君办了三件大事，表现出卓越的智慧和远见，获得成功。成语“狡兔三窟”由此而来。有所得就有所失，得失之间有智慧；竞争有输赢，输赢之间有智慧。冯谖所为，给人启迪。**

097 最挤总在半山腰

周末，我邀朋友一起去爬山。那是一座颇负盛名的高山，巉岩嵯峨，群峰深锁，风景雄奇壮丽，是国家AAAA级景区。每逢周末或节假日，外地游客慕名而来，络绎不绝。

我们驱车来到山脚，开始向上攀登。山势险峻，山路蜿蜒，每一步都是高抬腿的动作。半小时后，我们就汗流浃背，双腿又酸又沉，好像绑了几十斤的重物，每一步都变得异常艰难，只好停下来歇息。

四下望去，峭壁耸立，怪石嶙峋，布满岁月折痕的青灰色巨石张牙舞爪，面目狰狞。山上杂树丛生，荆棘遍野。零星的野花这儿一丛丛，那儿一簇簇，应和着山风，开得啪啪响。

目睹如此壮美的风光，我正要说一些大自然鬼斧神工之类的话，却见朋友眉峰轻蹙，笑容若隐若现，似有却无，心底禁不住叹息。

朋友是小县城一所中学的语文老师，喜欢阅读，爱好写作，在业余时间投入大量精力做自己喜欢的事，焚膏继晷，孜孜不倦。正所谓一分耕耘一分收获，朋友的文章频频见诸报刊。小县城的个别文友非但不佩服她的恒心毅力，居然说“她与编辑是朋友”，也有人说“她的稿件都是花钱发表的”，还有的诋毁她“把写作当成了正业，做教师倒成了副业”……

对于此等攻击之词，朋友欲哭无泪。善良单纯的她不理解人心何以如此逼仄狭隘、江湖何以如此波谲云诡，自己尚且没有取得骄人的成就，不过是发表了几篇小文章，居然有人如此打压她。为此，这位朋友一度陷入了愤愤不平和郁郁寡欢之中……

此时，我们所处的位置恰好是半山腰，眼看着后面的游客蜂拥而至，越来越多，心想：如果不往上走，此处必定会很拥挤，山路狭窄，说不定会发生意外。我翘首向上望去，看到前方不远处隐隐露出凉亭的一角，便决定走到凉亭里再做休息。出乎我们意料的是，当我们气喘吁吁到达凉亭时，亭子里游人更多，凳子上坐满了人，中间的空地上也站了不少人，有两个人还因为争抢座位唇枪舌剑地吵了起来。

见难以立足，我们只好忍受着疲惫，继续吃力地向上攀登。走着，走着，我们惊奇地发现，向上的山路上游客渐少，有很长的一段路甚至看不到游人。回头向下望，半山腰处的游人仍然很多，人头攒动，熙熙攘攘，后面依然有游客源源不断向半山腰汇聚。

我们择一块平坦的石头，从容地坐下来休息，大口呼吸着新鲜湿润的空气，心情舒畅。再看我的这位朋友，她的脸红扑扑的，像飞上了两朵可爱的彤云，眉眼间流光溢彩，显然把以往的阴霾抛到脑后了。

休息片刻后，我们决定一鼓作气，问鼎峰顶。山路越发难行，有几处崖壁突出，像霸蛮凶狠的强盗般挡住去路。我们只好小心翼翼地躲避着突兀而来的石头，手脚并用侧身通过。

终于爬到了顶峰。呵，眼前的美景让我们忍不住惊呼起来：“好美的草原啦！”绿油油的野草平展展地向天边铺去，山花烂漫，夹杂在草丛中，闪闪发光，像五颜六色的星星，整块草地像一幅五彩斑斓的巨大织锦。微风拂过，送来阵阵花香，有淡淡的清芬，也有馥郁的芳香，令人心旷神怡。我们呼吸着馨香清凉的空气，五脏六腑都像被洗濯过一样，神清气爽。

回头向山下望去，半山腰处仍然人多，道路拥堵，蠕动缓慢。我们庆幸没有在半山腰做长时间逗留，此刻才能惬意地站在这“云中草原”上，一览众山小，欣赏到美丽壮观的景色。

朋友凝视着半山腰，若有所思。良久，她爽朗地大笑起来：“半山腰聚集了太多人，那么拥挤，矛盾摩擦自然就多。你得尽快抽身出来，到山顶看看，无限风光在险峰！”

我赞许地点点头，补充道：“写作就跟爬山一样，当你的水平处于半山腰时，那里早已聚集了一大群人。当有一天你爬到了山顶，将他们甩在了身后，就会看到瑰丽壮阔的风景，别人再也不会排斥你倾轧你，只会羡慕你赞美你。”

朋友恍然大悟：“原来是我不够优秀，看来我还得继续努力。当我竭力向上时，会遇到更优秀的人一路同行，会欣赏到更奇美的风景，心胸也会变得开阔，再也不会被闲言碎语困扰。”

是啊，半山腰总是最挤的，你得到山顶看看。无论我们遭遇怎样的误解和挫折，都不要停止向上攀登的脚步，因为那是你对自己不可推卸的责任，也是对自己最好的爱护，更是证明自己最有力的方式。

山有峰顶，湖有彼岸。在人生漫漫长途中，万物皆有回转。当我们觉得余味苦涩，请你相信，坚持下去，一切皆有回甘。（参考资料：张燕峰《最挤总在半山腰》）

启示　“莫道君行早，更有早行人。”当你来到半山腰时，发现那里已经聚集了很多人。半山腰处总是最挤的。半山腰的资源总是有限，拥堵踩踏事件就不免发生，口角争执更为常见。为了避免，为了摆脱，唯有提振精神，继续向上攀爬。向上的路总是很难、很难，总是在考验一个人的意志，唯有坚持，咬着牙坚持，流着泪坚持，挥汗如雨地坚持，忍受孤单恐惧地坚持，抱定一个信念：“无限风光在险峰。”当你冲过这段最艰辛最煎熬的苦旅，既能避开与别人的利益纷争，又有机会欣赏到最雄奇壮美的风景，何乐而不为呢？因此，别为半山腰的鸡毛蒜皮困扰，也别留恋半山腰处的风景，要有宏阔的视野和宽广的胸怀及远大的志向，勇敢地向上

攀登，当你登上山顶，你会欣赏到半山腰处看不见的风景，让生命凤凰涅槃，成就更好的自己。

098
智勇多困于所溺

“夫祸患常积于忽微，而智勇多困于所溺。”这是宋代文史学家欧阳修为《新五代史·伶官传》所作序言的总结和概括，即祸患往往不是凭空而来，更鲜有骤从天降的，大多是潜滋暗长的。当人习以为常、见怪不怪时，人已病入膏肓了；而智慧和勇气这两个非常可贵的成功要素，人们却因在赏心悦目、心旷神怡的陷阱中沉迷、沉沦而失去。古今中外沉于“所溺”而不能自拔的英雄豪杰可谓多矣，危害之大，教训之深，充分验证了先贤所论非虚。

显而易见，无论是做一番青史流芳的宏图伟业，还是做一个成功的大写的“人”，都必须以慧眼灵心和钢铁意志，避开人生路上一个又一个“温柔”与“甜蜜”的陷阱。

时刻保持一份清醒，以防消磨大志。北宋名臣范仲淹（公元989—1052年，字希文）出生后不久，父亲即去世，母亲带着他改嫁到山东长山县朱家，范仲淹也更名为朱说。一次，他看到朱家兄弟的生活过于糜烂，忍不住规劝了几句。可朱家兄弟脱口说道：“我花的是朱家的钱，关你什么事？”而后，他明白了自己的身份。

这件事对范仲淹的刺激很大，于是他毅然辞别母亲独自到南京（今河南省商丘市）应天府书院求学。当时，那位南京留守的儿子也在这里读书，他看到范仲淹虽然穷得经常挨饿，但是却安于贫困，刻苦攻读，既同情又钦佩，就送给他一些钱改善生活，可是却被范仲淹谢绝。后来，此人家里又带给他美酒和佳肴，范仲淹见其心诚，不忍拂其美意，就高兴地收下了。可过了几天，此人再来看他时，却发现这些好端端的饭菜都已发霉了，原来范仲淹一点儿也没吃。于是他非常生气，认为范仲淹看不起他。范仲淹于是一诉衷肠："不是我不领情，只是我已经习惯了粗茶淡饭，如果现在就享受这种美食，以后还能安于平素的生活吗？"小小年纪的范仲淹，就有如此的判断力和意志力，这让此人怒意顿消，心服口服。

始终保持一份警觉，以防随波逐流。春秋战国时期，奴隶主贵族生活腐朽，奢靡之风盛行，而齐相晏婴却反其道而行之。他平时只穿粗布衣服，一件狐皮大衣，也只是在出使他国或参加盛典时穿，并且一直穿了三十多年。平时上朝，他总是乘坐一辆破旧车子，有时甚至步行。齐景公觉得他乘坐的车马与他的身份太不相称了，便多次派人送去新车骏马，却都被婉拒。景公很不高兴，晏婴解释道："您让我管理全国的官吏，我深感责任重大。平时，我反对奢侈浪费，要求他们节衣缩食，以减轻百姓负担。我若乘坐好车好马，百官们便会上行下效，奢侈之风就会流毒四方。若是到了那个时候，恐怕就无法禁止了。"

晏婴的相府地处闹市，且阴暗狭窄。齐景公提出要为他修造僻静宽敞的新宅院，也被晏婴婉拒。齐景公便趁他出使他国之际，强行拆掉他居住的房子，为他新建了一处豪华的府第。晏婴回国后，命人拆掉它，恢复原来面貌，找回了原来住在那儿的人。司马迁记录此事时，曾发出感慨："假如晏子还活着，我就是为他执鞭驾马，也是心向往之啊！"

人人都有自己的爱好，但有所节制，不被其所累，就是真正的智者和勇者。因为他们懂得越是充满诱惑的东西越具有危险性，鱼竿之下一条条拼命挣扎的鱼，就是因为痴于"所溺"，才"横"在案板上的。特别是"忽微"的诱惑更为可怕，由于其小，以"忽微"之状出现，故不引人注目，因而也更容易使人丧失警惕，待到玉山倾倒、祸患临头之时，就无药可救、悔之莫及了。因此，藏器于身、胸怀丘壑的智勇之士，又岂能不心生惕然？他们如临深渊，如履薄冰，以防被销魂噬骨的“所溺”吞噬。（参考资料：马军《智勇多困于所溺》，《思维与智慧》2021年第16期）

启示　**范仲淹能够自律、自强，不为贫穷所困，于是走出穷苦，至于显达；晏婴能够自律、自警，不为富贵所溺，于是能坚持清廉为相，千古流芳。这样的例子很多，不胜枚举。“夫祸患常积于忽微，而智勇多困于所溺。”这是欧阳修总结的一条规律。它体现了智慧，体现了欧阳修的清醒，有利于人们以史为鉴，避免倾覆，走向成功。**

099 疏远亲友，察而后用

宋太宗淳化年间，有个叫鞠咏的读书人，擅长作文写诗，因此结识了御史中丞王化基（公元944—1010年，字永图）。两个人以文会友，彼此唱和，很是要好。事情很凑巧，在王化基出任临安（今浙江省杭州市）知府那年，鞠咏考中了进士，当上了大理评事（大理寺卿下属官吏），并出任仁和县（今浙江省杭州市范围）知县，仁和县正好归王化基管辖。这样，鞠咏成了王化基的下属官员。鞠咏对当仁和县知县很是高兴，认为有一个老相识作上司，肯定会在诸多方面得到关照，他一定会官运亨通。想到这些，他在上任之前专门给王化基写了一封信，并且将自己作的诗也一并寄去，一来希望今后继续在文章上切磋唱和，二来与上司套套近乎。但是他万万没有料到，素来与他相知的王化基却一反常态，对他的来信根本不予理睬。待鞠咏到任后，王化基不但对他不予关照，而且对他十分冷淡严峻，对他的考核非常严格，一点情面也不给，简直就像跟他压根儿不认识一样。这使鞠咏大失所望，他对此迷惑不解，对这个旧相知再也不抱任何幻想和希望了。从此，他勤于吏事，不敢懈怠，不敢枉法，兢兢业业地做好本职工作。

时间一天天地过去，转眼过了几年，王化基回到都城当上了参知政事（相当于副宰相）。他第一个推荐的就是鞠咏，鞠咏被拔擢为监察御史。这一下子使鞠咏和周围的人都疑惑不解。有人就此问王化基，王化基这才说出内心的想法："凭鞠咏的才能，不愁没有前途，但我担心的是他盛气凌人而骄傲。他如果借重于我的庇护，就会变得怠惰和骄纵。因此我对他不徇私情，有意用严厉和冷漠压抑他，敦促他自立自强，以成就他的大德。"后来有人向鞠咏转述王公的这段话，他恍然大悟，满怀敬意地说："王公真是我的相知好友！"（参考文献：《东轩笔录》）

启示　上级对下级的爱护和器重，不应当表现在曲徇私情、官官相护上，而应当用严格的要求促其自强，否则就是"名曰爱之，实则害之"（《种树郭橐驼传》，柳宗元）。王化基用他的冷漠和"课其职事甚急"，改变了鞠咏"气峻而骄"的缺点，使他放弃了希望通过两人相知而向上升迁的错误思想。史称王化基"善教训"，是完全正确的评价。王化基对待鞠咏的方式，值得后人深思和借鉴。

100 伯颜取胜有高招

伯颜（1236—1295年，一译巴延），元初杰出的军事家、政治家。他是元朝开国皇帝忽必烈的重要谋臣，官至丞相。他在朝三十余年，为统一全国、巩固元朝统治起了重要作用。1276年正月，伯颜率军南下攻宋至江州，宋朝的兵部尚书吕师夔前来迎接招待，并设宴款待伯颜等。酒席间，吕尚书挑选了两名宋朝宗室美女，打扮得非常漂亮，姿色动人，献给伯颜。主帅伯颜，深通谋略，他明白，阵前近女色，乃兵家大忌，宋人献美女，一定是别有用心。于是，伯颜发怒道："我奉圣明天子的命令，发动仁义之师，向宋朝问罪，岂能因女色而转移我的志向！"说毕，打发那两女子回去。吕尚书等人，碰了一鼻子灰。

伯颜指挥二十万元军，分三路进逼南宋京都临安（今杭州）。1277年3月，伯颜率军进入临安，迫宋帝称臣降元，俘宋谢太后、宋恭帝。

1286年秋，宗王阿只吉违反军纪，忽必烈下令伯颜去统领他的军队。伯颜到达边防部队后，发现这支部队的粮草基本用尽，如不及时解决，恐生变故。于是，他发动将士剥树皮、挖草根来充饥谋生；又下令全体出动捕捉田鼠吃，把剥下的鼠皮都存放起来。将士们不知伯颜存鼠皮是何意。后来，伯颜见鼠皮有一万多张，就派人运到京城，送给忽必烈，忽必烈见状笑着说："伯颜老谋深算，他这是告诉我，边防天寒地冻，军士粮饷奇缺！"于是，急令给边防部队发粮供衣。

1288年2月，有人告发忽必烈的侄儿乃颜图谋造反，忽必烈命伯颜前去观察。伯颜知道，此行凶多吉少，要准备好后路。于是，临行前他带了很多皮衣，进入乃颜管地后，一路分给驿站的管理人员，这些驿站人员对他十分感激。到了乃颜驻地，乃颜以设宴招待为名，打算杀死伯颜。伯颜探听到了这一秘密，急忙借机逃走。他来到驿站，说有急事，驿站人员由于得到过他送的皮衣，争献好马给他。伯颜一路换马，飞驰而归，脱离险境。他向忽必烈报告了乃颜谋反的真实情况。这年4月，乃颜公开反叛，伯颜又随忽必烈亲征，活捉乃颜，将其斩首。（参考文献：《元文类·丞相淮安忠武王碑》《元史·列传第十四》《新元史·列传第五十六》）

启示　**伯颜胸怀大志，不贪财色，具有前瞻思维，结好人缘，几经险境，得以平安脱身。他用鼠皮呈送给忽必烈，委婉地提出下拨粮草的要求，有勇有谋。伯颜处理军政事务，克难制胜，表现出了高超的智慧。**

101
朱升的远见

朱升（1299—1370年），字允升，学者称枫林先生，徽州休宁（今安徽省休宁县）人。元末明初的军事家、文学家、刻书家、政治家、道学家，明代开国谋臣。

朱升自幼聪敏过人，学习刻苦，先后师从陈栎、黄泽等当时名儒。1344年，登江浙行省乡贡进士第二名，因家中丧亲守孝而未出仕。1348年，授池州路儒学学正的职位，1350年赴任。元至正十二年（1352年）隐居讲学。至正十七年（1357年），朱元璋命邓愈率大军下徽州，五十九岁的朱升通过镇守休宁的张思结识了邓愈，经其推荐，受朱元璋召见，遂赴应天府（今江苏省南京市），首陈“高筑墙，广积粮，缓称王”九字方略。洪武二年（1369年），升任翰林学士，不久后辞官退隐，洪武三年（1370年）十二月病逝，享年七十二岁。朱升是明代的开国谋臣，其谋略远见和智慧才能，为朱元璋成就帝业立下了汗马功劳。明太祖朱元璋对朱升非常信任，视为左膀右臂，时常跟他商讨军政方略。

朱元璋在刚刚兴兵起义的时候，早就听说了朱升的大名，他攻下徽州后，特地召见了当时还是一介儒生的朱升，虚心向他问政。朱升就说了三句话，立即解决了朱元璋困扰良久的问题，为他以后的扩张发展奠定了基础。这三句话就是：“高筑墙，广积粮，缓称王。”意思是请朱元璋要巩固后方，建立根据地，要发展生产，有足够的粮食；要定小目标，做长远打算。朱元璋严格按照这三句话的意思去做，最终取代各路义军，成就王业。

有一次，朱元璋的军队准备攻打处州，但是处州城防坚固，易守难攻，朱元璋的计划在将领中引起了很大争议。朱元璋就问朱升：“处州难攻，我们一定要攻下它吗？”朱升毫不犹豫地回答：“一定要攻取处州。”理由就是："处州有刘基、叶琛、章溢，都是建国佐才，平时很难把他们招至麾下，只有夺取处州，才可得到这些人才。从长远看，现在费点力气是值得的。"朱元璋听从朱升的意见，攻克处州后，即派人礼聘刘基等三贤，与宋濂一起召至应天。正如朱升所言，这三个人的加入，使朱元璋如虎添翼。

1363年，朱元璋与陈友谅在鄱阳湖展开大战。前三天，陈友谅军占据上风，朱元璋军处境不利，渐有败绩。有人建议朱元璋撤退，朱升极力反对，献策建言："贼尽国兵而来，众多粮少，不能持久。我师结营于南湖嘴，绝贼出入之路，待其粮尽力疲，进退两难，前后受敌，克之必矣。"朱元璋说："我粮亦少。"朱升胸有成竹地说："去此百里许，有建星、子昌、天保、刘椿四家，蓄积稻粮，宜急去借，勿为贼先取也。"朱元璋即分兵前往借粮，得粮万余石。后来，陈友谅"粮且尽"，至八月底不得不冒死突围，经南湖嘴进入长江，奔还武昌。在泾江口一战中，朱元璋冒着雨点般的流矢，亲坐胡床指挥伏兵截杀，终于获得了胜利。（参考资料：江舟《朱升的远见》，《思维与智慧》2023年第25期）

启示　朱升为朱元璋提出的"九字方针"，对朱元璋后来的发展至关重要。有了正确的理论，就有了明确的思路，进而制定正确的路线、政策，步步为营，行稳致远，夺取江山。朱升能提出"九字方针"，且能多次提出富有远见的建议，帮助朱元璋成功，无一不是源于他的前瞻思维和丰富学识。

102
人生不止一种选择

某位女工前段时间失业了。公司效益不好，她原本希望在这个岗位一直做下去，没想到却被裁员，她很难接受这个现实，甚至不知如何跟家人解释。当她鼓足勇气把失业的消息告诉家人时，听到五岁的儿子说："那妈妈就可以天天陪我啦！"那一刻，她突然觉得也没有那么糟糕：如果把它当成一个假期，依然能收获许多惊喜。

这位女工是远嫁，有了孩子之后，陪伴父母的时间变得越来越少。趁着有空，她带着孩子回了趟老家，享受着与父母相处的时光。回来后，她转行做线上销售。现在每周参加公司定期举办的线上培训，学习产品线上运营知识。她说，感觉自己的人生重启了，每天都在接触新的知识，仿佛找回了刚参加工作时的感觉，浑身有劲了。这种心态多好！谁规定人生必须一条路走到底？当一条路行不通时，停下来充充电，换一个方向继续前行，也未尝不可。

人们总在面临着不同的选择，有时候是主动选择，有时候是被动选择。或许不是每一种选择都能尽如人意，当人生没有像你计划中的那样发展时，换一个方向，你会发现，生活依然精彩。

某职工参加工作的第二年，感到从事的职业与自己的人生规划发生了冲突，但当时他的能力还够不上想去的岗位，于是决定辞职考研。不幸的是，那年复试因两分之差，与心仪的院校失之交臂。他原本信心满满，已向公司提出了离职，并且规划好了入学后的生活，突然得知没有考上的消息，很不好受，整个人无精打采。

当他把这个消息告诉他的领导时，领导说："那就留下来继续干。要想提升自己，不只有辞职考研这一条路，你还可以在工作实践中锻炼和提升自己，也可以通过在职读研的方式，一边学习，一边实践。"领导的这番话给了他很大触动，也改变了他辞职考研的想法。他在第二年选择了就读在职研究生。后来，因为工作能力被认可，他得到了提拔。如今，他如愿以偿地从事着自己喜欢的职业。

这两位职工的经历说明：通往目标的道路不止一条。生活不仅包括我们拥有的和想要的，还包括学习如何从困境中破局，继续往前走。一时的不如意，并不能成为一生的定局。（资料来源：周溯源辑议）

启示 如果没有当年李白的官场失意，我们可能看不到肆意洒脱的“诗仙”；如果没有陶渊明的“不为五斗米折腰”，我们可能读不到悠然自得的田园诗。一扇门关了，就去开启另一扇窗。不必在关闭的门后苦苦纠缠，而错过窗外的好风景。有句话富有哲理：“要理解生活，只有回头看；但要生活好，则须向前看。”向前看吧，人生不止一种选择！

103
迎难而上的王永庆

王永庆是20世纪中国台湾私营企业的佼佼者，一度被人们称为东南亚石化工业界的“霸主”。

王永庆1917年出生在中国台湾台北，祖籍福建省安溪县金谷乡。早年家境贫寒，当过茶园杂工、米店学徒，后来靠经营木材及砖厂、米厂起家，先后创办了台湾南亚塑胶工业公司、台湾化纤公司等，并在美国、日本投资建厂，是台塑关系企业的核心人物。他被人们誉为“经营之神”“塑胶大王”。

王永庆领导的台塑集团发展到今天石化工业的“霸主”，没有相当的谋略决策、特殊的点子是不可想象的。一些企业在不景气的时候都以压缩投资、减少生产来摆脱困境，而王永庆却认为：“经济不景气的时候，可能也是企业投资与扩展计划的适当时机。”在台塑建成初期，生产的PVC塑胶粉卖不动。他经过市场调查和深入分析，发现主要原因是客户对台塑产品的质量不了解，所以造成积压。而王永庆不仅不减少产量，反而决定扩大生产能力，日产量由原来的一百吨增加到二百吨，实现了规模生产，使生产成本大大降低，销售价格也随之下降。这样一来，产品不仅没有积压，反而畅销。

1980年，美国石化工业普遍陷入低谷，许多石化厂因此关闭停产。而王永庆这时却偏偏迎难而上，到美国投资建化工厂，同时还买下两个石

化厂、几个PVC加工厂。这一招使王永庆再次得到丰厚的回报，令他的同行们羡慕不已。（资料来源：周溯源辑议）

启示　在产品积压时，一般企业通常要以减少产量来渡过难关，而王永庆通过市场调查和深入分析，发现自己生产的PVC塑胶粉卖不动的原因，不是产品不对路，而是用户对自己的产品缺乏了解、售价不便宜，因而决定扩大规模、增加产量，从而降低成本，降低售价，由此赢得市场，表现出他的智慧思维。王永庆善于审时度势，对症下药，敢于决策，善于决策，勇于拓荒，因此使自己的企业大步发展。他也因成就卓著，成为亚洲经济界的巨擘。

104
霍英东沙中淘金

霍英东，原名霍官泰，祖籍广东番禺，生于香港，七岁丧父，十二岁进香港皇仁英文书院，因抗日战争爆发而辍学。他从一艘拖船起家，后来陆续拥有地产、石油、航运、建筑、旅游等六十多家公司，资产在20世纪末已超过一百三十亿港元，有“经济强人”“商业巨子”等美誉。

在商业生涯中，风险与效益并存。霍英东在他的经营路上，就曾演奏过不少风险决策的雄壮乐章。20世纪60年代初，淘沙业需要大量的劳动力，利润少，搞不好还会破产，所以当时香港工商界人士都不敢问津这一行业。而霍英东却认为，当时香港正处于经济起飞阶段，建筑业的发展方兴未艾，淘沙业虽获利微薄，但却大有潜力。他认为，海底淘沙，可以解决陆地建筑的大量用沙问题，支援房地产，挖深了海床，还可填海造地，堪称“一石三鸟”。于是，霍英东在1961年底去美国考察，途经曼谷时，便向泰国政府港口部用一百二十万港元购买了一艘挖泥船，将它命名为

"有荣4号"，以此发展淘沙业。

当挖泥船驶抵香港时，亲戚朋友都为他捏了一把汗。但霍英东胸有成竹，不但不退却，反而派人到世界有名的厂家订购了一批专用淘沙的机械船。在经营上，霍英东不图一时之利，而是与香港政府签订长年合同，以图稳妥获利。同时，还与各建筑公司签订了长期供沙合同，以图长久利益。不久，香港的填海工程和建筑业蓬勃发展，海沙大有供不应求之势，因霍英东获取了香港海沙供应的专利权，其生意越发兴隆。在两年多的时间里，仅大小船只就添置了八九十艘，购置了二十多艘淘沙船，成为香港淘沙业的头号大亨。"有荣4号"和其他淘沙船，成为霍英东的"掘金船"，取得十分可观的经济效益。（资料来源：周溯源辑议）

启示　**霍英东淘沙业的成功，在于他的远见卓识。他比别人较早地预见到了香港会有大发展，会大力发展建筑业、房地产，会填海造地，因而下了先手棋。一步领先，步步领先，成为实业巨星。**

霍英东又是杰出的社会活动家。1985年任香港特区基本法起草委员会委员；1992年11月至1996年11月任香港中华总商会会长；1993年3月、1998年3月、2003年3月连续当选为第八届、第九届、第十届全国政协副主席。2006年10月28日，在北京病逝，享年八十四岁。2018年12月18日，中共中央、国务院授予霍英东先生"改革先锋"称号，颁授"改革先锋"奖章。

105
接待总统的长城饭店

1984年，长城饭店刚落成不久，面临推销形象、提高知名度的问题。而长城饭店的主要目标是招徕外国顾客，以其先进的设备和高档的服务多赚外汇。用什么手段实现这一目标呢？

同年初，传来时任美国总统里根访华的消息，长城饭店的经理和公关人员立即意识到，这是一个难得的机会，将给饭店带来极大的声誉，对饭店前途产生重要影响。于是他们制订了周密的公关计划，不落俗套，贵在创新，并全力付诸实施。经过努力，他们终于争取到了里根总统在长城饭店举行答谢宴会的机会。

同年4月28日，来自世界各地的五百多名记者，聚集在长城饭店，向世界各地发出了里根政府举行答谢宴会的消息。宴会还在进行中，一条条消息就通过电传打字机源源不断地飞向世界各地。“今天x时x分，美国总统里根在北京长城饭店举行答谢宴会”的电视实况转播，更使上亿观众将长城饭店里里外外看得清清楚楚。这些消息，无一不提到长城饭店。于是，长城饭店在全世界声名大振。此后，长城饭店生意兴隆，客源不断。（参考资料：邱章乐、杨一华编著《商战思维》，黑龙江人民出版社2004年版）

启示　总结长城饭店在公共关系方面的“造势战”经验，可以概括为下列两点。第一，善于利用“权威效应”。他们抓住了里根总统访华这一极佳时机，使长城饭店的名字和里根总统连在一起。第二，巧借新闻媒介，扩大企业声誉。他们明白，“抢到”里根，就是“抢到”随里根访华的五百多名中外记者，就会使长城饭店顷刻间名扬海内外。长城饭店的“造势战”，从思维学变通角度分析，属于借力的范畴，即借总统、借媒体来达到自己的目的，具有前瞻性。

106 目光放远一点，小黑点就看不见

他和她本是一对恩爱夫妻，可最近两人因琐事连续“内战”，闹到了

要离婚的地步："咱们离婚吧。"话说到这个地步，两个人都同意了，于是急不可耐地去办理离婚手续。

经办人员是一个四十多岁的中年男子，他问他们要求离婚的原因。这时他们俩都相互指责对方的这个不好、那个不是，各自指出对方的一大堆缺点。经办人员笑着说道："我刚才听了，你们这些缺点，都是些鸡毛蒜皮的小事，怎么会闹到离婚的地步呢？"双方都低头不语。

这时，经办人员拿起一张圆圆的大白纸，轮流递给他和她，问他们看见白纸上有什么。两人都答道："圆圆的白纸一张，啥都没有呢。"经办人员又拿起一支碳素笔，在这张白纸上点了七八个小黑点，然后再将白纸递给他俩，问他俩发现了什么。两个人都回答："白纸上有七八个小黑点。"经办人员点了点头。

这时，经办人员将这张圆白纸用胶水粘贴在办公室的墙壁上，叫他俩后退到一定的距离，然后问："现在的白纸上有什么？"他俩说："小黑点看不见了，前面还是一张圆圆的白纸。"

经办人员笑了，随即语重心长地说道："我第一次给你们看那张圆圆的白纸，那是表示你们俩圆满的婚姻人生；而第二次你们看到白纸上的七八个小黑点，那只是你们婚姻期间各自的一些小缺点，有多也有少，但这些小缺点在你们各自圆满的人生中微不足道；在第三次时，你们却看不到那些小黑点，仍是圆圆的白纸一张，这是为什么？那是你们把目光放远了的缘故。"

经办人员刚说完，他和她明白了道理，二人几乎同时握住经办人员的手，说道："其实，我们之间也就是一些鸡毛蒜皮的小事，不足挂齿。谢谢您的良苦用心，我们不离了，在以后的生活中，我们一定会把目光放远一点。"

经办人员笑了："为你们互相珍惜而高兴！"然后握手告别。等到夫妻二人出门后，他拿出一个笔记本记了一个数字，自言自语道："今天我又成功挽回了一对即将离婚的夫妻！"（参考资料：汪志《把目光放远一

点》,《思维与智慧》2022年第1期)

启示 **生活中，不只是夫妻之间宜“把目光放远一点”，就是同事间、朋友间、上下级间，目光也要放远一点。有道是“金无足赤、人无完人”，我们每一个人都不是完美的，总有这样或那样的缺点和毛病。这时，我们不妨“把目光放远一点”，心胸开阔点、思想大度点，即便是白纸上的小黑点再多一些，本质上那也是圆圆的白纸一张；小黑点呢，在圆圆的白纸上显得微不足道。有时候，我们人与人之间缺少的就是远大目光，目光短浅则成了心灵的阻碍。**

107
现在是未来的伏笔

未来是个不可捉摸的字眼。我们总是花费很多精力为未来忧虑，有的人甚至一直在对未来的担忧中度过现在的每一天。未来有时候就像迷雾笼罩下的孤城一般，我们急于拨开迷雾，看一看未来之城的真面目。影影绰绰的景象，会让我们憧憬，同时也会让我们困惑和迷惘。

大学毕业前夕，同学们开始为将来走向社会而忧虑。每每想到未来，心中就会隐隐生出迷茫和惆怅之感，不知未来的路该怎么走。某校的大学老师中，有一位被学生们神化的老师。大家都说他能够判断出一个学生的前途如何。往届有些学生让这位老师帮忙推荐走向社会的发展方向，据说他的见解非常有价值。大家都说他看人非常准，眼光也具有前瞻性。于是，某同学找到那位老师，把心中的困惑讲给老师听，请求老师为他预测未来，为他指路。

老师听后哈哈大笑，拍着该同学的肩膀说：“我可没你说得那么神！说实话，我不过是根据学生们的各种表现，进而推测他们未来的发展情况罢了。其实你们现在的表现就是未来的样子。因为，现在是未来的伏笔，完全可以根据现在的状态推测未来的状况，与其活在对未来的困惑中，不如好好珍惜当下，把现在过好了，未来一定不会错……”

老师的一席话，让这位同学茅塞顿开。“现在是未来的伏笔”，我们现在所过的每一天，都是在为未来做铺垫。有什么样的现在，就有什么样的未来。也可以说，过好今天，明天就错不了。未来虽然有些渺茫和无法把控，但现在我们是可以掌控的。从某种意义上来说，掌控了现在，就能够掌控未来。

再想想同学们的不同状况，真的像老师说的，可以推测出每个人的未来。有的人每天都在努力提高自己，他们在不断地汲取知识营养，让自身获得更多能量，其未来一定是光明的；也有的人庸庸碌碌，让青春年华在平庸琐碎的事情中度过，这样的人的未来一定是平淡的；还有个别人，简直是在挥霍青春，他们进入大学之后，完全丢失了高中时代的拼搏精神，总是以“人生得意须尽欢”为价值目标，纵情玩乐，学业荒废得一塌糊涂。这样的人，他们的未来当然可想而知。

我们每个人的现在，都有未来的影子。现在是播种和耕耘，未来就是收获。种瓜得瓜，种豆得豆，没有什么比这更公平的了。

其实，无论到什么时候，都应坚信，现在是未来的伏笔。不过多忧虑未来，努力过好当下，未来自有安排。（参考资料：王国梁《现在是未来的伏笔》，《思维与智慧》2022年第1期）

启示　**过去、现在、未来，是一条因果关系链。过去决定现在，现在决定未来。俗话说：“屋前屋后，种瓜种豆。种瓜得瓜，种豆得豆。”还有一个流行的“报应说”：“善有善报，恶有恶报。不是不报，时候未到。”“善恶到头终有报，只盼来早与来迟。”当然，报应不一定立即出现，有“现世报”，也有“隔世报”，由因到果，有一个发展过程。人们对邪恶者有说法：“且将冷眼观螃蟹，看它横行到几时。”“眼见他起朱楼，眼见他宴宾客，眼见他楼塌了。”事物的发展，有规律，有逻辑。规律不可抗**

拒。凡是现在为未来埋下良好伏笔的人，其人生故事就会很精彩。

108
文人的孤独

人人都有孤独的时候，只是，孤独特别青睐文人。

文人们青灯黄卷，十年寒窗，通过考试考核而一举成名。学而优则仕，戴上了一定级别的乌纱帽，从而实现了“学好文武艺，货与帝王家”的梦想。然而他们的仕途一般都不顺坦，原因大概如下：其一，尽管当政者需要文人协助创业和守成，但骨子里并不怎么看重文人，比如焚书坑儒的秦始皇和曾拿儒冠当尿壶的汉高祖刘邦；其二，文人们饱读经书，学富五车，智商相对较高，能力也较强，但是“峣峣者易缺，皎皎者易污”（《后汉书·黄琼》），难免遭周围人的嫉妒和陷害；其三，文人们看问题比较尖锐，一下子就能抓住要害，处理问题比较机械，缺乏操作的灵活性，往往容易触犯某些集团或重要人物的利益，时间一久必然因树敌过多而成为孤家寡人；其四，文人们受书本正面影响较深，敢说真话，心底坦荡，不设防，所以常被戚戚小人钻空子，揪把柄；其五，文人们本身具有自身难以克服的缺陷，往往才高气盛，卓尔不群，不入流，不溜须拍马，不阿谀奉承，不行贿疏通，不屑接近或委身奸佞之徒，更不为虎作伥。独行在天地之间，蓄养着浩然正气的文人们，因为这诸多原因，很少身居要职，一般担任大学士、翰林、太史令、师爷、押司之类的官职，而且任职时间不会长，就因过轻者受降（撤）职，中者被发配流放充军蛮荒炎瘴之地，重者则受（极）刑。

与孤独一路同行的文人，在芸芸众生中难逃红尘的羁绊，无法实现自己的政治抱负，只好移情别恋了。他们或如楚国三闾大夫屈原，广泛接触百姓，创《离骚》、谱《九章》、发《天问》；或如太史公司马迁惨遭宫刑后把自己关进史馆，忍辱负重著《史记》，开创了纪传体通史的先河；或如“诗仙”李白轻装简行，云游四海，遍访圣迹，把酒临风，指点江山，吟《蜀道难》，作《静夜思》；或如大小说家曹雪芹燕市悲歌，“举家食粥酒常赊”“批阅十载，增删五次”，倾心于“字字看来皆是血，十年辛苦不寻常”的不朽巨著《红楼梦》……由政坛的孤独到文坛的孤独，从政治上的熊市到文化上的牛市，自官场的失意至文苑的舒心，饱含几多无奈、几多艰辛，又几多苦涩。

孤独是文人的一种境界，又是文人的一种难治之症。这种病既折磨着文人的生前身，也张扬了文人的身后名。因而，文人的孤独可套用一句古话来概括：败也孤独，成也孤独。（参考资料：曲向阳《文人的孤独》，《中国广播报》1999年4月6日）

启示 **人生免不了有孤独的时候，或失意，或逆境，或因高傲脱离群众，或因自身的问题群众不搭理等，原因不一。文人的孤独往往因文人自身原因造成，这个自身的原因多为自身的高尚追求、优秀的品质、不屈服邪恶势力的压迫带来的，是难能可贵的。孟子就是主张“富贵不能淫，贫贱不能移，威武不能屈”的，认为这是大丈夫气概。孤独有利于深思，帮助认识事物的本质、世界的规律，有利于帮助仁人志士立德立功立言，成为当世的楷模、后世的典范。**

109 有亏自己吃

卖木雕的成老板在推销产品方面很有一套。他专向企业老板推销自己的木雕产品，采用这样的营销策略：市价五万元的木雕，他卖给客户只要四万元，还做出承诺："您买回去的木雕，若被身边的企业家朋友看中，就以五万元的价格转卖给他，这样您就挣了一万元；若木雕买回去之后摆个一年半载，您越看越不喜欢，我就以三万元的价格回购，让您也不亏。"

客户们听了，都觉得这是一笔很划算的买卖：买一个木雕放在办公室做装饰，显得自己是有文化涵养的人；如果有朋友买走，我能轻松赚到一万元；如果不喜欢还可以退货退款。于是，成老板推销过的企业老板中，十有八九都买了木雕。

朋友们问成老板："到最后那些企业老板要是都把木雕退给你，你岂不是要白干一场？"成老板笑笑说："白干不了，我只有赚的份！"

原来他是这样分析的：木雕没有保质期，放在自己的库房不如放在那些企业老板们的办公室，那样不仅不会坏，还能很好地做个展示。老板们以四万的价格买走，如果不退或者转卖掉，那就相当于自己卖出一件木雕；要是木雕真被退回，自己也没有损失。而实际情况比成老板预想得还要好。企业老板多是好面子的人，他们买回木雕之后，一部分人越看越喜欢，于是就自己留着用。一部分老板买完木雕一段时间后，确实不喜欢，但碍于面子，他们既不会转卖也不会退货，而是选择送人，捞一个大大的人情。

成老板说："所以，只要我把木雕脱手卖给老板了，就基本上没有退货的！"朋友们问："既然木雕如此好卖，你还向客户们承诺可转卖可退货做什么？那不是浪费口舌吗？"

成老板摇摇头，说："这你就不懂了。企业老板们不怕买木雕，就怕买来之后不喜欢，到时不扔碍眼，扔了又可惜，觉得风险重重，所以不会轻易购买。我承诺他们可转卖，可退货，把他们的风险转嫁到自己身上，这是一种'有亏自己吃'的成交策略。老板们没了后顾之忧，交易起来自然就爽快了！"（参考资料：流念珠《有亏自己吃》，《思维与智慧》2022年第5期）

启示　用自担风险消除消费者的疑虑，让企业的信誉度大增。"有亏自己吃"，是成老板的经营理念，也是他的成功策略。有亏自己吃，方便

了别人，同时也方便了自己，最终自己也不会吃亏。这是辩证法，也是前瞻思维、逻辑思维。

110
君子不立危墙之下

有一位年轻朋友，酒后开车外出，将正在散步的一位老人撞倒，老人虽经全力抢救，挽回了生命，但面临截肢的危险。年轻人因为是醉酒驾驶，再加上交通肇事，年纪轻轻便要面临牢狱之灾。这位年轻人才大学毕业一年，父母为他买了新车，还刚刚找了份新工作，交了一个称心的女友，本来前途很美好，但是他的人生，却被自己的一个错误行为改变了。其实那天，他本可以避免出事故，有朋友见他喝了酒，让他喊代驾，可他觉得喝得并不多，自己的车又新，不舍得让给别人开，于是婉言谢绝了朋友的提议。可结果撞了人，既对别人造成了很大的伤害，同时把自己的未来也搭进去了，实在是太不应该。

还有一个成年人，晚饭后来了活动的兴致，晚上十点和伙伴们出去游泳，自认为水性不错的他，一个人游在最前面。可是没游多久，突然小腿抽筋，虽然奋力挣扎，却无法脱困，一命呜呼，留下妻儿老小，让家人陷入人生的悲惨境遇。

另有一个农村的好客者，做了满桌子的菜招待客人。但是给火锅添加液体燃料时，没注意到里面还有火星，瞬间引发大火，自己烧伤不说，连带做客的亲人，也都受到不同程度的烧伤。一场欢庆宴演变成一部灾难片。

这几件事都是因为太大意，没有安全意识，缺乏警惕造成的。车祸、溺水这些事故，就发生在一瞬间。很多事故原本是可以避免的，但他们抱着侥幸心理，认为这些坏事不会落在自己头上。醉酒驾驶的朋友，若是多点安全意识，多点法律意识，知道酒后开车事故多，就不会酒后开车自毁人生了；溺水身亡的同事，若是白天游泳，并且和朋友们的距离近一点，或是知道自己缺钙，下水可能有危险，根本不下水，就可避免这场惨剧；烧伤的朋友，若是将液体燃料换成固体燃料，或是在火完全熄灭后，再去添加液体燃料，那么这场悲剧，就可以避免。

古人云："君子不立危墙之下。"意思是，聪明的人不会站在将要倒塌的墙下面。也就是说，聪明的人不会将自己置于危险之中。在危墙下站立，随时有被砸中的危险。当以史为鉴，警钟长鸣。（参考资料：刘希《君子不立危墙之下》，《思维与智慧》2020年第21期）

启示 **"君子不立危墙之下"，告诉我们每个人，都要有防患于未然的准备，都要有清醒的安全意识。只有防患于未然，才能杜绝事故的发生。酒后不开车，不在不安全的时间和不安全的地点游泳，不在不安全的情况下弄火，不逞能做危险的游戏，不结交不靠谱的朋友，不牵扯危险的关系，不该说的话不说，不该做的事不做，等等。时刻记住安全第一的原则，牢记肩负的人生责任，遵纪守法，与人为善，那么人生就会平顺，幸福就会长久。**

111
预防他人之错，防止无心之失

某公出差德国，在德国期间办事用车，为他服务的司机是一位银发老者。这位老年司机开车非常稳健，哪怕夜半出行、街面空无一人，依然一丝不苟，慢到让人觉得好像坐上了三轮车。某个下午，他出去办事，老人开到一个巷口，刚要转进去，忽然两个小男孩追着一只流浪猫冲出巷子，竟然就这么直直地冲着车头扑了上来！

车上人无不大惊失色，司机猛踩刹车，车轮与地面发出巨大摩擦声。两个男孩已然呆住，傻傻地站在车前一动不动。下一秒，车子停住了。大家连忙冲下车查看男孩的情况。真是万幸，车头紧挨着孩子身体停住，只是一个男孩的手上擦破了点皮，连血都没出。

路上众人都颇为感慨，庆幸避过了一场灾祸，纷纷称赞司机运气好。另一位德国同事却不赞同，他说："幸运的成分占少数，主要因为我们这位司机转弯时有意放缓了车速，所以男孩冲出来时才来得及刹车，是司机的谨慎救了男孩和大家。"司机却笑了起来："我只是记住了德国交通规则里的一句话——预见别人可能会犯下的错。"

小时候，有一次全家人吃饭，妈妈忙着做菜腾不出手，就让孩子去厨房拿家里人吃饭的碗。那时候孩子小，才三四岁，瘦瘦矮矮的，好不容易费力拿了一摞，摇摇晃晃走到一半，"啪"一声摔倒在地，碗全碎了。孩子趴在破瓷片里懊悔地大哭，妈妈特别生气，骂孩子不细心。姥姥赶紧把孩子扶了起来，给孩子擦眼泪，对孩子妈妈说："你不该骂她，你应该估计到她年纪小，没经验，有可能犯这样的错，就该提前告诉她怎么做。比如嘱咐她一只手托住底部，另一只手扶在上面，或者告诉她一个一个拿过来。她第一次拿这么多碗，要是没摔倒，你应该夸她；但摔碎了，也不是她的错，是你没有先见之明。"妈妈很快认可了姥姥讲的道理。

有一位女士，考上了北京电影学院。寒假回家，有年迈的亲戚大婶上门拜访，有一搭没一搭地聊天。"考的什么大学呀？""北电。""哦，那是电大吗？将来能做电工吗？"此言一出，引发了周围一众哄笑。大婶不知所措，只好跟着一起赔笑，该女士也尴尬不已。后来女士吐槽那位大婶，怪她听不懂话，还要打岔。她妈妈却批评她不该这样表达："不是所有人都明白'北电'这个简称，有些人上了年纪，也没读过什么书，他们更容易曲解。为了自己的习惯或优越感，让对方尴尬，这是很不礼貌的事情。”“那我应该怎么办？”“你需要预见可能会发生这样的误会，提前把全称说清楚，再解释一下学校和专业，这样对方就不会误解。”

新来的实习生去帮同事买咖啡。同事A要卡布奇诺；同事B要美式；同事C要榛果拿铁；同事D要焦糖玛奇朵，但焦糖糖浆需换覆盆子糖浆；至于大老板，要一个大杯的抹茶拿铁，牛奶换豆奶，不要糖。实习生直言没问题。有同事劝她，好记性不如烂笔头，记下来再去买。

实习生依言记了，买回了咖啡，一脸庆幸地说：“那家咖啡店人又多又挤，等轮到我的时候，再回忆那些该买的东西……天哪！全记不起来。当时脑子里一片空白，幸亏有那张纸条！”（资料来源：周溯源辑议）

启示　时刻在每个看似平淡的细节面前保持警惕，这是一种应有的成熟。判断出可能会出现的麻烦，就会加倍谨慎。预防他人之错，防止无心之失，不但是保护自己，也是保护他人、保护社会的和谐。做领导的当然不能没有预见，普通人要想把事情做好，预见也不可或缺，以提醒自己未雨绸缪，避免问题的出现，出现了问题也能从容应对。

112
“回头再来”出智慧

每个人的一生，都会有数不清的“回头”。比如，知道身后有条狗，不回头哪知道它会不会追你？知道已经走错了路，不回头岂不是错上加错？不回头反躬自省，能知道有多少得与失？有时候，回头乃是出于无奈；有时候，回头则是明智之选。不管属于哪一种，“回头”都是必须的，都很有意义。

某女士在婚姻登记处工作，一次她遇到一对夫妻来办离婚手续，恰巧办公用的电脑坏了。她说："电脑出故障了，回头你们再来吧。"可这对夫妻走后没有再来。原来，俩人都"回了回头"，最终重归于好了。从此，但凡遇到第一次来办理离婚手续的，她都会以"电脑出了故障"为由，让他们"回头再来"。这个做法竟挽救了不少家庭。你看这一个"回头"，竟有如此奇功，给人启迪。

其实，人生在世，应该经常回回头的，又何止是婚姻呢？回头，是一味清醒剂。常回头看看，能够在实践中冷静检验自己、观察事物、感受冷暖；在别人的态度和反躬自省中审视自己、修正自己；在多重比较中明白得失、发现规律、校正航程。在人生的旅途上回眸一顾，你会惊喜地发现遗漏的风景，你会再次点燃过去的激情，你会反思曾经落入的困局，避免重蹈覆辙，你会明察出过往的得失，及时校正人生的坐标。（资料来源：刘明礼、周溯源辑议）

启示　人生需要经常回头看，只有回头看，才能更好地向前看。特别是在人生的紧要处，往往就那么几步，走对了，前程顺意，一片光明；走错了，一失足成千古恨，悔之莫及。人在平时也需要经常回头看看，发现问题，查找漏洞，弥补过失，看清情况，以便更清醒地前行。

113
总有一片晴天等着你

仿佛时间永远定格在2005年7月6日。

那一天，暗无天日。他遭遇了一个男人一生中最为惨烈的"滑铁卢"：公司破产，夫妻反目，爱子离散。

伤痛，刻骨铭心，无以复加。似乎空气中也弥漫着大朵大朵繁盛的忧伤。

绝望，如春草一般，在心灵之旷野中疯狂蔓延，蓬蓬勃勃地生长。

他走着，漫无目的。也许，只是为了逃离。

突然，前面出现了一条明如玻璃的带子——河！他的眼睛骤然一亮，很快就湿润了。

冥冥之中，似乎有什么神秘的力量召唤着他。原来，信步而行，不知不觉间，他回到了小时候生活的地方。

童年生活隽永得就像一幅明丽的画，一直悬挂在记忆的门楣上，清晰鲜艳，永不褪色：大河奔涌。岸边，爹娘在田间劳作，弯腰弓身，永不知疲倦。他戴着一顶破草帽，在草丛中穿梭，逮蚂蚱，捉蝴蝶；在花海中徜徉，采一把缤纷的野花。困了，就枕着浓郁的花香和大河的歌声入梦，甜蜜，酣畅。

而今，爹娘就长眠在岸边的大树下，再也不用承受种种生之苦、活之难。劳作的艰辛、贫穷的困扰、疾病的折磨，也都化作悠悠白云，飘向天边。

活着的意义到底是什么呢？奋斗过，辉煌过，有过挣扎，也曾迷茫，最终一无所有，两手空空，就像赤裸裸地最初来到这个世界一样。他眉头轻蹙，一声长叹。

不如归去！回到爹娘身边，静卧在他们的脚下，守护他们，日日夜夜；陪伴他们，月月年年。凡俗尘世间的恩恩怨怨，是是非非，纷纷扰扰，奈得我何？想到这里，他的神色不再悲戚，眉目之间竟暗藏了些许小欢喜。似乎去赴一个远年的爱之约会，他整整衣衫，向河中心走去，一步，又一步……

突然，胳膊被什么东西牢牢钳住了。回头，原来是岸边垂钓的老者，老人的手如同钳子，他虽用力挣扎，终究动弹不得。

像一头不甘被驯服的倔强驴子，在老人的牵制下，他踉踉跄跄地被拖回岸上。

无言，长久地沉默。

“小伙子，我不知道你经历了什么。”老人喘息了片刻，率先打破了沉默，他指着岸边高低错杂的树，“你看那些树，一棵小树要长成参天之木，要经历多少狂风的摧折，要遭受多少暴雨的冲刷。可每次狂风暴雨之后，没有一棵树弯身伏地，奄奄枯萎。它们都努力挺直腰身，顽强地生长，把根扎得更深。因为它们的心中有坚定的信念：太阳会重新升起，总有一片晴天等着我。”

老人顿了顿，接着说：“人犹树也。一切的困难挫折都是暂时的，就像云雾无法长久遮蔽太阳的光辉。挺过去，柳暗花明必将到来，总有一片晴天等着你。”

顺着老人的目光，他看见岸边葳蕤生长的那些树。棵棵精神抖擞，迎风而立，生机勃发，绿意葱茏。阳光洒在树叶上，是一个个迷离的光点，一闪一闪，似乎上面有无数个小精灵在欢笑，在雀跃，它们在热烈地吟唱着生之欢歌，甜甜蜜蜜地分享着彼此的生之欢欣。

瞬间，一如眼前奔流的大河，羞愧漫上心头，潮水般汹涌。他祭拜完爹娘，心中已是云淡风轻，海阔天空。他收拾行囊，远走他乡。

几年后，他的公司重新开张，有着上亿资产。各大媒体的记者趋之若鹜，他总要说起这段往事，说起那位睿智的老者，说起老人的那句富有哲理的话。

他经常说：“没有一个人的成长是一帆风顺的。坎坷和磨难都是成功路上的垫脚石，生命之舟冲过激流险滩，前面必将是坦途浩荡，风光无限。过往虽留有伤痛，但伤痛终会被时间带走。记住：阳光总在风雨后，总有一片晴天等着你。”（参考资料：张燕峰《总有一片晴天等着你》，《新青年》2012年第9期）

启示　**古人云“人生不如意者十之八九”。看来，不如意是人生常态，挫折和逆境是每个人都会遇到的。那么，在这不如意之中，在身处挫折和逆境之中，我们该如何自处，该如何面对别人的白眼冷遇和冷嘲热讽，度过这一段凄风苦雨的日子呢？别抱怨，抱怨如同毒药，越抱怨越痛**

苦，越会陷入自怨自艾的泥淖之中，难以自拔。不如将生活赐予我们的这一杯苦酒一饮而尽，然后心平气和地向前赶路。“山重水复疑无路”，坚持走下去、走下去，就会走出困境和迷途，就会迎来“柳暗花明又一村”的美好境界。越是在逆境里，越要平心静气，越要坚强忍耐，命运不会永远亏待一个人，总有一片晴天等着你，要忍耐、要等待。熬过风雨泥泞，前路才是春暖花开，一路坦途。

114 人生需要“让利”

著名收藏家马未都，在收藏界素有口碑，他总是能淘到别人淘不到的古董，买到别人买不到的宝贝。他成功的秘诀在哪里？用他自己的话说，就是要懂得“让利”。他在遇到自己中意的古物的时候，也会砍价，但不会大砍，更不会砍到让卖者无钱可赚的程度。恰恰相反，他会根据自己专业的判断，在得出一个合理价格的基础上，再主动加一些，让对方多赚一点钱。如此一来，卖古董的人就会觉得这人好说话，自己和他做买卖，不会亏本，还能多赚一些。以后手里再有其他古董和宝贝，就会首先联系马未都，先请他来看，他不要了，再去联系其他买家。这，就是马未都总能先人一步、占领先机的秘诀。

无独有偶，新希望集团董事长，被称为“川中首富”的刘永好，在谈到自己的生意经时，也表达过做买卖要懂得“让利”于人的经验。在刘永好看来，只有懂得让利，生意才会长久，买卖才会越做越大，钱才会越赚越多。

做买卖需要让利，道理看似简单，做起来并不容易。因为追求利润最大化是生意人的本性，谁都想自己多赚一些，而且是越多越好。殊不知，在很多情况下，你想多赚，别人就会少赚，甚至是亏本，久而久之，就没人愿意和你做生意了，或者你就从对方生意的“重点”合作伙伴成为“一般”合作伙伴了。

做生意需要让利，人生同样需要“让利”。在公司，你不能因为自己能力强，就想把所有的工作都做了，把所有的奖金都拿了，那样以后别人就不愿意和你配合了。在官场，你不能为了自己的升迁而堵死别人的路，让别人无路可走，只有大家都有路走，你自己才会走得稳妥、走得踏实。

写作是我的业余爱好，同样适合“让利”原理。如果报纸的一个版面都是我的文章，我固然很有成就感，但是一个版面总是一种口味、一种风格，早晚会导致读者的厌烦，报社说不定哪天就会把这个版面撤了。只有“让利”于其他作者，让版面内容更丰富，文章风格更多样，才会吸引读者，保持版面的长久。

人生懂得“让利”，不但对自己有好处，对别人有好处，对这个社会和这个世界同样有好处。鲁迅说过：世上本没有路，走的人多了，也就成了路。在一个本来没有路的地方，如果你不懂得“让利”，只想一个人走，不愿意让别人走，那么，这条路的形成就会很慢，或者是形成了路，但却很窄，这样你自己也走不好。而只有懂得“让利”，允许别人也来走，路才会早日形成，而且会越来越宽，越来越好走。（参考资料：苑广阔《人生需要“让利”》）

启示　让利、得利，收入、付出，吃亏、占便宜，如此循环往复，没有穷矣。世界是辩证的，对立统一的规律也必然反映在人的身上。但人们往往想得到正面的，不愿多付出，惧怕吃亏上当，结果是平庸的。只有那些目光远大、心胸宽广、不怕吃亏、懂得让利、积极付出的人，才能获更多，成大器。

115
走好99步

陈颖读了所普通二本院校，学的专业也是竞争力不太强的平面设计，大学毕业后一直没找到合适工作，在表哥的引荐下进了一家广告公司，给设计师打下手。上班后，陈颖正儿八经，一家家拜访亲朋好友、同学、邻居，毕恭毕敬地递上名片，拜托大家，如果有机会不忘帮她推荐广告业务。朋友们调侃说：“你不是做平面设计吗？怎么这么热心市场工作？莫不是设计做不好，公司把你调到了市场部？”陈颖笑了笑，说：“书上讲，任何重要事情从开始到实现目标，都可以看成100步，表哥帮我引荐，让我有了工作，这是他助我走了第一步。后面的99步，我当然要认真走啊，所以凡是跟广告有关的事情我都要上心。”

没多久，一位朋友向陈颖推荐了一个新项目，把该公司的电话和微信名片给了她。陈颖很开心，第一时间就联系了该公司，有多家广告公司也知道了这个消息，纷纷派人前往。毕竟实力悬殊，陈颖他们公司没选上。但是陈颖坚持研究该公司的线上营销模式，又认真研究他们的产品，包括种类、特色、销售情况、口碑，甚至很多包装细节也注意到了，而且认真做了很多笔记。表哥问陈颖：“你还不死心呀？”陈颖回答：“你把我引荐给该公司，助我迈出了第一步，我想认真走好后面的99步，不知道最后能不能走到目标那儿，但我应该试试，对不？”表哥点头称是。

后来，又听说陈颖去了该公司产品的生产一线详细了解，由于公司已经放弃这个项目，所以差旅费都是陈颖自己掏腰包。朋友劝她说：“没有公司的支持，你在这个项目上太难，要不放弃算了吧？”她摇摇头，说：“该公司那么大业务，我能在朋友的帮助下牵上线，这第一步太宝贵了，我怎么能让它半途而废呢？我知道该公司跟我们公司合作的机会很渺茫，但我不是从他们那儿学到了很多东西吗？即使只是帮助做点小方案，也是高标准的。我读书那会儿，保送进了重点高中，我以为第一步踏稳了，后面就万事大吉，高中三年随意混，最后错过了上好大学，这个教训我刻骨铭心。”

就这样过了大半年，听说陈颖在单位不但得以转正，还升职加薪了，亲朋好友都知道了她的“走好99步”理论，见她做事确实靠谱，有什么好机会也都想着她。再后来，该公司重金聘请陈颖去他们公司负责产品线上运营，当朋友还在怀疑她能否胜任时，她已经在新岗位上取得了令人惊讶的成绩。（参考资料：王月冰《走好99步》，《思维与智慧》2021年第10期）

启示　**环顾四周，不难发现每个人都曾迈出过第一步，可为什么实现最终目标的人那么少呢？因为大部分人前行几步就止住了，“这山望着那山高”，忙于一次又一次的改道选择，有的快接近目标了却坚持不住，所谓“行百里者半九十”。像陈颖这样抱着认真“走好99步”的信念，一旦起了步就像千里马那样坚毅地前行，就会有人乐意做她的伯乐。凡事贵有前瞻思维，贵有自信，贵在坚持。办任何事，有困难是常态，只要目标务实，思路对头，有干劲，肯吃苦，就应该相信能够成功。清代文学家蒲松龄在《自勉联》中说得好：“有志者事竟成，破釜沉舟，百二秦关终属楚；苦心人天不负，卧薪尝胆，三千越甲可吞吴。”**

116
给一朵菊花让座

大学毕业后，为了了解大家的工作动态及生活状况，高中班主任邀请大家前去他家做客。一进门，就看到老师及师母正忙着鼓捣窗台上的花花草草。最耀眼的莫过于那几盆盛开的菊花了，红的像一簇簇火把，鲜艳繁盛；白的像一团团绒球，清新静美；黄的像一个个黄桃，圆嫩诱人。大家不约而同地走到阳台上欣赏这满眼的秋色。

老师看我们赏花的兴致正浓，便问我们最近的生活、工作怎么样。

一句话引出大家的满腹牢骚来，大家纷纷诉说着生活的不如意：工作压力大呀，生活烦恼多呀，生意难赚钱呀，当官升职受阻呀……

原以为老师会说几句宽心话安慰大家，可老师只是笑而不语，转移了话题：“你们看这两盆菊花有区别吗？”

凑近一看，还真有人看出不一样来了。“这个白盆里有很多杂草。”不知是谁抢先回答。

“还有呢？”老师继续发问。大家都睁大了眼睛去研究这两盆花的区别。

过了一会儿，见大家沉默不语，老师便语重心长地说道：“这两盆花，除了花盆不一样，菊花的品种、栽种的日期，浇水施肥的次数都是一样的，只是我每天都会给黑盆里的花拔拔草，我就想弄明白看似不起眼的小草对硕大的菊花有什么影响。刚开始，两盆花都是一样地发芽、生长、开花，但是时间长了，我就看到了两盆花的区别。黑盆里的花不仅开得大，开得艳，所开出的花闻起来还更醇香。不信，你们闻闻看？”

大家纷纷把鼻子凑向黑盆，不禁发出长长的感叹：果真如此啊！

这时师母笑呵呵地走过来，向大家补充道：“老师之所以把你们叫过来，就是想告诉你们一个道理：人心就像这一个个小小的花盆，里面的空间是非常有限的，长满了杂草就养不出好菊花来。生活、工作也是如此，一颗心装满了抱怨、不满、牢骚，就酿不出幸福的蜜来。所以，你们一定要学会给菊花让座，给幸福让座！”听罢，耳边传来一阵阵响亮的掌声，怪不得一向清贫低调的班主任会生活得那么有滋有味，是因为他懂得“给一朵菊花让座”！

从此，同学的朋友圈里，再也没出现过有关不满、牢骚的字眼，大家都在忙着迎接幸福，享受幸福，守护幸福。（参考资料：靳小倡《给一朵菊花让座》，《中国应急管理报》2019年11月25日）

启示 **看似微不足道的杂草，会在长期影响下，对菊花的生长和品质产生不同效果。人心如花盆，空间有限，若被抱怨、不满和牢骚等“杂草”充斥，幸福的“菊花”便难以扎根生长。幸福不会凭空降临，需要我们主动去营造。在现实生活中，我们常常会遭遇各种压力与困境，进而陷入负面情绪的泥沼。清除内心的负面情绪，就是在为幸福创造条件。关键在于，我们要学会像老师为菊花拔杂草一样，主动、及时地清理内心的“杂草”，将注意力聚集在美好的事物上，行动起来，忙着迎接、享受和守护幸福。如此，我们才能像老师一样，即便生活平淡，也能品味到“幸福”的滋味，真正实现享受幸福、守护幸福的人生状态，在人生路上收获更多的美好与满足。**

117
追逐时代需求的郭芳枫

郭芳枫是从福建同安县走出来的农民子弟，当初出门时只有十四岁，赤手空拳，经过打拼，如今已成为新加坡赫赫有名的巨富。他领导的丰隆集团是马来西亚、新加坡及东南亚大财团之一。创造这个奇迹，郭芳枫靠的是勤奋和前瞻思维。

他的诀窍：跟着时代的需要走。他说：“做生意要有远大的目光。要适应时代的需要。”此话看起来平淡无奇，实际上包含着超前思维。

1945年，“二战”结束，早就关注战后形势发展的郭芳枫发现，大量剩余物资被当作废品处理掉，但战后这种状况只是暂时的，恢复和平之后，必然是恢复经济和大规模地发展生产。同时，新加坡是东南亚地区最重要的转口贸易港，战后恢复通航，各国轮船途经此地，一定会大量购置各种用品，或进行维修等。经过分析判断，郭芳枫做出超前决策：筹集资金，大批购买被当作废品处理的物资。这些以非常低廉的价格购买的物资，没过多长时间就开始升值。正如郭芳枫所料，各国航船来到新加坡大量购买物品，再加上本地购买力的提高，被人们视为废品的物资就身价百倍了。几年下来，郭芳枫创办的丰隆公司获得巨额利润。到1948年，丰隆公司注册为有限公司，下属多家分公司。

郭芳枫初战告捷，下一步如何行动？他又用心思考时代的新需要。他科学分析了当时的国际形势，在经过了几年的经济恢复之后，接着一定是经济的高速发展时期；国家发展经济必然要大兴土木，搞基本建设，这样，地皮、建筑材料必然会成为紧俏商品。他当机立断，又雷厉风行地干了起来。他先是迅速地把大批资金投向房地产业，接着又投资建材工业。1948年，丰隆公司改组为有限公司后的第一件大事，就是挑选有发展前途的地皮廉价买进。这一招，郭芳枫又成功了。

20世纪60年代，新加坡开始进行大规模的市政建设。郭芳枫瞅准了这个好机会，他迅速成立了丰隆公司城市发展公司，专门从事市政建设。进入80年代，公司规模不断扩大，还成立了丰隆别墅、城市花园、金士顿产业管理服务等子公司。（参考资料：陶伯华、马禾主编《超前思维》，黑龙江人民出版社2000年版）

启示　“按时代需要”的发财经，许多人都想念，但时代需要的到底是什么？这才是问题的要害。对此虽见仁见智，但有高下之分。郭芳枫所念的这个发财经，可说是屡试不爽，其根本原因在于他看准了时代的发展趋势，不断追逐时代的需要，具有前瞻思维，才做出超前的决策。“凡事预则立”，这才是他高人一筹之处。

第五篇 辩证思维

辩证思维古已有之，就是承认万事万物具有两重性，反对一点论、独断论，反对形而上学。辩证思维认为有正就有反，有进就有退，有攻就有守，有上就有下，有增就有减，有热就有凉，有动就有静，等等。事物的两面是不断转化的，并非一成不变；要求用联系的、运动的、全面的观点看问题，反对孤立地、静止地、片面地看问题。辩证地看问题，就是一分为二地看问题。通过辩证、客观地看问题，遵循事物的客观规律，促进事物的转化，从而积极改造世界。

118 塞翁失马，焉知非福

中国古代有“塞翁失马，焉知非福”的典故。话说边塞有位老人，某天家中走失了一匹马，大家怕他悲伤，都来安慰他，但是老人说：“莫着急，怎知道这不是福运？”过了几个月，他家的马带领一匹骏马回来了，大家都来祝贺他。老人又说：“莫急于高兴，怎知道这不是祸端？”果然，他的儿子因喜欢骑这匹骏马，不慎从马上摔下来折断了大腿。大家又来慰问他，老人却淡定地说：“这未必不是福运。”过了一年，胡人大举入侵，健壮的男子都得参战，战争惨烈，九死一生。他的儿子因腿折未参战，父子得以保全性命。所以福可变为祸，祸可变为福。边塞老人因为看到了事物的两面性，所以他能处之泰然，得失不惊，心态平和。此典故虽然带有偶然性，但反映了事物矛盾转化的必然性和普遍性。(参考文献：《淮南子·人间训》)

启示　“塞翁失马，焉知非福”的典故是辩证思维的案例。辩证思维提醒人们凡事都要看到它的两面性：有利的一面，不利的一面；优长的一面，短缺的一面；暂时的一面，长远的一面。不盲目悲观，也不轻易乐观。两千多年前的老子就已指出：“祸兮，福之所倚；福兮，祸之所伏。”(《老子·第五十八章》)他意识到了祸福相倚、对立统一、相互转化的辩证法。人们在名利面前，要看淡些，看开些，“风物长宜放眼量”。《菜根谭》说得好：“宠辱不惊，闲看庭前花开花落；去留无意，漫随天外云卷云舒。”保持这样的心态，利于轻装前进。

119
知足不辱，知止不殆

《老子》第四十四章提出“知足不辱，知止不殆”的命题。该文说：“名与身孰亲？身与货孰多？得与亡孰病？”“是故甚爱必大费，多藏必厚亡。故知足不辱，知止不殆，可以长久。”

对于一个人而言，名位和生命相比，哪个更珍贵？生命和钱财相比，哪个更重要？获取名利与丧失生命相比，哪个更有害？过分追求自己所喜爱的东西，必然要付出沉重的代价。聚敛得越多，下场必然越悲惨。所以，凡事懂得满足，就不会自取其辱；凡事做到适可而止，就不容易招致凶险。这是长久的平安之道。

“知足不辱，知止不殆”，既体现了老子重生命、轻名利的思想，也是他为人处世的精辟见解、辩证智慧。这种智慧就在于适可而止。因为任何事物都有发展极限，超出极限就会走向反面。像小孩子吹气球，吹到气球的极限，就会爆裂。只有知足、知止，适可而止，才能免于“盈满之咎”。

关于爱，老子认为，要“甚爱”又不“费”，“多藏”又不“亡”，上策是：“甚爱”当爱人，“多藏”当藏于民。所谓“甚爱必大费”，是指对人对事如果爱过了头，就会适得其反。父母爱子女，当然是好事，但是一旦过头就成了溺爱，而溺爱会毁掉孩子的。男女之爱也要讲究程度与方法。夫妻最好做“比翼鸟”，同时翱翔于蓝天，又保持安全距离。不必做“连理枝”，连理枝缠绕在一起，可能剥夺对方的阳光、雨露。

老子讲“多藏必厚亡”，意在提醒人们，收藏得越多，失去的也可能越多。如何做到“多藏”又不“亡”呢？有个好办法，那就是“多藏者，不必藏于己而藏于民”(《老子臆解》，徐梵澄)。著名华侨陈嘉庚，深谙理财辩证法。他一生信奉三条原则：第一，财由我辛苦得来，亦当由我慷慨捐出；第二，金钱如肥料，散播乃有用；第三，无为之费，一文宜惜；正当之消，千金慷慨。他的全部财富，最终都通过慈善途径捐给了最需要帮助的人，以及国家的文化教育事业。（参考文献：《老子·第四十四章》）

启示 **“知足不辱，知止不殆”的内涵很丰富，需要全面把握，防止片面偏颇。比如财富，如果是通过自己的勤劳、智慧、知识、技术、发明创造产生的，则越多越光荣，越多对社会的贡献就越大。但对身外之物如名誉、地位和物质享受的追求，欲望宜控制，当知足、知止。而在事业、学问等方面，并不提倡见好就收，而应该永不知足，永无止境，活到老、学到老、做到老，“生命不息，奋斗不止”。**

120 向“下”生长

那一年，秋季的一天，我十四岁，由于个子矮，常常遭到同学嘲笑，心情不悦。于是，我走到了姨父的甘蔗地，找他谈心。姨父勤劳、善良，脾气温和，个头也不高。只见蓝天白云下，他正在路边帮客户认真地削着甘蔗，动作麻利，阳光轻抚在他瘦小的身体上，他的笑容荡漾在脸上……姨父见我来了，忙给我削甘蔗吃。随后，我跟随姨父去甘蔗地转一转。只见田里的甘蔗一排排整齐笔直地站着，梢如箭镞，长得又粗又壮实，密密成林，呈现出丰收的景象，秋风吹着，它们稳稳地站立。

我漫步于甘蔗地，心中再次涌现对姨父的敬意。他小时家里穷，没上什么学却爱看书，干起农活，披星戴月，他还开动脑筋在田地种甘蔗，在山上种板栗，农闲时又到处帮人盖房子，可谓乡下的能人。姨父不仅能干，而且善良。姨小时被人拐卖，后来被家人找回，智力却下降了不少。

婚后，姨父对姨一如既往地好，外面重活累活甚至家务活他都承担了。

我和姨父走着，说起我个不高的苦恼。接着，姨父拿着镰刀，砍了一截带梢的甘蔗给我，让我从上往下吃，说说感觉。我拿起甘蔗啃了起来，往上的甘蔗并不甜，甚至有点淡如水，再往下吃，嘴里有了甘甜的汁水，再往下吃，甘甜如饴，越吃越爽口，越吃越沁人心脾。

我把这吃的感觉说给姨父听。他笑着对我说：“个儿长不高，你就多运动，不挑食，争取长高。万一长不高了，做棵甘蔗往下长也挺好呀！”

接着，姨父指着一排排甘蔗说：“你看它们并不高，但是蓄足力量，贴近地面，不断向下长，越靠近土壤部分越成熟，越脆爽！”姨父又指着对面一排排白杨树说：“其实甘蔗也想做白杨树的高大，但是它们今生只做回自己，一节节地长，有一节节的骨气，最终带给人们快乐和香甜，这便是积极有意义的人生。”

姨父的一番话让我顿悟，人不仅要向上生长，也要向下生长，这才是多姿多彩的一生。

后来，我有了儿子，秋日，我们一起在街头啃着甘蔗，我问：“甘蔗的哪部分甜？”他不假思索地说，当然是下部分甜呀。我对他说：“要向甘蔗学习，向上生长也向下生长，汲取力量，坚韧、积极、乐观、谦虚、善良、务实，你一定能走向越来越香甜的生活。”

生活中，尽管我没有长成白杨的模样，但我尽量向一棵甘蔗学习，向内求，向下长，强大内心，丰富内涵，让自己越来越成熟，越来越稳健。

（参考资料：杨兵《向“下”生长》，《中山日报》2024年12月12日）

启示　**我曾是一个矮个子少年，生活中常常受到流言蜚语的羞辱，一度苦恼。但我从甘蔗生长中得到启示，越向下越甜蜜，于是我想到：既然我不能向“上”生长了，那么就向“下”生长——读好书，学好本领，丰富自己的精神内涵，让自己变得越来越强大。凭着自己的勤奋和努力，水涨船高，我不仅有了事业，更有了幸福的婚姻。尽管自己个儿不高，但是我自信人生，诗意飞扬，渐入人生佳境。其实在社会中，个高个矮并不**

要紧，品德和能力才是我们最需要注重的，这些正是向下争取的东西，决定与人较量胜负的元素。

121
“恶语”的魅力

俗话“恶语伤人六月寒”极言了“恶语”对人精神上的损害，但辩证地看，它有时还是挺富有魅力的。一位功成名就的达者，在读中学时因调皮、捣蛋、成绩拖了全班的“后腿”而遭班主任当面如此恶语相伤：“你将来若能成气候，真是太阳从西边出来了！”事隔多年，他的同窗在偶逢如今已两鬓苍苍、满头华发、退休在家的老教师时，婉言指出他那时不该对达者说出那句伤害人心的尖刻的话。老教师沉吟右回忆之中，良久才说：“眼看他将青春虚度，如果不故意用那种话来刺激他，那么他会有今日吗？”同窗又把这句话“广播”给达者，他被老师的良苦用心感动了，多年的积怨化作感激的泪水，一下子夺眶而出。

一名刚步入机关工作岗位的大学毕业生由于业务生疏，每天上班只干些诸如拖地抹桌擦椅打水夹报跑腿之类的具体杂事。主要领导不以为然，认为他有文凭而无水平。一次他酒后对那名大学毕业生吐“真言”：“你只会打杂呀！”一句话霎时把那大学生噎得羞愧难当，恨不得从地上找条缝钻进去。从此，他“闭门思过”，勤奋学习业务知识并很快与同事中的骨干共执单位业务的牛耳，那主要领导再也不好在他面前“耀武扬威”了。以后，他每每回味此幕时总感慨地说：“还多亏了他的那句恶语。”

上述两则真实而美丽的故事告诉我们，生活中的“恶语”有时候也是颇具魅力的。处逆境者得到它的“惠顾”，可化作一股跳出沼泽的强大精神动力；一帆风顺者受到它的“关照”，会转为一剂戒骄戒躁的清醒药；

甘于平庸者承蒙它的“呼唤”，能给麻木已久的大脑注入兴奋剂；玩世不恭、趋向堕落者领教它的“棒喝”，兴许将睁开蒙眬的双眼，开始把属于自己的那条人间正道寻觅。

人是自然属性和社会属性的统一体。社会属性决定了人必须与别人发生某种关系，在直接或间接的联系中难免会有恶语相伴。这就需要人们正确地对待恶语，一方面，应有豁达的气度方可顶住恶语的压力，让“飞短流长”在时间的流逝中灰飞；另一方面，还应有视恶语为“甘霖”的慧识，“有则改之，无则加勉”。把恶语作为一面镜子、一把尺子、一种动力来处处检视自己的缺点，事事衡量自己的短处。经受住了恶语的冶炼，就能在以后的生活波涛中处危弗惊、遇险不怕，不断地修养自身，负重前进。将困扰的恶语化为渡河的桥梁，通往成熟，伸向辉煌，这就是恶语的魅力所在。(参考资料：曲向阳《“恶语”的魅力》,《中国建设报》1996年1月4日)

启示　激将法在军事、管理、教育、生活等方面都常常使用，当我们从正面不能或很难达到效果时，不妨使用激将法。在上述文章中，老师将激将法用在教书育人方面，宁肯面临被误解甚至“结怨”的风险，也要拿出这个“撒手锏”挽救自己的学生，最终取得不菲的效果，可以说这种“激将法式教育”是一种充满智慧的教育艺术。可以将此案例延伸到其他行业或生活中，正确使用激将法还是很有必要的，但要记住不能用激将法去做违法违纪的事情，那样会坑害别人的。

122
孔子论为政

有一天，叶公子高登门求教于孔子。叶公是楚国的大夫，字子高。他问道："如何为政？"孔子略加思索，然后说："政在悦近而来远。"就是使邻近您的统治地区的人民高高兴兴，使离得很远的人民也乐于归附您。鲁哀公也提问："如何为政？"问的是同一个问题。孔子果断地回答说："政在选贤。"意思是只有选贤择能，这个国家才能治理好。恰巧齐景公也问："如何为政？"仍就同一问题发问。孔子不假思索地回答："政在节财。"只有节俭，才能治理好国家。

三公问政，孔子回答各不相同。孔子的大弟子子贡在场，听得一真二切，他感到有点茫然。待三公相继离开后，子贡问孔子："老师，我有一事不明，刚才三公都向您问政，所问相同，可您的回答却各异，这是什么缘故呢？"孔子笑了笑，回答道："赐啊，你坐下来听我讲。叶公子高统治的地方，都城大而国小，人民有背叛之心，所以我对他说'政在悦近而来远'。至于鲁国有所不同，鲁国有大臣孟孙、叔孙、季孙三家，势力都很强大，由于这三家掌握大权，导致鲁哀公在外面与诸侯四邻壅蔽隔绝，在国内各种政派集团盘根错节，将来总有一天，由于这三家势力滋长，使鲁国的宗庙不得祭祀，鲁国的社稷被倾覆。所以我对他说'政在选贤'。至于齐景公又有他的特点，他奢靡无度，筑雍门城门，造路寝高台，浪费民力，听说他高兴时一天就滥封三人为三百乘大夫的高官，这样下去，齐国的府库资财就将枯竭，齐国的老百姓怎么能忍受得了。所以我对他说'政在节财'。"

子贡终于听明白了，恭恭敬敬地对孔子说："老师讲得太好了！"（参考文献：《论语》《礼记》《孔子家语》）

启示　这是孔子对同一问题的不同回答。孔子处在那样一个动乱的时代，但他对各国情况，包括每个国君的好恶都非常了解。所以当他们问政时，他的回答都有极强的针对性，强调"辨证施治"。情况明、说理透、针对性强，孔夫子为我们做出了示范。

123 拱手贺贫

春秋时，韩起（？—公元前514年，韩宣子）是晋国的正卿（高级官员），叔向（羊舌肸）是晋国的大夫。一天，韩起对叔向抱怨说："我空有正卿之名，却没有正卿的收入，穷得连和别的卿大夫交际往来的费用都没有。"说完这话，他本以为会博得叔向的同情，想不到叔向却对他拱手相贺。韩起不解其意，就问叔向："我如此窘迫，以至令我常常为此忧虑，你不但不予同情，反而恭贺我，这是什么道理？"

叔向没有直接回答韩起的问题，而是先给他讲了两个晋国历史人物的故事：一个是贫而有德的栾书，一个是富而无道的郤至。栾书曾是晋国的上卿（职位最高的官），按规定应享受五百顷田的俸禄，可实际上他连一百顷田都没有，穷得竟置不起宗庙中的祭器。但他并不以此为怀，反而更加注意自己的品德修养。他以德行广布全国，严格按国家法度办事，赢得全国百姓的普遍好评。郤至恰恰相反，他曾是晋国的正卿，家中的财富达到了国家财富的半数，晋国三军中的将佐，郤氏家族就占了一半。但是他骄奢淫逸、贪得无厌，一天到晚只恨自己的财富还不够多，权势还不够大，倚仗自己的财富地位胡作非为、鱼肉百姓。结果不但他自己最后落得个死无葬身之地的下场，他的宗族也被满门抄斩。

叔向讲完这两个故事，对韩起说："现在，您像栾书那样贫穷，我想您也一定能行栾书之德，所以我恭贺您。如果您对自己的品德修养漠不关心，而总为自己的财富不多而忧虑，那么，我哭您还犹恐不及，哪还有什么心思恭贺您呀！"

听了叔向的话，韩起恍然大悟，深受启发，明白了德行比财富更重要，自己不该为贫穷忧虑，而应该像栾书那样在贫穷的时候培养美好的德行，这才是长久之计，避免步郤至的后尘。他赶快给叔向跪下，叩头至地，感激地说："我只考虑自己的财富多少，这是亡身灭族之道。您的一席话救了我，不仅我感谢您，就连我的祖先和后代子孙也要感谢您啊！"（参考文献：《国语· 晋语》）

启示　韩起向叔向诉苦，叔向却拱手相贺，这意外的举止使韩起急于知道个中缘由。于是，叔向就借回答韩起的提问，以正反两个生动的事例说明了贫而有德之可贺和富而无道之可悲的道理，及时给韩起敲响警钟，使他幡然醒悟，改变了自己过去的糊涂观念，从而安贫乐道，坦荡为人，勇毅前行。

124
"满招损，谦受益"的处世智慧

古人特别重视谦虚美德的培养，认为这是自然而然的事情，是君子的本分。《尚书》讲："惟德动天，无远弗届。满招损，谦受益，时乃天道。"所谓"天道"，就是指天地之间、世间万物的自然规律。那么这些规律是什么呢？

处柔守慈

月满则亏，月亏则满，这是大自然的规律。古人由此悟出：过分的要受到制裁，而不足的要受到补益，这就是老子所说的"损有余而补不足"的规律。所以智者都教导人要谦卑退让、舍财不贪。老子把这个规律运用得淋漓尽致。他提出"我有三宝，持而宝之：一曰慈，二曰俭，三曰不敢为天下先"，并把处柔守慈作为自己的处世原则。这都是观察自然后提出的为人处世的道理。

“地道变盈而流谦”，改变盈满的是为了充实谦虚的。例如，同样在大地上注水，水自然流向潮湿、低洼的地方。再如“海纳百川，有容乃大”。大海能容纳百川，就在于它谦卑处下。《老子》也说“上善若水”。水善于利益万物，为万物带来好处，但是却从来没有从万物那里要求回报，真正是与人无争，与世无求，“水善利万物而不争，处众人之所恶”。一般人都是喜欢高高在上，但是水却不同，它处在众人所不愿意处的、所厌恶的卑下的地方，“故几于道”，所以它和道就相近了。因为，道在低处，一个人只有谦卑处下，才能够与道相应。

“满招损”，骄傲首先使自己的德行受到损害。“大学之道，在明明德”。人一旦傲慢，就不能够明明德，这是最大的损失。其次，一旦人骄傲，就会轻视他人，从而与人产生对立；让他人心里不舒服，他人因此就会找自己的麻烦，使自己做事受到阻碍。最后，因为自满而产生漫不经心的态度，可能招致失败，做事不能顺利圆满。

骄兵必败

“骄兵必败”的典故出自《国语》。周襄王二十四年，秦国带领军队去攻打郑国。当秦军经过周天子所管辖的京畿北门时，恰好被王孙满看到。于是他对周襄王说，秦国的军队一定会打败仗，并会受到上天的责罚。周天子一听，惊讶地问：你怎么看到秦国的军队路过，就能够断言他们一定会打败仗？王孙满说，因为他们经过周天子所在的地方是应该要行礼的，这叫尊重天子。可是他们的军队经过时，只是把头盔摘下来了，却没有脱下身上的甲胄。走了几步路之后，就马上又跳上了车，而且有三百辆战车的士兵都是这样以应付的态度来行礼的，可见军队中大部分士兵对周天子都很傲慢。

王孙满接着说，秦国的军队轻狂又骄傲。一旦轻狂，就觉得自己很了不起，就不会深谋远虑，做好万全准备。而且一旦轻狂就不会慎重，傲慢则会无礼。无礼，做什么事都会随随便便。整个军队既不慎重，又随随便便，可是又要去打仗。打仗的时候要进入危险的地方，以这样的态度去应战，绝对必败无疑。

王孙满观察入微，而且因为熟读圣贤书，能够见微知著。果然，秦国去攻打郑国没有打成，军队回来，到了晋国的边界时，被晋国打得落花流水，三位大将都被捉走。这就是“满招损”的实例。这个故事提醒人要时时反思自己的一言一行、一举一动，要认清谦虚和骄满带给自己的是吉还是凶、是福还是祸。

满而不溢

《孔子家语》记载，孔子在瞻仰鲁桓公的庙时，看到庙中有一个器皿——倾斜易覆的器皿。孔子就问守庙的人，这是什么器具？守庙的人回答：这可能就是叫作“宥坐”的器物了。孔子说：我听说过“宥坐”，这种器具有一个特点，里面空的时候就倾斜，装水适中时就端正，装满水时就倾覆了。贤明的君主以此来警诫自己，所以放置在座位旁边，叫“宥坐”。他回头对学生们说，我们试着往里面装水看一看。结果他们把水灌进器皿，达到容器一半的时候，这个容器就直立起来；当器皿装满了水，容器就倾倒了。孔子看了之后，感叹说，万物之中，哪有一个东西是满而不覆的呢？（参考资料：刘余莉《“满招损，谦受益”的古代智慧》，《学习时报》2020年5月11日）

启示　中国古人有很多观人的方法，简明有效，屡试不爽。例如，观察一个人是否有德行，首先看他是否谦虚。如果一个人功成名就之后，不能自谦尊人，却傲慢无礼，自视甚高，那么他的事业就会很快败落。《孝经》讲：“在上不骄，高而不危；制节谨度，满而不溢。高而不危，所以长守贵也。满而不溢，所以长守富也。”说的就是这个道理。谦虚、谨慎、勤劳、节俭、大度、远见等，都是成功者必备的素质，也是成大事者的必然表现。

125
换个角度看问题

司马迁的《史记》记载了这样一个故事：晋公子重耳为避祸，落难于荒野。逃亡途中，饥饿难忍，这时忽然看到前方不远处有农夫在耕田，他们一阵欢喜，于是上前向农夫乞讨粮食。谁知农夫却说：“我哪有粮食？只有这绊脚的土坷垃，就把它送给你们吧！”说着农夫弯腰捡了一块土坷垃，放在重耳乞讨的饭碗里。重耳气坏了。他尽管处于落魄中，但毕竟是一国的王子，他举起鞭子，作势就要教训这个农夫。可是手下的大臣赵衰却不认为这是受欺负。赵衰说：“土者，有土也，君其拜受之。”他赶紧将重耳拉到一边，对他开导：农夫给我们一块土坷垃，土是什么，就是土地啊！有了土地，那么粮食、人口、财富、社稷等，不就都有了吗？我们流亡异地，辛苦奔波，不就是为了这些东西吗？这是上天的旨意，只不过是借农夫之手送给我们，您应该诚惶诚恐地拜谢上天的恩赐，以万分感激之情接受它呀！重耳听后，立即转怒为喜，跪了下来，紧紧地把土块捧在手里。

重耳相信了，他此时拥有的不是一块土坷垃，而是照亮未来的火炬，是光芒万丈的希望。这个希望给了他强烈的心理暗示，无疑让身处困境之中的重耳一行吃了一顿“大餐”。他们高高兴兴地走了，踏上了继续流浪的路途。这一路非常艰难，常常饥寒交迫；这一行又非常漫长，整整熬了十九年。最后，重耳终于得以复国，并风云一时。他就是历史上著名的春秋五霸之一晋文公。

这场漫长的马拉松，谁也不知道会在什么时间结束。最初从晋国逃出来时，重耳一行不仅经常挨饿，也受到不少白眼与轻慢，甚至还遭到羞辱，最终他们还是坚持迎风前行。他们之所以能够这样坚韧不拔，终至否极泰来，一个重要原因就是赵衰讲的那五个字："土者，有土也！"在一般人看来，当时那是"是可忍，孰不可忍"的奇耻大辱，而在赵衰的眼里，则是上天要将社稷赐予重耳的意旨。假设当时没有赵衰的这种看法，就会是另一个结果，很难想象会有他们后来东山再起的故事。

八百多年后的曹操，也几乎重演了一场类似的故事。袁绍陈重兵于官渡，欲一举歼灭曹操这个对手。曹操兵弱势小，心里怯战，既不甘认输，但又束手无策。此时，袁绍弓已拉满、箭在弦上。曹操万分焦急。就在这时，青年谋士郭嘉看到的却是另外一面——十个能够取胜的因素。曹操听后，精神一振，信心倍增，于是勇迎强敌，大败袁绍，创造了以少胜多、以弱胜强的著名战例——官渡之战。（参考文献：《史记·晋世家第九》《三国志·魏书·武帝纪》《三国志·魏书·袁绍传》）

启示　"横看成岭侧成峰，远近高低各不同。"面对同一风景，可以拍出不同照片。人们欣赏那些美妙的照片时，莫不赞叹摄影师选取了最佳角度。同样的道理，赵衰与郭嘉，也因为站的角度不同，看见的形势就不同，做出的判断就不同，持有的态度就不同，结果也就随之不一样了。所以，在形势面前，注意从不同的角度观察，从而全面把握局势，找出有利因素，克难制胜。

126
画蛇添足与持满之道

现在一说起成语画蛇添足，人们的理解通常为蛇本无脚，可画蛇人偏要硬生生地给蛇添上脚，是多此一举。然而，这个成语的来源最初讲的是持满之道，即知止的智慧。

话说战国时期列国纷争，群雄迭起，当时楚国虽居南方蛮荒之地，但经过历代君王的打拼，已经成为傲视中原的强国。公元前323年，楚国派柱国将军昭阳率军攻打魏国，拿下了魏国的八座城池，威震一时。打败魏国后，昭阳决定乘胜前进，率军攻打齐国。

楚军大兵压境，齐王惊恐万分，慌忙召集群臣商量退敌之策。此时楚军兵强马壮，又挟连战连胜之锐气，齐国君臣一筹莫展。怎么办？刚好这时在秦国为客卿的齐国人陈轸，代表秦国出使齐国，齐王便赶忙向陈轸请教。

故国有难，陈轸不能不管，便向齐王自告奋勇说，要用自己的三寸不烂之舌，游说昭阳退兵。

陈轸来到楚军大营，面见昭阳，在恭贺昭阳取得赫赫军功后，问道："将军破军杀敌，根据楚国的军功法，像你这样的有功之臣，该得什么样的赏赐？"昭阳自豪地答道："授上柱国将军之职，封上等的爵位，手执圭玉。"

听完昭阳自得的回答，陈轸又问："楚国还有比这更尊贵的赏赐吗？"昭阳看看陈轸，不解地答道："有啊！那就是一人之下万人之上的令尹了。"

陈轸又恭贺道："现在您已经是令尹了，这是楚国最高的官位，除了楚王，没有比这更高的官位了。不过，我想给将军讲个小故事，不知将军愿意听否？"昭阳表示愿听，陈轸便给他讲了画蛇添足的故事。

有人赠给自己的舍人们一杯酒，舍人们商议道："几个人喝这杯酒，不够喝的。不妨咱们做个画蛇的游戏，谁先在地上画成一条蛇，谁就喝了这杯酒。"大家赞成，于是按此行动。其中一人手快，率先画成了，当他举起酒杯要喝时，不屑地看了看正忙着画蛇的其他人说道："我不仅能画蛇，而且还能给蛇添上足。"等他逞能为蛇画好足时，后于他画好蛇的人，夺过他的酒，一饮而尽，理直气壮地说："蛇本无足，现在你替它添上足，这就不是蛇了。"就这样，第一个画成蛇的人，因为给蛇画脚，而失去了那杯本已到手的美酒。

陈轸讲完故事，接着说："将军你攻打魏国已经立下了不世之功，官也做到了最大。可我听说下一步你准备去攻打齐国，不知将军考虑过没有，你就是战胜了齐国，也不可能再加官晋爵了；可一旦你被齐国打败了呢，轻则丢爵，重则丧命，而且会使楚国跟着蒙羞。这不就是画蛇添足吗？我看将军还是适可而止，率军返楚。这样一来齐国君臣感激你的恩德，二来也能保住你在楚国的高位，两全其美，岂不更好？"昭阳听完陈轸的一番话，恍然大悟，给陈轸深施一礼，毅然率军回师楚国。

昭阳回到楚国后，果然显赫一时，楚怀王更是将传国之宝和氏璧赐给他。尤其是当他寿终正寝后，楚烈王竟将周穆王的"八骏"之一"山子"的名字赐给他做谥号，以表彰他的军功。（参考文献：《战国策·齐策二》；资料来源：隋喜文、周溯源辑议）

启示　陈轸站在齐国的立场上，用个人的利害关系启发昭阳不再发动战争。他之所以能劝说成功，是由于他恰当地讲了画蛇添足的寓言。这则寓言与昭阳移兵攻齐十分相似。用人们理所当然地否定"添足"举动，自然唤起昭阳对立功升官后再攻打齐国的否定。昭阳适可而止，放弃伐齐，及时回楚，得到了荣誉和赏赐，证明了画蛇添足背后所隐喻的"持满之道"，告诉人们知止是人生莫大的智慧。画蛇添足的故事还告诉人们，如果违背了事物的规律，即便多干，也劳而无功，还会失去应该得到的成果。"过犹不及"，既可惜，也可笑。这则寓言生动深刻，并且避免了一场战争浩劫，避免了两国数万士兵的流血牺牲，威力实在大矣！

127
压力

《辞海》说，压力是垂直作用于物体表面上的力。压力不仅是物理学科的专用名词，而且早已成为社会生活中的永恒用语。

压力与人类是相伴而生的，社会是压力得以产生的策源地，因而，压力是不以人的意识为转移的客观存在。人一旦降临世间，不论男女老少、病残健全、人种民族，都无法逃避来自方方面面、大大小小的压力。从这个角度来说，压力也是公正的。

然而，具体到每个人而言，压力又是那样的不公平。乞丐面临的压力是讨来饭吃以维持生存，患者的首要压力是疾病的缠身，光棍的一大压力是生理本能的煎熬和感情上难耐的孤寂，商人的第一压力是千方百计挤垮竞争对手以最大限度地获得利润，强大民族（国家或地区）的压力可能是生存空间的相对萎缩和生态环境不同程度的恶化……压力不同，导致需求的层次有别，但不外乎物质和精神这两大方面。

人生观和世界观的差别，使得人在压力面前表现迥异。有的人自诩看破红尘，游戏人间，嘴里还嚷着“对酒当歌，人生几何”；有的人被压垮了身躯，高悬白旗，甚至“自挂东南枝”，一了百了；有的人则像失聪的音乐家贝多芬扼住命运的咽喉、淮阴侯韩信先受胯下之辱后统百万雄兵一样，充分发挥个人的主观能动性，从而弹奏出生命中不屈的乐章；更有精英，自我加压，主动出击，拉满弓，放强箭，“压”出百步穿杨般的典范。

生活的艰辛源于压力的复杂纷呈。只要压力不超过人的最大承受极限，人们就应该直面压力，笑看人生。将压力转化为前进的动力，用辛勤的双手和聪颖的大脑开辟出一方生活的新天地，往日的苦涩终将酿成美酒。

路被碾路机来回滚压才能平坦，井经上下挤压方可出油，蚌通过长期患病得以养成美丽的珍珠，背水一战兴许换来胜利的喜悦。可见，生活需要压力，压力有时也是一种美丽。

“险峰”上的“无限风光”，召唤着人们去努力攀登，开拓进取。“只要思想不滑坡，办法总比困难多”，当穿破层层压力蓦然回首时，也许会由衷地发出欢呼：感谢压力！（参考资料：曲向阳《压力》，《襄樊日报》

1997年7月12日）

启示 **人的一生历程中，会遇到各种各样的难题。在压力面前，人们的表现各异。正确的方法是积极面对压力，激发自己的内生动力，在不断提升自身能力的同时，分时段、分步骤地攻克各个堡垒。当气喘吁吁地爬上山峰时，所有的压力都会瞬间解除，我们会深刻地感受到所滴下的汗水、流下的泪滴甚至受伤时洒下的鲜血都是值得的。无数的压力，必然会锤炼出我们刚强的身板，铸造出无悔的今生！**

128 公孙弘的进退智慧

公孙弘虽然贵为汉武帝时的丞相，一人之下、万人之上，可谓位高权重、炙手可热，但是年轻时却家徒四壁，极度贫穷。他在年轻时养成了节俭的习惯，一直到他出人头地、荣华富贵享之不尽时也不曾丢掉节俭的习惯。他每天吃饭只要一个荤菜，晚上盖的被子也是普通的被子，不像有些达官贵人那样，锦衣玉食，极尽奢华。时任都尉的汲黯很看不惯他的做法，为此还参了他一本，说他位列三公，明明俸禄不少，不差钱，却伪装勤俭节约，还盖着普通人家那样的被子，吃粗茶淡饭，公孙弘的目的是哗众取宠、沽名钓誉、骗取俭朴清廉的美誉。

汉武帝看过汲黯的奏章之后，问公孙弘："汲所言是否属实？"公孙弘回答道："汲黯大人说得很对，满朝文武就我俩关系最好，他也最了解我，今天他既然当着陛下的面指出来，自然是击中了我的软肋。我身为丞相，却过着和普通百姓一样的生活，的确是哗众取宠、沽名钓誉。要不是汲黯大人对陛下忠心耿耿，深知陛下是一位圣明悦谏的君主，想必陛下也不会听到这番批评。"汉武帝听了这番话，不但没有觉得公孙弘哗众取宠、沽名钓誉，反而认为丞相为人低调谦让，所以越来越尊敬他、信任他。

还有一次，公孙弘和大臣们在朝廷议事，对所议之事做出了决定，可是上朝奏请皇帝定夺时，公孙弘却又有了更好的主意，于是临时改变了想法。当时汲黯很生气，当面斥责公孙弘，说他太奸诈了，刚跟大家商议时说的是一套，跟皇上禀奏时说的又是另外一套。于是汉武帝又问公孙弘："事实证明你所陈述的事情是对的，可当大臣们诘难的时候，你为什么不辩解、不澄清呢？"公孙弘淡定地答道："知臣者以臣为忠，不知臣者以臣为不忠。"相信你的人，始终相信你；不相信你的人，你说再多都无济于事。汉武帝听了，连连点头，对丞相更加敬重。

公孙弘的智慧就在于，一不解释，二不分辩，大大方方地全部承认。这样反而让人觉得你豁达、坦荡，不藏不掖，从而对你更加尊重和信任。此即以退为进，也显示了自尊和自信。（参考文献：《史记·平津侯主父列传第五十二》《汉书》《西京杂记》；参考资料：曾昭安《公孙弘的进退智慧》，《思维与智慧》2022年第10期）

启示　**从公孙弘的表现可见，以退为进是博弈的大智慧。看似忍让退让，其实却不动声色地前进了一大步，而且对方还无可奈何。在生活中，我们常常会遇到被他人误解，甚至被冤枉的时候，出于本能，大多数人会立马想着去解释、去澄清。其实并非都有这个必要。"清者自清，浊者自浊"，不辩自明。这也许是最好的应对。**

129
话少者胜

少言，就是沉稳、不炫耀。俗话说："水深不语，人稳不言。"看武打小说，一见面就咋咋呼呼的人，一定不是厉害角色，真正厉害角色一般言语都少。《天龙八部》里的“扫地僧”，是少林寺僧籍上无名的老和尚，他少言寡语，谦恭有礼，但若论武功高强，非他莫属。相较起来，有的人武功、修为远不及他，却整天耀武扬威、沽名钓誉。像丁春秋，收了一帮徒子徒孙，整天给他唱赞歌：“星宿老仙，法力无边，神通广大，法驾中原。”生怕别人不知道他、低看了他。结果在武林大会上，被一个名不见经传的小和尚打得满地找牙。

曹操子嗣众多，但真正有能力接班的也只有曹操的二儿子曹丕和三儿子曹植。两人明争暗斗，曹植才华横溢，一开始就占据优势。当曹植在满朝大臣面前口吐莲花、侃侃而谈的时候，曹丕一个人只好待在角落生闷气，谁让自己才华不如人家呢？但后来，一件小事让曹操打消了立曹植为接班人的念头。

有一次曹操出征，曹丕和曹植都到路边送行。曹植要小聪明，当众为曹操吟诵起自己写的一篇辞赋，歌颂父亲曹操如何英勇盖世厥功至伟。文章辞藻华丽，文采动人，曹操听了心里十分舒畅。这时只见曹丕“泣而拜”，一句话也不说，跪在地上只是哭，不舍与牵挂之情溢于言表。曹操大为感动，华丽的文章有什么用呢？作为父亲最珍视的还是儿子对自己的留恋和关怀啊！曹丕用最简单、最质朴而且成本最低的方法赢得了关键加分项。

《弟子规》讲：“话说多，不如少；惟其是，勿佞巧。”这告诉我们话多不如话少，话少不如话好，说话关键是要恰到好处。笛要吹到眼子上，话要说到点子上。诸葛瑾是三国时期孙权手下的大臣，平时话不多，但常常在紧要关头，凭几句话就能解决问题。有一次校尉殷模被孙权误解，要被杀头，众人纷纷向孙权求情，孙权冷若冰霜，均不应允。只有诸葛瑾在旁一言不发。孙权见了好奇，问道：“为什么子瑜（诸葛瑾字子瑜）不说话？”诸葛瑾说：“我与殷模一样，也是家乡遭遇战乱，在九死一生中才投靠陛下，如今殷模辜负了陛下的恩德，我还有什么好说的呢？”短短几句话，就让孙权想起了殷模不远千里投奔自己，即使犯有一点错误，也罪

不至死，于是就赦免了他。（参考资料：乔兆军《话少者胜》，《思维与智慧》2022年第16期）

启示 古训：“事不拖，话不多，人不作。”作家苏芩说：“真正有分量的人，只讲有分量的话。”一个敢于少讲话的人，必定是对自己话中传达的力量有信心的人。衣若素雅，能凸显你的脸庞；妆若素淡，能映衬你的气质。着墨少一点，否则它会抢了要害之处的风头。说话这项技能，几乎人人都会，但如何把自己心中所想精准地表达出来又不伤人，却不是每个人都能做到的。口才好的人，绝不是那些说话多的人，而是言之有序、言之有物、言之有理、言之有情的人。

130 遵守规则是对自己的保护

前几天，本地发生一场惨烈的车祸。一个小伙子横跨栏杆，被疾驰而过的汽车撞飞七八米，当场身亡。这血淋淋的沉痛教训，令我们深思：如果小伙子遵守交通规则，这个不幸事件就不会发生。如此看来，交通规则不是对人的束缚，而是保护人的安全，是对人生命和财产的尊重。遵守交通规则，会给人带来安全和尊严；蔑视它，践踏它，只会招致危险和灾难。

俗话说，不以规矩，不能成方圆。这规和矩就是成方成圆的依据和准则。如果工匠随心所欲、任性而为，则方不能成方、圆不能成圆，做出来的东西四不像，还能有实用价值吗？

可见，科学规则的设立是为了维持秩序。表面上看，规则是对人行为的限制和束缚，实际上是一种规范，是一种约束，是为人服务的，是为了让人们更好、更高效地做事。它是人们走向成功的保障，为人们的成功保驾护航。

前些天，看电视纪录片《国家监察》。里面那些平时威风凛凛、道貌岸然的高官们，在高墙内的牢房里，一个个痛哭流涕、颜面尽失。他们的眼泪并不能博取人们的同情，一切都是咎由自取——自己酿的苦酒，只能自己独饮；自己犯的错，只能自己承受。然而，他们又是怎样铸成大错的呢？毫无疑问，面对诱惑，他们丧失了做人的底线，沦为欲望的奴隶，置国家的法律和人民的利益于不顾，一次次越过规则，侵犯了国家和人民的利益，践踏了法律的尊严，最后让自己身陷囹圄，更令家人蒙羞。

中国有句古话："头上三尺有神明。"所谓"神明"，并不是说真的有什么神灵存在，而是说我们要牢记为人处世应遵循的准绳和尺度，恪守做人的底线，时刻检讨自己的起心动念，不做违反道德法律的坏事。否则，必将自食恶果。

中国古人很重视慎独和自律。东汉时，杨震做荆州刺史时路过昌邑，因他举荐担任昌邑令的王密，黑夜拜访杨震，送上十两黄金以示酬谢。杨震当场予以拒绝。王密诚恳地说："您收下吧，没有人知道这件事。"杨震严肃地说："天知地知，你知我知，怎么能说无人知道呢？"王密羞愧，只好带着礼物返回。正因为杨震心中装着天地，装着道德准则和国家法度，才不行苟且之事，才会赢得一世清名，为后人传颂，也使自己平安终老。

黑格尔说，秩序是自由的第一条件。星空之所以浩瀚美丽，有无与伦比的秩序美，就在于每一颗星星都各处其位，都沿着各自轨道运行。如果哪一颗星星偏离轨道，必将成为流星，等待它的只能是陨落的命运。

星空如此，人类社会也如此。遵守科学规则就是对自己最好的保护。漠视规则的存在、破坏规则，就是对自己最大的戕害。轻则遭到别人的嘲笑和鄙视，重则可能会付出更昂贵的代价。

勿以善小而不为，勿以恶小而为之。愿我们心中都装有敬畏，严格遵守合理规则，千万不要抱着侥幸心理，否则必将搬起石头砸自己的脚，等待自己的必是深刻的教训。（参考资料：张燕峰《遵守规则是对自己的保护》，《课外阅读》2020年第18期）

启示 合理的规则绝非束缚，而是保障。无论是交通规则、道德规范，还是其他方面的法律准则，一旦被漠视或践踏，灾祸便可能接踵而至。如跨栏被撞的小伙、违法落马的高官，都付出了极其惨痛的代价。与之相反，杨震拒金，赢得清名与安宁。因此，我们应对规则有正确而清醒的认识，要尊重规则、敬畏规则、遵守规则，它是对我们生命、财产、名誉的保护。我们在社会生活中，一定要摒弃侥幸心理，将规则内化于心、外化于行，小善常为、小恶不为。唯有如此，才能避免犯错，守护自身安全与尊严，在人生的轨道上稳健前行，收获快乐和幸福。当然，规则也应与时俱进，不断改进革新，使规则科学合理，做到以人为本，做到尽善尽美。

131 创业与守成的不同见解

贞观十二年（公元638年）九月，唐太宗在朝堂上问身边大臣："创业与守成哪个难？"房玄龄回答："建国之前，与各路英雄一起角逐争斗，而后使他们臣服，创业艰难！"魏徵则说："自古以来的帝王，莫不是从艰难境地取得天下，又于安逸中失去天下，守成困难！"

唐太宗之所以问这一问题，是他希望能够将大唐王朝世代相传，避免出现如隋朝"其兴也浡焉""其亡也忽焉"（《左传 · 庄公十一年》）的情况。而作为他十分信任与倚重的两个大臣，房玄龄与魏徵，回答完全不同。这也不奇怪。针对他们的不同回答，唐太宗睿智地指出："房玄龄与我共同打下江山，出生入死，九死一生，所以深刻地体会到创业的艰难；魏徵与我共同安定天下，常常担心因富贵而导致骄奢、因忘乎所以而产生祸乱，所以深刻体会守成之不易。"

唐太宗接着说："然创业之难，既已往矣；守成之难，方当与诸公慎之。"《资治通鉴·唐纪》在这里，唐太宗用"既已往矣"一句，将已经成为历史的"创业"轻轻带过，而把今后的"守成"提到了重要位置，突出强调他与大家要一起慎重对待人与事。这里既有唐太宗的自我追求，也有他对大臣们的要求，希望君臣一心，形成合力，共治天下。而这，恰恰是国运久长必须做到的重要一条，也是唐太宗眼下最为关心的头等大事。

唐太宗的回答机智地回避了创业与守成哪个更难的问题，指出房玄龄与魏徵由于经历不同，所以认识也有区别。房玄龄对大唐王朝而言，其功劳主要体现在创业上，魏徵则主要体现在守成上。唐太宗的回答，是在玩平衡术，但这样的平衡术，正是一种政治智慧。更值得注意的是，既然唐太宗已经把话题的重点悄悄转移了，那么，对于房玄龄等人来说，也就没有必要继续纠缠创业难还是守成难的问题。于是房玄龄等人适时转向，把对问题的探讨转向了对唐太宗的赞颂上。他们一边行礼一边说道："陛下说的这番话，是国家百姓的福气呀！"君主英明，国祚绵长。(参考文献：《资治通鉴·唐纪十一》)

启示　唐太宗作为国君，能够保持清醒的头脑，客观地分析创业与守成之难，让大臣满意。他进而希望君臣一心、慎终如始，其智慧值得赞赏。房玄龄等诸位大臣，能够及时打住创业难还是守成难的争论，转而赞颂唐太宗，借机强化做国君应把国家安危放在首位，鼓励唐太宗再接再厉，也表现出他们的睿智。

132
柳宗元的"敌戒"思维

唐代柳宗元有一篇题为《敌戒》的短文，其思维逻辑与常人不一般，富含哲理智慧，转录如下。

皆知敌之仇，而不知为益之尤；皆知敌之害，而不知为利之大。秦有六国，兢兢以强；六国既除，訑訑乃亡。晋败楚鄢，范文为患；厉之不图，举国造怨。孟孙恶臧，孟死臧恤："药石去矣，吾亡无日"。智能知之，犹卒以危；矧今之人，曾不是思！敌存而惧，敌去而舞，废备自盈，秖益为痡。敌存灭祸，敌去召过。有能知此，道大名播。惩病克寿，矜壮死暴。纵欲不戒，匪愚伊耄。我作戒诗，思者无咎。

《敌戒》文章一开始就提出了一个不为一般人所认识的问题：敌人除了有可恨、有危害的一面，还有对自己有益有利的一面。作者引用了历史上的三个事例来论证。第一个事例，战国时期秦国与六国争雄时，兢兢业业地治理国家，使国家强盛起来，终于打败了六国，统一了天下。当六国被消灭后，秦却骄傲起来，结果很快灭亡了。第二个事例，春秋时鲁成公十六年（公元前575年），晋厉公在鄢陵大败楚军，晋大夫范文子（名士燮）想到晋厉公打败了强大的楚国后会骄傲起来，晋国将遭受灾难，因而担忧。晋厉公却不以为然，结果由于他恣意妄行，引起全国臣民的怨恨，仅一年多后即被大臣栾书、中行偃杀死。这两个例子说明：敌人存在可促使自己兢兢业业、发愤图强，从而克敌制胜；敌人消灭后容易骄傲自满，放松警惕，反遭灾祸。第三个例子，春秋时，鲁国大夫仲孙速憎恶大夫臧孙纥，仲孙速死后，臧孙纥却前去悼念，而且哭得很悲哀。有人问臧孙纥说："仲孙速那样恨你，他死了你为何还这样悲哀？"臧孙纥回答："仲孙速恨我，是给我治病的药物和石针。他死了，治病的药物和石针没有了，我死亡的日子也快了。"这是说敌人（或对立面）就好比能治病的药石，能帮助自己克服缺点，改正错误，消除灾祸。这个道理不仅可以用于政治，也可类推用于生活。比如，人有慢性病时则能处处警惕，注意调养治疗，因而得以延年益寿；反之，如果人身体强壮，仗恃强壮而不注意爱惜，就可能暴病而亡。所以人们不能放纵欲望，不能忘记节制。（参考文献：《柳宗元集》，国家图书馆出版社2020年版）

启示 **"敌存而惧，敌去而舞"和"敌存灭祸，敌去召过"这两个对**

立统一的观点，告诫人们必须认识到：敌人存在可能免除灾祸，敌人消失可能招来过错。这个观点最早可以追溯到《老子》。《老子·第四十章》有“反者道之动”，是说对立面的存在可以促进事物的发展和进步。这个观点体现了辩证思维，劝导人们不仅要看到事情的正面，更要看到事情的反面，否则便会带来危害。华为公司在遭受美国打压后，记者采访总裁任正非是否悲观，任正非却说：华为上上下下都因此紧张起来，严阵以待，不再像以前那样松松垮垮了，现在才是华为最好的时候。任正非的回答体现了“敌戒”思维。无论是个人、机构还是国家，有对手、有敌人并不可怕，也不怕失败，失败后可以再来，可怕的是耽于安乐、不思进取，“温水煮青蛙”。外部有压力，内部才会保持活力与竞争力。

133 知“短”善用

金无足赤，人无完人。任何人都有长处和短处，要想人人都是全才，显然不现实。唐人陆贽（公元754—805年，字敬舆）说：“若录长补短则天下无不用之人；责短舍长，则天下无不弃之士。”（《陆宣公集》）在人才使用上，用人之长尚不易，用人之短则更难，能发现和挖掘潜藏于短处的优势，做到知“短”善用，短中见长，这便是用人的高境界了。

古往今来，善用人短者亦不乏其人。明朝吕柟在《泾野子内篇》中记录了这样一个故事。西邻有五个儿子，一子朴，一子敏，一子蒙（失明），一子偻，一子跛。西邻的五个孩子，大部分是残疾，这也够让他操心了，然而西邻却很智慧，因人而异，给儿子们安排不同的工作。他让老实的务农，机敏的经商，失明的算卦，驼背的搓麻，跛足的纺线。如此安排，五个儿子人尽其才，都过上了自食其力的生活。

唐朝有一位大臣叫韩滉，有一次在家中接待一位前来求职的年轻人。这个年轻人既不善言谈，又不懂世故，还脾气古怪、性格倔强。介绍人在旁边干着急，认为这家伙烂泥巴扶不上墙，肯定没有被录用的可能。不料韩滉却留下了这位年轻人，他从这位年轻人不懂人情世故的“短处”之中，看到了他铁面无私、刚直不阿的长处，于是任命他为“监库门”。这是个原则性很强又容易得罪人的差事，年轻人走马上任以后，兢兢业业，恪尽职守，偷库盗库现象极少发生，非常称职地完成了工作任务。

李广作战勇猛，人称“飞将军”。但他治军却无视章法：行军的时候，“无部伍行陈”；屯扎的时候，“就善水草屯”；驻扎下后，“人人自便，不击刁斗以自卫，莫府省约文书籍事”。如此，李广的军队运动迅速，其单兵作战能力勇猛，适合执行突袭、穿插、包抄等任务，但不适合大兵团正规作战。汉武帝显然是看到了李广的这一短处，所以很少把他派到正面战场上，而是用他作侧翼，辅助和策应主力部队。汉匈战争的史实证明，汉武帝的做法是正确的。

现实生活中，善用人短，变消极因素为积极因素，达到人尽其才者也大有人在。譬如，企业中，让性子急的送快件，让办事缓慢的干细活，让处理问题呆板者去当考勤员，让爱“吹毛求疵”者去当质检员，让谨小慎微者抓安监，让锱铢必较者管财务，等等。结果，不但使这些过去被人认为有“短”处的人有了用武之地，而且使他们的“短”处发挥了正效应。（参考资料：王永清《知“短”善用》,《思维与智慧》2022年第34期）

启示　**俗话说“鲁班眼里无废料，善用人者无废人”。一个人的短处未必都是劣势，要具体情况具体分析，不能一概而论。清顾嗣协有诗云：“骏马能历险，犁田不如牛；坚车能载重，渡河不如舟。”（《杂兴八首·其三》）所谓“尺有所短，寸有所长”，关键是用在哪些方面。再说，人的长处和短处本来就是一个相对的概念，没有静止不变的长，也没有一成不变的短，要掌握“长”与“短”之间的变化规律，知短善任，人尽其才，那么我们的面前就会人才济济，我们的事业就会蒸蒸日上。**

134
知人者智

明代著名谋臣刘伯温隐居青田山时，乡邻闻知他有过人的才智，有什么疑难问题便时常向他讨教。有一次，一位姓孟的菜贩向他诉苦：“有地痞恶霸来骚扰，来了就得给他们钱，否则菜摊生意就被搅黄了。”刘伯温问清情况后，告诉他不能忍气吞声，不妨准备一把快刀，下回地痞再来捣乱，就亮刀对抗，只要在气势上压倒对方，谅他们也不敢再来捣乱。孟姓菜贩果真回去准备了两把长刀，磨得雪亮。地痞又来勒索时，他拿出长刀晃动喊道：“老子跟你们拼了！”那几个混混见势不妙，落荒而逃，以后再也不敢到菜摊寻衅了。

另有一位王姓肉贩也来向刘伯温求助，说有地痞来为难他，索要保护费。刘伯温详细了解后告诉他：“万事和为贵，不如请这些人吃顿饭，届时把王家亲戚多叫一些来作陪。”王姓肉贩依言，请这些滋事者吃饭，并邀来族中有身份的一帮宗亲帮忙敬酒，恳请“多多关照”。那伙人见王姓宗族人多势众，自己讨不到什么便宜，也就顺坡下驴，此后不再来捣乱了。

同样是被敲诈，刘伯温给两位商贩出的招数全然不同。他的随侍童子很纳闷，便向他请教。刘伯温说，孟姓在这里属小姓，势单力薄，再怎么讨好对方，都难逃被欺负的困境，不如放手一搏。小流氓本来只是虚张声势，拣软柿子捏，商贩如果发狠还击，拔刀相向，对方欺软怕硬，就会知难而退，这就是邪不压正。而王姓是大族，把族人叫出来为自己站台撑腰，无形中是在向对方施压，自能不战而屈人之兵。

刘伯温善于根据情势的不同，使出不同的招数，其核心是“识人”，对不同人的背景、实力能进行准确的分析判断。与此相类似的是孔子的因材施教，其核心同样是“识人”。有次孔子的学生子路向老师请教，听到正确的道理是不是就得立马去做？孔子说，你还有父亲和长兄在，应该先征求下他们的意见，岂可率性而为？而孔子的另一位学生冉有也请教同样的问题，孔子说，知道是正确的事，当然要立马去做。学生公西华刚好见到这两个场面，很纳闷，为什么老师对同样的问题回答完全不一样。孔子解释：“求也退，故进之；由也兼人，故退之。”（《论语·先进》）这是说子路性格鲁莽、风风火火，所以需要让他缓缓，先与父兄商量下，想周全了再做较妥；而冉有性格柔弱，办事瞻前顾后，缩手缩脚，所以要鼓励他大胆去做，为所当为。正是基于对学生性格特点的充分了解，孔子才能有针对性地予以点拨指导。同样，在推荐学生任职时，孔子也依据各人的特长予以引导。他认为德行突出的仲弓可以任卿大夫，善于政事的子路可以管理军政，善于交际的子贡可以从事外交等。（参考文献：《明史·列传第十六·刘基》）

启示　知人善任、因材施教、量体裁衣、因人施策，前提都是“识人”。要当好参谋，需要审时度势，既要能想出好的计策，也要准确判断执行者的特点，给合适的人分派合适的任务，才能确保良策产生最佳效果；要当好老师，需要对每位学生的个性特点及学习理解能力予以分析，才能各有侧重地予以启迪教导；要当好领导，需要对下属的特长与潜能有足够的了解，才能安排适宜的岗位，让每个人发挥所长，并注意人员的合理搭配，取长补短，使团队的合力最大化。“知人者智，自知者明”，当深长思之。

135
王阳明感觉“此心光明”

在王阳明（王守仁，1472—1529年，字伯安）看来，保持快乐不是天赋，而是能力，是一种可以通过智慧和修行获得的能力。他在贵州龙场（今贵州省贞丰县）谪居期间，写下了千年传诵的《瘗旅文》(瘗yì，掩埋，埋葬)，其中记载了这样一个故事。有位吏目从京城来，带着一子一仆去赴任。路过龙场时，在当地苗家借宿。王阳明想找吏目询问京城的事情，可等到第二天，却传来噩耗，这三个人因长途跋涉、筋疲力尽相继丧命。此事令王阳明感慨不已，他让仆人将三人安葬了，并说："如果你实在贪恋这五斗米的俸禄，就应该开心上任，为什么要这么忧郁呢？路途遥远，风餐露宿，哀愁积心，内外夹攻，岂有不死之理？我离家来此已有三年，同样经历了这些，却能安然无恙，就是因为我始终保持着豁达愉悦之心。"

完全没有情绪，不是正常人，但能不能克制情绪，就是愚者与智者、弱者与强者的区别。心不安定，则一事无成；拥有积极的心态，才是生活的良好开端。

众所周知，王阳明的一生并不顺遂：二十五岁时，参加会试落选；三十五岁时，触怒刘瑾，被杖责，后入狱，接着贬至龙场；四十五岁时，入流民动乱之地。他虽身处泥泞，却依然能遥看满山花开，还能无执无着，静享生命的喜乐。无论是面对京城官场的排挤，还是穷乡僻壤的贫寒，他从不计较，该退则退。王阳明说："但只存得此心常见在，便是善学了。过去未来事，思之何益？徒放心耳。"意思是只要常存养此心，就能经常觉察到心的存在，这就是做学问。已经过去的事和还没到来的事，想它们何益？如果七思八想，只会白白丢失清明的本心。

《三国演义》里，周瑜临终的一句"既生瑜，何生亮"，让世人无限感慨。面对一个高人，周瑜不是想着虚心讨教，而是心生嫉妒，去世时年仅三十六岁。

人处浮世先修心。狂风骤雨之中，苏东坡竹杖芒鞋，顶着风雨，从容向前。那种笑傲人生的洒脱和豪迈，那种风雨中我行我素、不畏困难的超然情怀，都浓缩在一句"一蓑烟雨任平生"中。时时微笑，雨打芭蕉也无愁；常常宽容，宰相肚里能撑船。苏东坡写下《定风波·莫听穿林打叶声》之时，正值中年，走过半生风雨历程，已然超脱世俗。他回首走过的路，无所谓风雨，也无所谓天晴。对人生路上的荣辱得失，他已看开。他所追求的是淡泊宁静、无忧无患、轻松自由的生活。(参考文献：《明史·列传第八十三·王守仁》《王文成公全书》)

启示　王阳明临终前，弟子问他有何遗言，他只留下八个字："此心光明，亦复何言？"这八个字是王阳明对自己一生的概括，也是他对世人最后的教诲。内心光明的人，充满生机活力。当肩上有责任，心中有信念，就不惧山高路远，就不畏困难挫折，有定力、有信心地走向未来。

136
把握分寸

"分寸"本来是长度单位，引申为说话或做事的适当限度。人生最难把握的是"分寸"。子贡曾问孔子："子张和子夏，二人谁更好一些呢？"孔子回答说："子张过分，子夏不足。"子贡又问："那么是子张好一些吗？"孔子回答说："过分和不足是一样的。"

仔细想来，万事万物都依照规律运转。花开花谢，潮起潮落，昼夜交替，四季轮换……万物无时无刻不在变换更替着。人更应讲分寸，做人应恰如其分，行事恰到好处，应举止得体，进退有度，不偏不倚。分寸感扮演着微妙且重要的角色。

水满则溢，月满则亏；自满则败，自矜则愚。分寸之失，危害巨大。三国时，曹操征讨刘备，陷入进退两难的境地。有部将向曹操请示守夜指令，曹操随口答之："鸡肋。"杨修听之，洋洋得意地解释："鸡肋者，食之无味，弃之可惜。主公这是准备撤兵了。"曹操知道杨修此言，心中大怒，以“惑乱军心”的罪名杀了他。细想，杨修掌握不好分寸感，揣度了领导心思又私下张扬，甚至抢领导的风头，这样的低情商做法，是他招来杀身之祸的原因。

凡事都讲究适可而止，过刚则易折，过满则招损。做饭讲究火候，青菜爆炒要用旺火急炒，骨头煲汤要用文火慢煨。作画讲究留白，画得太满，让人心生压抑；空白过多，又会让画面显得单薄，没有视觉冲击力。做人讲究分寸，克制过度，显得失真；肆无忌惮，容易逾矩。如此种种，无不说明行事应有度。

年羹尧曾是清朝赫赫有名的大将，只可惜，他从股肱之臣沦为阶下囚，不过只历经了短短数年，其中根本原因就在于他不知进退，仗着手中特权，嚣张跋扈，大肆培植党羽，争权敛财。而清朝的另一位名将曾国藩，他所创立的湘军也战功赫赫。随着湘军日盛，曾国藩开始注意起“分寸”问题，他没有像年羹尧那样恃宠而骄，而是通过自削兵权，解除了朝廷的顾虑，使自己依然得到信任和重用。年羹尧与曾国藩，一进一退，心态不同，人生的结局因而迥然相异。人生的兴衰成败，浓淡缓急，无不在把握分寸中见分晓。（参考资料：乔兆军《分寸》，《思维与智慧》2022年第34期）

启示　**古人云：“识人不必探尽，探尽则多疑。知人不必言尽，言尽则无友。责人不必苛尽，苛尽则众远。”每个人的心中，都应该知进退且懂分寸。保持一颗清净之心，不盲从，不计较，不贪婪，删繁就简，疏密有致，恰到好处，方能将路走得更远，将生活过得更美好。**

137
“无功就是过”

纪晓岚的《阅微草堂笔记》中有个故事。有一位官员死后接受阎罗殿的审判。他理直气壮地说，自己生前无论到哪里，都是只喝一杯水，现在来冥府报到，无愧于鬼神。阎罗王微微一笑，说："设立官职是为了治理百姓，上至封疆大吏，下至管理驿站的小官，都有兴利除弊的事情应该去办理。只是不贪图钱物就算好官，那么在公堂上设立一个木头人，连一杯水都不喝，岂不是更强于你？"这位官员辩解说："我虽然没有功劳，但也没有罪过。"阎罗王说："你一生处处谋求保全自身，某件狱案，你为了避免嫌疑，应当发言却闭口不讲，这不是有负于民吗？某件事情，你怕麻烦和怕担责任，应该去办却没有去办，这不是对不起国家吗？三年一次的政绩考核，是为了什么？不就是考核政绩吗？没有功绩，就是有罪过！"（参考文献:《阅微草堂笔记 · 滦阳消夏录一》）

启示　"无功就是过"这个故事对职场人具有启示意义。公司设立的各个岗位，是希望这些岗位上的人能做出贡献，就像一辆车，每个部件都要发挥功效，这辆车才能顺利前进。但有些人就想混日子，不求有功，但求无过。而无功就是过，因为你在这个岗位，却没有发挥这个岗位应有的作用，影响整体的正常运行。就像一辆车子里不发挥作用的零件，坏掉了，必须修理。

138
曾国藩的"求阙斋"

曾国藩（1811—1872年，字伯涵），晚清政治家、战略家、理学家、文学家，道光进士，曾任内阁学士，道光末年官至侍郎。太平天国进军湖南时，被清政府任命为帮办团练大臣，举办团练，后来组建起一支具有正规军规模的地主武装团练——湘军。咸丰四年（1854年）正月，发布《讨粤匪檄》，他率湘军出省作战，为清政府收复失地。为了强化镇压力量，他主张引进西方先进技术，设立安庆内军械所，制造新式船舰、枪炮。咸丰十年（1860年）任两江总督、钦差大臣，督办江南军务。次年攻占安庆，奉命统辖苏、皖、赣、浙四省军务。同治三年（1864年）攻陷天京。次年奉命赴北方镇压捻军起义。同治七年（1868年）调任直隶总督。以曾国藩为首的汉族地主经世派的崛起，使清朝封疆大吏由权贵当权变为经世派当权，导致地方官员里满汉比例发生变化。他力倡并推进洋务运动，主张对外坚守"以羁縻为上"的方略；对内修明政事，急求贤才，引进西方的军事和技术。曾国藩与李鸿章、左宗棠、张之洞并称"晚清中兴四大名臣"。

率领湘军平定太平天国后的曾国藩，已经是位高权重了，但是，他仍将自己的书房命名为"求阙斋"。"阙"，两层意思：一是过失，二是缺点。求阙斋，就是反思过失、分析缺点的地方。曾国藩体悟到人生没有十全十美，不可能无缺陷，所以他主张："君子但知有悔耳。悔者，所以守其缺而不敢求全也。"他又说："君子之处顺境，兢兢焉常觉天之过厚于我，我当以所余补人之不足。"（1844年写给弟弟的信）曾国藩发现自咸丰年以来，他每有得意之事，就会有失意之事相随发生。譬如，当他奉命担任江西主考官时，母亲却去世，不得不中途回家；才攻克武汉获赐黄马褂，不久石达开总攻湘军水营于湖口，烧毁湘军战船百余艘，曾国藩跳船得免，其座船却被俘；兄弟三人围攻瑞州，眼看就要获胜时，父亲却过世；等等。这些事情，让他深感祸福无常，不能无畏。曾国藩不麻木，能举一反三。因此，当他有余力时，不吝于扶贫济弱，并设置义田，同时一再告诫家人"不可不格外小心，以为持盈保泰之道"，警惕福祸之转换。（参考文献：《曾文正公全集》）

启示　一方面，曾国藩在政治上是一个应该否定的人物。他参加镇压太平天国革命运动，是重大污点。他以直隶总督的身份，受命处理天津教案，他秉承清朝"委曲求全"的旨意，屈从了洋人的压力，做出了屈辱的处理决定。此事最终让曾国藩"身败名裂"。左宗棠为此和曾国藩绝交，

仕林清流对曾国藩也是强烈抨击。曾国藩对此十分悔恨，自觉“外惭清议，内疚神明”。此案毁了他一生的奋斗业绩，也加重了他的病情，他过了一年多就去世了。另一方面，曾国藩作为重要历史人物，本人注重修身齐家、严格自律，颇有独到之处。这个方面值得后人分析。曾国藩想问题做事情，能够不忘记问题的另一面，能够注意到两方面的互相转化，守缺但求全，处顺不忘危。曾国藩的家教有过人之处，他强调子孙当以耕读为本，学好了本领，就有效力社会的岗位和机会。曾国藩把教育子弟的重点放在修“心”、修“身”、修“行”上。修“心”是人心智力的砥砺，是人道德品质的培养，要求其子弟做到“慎独”“仁”“敬”“谦”“恕”等。修“身”是通过保养和修炼以获得健康的体魄，要劳逸适度，眠食有常，躬耕时习。修“行”，要求言谈举止朴实，待人谦敬、宽容，为人不能清高、刻薄，生活上要去奢侈之风。曾国藩认为关键是要形成一种勤俭持家的风气，养成勤俭致富的习惯。曾国藩时常对自己的言行进行剖析，把自己行为的对错得失告诉家人，现身说法。曾国藩的子孙、曾孙，甚至玄孙里，出现了多位科学家、教育家和社会活动家，像这样人才辈出的家族并不多见，值得研究。

139
不怕老

常听老年朋友谈老。有人叹老，成天“老”字不离口，总说自己“不中用了”，自嘲“血管硬化、知识老化、思想僵化、等着火化”；有人不认老，怕说老，叫他一声“老人家”还很不情愿，常常面露愠色。看来，老人如何看待自己的老，态度大相径庭。

人老，乃自然规律。对步入老年行列的每个人来说，首先要知老，感觉到老。年龄是一件最令人无奈的事情，似乎刚刚挥手告别牙牙学语的孩提时代，转眼之间，鬓角就增添了白发，额头就刻上了皱纹。“神龟虽寿，犹有竟时”，或英雄伟人，或平民百姓，都要步入晚年，准备为人生画最后一个句号。这既是时光的无情与残酷，也是人生的当然与必然。老，不能拒绝，不能躲避。炫耀老来资本，像居功的老牛一样反刍昔日的辉煌？万念皆休，如迟暮的佳人一样哀怨岁月的无情？都不可取。应当说，老年皱纹，是生命苦旅的丰碑；双鬓飘霜，是沧桑岁月的记录，无可悲喜。只有心平气和、宁静悠远，才能活得恬然、淡然。季羡林先生在一篇文章中说“感觉到老，奇妙无穷”，所以，承认老、感觉到老，是成熟的标志，是老年生存的重要章节。

人老了，就要服老，这是对科学的尊重。人到老年，身体的各个器官逐渐衰老，功能也在不断下降，这是无法改变的规律，违背这个规律就要受到惩罚。现实生活中，因为不服老，不听劝告，硬要逞强，造成自身伤害或意外死亡的现象屡见不鲜，得到的教训就是不服老不行。

南宋陆游现存诗歌九千多首，喜好在诗中抒发豪情壮志。“不是人间偏我老”(《木兰花·立春日作》)，“白发未除豪气在”(《度浮桥至南台》)“老夫壮气横九州”(《冬暖》)……可见他是一位很不服老、很不愿老的大诗人，但是，活到八十多岁高龄时也不得不在《叹老》一诗中写道：

> 镜里萧萧白发新，默思旧事似前身。齿残对客豁可耻，臂弱学书肥失真。渐觉文辞乖律吕，岂惟议论少精神。平生师友凋零尽，鼻垩挥斤未有人。

在其他篇章中，也自叹“晨起梳头满镜霜，岂堪著脚少年场”(《叹老》)，“世间只有身差重，惆怅今年白尽头”(《予未冠即交诸名胜今无复在者感叹有作》)。临死前夕，他留下了千古名篇《示儿》：“死去元知万事空，但悲不见九州同。王师北定中原日，家祭毋忘告乃翁。”陆放翁到了垂暮之年，不讳言其老，能承认这个老，还念念不忘国家的统一，值得尊敬。

知老、服老是珍视人生的体现。知老、服老，不是怕老，不是让人悲观沮丧、消极沉闷，也并非让人无所事事、无所作为。以坦然的心态承认老，以平和的心态接受老，以积极的心态对待老，我们就拥有了一种境界，获得了一份智慧。人老了，无非意味着就此进入了生命的秋季，它虽然多了几片生命的落叶，但也由此有了一份旷达与高远；它虽然少了几片青春的花瓣，但也由此多了几份淡定和从容。把握自己，活在当下，老当益壮，自强不息，把人生收获期化作创造期，是一种健康可取的“老人观”。晚年，应当是生命呈现出的另一种璀璨。

老了，怎么面对？考问自己，也叩问上苍。这道题的内涵概括起来，就是：从今天走向明天，一步的门槛，弹指一挥间。做好这道题，其实很简单，就是一句话：知老、服老、不怕老，乐享人生自逍遥。（参考资料：刘茂秋《不怕老》，《井冈山报》2020年6月19日）

启示　**老，是自然规律，不能回避忌讳，也不要马虎敷衍。对于老，要辩证地看、多面地看。有的人功成名就，有的人实现了奋斗目标，有的人还未完成任务，有的人还有新的愿望……如何对待老，人们可以根据自己的实际情况，正确选择。老人也有老人的责任，那就是首先照顾好自己的身体，不要因病给子女添麻烦；处理好自己的事务，不要给子女添负担；有的需要帮子女带带孩子，做做家务，有所资助。老人也有老人的乐趣，享有比较充分的自由，可做自己想做的事，可去自己想去的地方。志士仁人，则把退休当成第二个长征，像曹操讲的那样，“老骥伏枥，志在千里；烈士暮年，壮心不已”，继续奋进不止。“老牛亦解韶光贵，不待扬鞭自奋蹄”，抓紧夕阳余晖，努力实现夙愿，为社会多做贡献。随着科学技术的发展、生产力的进步、物质产品和精神产品的丰富、生活水平的提高、医疗技术的改进，人类的寿命也不断延长，到了老年还有一定的条件和时光享受生活。可以预期，未来更美好！**

140
柔和的力量

南宋词人辛弃疾写过一首风趣有味的《卜算子·齿落》："刚者不坚牢，柔者难摧挫。不信张开口了看，舌在牙先堕。已阙两边厢，又豁中间箇。说与儿曹莫笑翁，狗窦从君过。"辛弃疾可谓懂得柔韧与刚硬之辩证法的明白人。

飘风不终朝，骤雨不终日。刚与柔，高与下，难与易，大与小……世间万事万物没有一成不变的，都存在相互转化、对立统一的关系。天下莫柔弱于水，然点点滴滴的雨水，经过长年累月，可以把石块滴穿；而洪水泛滥时，更能以排山倒海之势，吞没农田房舍，冲毁道路桥梁。江苏盐城一名女交警执勤的视频走红网络。视频中一位女交警骑着摩托车执勤，温柔喊话路边违规停车车主，声音温和但态度坚定，车主司机听到喊话后立即纠正错误，效果奇好。有网友表示，道路都被萌化了。看来万事一理，柔中有刚，刚柔相济，温柔也是一种力量。

处于全球知名地震带的日本，几乎没有砖混结构的房子。砖混结构的房子虽然牢固，可以承担更多的垂直重力荷载，但也较易出现倒塌变形。日本普遍采用具有柔韧性的木头或轻钢作为建筑材料，其设计合理，强度够，延展性好，像牛皮糖那样，扯来扯去都扯不断。其材质轻巧、对地基负担小，以柔克刚，所以抗震效果更好。

无论是人还是物，过于刚硬反而易碎！正如坚硬的陶瓷很易摔碎，人太过于坚硬不知变通，也会造成很多人生遗憾。项羽宁折不弯，不肯过江东，遇到一场垓下之战就垮了。曾国藩在经历了官场种种挫折之后，他悟出了为人处世要刚柔相济的道理，在给弟弟的信中说："近来见得天地之道，刚柔互用，不可偏废，太柔则靡，太刚则折。"

柔和是一种气质与风格，像春雨润物无声，像月光皎洁如水，像晨曦悄然袭身的第一缕金色，看着就令人心生安宁。是桨声灯影里的秦淮河，只一眼，就被那淡淡的贴近自然的柔和所打动。

柔和不是张牙舞爪，剑拔弩张，而是温和谦逊，从容淡定，始终用清澈的眼光看世界，内心通透干净，柔软温和。拥有柔和的力量，就是不再逞强，不再刻薄，不再气盛，脸上洋溢着自信的微笑，眼中闪耀着坚定的光芒，有种“已识乾坤大，犹怜草木青”的情怀，让人如沐春风。

柔和不是简单的好脾气，不是一种单纯的圆滑，更不是丧失原则。柔和，是一种策略，一种“化干戈为玉帛”的智慧，一种“退一步海阔天空”的从容，一种“宰相肚里能撑船”的气度，一种低调的强大。（参考资料：王永清《柔和的力量》,《思维与智慧》2021年第31期）

启示　物有软硬之分，人有刚柔之别。刚强是力量，柔和也是力量。当刚则刚，需柔则柔。刚柔相济，所向披靡。

141
搁置

生活中有些事，急不得，搁置一段时间，反而有惊喜。小时候，我家里要挑堰塘的水来用。父亲把水挑回家后，先倒进大水缸里，有些浑浊的水被沉淀一段时间，清澈了许多。

工作后，我遇到一个重要项目，我考察了又考察、论证了又论证，不仅做了最充分的准备，也做了最坏的打算。方案做出后，为了稳妥起见，决定听听别人的意见和建议再实施，果然又有了更好的改进方案。待时机成熟，我立即付诸行动，在努力和坚持下，取得了预想的结果。深思熟虑再行动，可以少走些弯路。

我平生最大的爱好是写作，写了多少文章记不清楚了，不少是一挥而就。很多文章搁置一段时光后，我发现意境、修辞手法等远远不够完美，当时确实是有感而发，但急就有失精细，有的地方还存有疏漏，于是重新对旧文细细雕琢，精益求精。有的文章甚至经过几年反复修改，才感到满意。其实，很多厚重的经典也都被岁月打磨又打磨、被作者酝酿又酝酿，经过很多年月的写作与修改才最终“喷薄而出”。

时过境迁，有些走过的路、说过的话、做过的事，每每想起，心生懊恼，很多是因为自己的不成熟打扰了他人的生活、伤害了他人的情感。当时的自己言语多么幼稚、做事多么鲁莽、脾气多么火爆，如果能把冲动、急躁的情绪先搁置，转个弯说话，变通着处世，与人为善地相处，也许能找到更好的解决问题、处理事务的方案。

心理方面也可以有搁置之妙。有些心结、不快之念，一直耿耿于怀无济于事，不如先搁置。随着时光的推移，经历多了、见识多了、格局大了、能力提升了，发觉困难终将过去，计较的都是小事，拿得起放得下才能走得远，心结也就随之解开。心理强大，便不容易被小挫折困扰，人生自然畅快许多。

生活中许多事情需要当机立断，立即行动，但也有许多美好的事物是搁置一段时间才产生的。搁置不是裹足不前、懒散拖延，而是进行心思缜密、居高望远的准备。

很多时候，做好事情不在于快慢，而在于选准合适的时机。（参考资料：杨兵《搁置》）

启示　小时候，家里吃堰塘的水，父亲挑来水，往水缸里一倒，搁置一会儿，水就越来越清。及至长大了，发现急性子并不好，许多的事还真是急不得，得徐图。想生气的事，不急于开口，搁置一会儿，变得更理性，因此处理得更顺当。事业上有新的点子和想法，要好好考虑，时间上多去酝酿，做到胸有成竹，才能少走弯路，减少损失。自己写作的稿件，时间长了，又找了不少瑕疵，就再次修改，这样更满意一些。文学上的许

多经典，如《红楼梦》耗尽了作者一生的心血，多次“搁置”，才成就了经典。所以生活中，我们有许多的事不要急于求成，而要“徐图”，精雕细琢，这样才能成就精彩人生，美好人生。

142
莫让虚华累年华

生活在都市的很多人喊着活得太累：工作压力大、生活负担重、人际交往复杂。他们总是为名利所累、为生活所迫、为情所困、为事业所迷茫，这是因为很多人放不下功利之心。功名利禄中有的成分是一种虚华，如同我们内心的欲望枷锁，看得越重，枷锁也越重，也会让我们负累不堪。

袁隆平院士曾在接受采访时说：“有个权威的评估机构评估说我的身价是一千零八个亿，要那么多钱做什么？那是个大包袱。”“我不愿当官，‘隆平高科’让我兼董事长，我嫌麻烦不当。我不是做生意的人，又不懂经济，对股票也不感兴趣。我平生最大的兴趣在于杂交水稻研究，我不干行政职务，就是为了潜心科研。”

爱因斯坦当年任职于美国普林斯顿高等研究院，他主动要求年薪只要三千美元。人们大惑不解，他解释说：“每件多余的财产都是人生的绊脚石；唯有简单的生活，才能给我以创造的原动力！”一个人的精力是有限的，袁隆平和爱因斯坦之所以把钱财当包袱、当绊脚石，是因为他们视名利淡如水，看事业重如山。如果他们欲望膨胀，贪恋名利地位，必然为之所累，也不可能有造福人类的伟大成就。

不少人为名利一刻不停地追逐攀比，这只会给生命和人生追求加载太多的沉重负累。泰戈尔说过：“当鸟儿的翅膀系上了黄金，便无法在蓝天自由飞翔。”人的内心被诱惑和欲望填满，就不可能在事业上轻装上阵，有所作为。虚名与利禄只会让人作茧自缚，束缚了本真，阻滞了对理想和事业的追求。

然而，人生鲜有不“负累”者。如庄子所说：“夫大块载我以形，劳我以生。”（《庄子·大宗师》）真正能做到与世无争、淡泊名利，又谈何容易！所以苏轼被贬黄州，心灰意冷的他，不免发出“长恨此身非我有，何时忘却营营”的感慨。

如何对待欲望？《菜根谭》讲得通透：“人生只为欲字所累，便如马如牛，听人羁络；为鹰为犬，任物鞭笞。若果一念清明，淡然无欲，天地也不能转动我，鬼神也不能役使我，况区区事物乎！”一个人如能多做功利欲望的减法，放下自己的私心杂念，保持一份理想追求的清澈心智，把有限的精力用在“刀刃”上，用在正道上，方能攀上人生的高峰。（参考文献：《庄子》《菜根谭》；参考资料：王厚民《莫让虚华累年华》，《联谊报》2021年8月17日）

启示　人食五谷杂粮，必有七情六欲；人要生存，必要利禄；人要立世，必求名望。利禄名望，是人生发展的动力，若过分追求，或动机不纯、手段不当，则是负累、包袱，到一定时候会使人栽倒。提倡莫让虚华累年华，是一种人生智慧、成功坦途。环顾四周，正反两方面的事例很多很多，当以史为鉴，以人为镜，看通透，想明白，轻装前行，奔向远方。

143
登高不傲，居低不怨

在漫漫人生旅途上，我们如同置身于一座座高低起伏的山峰之间，时而攀登至巅峰，领略“一览众山小”的豪迈和快意；时而陷入谷底，承受“屋漏偏逢连夜雨”的窘迫和困顿。然而，真正的智者无论身处何种境地，都能秉持“登高不傲，居低不怨”的处世哲学，从容应对人生的风雨变幻。

当一个人凭借自身的努力与才华，成功登上事业、权力或荣誉的高峰时，一定会被鲜花和掌声所包围。此时，若不能保持清醒的头脑，很容易在虚荣的迷雾中迷失自我，滋生傲慢之心。这种例子在历史上不乏其人。例如项羽，他自恃武力过人，在反秦斗争中取得一系列胜利后，便骄傲自大，拒绝听从谋士的建议，最终错失了统一天下的良机，落得个乌江自刎的悲惨结局。与之相反，晚清名臣曾国藩，在平定太平天国运动后，手握重兵，权倾一时，但他却始终保持谦逊低调的态度，主动裁撤湘军，避免了功高震主的危机，得以善终并被称为“晚清第一名臣”。登高者若能如曾国藩这般，不被眼前的成就冲昏头脑，明白成功并非一己之力，而是诸多因素共同作用的结果，自然不会傲慢无礼。他们会将登高视为新的起点，继续砥砺前行，以感恩之心回馈社会，用谦逊之态赢得他人的尊重与敬仰。

然而，“人生不如意事十之八九”，当命运的车轮将人抛到低谷，挫折与困境接踵而至时，抱怨便成了许多人宣泄情绪的首选方式。抱怨生活的不公，抱怨机遇的错失，抱怨他人的冷漠…… 然而，抱怨如同慢性毒药，不仅对改变现状于事无补，反而会让人心境越发灰暗凄凉，陷入消极沉沦的深渊，难以自拔。“盖文王拘而演《周易》；仲尼厄而作《春秋》；屈原放逐，乃赋《离骚》；左丘失明，厥有《国语》；孙子膑脚，《兵法》修列；不韦迁蜀，世传《吕览》；韩非囚秦，《说难》《孤愤》；《诗》三百篇，此皆圣贤发愤之所为作也。”这些在中华五千多年灿烂历史上留下浓墨重彩的先贤们，他们都有过处于人生至暗的时刻，可是他们没有在逆境中沉沦，没有在抱怨和仇恨中消耗自己，相反他们珍惜这段凄风冷雨的低迷时光，保持心平气和，默默地积蓄能量、艰苦耕耘，最终做出一番令世人震惊的成就，名垂青史。

居低者若能以古代先贤为榜样，停止抱怨，将目光聚焦于自身能够改变的事物，积极寻找解决问题的方法，运用智慧思维，便能在困境中孕育希望，在磨难中砥砺前行，把低谷当作人生的历练场，砥砺奋进，等待时机，实现逆风翻盘。

“登高不傲，居低不怨”，不仅是一种个人的处世智慧，更是构建和谐社会的基石。在一个团队中，领导者若能登高不傲，尊重每一位成员的付出，善于倾听不同的声音，团队便能形成强大的凝聚力和战斗力；在社会生活中，当身处底层的人们能够居低不怨，能够得到国家和社会高层的理解，关怀与支持，积极进取，努力改善自身环境与生活，社会便会充满向上的活力，减少矛盾与冲突。（参考资料：张燕峰《登高不傲，居低不怨》，《天津日报》2025年4月5日）

启示　人生之路，有高峰必有低谷。人们应当牢记“登高不傲，居低不怨”的箴言，在高峰时保持清醒与谦逊，在低谷时坚定信念与勇气。既要有享受荣光的底气，更要有承受挫折的勇气，做到宠辱不惊，心平气和，得之坦然，失之淡然，不以物喜，不以己悲，以平和的心态面对人生的起伏，用积极的行动书写精彩的篇章。如此，方能在人生的舞台上，无论处于何种位置，都能绽放自己的光芒。

144
请相信命运另有安排

有句话说：“如果事与愿违，请相信命运另有安排。所有的失去，都将以另一种方式归来。”用古人的话说，就是“失之东隅，收之桑榆”，用今人的话说，就是“堤内损失堤外补”；如果再加一点鸡汤味，就是“命运为你关上一扇门，又给你开了一扇窗”。总之一句话，天不生绝路之人，造物主绝不会把所有的好处都给一个人，也不会把所有的灾难都压在一个人身上。

如果我们遇到了挫折，遭到了不幸，没有如意遂愿，我们也得学会自我宽慰：命运这样对我，可能会另有安排，山穷水尽之后必是柳暗花明；大难不死，必有后福。

当然，这个另有安排，有时需要去等。如果时机不到、火候欠佳，那就需要耐心等待，静观时势，不急不躁，就像渭水河边的姜太公、卧龙岗上的诸葛亮、隐居东山的谢安石。请记住普希金在诗里的劝慰："假如生活欺骗了你，不要悲伤，不要心急！忧郁的日子里需要镇静，相信吧，快乐的日子将会来临。"

这个另有安排，有时也需要自我争取，跑一跑，跳起来摘桃子，如果没有主观努力，只是一味傻等，命运的另有安排可能会越来越糟。由于受客观环境影响，曾红极一时的新东方，业绩遭受断崖式下降，失去了大半个江山，几近陷入绝境。俞敏洪明白这是命运的另有安排，该转型了。于是，他独辟蹊径，扎身直播，将新东方推向电商直播+教培新时代，很快就站稳脚跟，扭亏为盈，正在这一领域快速推进。

命运只负责另有安排，至于过得好与坏，则需要你自己负责。当年，大作家沈从文被剥夺了写小说的权利，被派去搞古代服饰研究后，刻苦研究，殚精竭虑，经过多年努力，出版了多本专著，成了这个领域的权威。他没有辜负命运的另有安排，依然活得精彩。

倘若命运有了另行安排，那就要抬头挺胸向前看，热情拥抱新的生活，不要再对前事故人耿耿于怀，念念不忘。譬如说，如果有一天，你的爱情走到了尽头，昔日情人恩断义绝，不要争执、哭闹。请相信红娘会另有安排，月老早有计划，冥冥之中，总会在正确的时间有正确的人，让你一眼万年，用三生烟火，还你半世迷离，用一世温情，滋润你枯槁的心扉。

（参考资料：陈鲁民《请相信另有安排》，《思维与智慧》2023年第10期）

启示　辛弃疾词曰："叹人生、不如意事，十常八九。"当我们的生

活中发生了变故，受到打击遭遇不测、心灰意冷之际，不妨变个思路，提醒自己，这也没啥了不起的，无非是命运的另有安排。振作起来，抖擞精神，在新的安排里大显身手、东山再起、重铸辉煌，就像凤凰涅槃的乔布斯、愈挫愈奋的俞敏洪、不怕改行的沈从文。天道就是如此，无须提醒，只要你拒绝“躺平”，自强不息，上天早晚一定会厚赠与你，且每份礼物事先都标注好了价格，与你付出的努力契合匹配。

145
善藏

中国人，讲究含蓄。意不直叙、情不直露，于内敛中体现智慧，在婉曲中揣摩心意；又推崇“柳暗花明又一村”的意境，留恋“犹抱琵琶半遮面”的朦胧。

含蓄之美，是中国古代文化的主流，也是一种藏的境界。

藏，渗透于中国文化的方方面面：书画中的“留白”“飞白”，音乐里的“弦凝声歇”，戏曲中的“水袖遮面”，建筑里的“禅房花木深”……

书法艺术讲究藏。藏锋是书法技艺的一项基本功。传世的书法作品，没有不注重这一功夫的。蔡邕说，藏的要点为“藏头护尾”；王羲之说，藏锋的真谛是“存筋藏锋，灭迹隐端”。他的作品《兰亭序》被誉为天下第一行书，是藏锋的范本。米芾作品《致伯修老兄尺牍》，“无垂不缩，无往不收”，锋自能藏，古拙自生，因此显得稳不俗、险不怪、老不枯、润不肥，端端然，穆穆然，如胸有丘壑的隐士。

中国画，也讲藏之妙。“山欲高，尽出之则不高，烟雾锁其腰则高；水欲远，尽出之则不远，掩映断其脉则远矣。”“烟雾”“掩映”便是藏的技法。藏一藏，便出了深幽，添了余韵。

1951年，老舍到齐白石家做客，请他以画写听，以“蛙声十里出山泉”为题作画。齐白石经过几天思考后，创作这样一幅画：四尺长的立轴上，远山隐隐，数峰层叠，山涧乱石中泻出一道急流，六只蝌蚪摇曳着尾巴顺流而下。画面上不见一只青蛙，但蛙声和着水声，似乎隐隐荡出纸面，连成了蛙声一片。这幅画，可谓画中藏画、藏诗，画外有画、有声。

中国传统建筑，讲究藏而不露。《红楼梦》对大观园这样描写：贾政“遂命开门，只见迎面一带翠嶂挡在前面”。贾政道：“非此一山，一进来园中所有之景悉入目中，则有何趣？”贾宝玉认为，这里“并非主山正景”，所以拟题刻“曲径通幽处”。这假山叠嶂，其实是用来“障眼”“藏景”的。有山遮挡，曲径通幽，“方能景愈藏而境界愈大”。中国园林艺术，更是讲究深藏且露，露中有藏。回廊曲桥，峰回路转，曲折幽深处，豁然有洞天，追求的是，在“藏”中远，也在“藏”中深。

古今中外，伟大的文学作品，都是“藏”之经典。《红楼梦》开篇，直接明志“真事隐去，假语村言”。作家毕飞宇认为，一定有另外一部《红楼梦》藏在《红楼梦》这本书里。那另一本正是由“飞白”构成的，是“不写”而写。是啊，在这部伟大的著作里，俗世凡尘、儿女情长隐藏着生活美学、大雅之道；千丝万缕的细节中，藏着社交潜规则、职场教科书和每个人必须要懂的人生格局；就连贾府奴仆焦大那句粗俗的话，也像是给《红楼梦》挖了两个黑洞，其间隐藏着的案情，铺陈展开，足以成就无数拍案惊奇。

艺术上善藏，可以“藏”出无限风光，打开精妙宇宙；而将“藏”之艺术用于生活，是一种大智慧。

被誉为“处世奇书”的《菜根谭》云：“藏巧于拙，用晦而明，寓清于浊，以屈为伸。”意思是：做人，宁可笨拙一点，不可显得太聪明；宁可收敛一点，不可锋芒毕露；宁可随和一点，不可太自命清高；宁可退缩一点，不可太积极冒进。

因为锋芒外露，峣峣者易缺；意气施逞，往往忘了天高地厚。

历史上，杨修恃才放旷，落得了个身首异处；石崇斗富，招来了杀身之祸；韩信不知收敛锋芒，最后被吕后诛灭。相反地，勾践善藏，十年卧薪尝胆，休养生息，最后完成光复大业；孔明善藏，躬耕垄亩，韬光养晦，功成三分天下。（参考资料：米丽宏《善藏》，《思维与智慧》2022年第10期）

启示　藏，是人生的一种智慧，也是天道运行的法则。春种，夏长，秋收，冬藏。人也一样，该萌发的时候萌发，该成长的时候成长，该藏的时候，蓄力沉潜，等待时机；该出手的时候，扬眉剑出鞘，慷慨把示君。藏与露，是一种辩证，一种因果，一种依存。“一朝剑出鞘”的露，来自“十年磨一剑”的藏。藏巧，藏拙，藏锐气；藏锋，藏器，藏功名。将它们藏在心里，藏在思考里、咀嚼里。诸般藏于心，才气见于事；事了拂衣去，不留身与名。这是部分名士做人的高境界。

146 “静”中藏了个“争”字

汉字很奇妙也很有趣，充满生活气息，亦不乏哲学意味，让我们受益至今，玩味无穷。譬如，“静”中藏了个“争”字，“稳”中藏了个“急”字，“忙”中藏了个“亡”字，“忍”中藏了个“刀”字，个个都寓意深刻，别具情怀，充满了相辅相成的辩证法、亦正亦奇的大智慧。

就说这个“静”字吧，在我们的理解中，静和争是无法并存的两件事，水火不容，势不两立。人既然求静，像陶渊明那样挂冠而去，寄情田园，那就不要去争了。争得面红耳赤，你死我活，还怎么能“采菊东篱下，悠然见南山”呢？其实这只是一种理解，静还有另外一种诠释：争中有静，静中有争，要想静，须先争；越想争，心越要静。

大千世界，芸芸众生，到底都在争什么呢？用司马迁的话来说，“天下熙熙，皆为利来；天下攘攘，皆为利往”。如果是争名争利，那确实也静不下来，每天争得不亦乐乎，争得昏天黑地，争得头破血流，受困于名缰利锁，教他如何能静下来？但还有另外内容的争，争境界，争格局，争水平。这些争则大都是在静态中进行的。可以通过静静地学习、读书，默默地内省、觉悟，悄悄地磨炼、升华，来达到争的目的。三国大将吕蒙，被嘲有勇无谋，他就发愤读书，焚膏继晷，手不释卷，后来学问大增，被人刮目相看。民国时，沈尹默的字曾被陈独秀嘲笑为“其俗在骨”，他也没有争辩，而是回去静心反思，苦练多年，废寝忘食，苦心孤诣，终成一代书法巨擘，也给自己争了一口气。

争有两态，即“闹中争”与“静中争”。赤壁鏖兵，长平大战，是闹中争，结果是血流成河，尸横遍野；“十年教训，十年生聚”“三年不鸣，一鸣惊人”，是静中争，不声不响间就奠定胜局，不露声色就稳操胜券。静中争是养精蓄锐，集聚实力，苦练内功；闹中争是刀枪相对，唇枪舌剑，擂台较劲。闹中争是百米跑，比拼的是爆发力；静中争是持久战，需要耐心与韧劲，沉得住气，不求一时之高下。善争者皆是静中争的高人，平时不显山露水，不喧嚣浮躁，表面平静，但心中可能有万丈波澜，气势如虹；而一个骄狂闹腾的人，看似气势汹汹，咄咄逼人，实则腹中空空，胸无点墨。

静是相对的，争是绝对的。争的最高境界是不争之争，其实也就是静中之争。要想静，须先争。心静，就是不去想那些柴米油盐琐事，但你要把这些东西先争来，才能不去想；心静，就得有一个安静的环境，窗明几净，远离闹市，这也靠自己去争来的。越想争，心越要静。争，就要全力以赴，排除各种杂念，心无旁骛，聚精会神。这时，心静如水，不受干扰，才可能一击而中，一争而胜。（参考资料：陈鲁民《“静”中藏了个“争”字》,《思维与智慧》2022年第7期）

启示　物竞天择，适者生存。人生在世，只静不争是懦夫，只争

不静是莽汉，皆不可取。还是争中有静、静中有争的好，可以争得气象万千，精彩纷呈。事实证明，喜欢闹中争的，难成大事，获大胜者少。当然，那些大革命、大起义除外。善于静中争者，能忍辱负重，肯卧薪尝胆，早晚会拨云见日，一飞冲天！

147
尽小者大，慎微者著

晏婴上朝总是乘破车、驾劣马，齐景公见后笑道："你的俸禄不够用吗？为什么车马如此差？"晏婴说："感激你的恩赐，我和家人衣食无虞，有破车劣马就足够！"一次，晏婴出门，齐景公送去高车壮马，晏婴再三推辞说："我节衣缩食，是为百姓做表率；否则，上行下效，百姓便贪图衣食享受，不顾品行，到那时想禁也没法禁止了。因此，我不能接受你的赏赐。"

过了一段时间，齐景公又对晏婴说："你的住宅矮小，低洼潮湿，又靠近闹市，环境嘈杂，我决定为你换一处好房子。"晏婴婉言谢绝："这是你的先臣、我的先父住过的房子，我何德何能呢？住这样的房子已是过分，岂敢忘本换新？如果在住、行这样的小事上放纵自己，我又怎能辅佐君主成就大业呢？"后来，司马迁感慨道："假使晏婴还活着，我愿意为他执鞭驾车！"

《增广贤文》说："君子不忘本，百善孝为先。"晏婴贵为齐相，却能在乘车、驭马和居室等小事上采取谨慎的做法，克己奉公，他的治国之道，以及节俭力行、清廉自持受到国人尊重，扬名于诸侯国。事情总是由小至大、日积月累的，大事不过是由一件件小事组成。我们纵使富贵也不能忘本，在小事上谨慎行事，才能清白做人，厚积薄发，成就大事。（参

考资料：王章材《尽小者大，慎微者著》）

启示　道路是从脚下一步步迈进的，成就是从小事开始积累的。同样，问题是从细枝末节开始扩散的，堤坝是从蚁穴小洞开始溃败的，人格的腐化堕落也是从细小的松懈开始的。

“莫见乎隐，莫显乎微，故君子慎其独也。”（《礼记·中庸》）古人洞悉独处时和细微处放松自己的危害，极为注重自警自省，讲求“慎独”“慎微”“识几”，追求“吾日三省吾身”。白居易任杭州刺史期间，因从天竺山上取了两片石头而感到十分惭愧。晚年离任后，仍心有介怀，专门赋诗：“三年为刺史，饮冰复食檗。唯向天竺山，取得两片石。此抵有千金，无乃伤清白。”（《三年为刺史二首》）

小事小节中有底线、有原则、有人格。我们要把握小与大的辩证法，既牢记“不矜细行，终累大德”，从小事小节上加强修养，始终不放纵、不越轨、不逾矩；也牢记“天下大事，必作于细”，脚踏实地、真抓实干，多积尺寸之功，扎扎实实把工作做细、做好。

《礼记·文王世子》说：“举大事必慎其终始。”人生的境界要博大，但功夫却要细致。只有掌握轻与重、大与小的辩证关系，在关注大局的同时不忽视细节之要，追求远大志向的同时不忘记微末之功，才能有所作为，成就一番事业。

148
大钱来自小钱

发财致富是多数人的相同愿望，但为什么只有少数人成为富翁，多数人难以做到呢？原因之一是有些人赚钱心太切，心态有偏差，只想发大财、赚大钱，不把赚小钱的机会放在眼里，错过了许多积攒财富的机会。

殊不知，许多大富翁都是从小生意做起，靠赚小钱发家的。

贾亚芳，2004年被评为“中国十大经济女性年度人物”，是曾经的下岗女工，因为经营凉皮成了闻名全国的百万富翁。她靠五百元起家卖凉皮，后来将自己的捷尔泰凉皮连锁店开到全国二十多个省市，有近二百家分店。贾亚芳的凉皮事业从她下岗第二天就开始了。她先做了市场调查，然后采购原料制作凉皮。第一次卖凉皮就净赚二十元，这让她兴奋不已。她继续把凉皮做大，但第一次正式开店却让她遭受了损失，因凉皮口味不佳导致没有多少顾客上门。她总结经验教训，精心研制新的凉皮口味，结果在第二次开店时，第一天就卖了一百多碗，第二天卖了二百碗，第三天增加到三百五十碗……前两个月下来她净赚三万元。到第三个月，要想吃到贾亚芳制作的捷尔泰凉皮，就得早早排队。长长的排队等候，成了她店前的一道风景线。

小有成绩的贾亚芳并不满足，她又将自己的连锁店发展到了全国，进而发展到了国外。如今捷尔泰凉皮已经在新加坡、加拿大注册。在贾亚芳眼里，走向世界舞台的梦想更大。贾亚芳的经历告诉人们，钱没有大小之分，人的眼光则有远近之分，志向有高低之分，能力有强弱之分。一个拥有致富心、财富梦的人，能将小钱做成大钱，小生意做出大格局。（资料来源：周溯源辑议）

启示　**“小钱是大钱的祖宗”，此话不假，现实中的很多成功企业家就是靠赚不起眼的小钱、做不值一提的小生意起家的。从贾亚芳的例子中，我们认识到，要辩证地看待小钱，小钱是大钱的祖宗，大钱来自小钱。经商不要嫌生意小，做小生意是赚大钱的必要步骤，做小生意可以增加阅历，培养赚钱能力、积累人脉、摸索市场。连小生意都经营不了的人，更是驾驭不了大场面。所以，勿好高骛远，把小事做好了，循序渐进，久久为功，你就有可能做成大事业。**

149 以人为镜的古代君主

中国古代的贤明君主，有史书记载他们都曾经采取措施，鼓励臣民批评朝政，用以不断改善自己的政策，完善帝王本身的修养。

《吕氏春秋 · 自知》写道："欲知平直，则必准绳。欲知方圆，则必规矩。人主欲自知，则必直士。故天子立辅弼，设师保，所以举过也。夫人故不能自知，人主犹其。存亡安危，勿求于外，务在自知。尧有欲谏之鼓，舜有诽谤之木，汤有司过之士，武王有戒慎之鞀（鞀 táo，拨浪鼓），犹恐不能自知。"

尧，专门设置一鼓在他官邸大厅，规定谁觉得有事要批评或劝谏他，就可以去击鼓，他便出来听取对他的批评劝谏。舜，专门设置一批可供写字的木条（那时没有纸），鼓励批评他的人，把他的过失写在这些木条上，他就可以反省自己，改正过错，史称"诽谤之木"。商汤更进一步，设置一官，专门管理收集对商汤的批评，负责安排商汤听取批评的各项事务，称为"司过之士"。周武王专设一鞀鼓，像尧一样，要批评他，只要摇响鞀鼓，就可以得到批评周武王的机会。

《韩非子 · 观行》说："古之人目短于自见，故以镜观面；智短于自知，故以道正己。故镜无见疵之罪，道无明过之怨。目失镜则无以正须眉，身失道则无以知迷惑。西门豹之性急，故佩韦以缓己，董安于之心缓，故佩弦以自急。故以有余补不足，以长续短之谓明主。"镜子可以照见自己脸上的疵疮，镜子本身并没有过错，是你自己脸上的过错。西门豹性急，就在腰上佩韦提醒自己不要性急。

唐太宗李世民以人为镜，他把魏徵当作他的一面镜子。魏徵对唐太宗的批评，使唐太宗得以自知，进行自我更新，从而在政治上获得成功。

（参考资料：雷祯孝《中国智慧谋略全书》，新世界出版社2007年版）

启示 尧、舜、禹、汤，是上古时代的圣君，李世民是中古时代的明君，他们虚怀若谷、谦虚谨慎、成就伟业，为后来的君主树立了榜样，是后人讴歌的对象，而那些史书上没有记载采取什么措施帮助自己反省的帝王将相，实际上也会用他们自己的方式警醒自己，也会借助自己信得过的文臣武将的智慧，与自己的亲信商议决策治国理政的重大事情。完全“天马行空，独往独来”的帝王将相，历史上肯定有，但不会多，难以办成大事，即使做成了一两件大事，也难以长久。赵武灵王、唐玄宗就是例证。

150 明白“四六”，分清“四六”

“分清四六”，是中国的传统文化和老祖先的智慧所在。

一年有四季，每季有六个节气，懂得了这个“四六”，就懂得了生存之道。我们生活在大自然中，按照二十四个节气适时地播种、收割，吃穿住行都源自大自然，因此要感恩大自然。

“天”字有四画，“地”字有六画，懂得了这个“四六”，就知道了我们生活在天地之间，就要敬畏天地。

“夫”字有四画，“妇”字有六画，懂得了这个“四六”，就明白了夫妇二人组成一个家庭，因此要和睦相处，共同经营好这个家。

“少”字有四画，“老”字有六画，懂得了这个“四六”，就明白了尊老爱幼的道理，“老吾老以及人之老，幼吾幼以及人之幼”。

“文”字有四画，“字”字有六画，懂得了这个“四六”，就要认真读书，学习知文断字，明白做人的道理。

“孔”字有四画，“老”字有六画，懂得了这个“四六”，就知道了孔子和老子乃中华民族教育之先师。

“凶”字有四画，“吉”字有六画，懂得了这个“四六”，就要谨慎行事，凡事三思而后行，才能逢凶化吉，遇难成祥。

如果上不知天，下不知地，生而为人不知孝敬父母，不懂尊老爱幼，为人夫或为人妻不知道夫妻之间怎么相处，为学不懂文字，不知道老子、孔子是何人，为人处世不知道逢凶化吉，如此这般行走于江湖之上，为人处事必然是不着四六。

什么是传统？什么是传统文化、传统美德？我们的祖先在造字之时，就已经把字形、字义、美德都根植于其间。（资料来源：周溯源辑议）

启示　此文中的“四六”，乃人文基础知识，掌握“四六”是为人处世的基本要求。事实上中华传统文化中的人文知识很丰富，也很全面，如天人合一、尊老爱幼、自强不息、厚德载物、守时顺达、与时俱进等，体现了中国人民的智慧，是一份宝贵的遗产，值得继承。当然，其中也有不少糟粕，必须摒弃，如男尊女卑等。取其精华、去其糟粕，是我们对待中华传统文化的基本态度。

第六篇 迂回思维

自古至今，在工作和生活中，臣下对君主、下级对上级、年轻者对年长者常常有建议需要反映，有忠言需要表达，愿上级能纳谏，希望上级纳谏后或改弦易辙，或平冤改错，或收回成命，等等。但是，由于有等级差别，下对上有些话不能直说、不便明说，需要善用比喻、善于借鉴、见机行事等。这些思维方法可称为迂回思维。有时，上级表彰下级，上级做下级的思想工作，也需运用迂回思维。迂回思维运用得当，可以帮助达到目的，取得较好的效果。在中国历史上，不乏迂回思维的成功案例。

151
巧谏庄王，巧谏秦王

司马迁在《史记》中记载了一个故事。有一次，楚庄王的爱马死了，想以大夫的规格安葬。左右认为不可，楚庄王说，谁敢再不同意，处以死罪。于是没人再敢反对。

这时，著名的宫中艺人优孟赶来，一进门就大哭，边哭边说："马是大王的爱物，以大夫礼葬之怎么够格，应该以人君之礼葬之。"接着指出了葬马的种种排场，并说只有这样，才能让各国诸侯知道大王贵马胜过贵人。优孟表面上完全顺着庄王的意思，甚至痛惜失马的程度还大大超过了庄王自己，然而实际上却是在批评庄王"贵马贱人"。庄王从中悟出了优孟的深意，贵马不可胜于贵人，于是吩咐手下将马宰了，把马肉拿来，让大家分而食之。

秦王嬴政并吞六国以前，意欲扩大御园，多养珍禽异兽，众人觉得不妥，却又不知如何表达为好。当时有一位叫优旃的宫中艺人站出来说："大王这个主意好！好得很！多养珍禽异兽，敌人就不敢来了，如果敢来，就放麋鹿用角把他们顶回去。"这种表面上的顺从而实质上的反对，启发了秦王，使秦王明白，在竞争激烈的战乱年代，多养珍禽异兽，有害无益，于是收回了成命。（参考文献：《史记·滑稽列传第六十六》）

启示 **优孟谏庄王、优旃谏秦王，都获得了成功。成功的原因，在于用顺着的方式说出反对的意见、用夸张的方式指陈大王主意的错谬，而又能让大王明白自己的深意，从而收回成命，改变错误的决定。在这里迂回思维显示了优长作用。**

152
触龙巧劝赵太后

公元前266年，赵惠文王逝世。继位的孝成王年纪尚幼，大权由母亲赵太后执掌。秦国看出赵国处于困局，趁机侵犯。赵国独力难支，只好向齐国求救。齐国提出交换条件，要孝成王的弟弟，即赵太后的幼子长安君做人质。虽然众大臣建议太后按齐国要求办，但长安君是赵太后的掌上明珠，太后舍不得让幼子去做人质，并对劝说的人大发雷霆。

形势相当严峻：一面是秦军步步进逼，一面是太后难舍母子之情，使齐国的支援成了泡影，国家命运危在旦夕。在众大臣为难之际，担任左师的触龙来到朝廷，求见太后。太后明白对方来意，准备了应对之法。

触龙年迈腿跛，慢慢地走到太后面前，开口说道："臣的脚有毛病，不能小跑。很久没来看望您，但我常常挂念太后的身体，今天特地来看望。"太后说："我也是靠车子代步的。""每天饮食大概没有减少吧？""用些粥罢了。""我也不愿吃东西，勉强出去走走，每天三四里路，才稍微可以吃一些食物，身子骨也稍微硬朗了一些。"开场白几句互致问候的话，让气氛有所改变，太后的脸色平缓了一些。

触龙接着说："我有一个希望，请太后做主。我的儿子舒祺，年小才疏。我年龄大了，很疼爱他，希望您能让他当个卫士，守卫王宫。""可以，年纪多大了？""十五岁，岁数是小一点，希望在我死之前把他托付给您。"

话题转到儿子身上，触龙的要求既表达了对王室的忠心，也涉及如何对待子女的问题。这样与太后的症结自然联系起来了。但此时触龙还不能提及太后的儿子，只能作为伏笔。他判断自己刚才的话一定能勾起太后的好奇心。果然，太后问道："男人也疼爱他的小儿子吗？""比女人还厉害。”“哪里话，女人才是最厉害的。”“我觉得太后疼爱女儿燕后，超过疼爱儿子长安君。”“爱卿错了。我疼爱燕后比不上疼爱长安君。”“我不这样认为。在我看来，父母疼爱儿女，就应替他们的长远考虑打算。您把女儿嫁到燕国时，虽然也悲伤，但每到祭祀时却祈祷让她别回来。这不是希望她有子孙而世代为王吗？”“你说对了。”触龙抓住时机，趁势切换话题，但他不正面提人质的事，而采取迂回的办法，拿长安君与燕后进行比较。表面看来纯属太后个人家庭问题，所以太后能够接受，并被触龙的新鲜提法“男人比女人更爱儿子”所吸引，把这个讨论引向深入，一步步逼近主题。

接着触龙把话题转向历史：“赵家立国二百多年，请您想一想，除去现在三代之外，过去的赵家子孙到今天还有谁能把爵禄继承下来呢？”太后答道：“没有。”“其他国家的呢？”“也没有听说过。”于是，触龙发表议论：“这就大有文章啊。因为这些子孙都靠继承父辈传下的现成爵位生存，地位虽高，但没有立过功勋，得到的俸禄优厚，又没有对国家做过贡献；没有能力和经验，又行使很大的权力，这就十分危险。因为他们的地位很脆弱，容易受人攻击。他自己可能遭到杀身之祸不说，还连累他的子孙。如今，太后喜爱长安君，想要提高长安君的地位，只封地加官，却不让他为国家出力，将来一旦您百年之后，他凭什么功劳在国中立足呢？由此可见，太后爱长安君不如爱燕后。”一语惊醒梦中人，太后恍然大悟，高兴地说：“你说得对极了。好，长安君的去留听你安排吧。”太后同意了触龙的见解，愿意让长安君做人质。至此，触龙巧谏成功。于是，长安君去了齐国。之后，齐国出兵援赵，迫使秦军撤退，赵国得以解围。（参考文献：《战国策·赵策四》）

启示　明知赵太后不愿幼子长安君做人质，触龙为了国家安危，迎难而上，体现了忠诚担当。由于是上下级关系，不能直白地劝告，触龙选取迂回引导的办法。触龙分析了历代王侯因为位高而无功、禄厚而无劳、权重而无才，以致未能把爵禄传承下来的历史。触龙以史为鉴，使太后认

识到子女是为国立功还是坐享其成，关系到他们的未来及生死成败，于是脑子转过弯来。触龙的智慧之处，在于劝赵太后交出儿子做人质，但始终不提人质，只讲父母与子女之情。触龙之所以劝谏成功，一是真诚，与人为善，情真意切；二是利他，替对方着想，为对方办成事；三是迂回思维，循循善诱，最后点明真谛，使问题得到妥善解决。

153
邹忌说琴，威王发奋

公元前356年，齐桓公死后，儿子齐威王即位。齐威王迷恋弹琴，经常独自在后宫内抚琴自娱，不理朝政。一晃九年过去了，国家日趋衰败。周边国家看到齐威王如此荒唐，接连起兵进犯，齐国连吃败仗，众大臣都为齐国的前途担忧。

有个名叫邹忌的齐国人，自称是高明的琴师，走进王宫，对侍臣说："听说大王爱弹琴，我特地前来拜见，为大王抚琴。"侍臣禀报齐威王，齐威王一听很高兴，立即召见邹忌。邹忌走进内宫聆听齐威王弹琴。听完后，连声称赞："好琴艺！好琴艺！"齐威王不等邹忌称赞声落音，连忙问道："我的琴艺好在哪里？"邹忌躬身一拜道："我听大王那大弦弹出来的声音十分庄重，就像一位名君的形象；我听大王从那小弦弹出来的声音是那么清晰明朗，就像一位贤相的形象；大王运用的指法十分精湛纯熟，弹出来的各个音符都十分和谐动听，该深沉的深沉、该舒展的舒展，既灵活多变，又相互协调，就像一个国家明智的政令一样。听到这悦耳的琴声，怎么不令我叫好呢！"邹忌接着说道："弹琴和治理国家一样，必须专心致志。七根琴弦，好似君臣之道，大弦音似春风浩荡，犹如君也；小弦音如山涧溪水，犹似臣也；应弹哪根弦就认真地去弹，不应该弹的弦就不要碰，这如同国家政令一样，七弦配合协调，才能弹奏出美妙的乐曲。这正如君臣各尽其责，才能国富民强、政通人和。弹琴和治国的道理一样呀！”齐威王说：“先生，你的乐理说到了我的心坎里，但是光知道弹琴的道理还不够，必须审知琴音才行，请先生试弹一曲吧。”邹忌于是来到琴位，两手轻轻舞动，只摆出弹琴的架势，却并没有真弹。齐威王见邹忌如此这般，十分恼怒：“你为何只摆空架子不真弹琴呢？难道你敢欺君不成？”邹忌答道：“臣以弹琴为生业，当然要悉心研究弹琴的技法。大王以治理国家为要务，怎么可以不好好研究治国的大计呢？这就和我抚琴不弹，摆空架子一样。抚琴不弹，就没有办法使您心情舒畅；您有国家而不治理，就没有办法使百姓心满意足。这个道理，大王当三思。”齐威王赞曰：“说得好！”（参考文献：《史记·田敬仲完世家第十六》）

启示　邹忌用弹琴之理，比喻治国之道，很形象，也很有逻辑，使齐威王深受启发。邹忌作为齐威王的臣民，不便直接说齐威王应该勤于治国理政，而是通过琴理巧妙地表达了出来，他运用的就是迂回思维。

154
邹忌讽齐王纳谏

战国时期，齐国相国邹忌很有抱负，常常思考如何使齐国强盛起来。在邹忌看来，齐国强盛的关键是使齐王虚心纳谏，集思广益，励精图治。近日，邹忌家中发生了一件耐人寻味的故事，使他受到启发，他决定把这件事告诉齐威王，进而劝告齐王纳谏。

邹忌上朝，面见齐王，详述了发生在他家中的故事。这天，邹忌在家照镜子，在镜子中，他看到自己身材修长、容貌端庄、衣冠楚楚，颇有点洋洋自得。他边照镜子边问妻子："你说我与城北的徐公比，谁美呀？"妻子不假思索地回答："当然是你美了，徐公怎比得上你？"邹忌有点不信，因为徐公是远近闻名的美男子。于是又问其妾，妾也说邹忌最美。刚好这天有客人来访，邹忌又问客人，客人同样是说邹忌最美。三个人都夸自己美，邹忌有点飘飘然了。恰巧第二天徐公来访，邹忌端详着徐公，又看着镜子里的自己，仔细对比，怎么看也是徐公比自己美。

这引起了邹忌的深思：明明徐公比自己长得美，可是妻、妾和客人却都说自己比徐公美，是何原因？经一番思索，他悟出了答案：妻子说他美，是偏爱他；妾说他美，是因为怕他；客人说他美，是有求于他，要向他借钱。

邹忌对齐王讲完了这段经历和感悟，对齐王说："今齐地方千里，百二十城，宫妇左右莫不私王，朝廷之臣莫不畏王，四境之内莫不有求于王。由此观之，王之蔽甚矣！"（《战国策·齐策一》）言下之意，群臣和百姓对国君一怕二谄，国君很难听到真实情况和不同见解，齐王受的蒙蔽太深了！

齐王听了邹忌的现身说法和入情入理的分析，顿时大悟，连声夸赞邹忌讲得在理。于是，齐王下令全国："群臣吏民有当面揭发批评我的过错的，受上赏；上书揭发批评我的过错的，受中赏；能在大庭广众之中揭发批评我的过错的，只要被我听到了，也给赏赐。"这道求谏令刚下，群臣纷纷进谏，门庭若市。齐王闻过必改。一年以后，群臣和百姓都感到无意见可提了。齐国因此很快强大起来，燕、赵、韩、魏各国，皆向齐国朝贡。这就是内政修明，不动用武力，在朝廷上就能战胜敌国。（参考文献：《战国策·齐策一》）

启示 **朋友之间说表扬话容易，如果提批评意见就不容易；如果是下级对上级、年轻者对年长者提意见，就有难度；而在等级森严的奴隶制社会、封建制社会的君臣之间，臣子对君主提意见，让君主接受，就更难。而邹忌能成功，原因在于他的善意和诚恳，在于他运用迂回思维，现**

身说法，不死板，不教条，推己及人，善于联想，方法高明。而齐王能够接受邹忌的劝告，在于他明事理，志在强国富民，励精图治，创建盛世。因此君臣之间，一拍即合，成为佳话，千古流传。齐王由于虚心接受群臣、百姓的谏议，在不长的时间里实现了天下大治，这也说明了集思广益、群策群力、同心同德的重要性和巨大力量。

155 庄辛巧谏，襄王醒悟

战国时期，楚襄王不思进取，整日饮酒作乐，贪图享受，荒废朝政，以致楚国接连被秦国攻城略地，江山社稷岌岌可危。他的做法，让很多关心国事的大臣十分着急。大臣们纷纷进谏，但楚襄王一个也不理。好多人多次进谏，不仅没能成功，还让楚襄王反感，批评他们多言滋事，危言耸听。

有一位名叫庄辛的大臣，足智多谋。他见众人劝说无效，决定亲自去找楚襄王。楚襄王正在花园赏花，见庄辛到来，知道又是为劝谏而来，打定主意不听。所以，当庄辛来到他身旁时，他只瞄了一眼，便一言不发。庄辛明白不能直白劝谏，那会自讨没趣，只有另辟蹊径。

这时，恰好有一只蜻蜓飞来，庄辛见机而言："大王，您看见那只蜻蜓了吗？"楚襄王一听，觉得有趣，便说："看见了，有什么特别的吗？"庄辛继续说："它活得多舒服呀！吃了蚊子，喝了露水，停在树枝上休息，自以为与世无争，世人不会对它怎样，但它哪里知道树下有个小孩拿了黏竿，正等着它呢！顷刻之间，它就会坠下来，被蚂蚁所食。"楚襄王听罢，面露凄然之色。

庄辛又说："您看到那只雀了吧？它跳跃在树枝上吃野果，跳下树枝喝溪水，自以为与世无争，世人不会对它怎样。它哪里知道，树下正有个童子，拿着弹弓对准了它。顷刻之间，它就会坠下树来，落在童子手中。”楚襄王听了，开始面有惧色。

庄辛又说：“这些小东西不说了，再说那黄鹄吧！它展大翅、渡江海、过大沼、凌清风、追白云，自以为与世无争，世人不会对它怎样，它哪里知道下边正有个射手搭弓上箭，已瞄准了它。顷刻之间，它就要坠下来，成为人间美味呢！”楚襄王听了，惊起了一身鸡皮疙瘩。

庄辛又说：“禽鸟的事不足论，再说一下蔡灵侯吧。蔡灵侯左手抱姬、右手挽妾、南游高陂、北游巫山，自以为与世无争，别人不会对他怎样，哪里知道子发已奉了楚宣王的命令，前去征讨他并夺其地了。顷刻之间，蔡灵侯将死无葬身之地。”楚襄王听了，吓得手脚抖起来。

庄辛又说：“蔡灵侯的事远了，咱说眼前吧。大王您左有州侯、右有夏侯，群小包围，日夜欢娱，自以为与别人无争，会得到别人的宽容，哪知秦国的白起已得了秦王之令，正率重兵向我国进发呢！”听了庄辛的陈述，楚襄王的脸色变白，浑身发抖，他明白了问题的严重性，必须终止游乐，有所作为，重振国威。他对庄辛的进言表示感谢。

庄辛的进谏忠心可嘉，楚襄王奖赏了他；庄辛又因劝君有方，被加封为阳陵君。（参考文献：《战国策 · 楚策四》）

启示　庄辛的论辩气势磅礴、立意高远、循序渐进。他从最普通的现象、最寻常的事物谈起，然后一环扣一环地剖析人们熟知的那些现象或事件，从中挖掘出不同寻常的深刻道理，再同楚襄王自身联系起来，令其触目惊心，为之警醒，再也不敢忘乎所以。身为一国之君，如果只知偏安一隅，苟且偷生，贪图享乐，最终也会像蔡灵侯一样难逃被蚕食宰割的命运。“蜻蜓—黄雀—黄鹄—蔡灵侯—楚襄王”这样一条线索，环环相扣，有力地说服了楚襄王，使楚襄王幡然醒悟。

156
“螳螂捕蝉，黄雀在后”

春秋时期，各诸侯国之间经常进行战争。有一次，吴王准备进攻楚国。他召集群臣，宣布了攻打楚国的决定，并且警告左右大臣说：“倘若有谁劝阻我，我便处死谁！”众大臣面面相觑，即使有不同意见也不敢上前劝阻。

当时，朝堂上有一位年轻的侍从，觉得不妥，想要劝谏，却又因地位卑微，不敢贸然动作，但他想到了一个主意。次日清晨，这个侍从拿着弹弓、弹丸，到吴王常去的后花园转悠，在树底下晃来晃去，衣服也被露水沾湿了。连续转到第三天，吴王来了，问他：“你每天早晨来花园里干什么？什么原因使你的衣服被露水沾湿了？”这位侍从答道：“大王，您看那棵树上，有一只蝉，只顾着在那里不停地歌唱，吸着露水，却没有觉察到有一只螳螂就在它身后，正弓着身子一点点地靠近，想要捕捉它；而螳螂一心想捕蝉，却没想到黄雀在它身边，伸长了脖子正要啄食它；黄雀只顾伸长脖子准备捕食螳螂，却不知道我在树下拿着弹弓对准它了。蝉、螳螂、黄雀都只看到自己眼前的利益，却不考虑自己身后的隐患！”吴王听到这里，知晓了侍从的用意，说道：“有道理，我明白了。”于是吴王迅速宣布取消攻打楚国的计划。（参考文献：《说苑 · 正谏》《庄子 · 山木》）

启示　“螳螂捕蝉，黄雀在后”的典故发生在两千五百多年前的春秋时期，一直为后世所传诵。这个典故表现了青年侍从成功阻止吴王攻楚错误决定的智慧，千百年来告诫人们不要像蝉、螳螂、黄雀那样鼠目寸光，只顾追逐眼前利益，忽视了身后的危险。提醒人们作决策时，既要看到有利的一面，又要看到潜在的风险，从而保持清醒和警惕，统筹兼顾，使自己立于不败之地。

157
惠施巧劝魏太子

战国时期，魏惠王于后元十六年（公元前319年）驾崩，即将继位的襄王以太子的身份主持丧礼。不料，规定的下葬日期即将到来时，突降大雪，积雪很快高达三四尺，国都大梁的内城和外城都有不少地方崩塌了。而惠王的陵墓选在北部山区，送葬队伍必须经过狭窄陡峭的栈道，十分危险。大臣们纷纷向太子建议推迟下葬日期："这么大的雨雪，如果按期下葬，必定劳民伤财，损失太大，国家恐怕也担负不了这样的开支，应以改期为好。"太子坚持原定的计划，不肯改期。他认为，做儿子的必须谨守传统礼仪、克尽孝道，不能因为雪大和费用高而破坏礼仪。太子的态度强硬，毫不让步，形成僵局。

公孙衍，魏国阴晋（今陕西省华阴市东）人，魏惠王后元十二年（公元前323年），他曾经发起燕、赵、中山、韩、魏五国诸侯联盟，被尊为王，后被惠王任命为相，在魏国有很高的威望。这时，他也正在为如何说服太子更改葬期而焦虑。大家看到连公孙相国都没有把握说服太子，觉得这事确实困难。抱着最后一试的侥幸心理，大家来到已经退休了的相国惠施家里，转达公孙衍的请托。

惠施（公元前370—前310年）出生于宋国，是战国时著名的哲学家，精于辩论，巧于思考，曾随同魏惠王出使过齐国，使魏、齐互尊为王，回国后担任过魏相。大臣们请惠施劝太子不要固执己见，不要使国家人民遭受损害。惠施爽快地接受了大家的请求。

惠施进入宫廷，望见四处白幡飘扬，又触动了对旧日君主惠王的思念，感到自己今天是为减少国家和人民的损害来见太子，说服他更改葬期，这是对死去惠王应尽的责任，精神为之一振。惠施紧赶几步，拜见太子。惠施以悲痛和关注的口吻询问太子："下葬的日子定了吗？"

"定了！"

惠施接着感叹道："过去周文王把父亲安葬在雩县的南山脚下，不料，鸾水冲刷了墓地，使棺柩的前头露了出来，大家都很惊慌。文王却别有所悟地说：'这是先君还想见一见他的臣属和子民，所以让鸾水把他的棺头冲刷出来。'文王于是把父亲的棺柩挖出来，重新设在灵帐里让大家朝拜，三天后改葬在别的地方。这就是文王处理事情的办法！"

"文王真是一位有头脑、有办法的人物！"太子赞叹地说。

惠施随即转入正题说："现在先王下葬的日期已经定了，无奈雪太大，积雪这样厚，难以行走。太子殿下坚持不更改原定的日期，是不是略微性急了一点？我的意见是最好更改一下下葬日期，因为这是先王有意想多看看他的江山社稷和众多的臣民。推迟一下时日，让先王的意愿能够实现，这正是当年周文王的做法啊。太子如果不这样做，难道是不佩服周文王了吗？"

太子听了，连连点头说："好！我一定领会先王的意愿，推迟下葬，等雪化后，再重新选定日期。"（参考文献：《吕氏春秋·开春论》《战国策·赵策二》）

启示　这个故事很简单，但很有嚼头。同样一件事情，为什么那么多人提意见都不管用，惠施三言两语就把魏襄王说服了？关键就是两个字：角度。群臣进言，说的都是执行层面的客观困难，完全没有顾及太子的感受。给先王办丧事，办得风光体面，不仅是给亲友家族的交代，更是对自己继位合法性的背书。所以，襄王只能坚决说"不"。惠施就不一样了。他丝毫不提客观困难，而是完全站在襄王的立场上考虑影响、利弊，有针对性地提出合理化建议。襄王当然不傻，话说到位了，自然就顺水推舟，马上应允了。一正一反，两种沟通角度，效果截然不同。

158
信任无猜忌

信任是可贵的，它能拉近人与人之间的距离。人与人相处，有了信任，便可以交心，可以相托；如果没有信任，易生猜忌，离心离德。只有信任，才能建立稳定、和谐的合作关系。

魏文侯想伐中山国，令乐羊为将，但是遭到众大臣反对。之所以反对，是因为乐羊的儿子在中山国做官，但魏文侯用人不疑，力排众议，坚持信任乐羊。讨伐初期，攻城时机不成熟，乐羊围而不攻，又引起了魏国朝中大臣的非议。一些大臣向魏文侯进谏，认为乐羊因父子之情，不忍痛下杀手，事实上背叛了魏国，不但有风言风语，进谏的奏折也不断。但是，魏文侯没有放弃对乐羊的信任，一如既往地支持他，派人向前线送去酒肉，犒赏围城的将士，鼓舞士气。坚持围城半年后，乐羊见时机成熟，攻打中山国都城，终于一举拿下。

在乐羊凯旋后，魏文侯十分高兴，并将一个封好的钱箱赏赐给了乐羊。乐羊回家打开箱子，看到箱里满满都是非议他的奏折。他顿生感慨："攻下中山国，此非臣之功，主君之力也！"攻下中山国，不是他乐羊的功劳，而是魏文侯对他的信任和支持。（参考文献：《史记 · 乐毅列传第二十》《战国策 · 秦策二》《资治通鉴 · 周纪》）

启示　信任是人与人交流的桥梁，是感情连接的纽带。信任一个人是对一个人品质的认可、能力的肯定。人和人相处，有了信任，便可以真诚相待；没有信任，便会产生猜忌，感情便会有间隙。信任越坚固，感情就会越深厚，合作就越放心，成功的概率就越大。一般而言，下级向上级提建议，不直说，而是运用迂回思维。魏文侯表彰乐羊，也运用迂回思维，效果就很好。

159
说古喻今，巧谏文帝

汉文帝时，魏尚担任云中太守。当时匈奴人时常侵扰边塞，北方诸郡为之不安。魏尚担任云中太守后，便着手整顿军队，积极抵抗，汉军声威一时大振。匈奴人闻知魏尚贤良忠勇，轻易不敢来犯。有一次，一支匈奴的军队贸然进入云中境内，魏尚立即亲率兵马迎战，杀敌甚众，打退了匈奴的入侵。在向朝廷报功时，由于一时疏忽，魏尚多报了斩杀的六个首级。汉文帝轻率地误认为魏尚冒功，在气头上撤销了他的职务，且将他治罪。臣下们都对此感到不公，认为魏尚冤枉，但是却又无法解救他。

汉文帝见到了郎署长冯唐，顺口问他："你是哪里的人呀？"冯唐回答："我是赵人。"汉文帝一听，便来了兴致，说道："以前我听说赵国的将领李齐十分杰出，巨鹿大战，威震敌胆。现在，每当我吃饭时都要想起李齐。"冯唐回答："李齐远不如廉颇、李牧。"文帝听后，对赵国当时拥有那么多良将感到惊喜。同时他却又感叹道："可惜呀，我没有得到廉颇、李牧那样的将才。如果有他们那样的人为将，我就不必担心匈奴人的入侵了。"听到这里，冯唐感觉救魏尚的机会到了，脱口说道："陛下如果得到像廉颇、李牧那样的将领，依臣下看如今也不一定会用。"汉文帝一听此言，感到惊诧，反问道："那你怎么会知道？"冯唐答："古时候的帝王派遣将领出征，总是说：'大门以内我负责，大门以外，请由将军治理。'军队里按功行赏，这本来是将军们的事，由他们先决定，然后再上告朝廷。过去李牧在赵国做将军时，所在地的租税都归自己享用，赵王从不责怪他，所以李牧的才智得到了充分的发挥，赵国也几乎成为当时的霸主。而当今，魏尚做云中太守，其所在地的租税收入，全部用来供养士卒，因此，匈奴才惧怕他，不敢接近云中的边塞。而陛下仅仅因为六个首级的误差，便将他下狱治罪，削掉了他的官爵，所以，我才敢说，陛下即使有廉颇、李牧那样的将才，也未必能很好地任用他们。”冯唐这番话，既借古讽谏了汉文帝，又为魏尚说了情、鸣了冤，却又没有因此得罪汉文帝。汉文帝听了冯唐这番话，感触良深。当天，就派冯唐拿着符节到云中赦免魏尚，并且恢复了魏尚云中太守的官职。(参考文献:《史记·张释之冯唐列传第四十二》《资治通鉴·汉纪七》)

启示　汉文帝刻板地执行有关纪律，因魏尚无意多报了六个杀敌首级，就不顾及他的功劳而撤销其职务，并下狱治罪，这是攻其一点，不及其余，众官吏对此不服，却又因惧上而不敢言。郎署长冯唐因为有与文帝交谈的机会，先顺着文帝的思路，介绍赵国古时有廉颇、李牧等众多名将，然后话锋一转，指出汉文帝处治魏尚的不妥，使汉文帝醒悟，当即做出新的决定，改变了错误。冯唐运用迂回思维劝说成功，这也得益于汉文帝的开明豁达、从谏如流。

160
国相晏婴的房子不见了

公元前539年春天，晏婴出使晋国归来，遇见了一件怪事——自家的房子不见了。这是怎么回事？结果一问，拆房子的人就是国君齐景公！

齐景公为什么要拆晏婴的房子呢？他是想在原地建一座新宅以改善晏婴的居住条件。

齐景公为了给晏婴建大房子，让他的邻居都搬到其他地方去了。在这种情况下，晏婴怎么办呢？他也没客气，立即把新房拆了，恢复成以前的样子，把邻居都请了回来。晏婴的做法让齐景公很生气。

晏婴说：“下臣我贪婪顽劣、喜欢大房子的缺点，连国君您都知道了，于是提高了我的住房待遇，这回我的罪过大了。”

晏婴先承认自己有过错，态度很诚恳。接下来说：“前人说过，不图好宅基，只图好邻居。我的邻居如今与下臣为邻，他们觉得很吉利。为了扩大我的房子把他们搬走，这违背了邻居的心意，我可不愿意这么做。”

然后，晏婴软磨硬泡，并且通过大臣田无宇帮忙做工作，最终取得齐景公的谅解。其实，齐景公一直想给晏婴解决住房问题，但晏婴很固执，无论齐景公怎么动员，晏婴的态度就是不变——一不搬家，二不扩建。齐景公就纳闷了：晏婴住的地方地势低洼，房子窄小，灰尘多，环境差。他为什么不愿意换个干爽开阔的地方住呢？

晏婴给出的理由也出乎齐景公的意料。他说：“我住在这里离市场近，买东西方便。”身为朝廷重臣，用得着自己逛市场买东西吗？齐景公一听就笑了，于是接着话茬问：“你住的地方既然离市场近，那么应该知道什么贵、什么贱吧？”晏婴回答：“既然得利于此，怎么会不知道呢？踊贵而屦（古时用麻、葛等做成的鞋）贱。”“踊”是假肢，“屦”就是鞋。

为什么假肢贵呢？当然是供求关系决定的。因为周朝有一种重刑叫“刖刑”（砍脚），而齐景公很喜欢使用这种重刑，当时国家开支巨大，导致赋税征收比例很高，为了推行重税采取重刑，交不上就砍脚。再加上齐景公随意任性、滥用刑罚，对犯小错误的人也会采取刖刑的惩罚。所以那个年代的“失足”，名副其实就是犯错误的代名词。

总之，那是个等级差异巨大的社会，普通人的权益很难得到保障。当然，齐景公也有他的明智之处。他听到晏婴的“道理”后，决定减轻刑罚，给百姓提供一个宽松的生存环境，结果齐国人民的生活改善了。晏婴巧妙地让齐景公接受了他以民为本的治国理政思想。（资料来源：周溯源辑议）

启示　晏婴坚持不住大房子，保持与平民邻居的密切接触，以便熟悉民情民意，利于执政。晏婴又通过反映市场上“踊贵而屦贱”的现象，委婉地批评齐景公刑罚过重，促使齐景公改良法治、改善民生。这个故事

反映了晏婴生活俭朴、不求奢华、心系民众的优良品质，也反映了晏婴善于谏言的智慧。

161
谏帅重士

春秋末期的一天，晋国的大臣赵鞅（？—公元前475年，亦称“赵简子”）率部队在羊肠坂（在今山西省晋州市）行军。车子沿着山上的斜坡向前走，行进艰难。赵简子要求各位大臣也和士卒一样，挽起袖子露出半臂往坡上推车。群臣累得呼哧呼哧喘气。只有大臣虎会担着戟，边走边唱，不推车。赵简子看到虎会这副样子，生气地说：“上坡时，各位大臣都推车，只有你担着戟，边走边唱，不推车，这是你当臣下的欺侮自己的主子吧？臣下欺侮主子，该当何罪？”虎会一本正经地说：“当臣下而欺侮主子，其罪死而又死。”简子不解地问：“什么叫罪死而又死？”虎会答：“自身死，妻子也跟着死，这就叫作死而又死。”简子听了很中意。虎会反问简子：“您既然已经知道臣下欺主子的罪了，您想听听君主欺侮臣下的罪吗？”赵简子对此闻所未闻，哪有君欺臣犯罪一说？他追问道：“此话怎讲？”

这时，虎会表情严肃地回答：“君主欺侮他的臣下，其后果是：有智慧的人，不给他出谋划策；有辩才的人，不给他出使办事；有勇力的人，不为他杀敌战斗。有智慧的人不为君王出谋划策，国家就要危亡；有辩才的人不为君王出使办事，就不能与诸侯互通使者；有勇力的人不为君王杀敌战斗，边境就要被侵犯。”简子听罢，连声说：“你讲得好！”于是下令群臣不要推车了，而且还给士大夫们摆酒设宴，把虎会当作上宾。（参考文献：《吕氏春秋 · 贵直论》《新序 · 杂事第一》）

启示 赵简子不重士（知识分子），轻视群臣，让群臣推车上坡，群臣累得喘气。虎会劝赵简子改变对士的态度，关键是两点。一是先顺着赵简子的说法，臣下欺侮主子犯了“死而又死”罪，这“死而又死”，使赵简子听了颇感新鲜，促使他追问下去，这就创造了使虎会把话讲完的条件。二是虎会提出“君王欺臣也犯罪”这样一个命题，这一提法更加新鲜，因为自古以来只有臣欺君有罪，没有君欺臣有罪。这更促使赵简子非要问个究竟不可。此论既耸人听闻，又有根有据，前后照应，绝非无稽之谈。接着，虎会阐明了君王如不重士，会造成国败身亡的道理。句句在理，直击要害，引导赵简子醒悟，促其立即悔改。

162
忠言也可不逆耳

齐景公好射猎，叫烛邹负责养鸟。有一天因为不慎，禽鸟亡失了。齐景公大怒，下令主管官吏杀掉烛邹。这事很快被晏子知道了，晏子拜见齐景公，说：“烛邹失职，该杀。他有三条罪状，请允许我一一给他指出，谴责之后再杀他，好叫他死个明白。”景公听了，正中下怀，欣然答应，说：“可以，就照你说的办。”于是，把烛邹召到景公面前，晏子怒对烛邹，严厉地谴责道：“烛邹！你犯了三大罪状：你给君王主管禽鸟而使禽鸟亡失了，这是第一条罪状；使君王因为禽鸟的事而杀人，这是第二条罪状；使诸侯听见这件事，会认为我君重视鸟而轻视人，这是第三条罪状。”

晏子数落完烛邹的罪状，就请景公杀他。景公对这些“谴责”字字句句听得真切，有一种说不出的感觉，痛而会意，赶紧说：“不要杀烛邹！我听懂你的劝教了。”烛邹因此获救。（参考文献：《晏子春秋·外篇》）

启示 晏子本来是要批评齐景公"重鸟轻人"的错误，他却以批评烛邹的姿态出现，采用指东说西的手法，委婉表达。批在烛邹身上，刺在景公心里。"为鸟杀人"和"重鸟轻人"，关系国君在国内外的声誉，非同小可，这个批评不能说不尖锐。但是能使景公欣然接受，是由于这个批评温和含蓄，无损于君王的尊严和体面，景公能自然下台。所以景公不但下令"勿杀"，而且说出了"寡人闻命"的话，表示完全接受晏子的批评。此例说明忠言也可以做到不逆耳，可以达到更好的效果。

163 许绾谏阻魏襄王建中天台

战国时，魏襄王打算搞一项宏大工程，以名垂青史、流芳百世，名之曰"中天台"。中天台设计为一座很高很高的台阁，它的高度恰好是天与地之间距离的一半。很多人知道魏襄王的决定后，都觉得很荒唐，于是纷纷前来劝阻。魏襄王非常生气，传下命令："谁再来反对我的决定，一律杀头！"这样，大家都不敢再说什么，只是在心里着急。事情仿佛成为定论。

这时，有个叫许绾的人背着筐，拿着铁锹到王宫来求见魏襄王。他对魏襄王说："听说大王要建一座中天台，我愿前来助大王一臂之力。"见到这个前来帮助建造高台的第一人，魏襄王感到很高兴，问他："你有什么力量能够帮助我呢？"许绾说："我没什么了不起的力量，我只能帮助大王商量建台的计划。"魏襄王连忙问他说："你有什么高见？"

许绾不慌不忙地说："大王，您在建造高台之前，先得发动大规模的战争。"魏襄王不理解："你这是什么意思？"许绾慢慢说道："请大王听我分析。我听说天地间相距一万五千里，中天台的高度是它的一半，那就是七千五百里，那么台基就得方圆八千里。现在拿出大王的全部土地，也远远不够做台基的。古时尧、舜建立的诸侯国，土地一共才方圆五千里。大王要建中天台，首先得出兵讨伐各诸侯国，将各诸侯国的土地全部占领。这还不够，还得再去攻打四面边远的国家，得到方圆八千里的土地之后，才算凑齐了做台基的土地。另外，造台所需的材料、人力，造台的人需要吃的粮食，这些都要以亿万为单位计算；同时，在方圆八千里以外的土地上，才能种庄稼，要供应数量庞大的建台工人吃饭，不知道还得要多大的土地才够用呢。所有这些，都必须先准备好了，才能动工造高台。所以，您应该先去大规模地打仗。"许绾说到这里，魏襄王听得目瞪口呆，竟然一句话也说不出来。于是，魏襄王不得不放弃造中天台的想法。（参考文献：《新序·刺奢》）

启示　许绾劝说魏襄王，循循善诱，以理服人，使魏襄王明白建中天台的想法很荒唐，是毫无可行性的盲目蛮干。许绾采用迂回思维，先顺着魏襄王的思路走，走到尽头就可以看出荒唐的结果。魏襄王看到了结果，也就受到了启发，于是放弃了原来的主张。如果许绾直接反对建中天台，是难以达到目的的，且性命难保。

164
不说硬话，不做软事

曹操曾为立嗣之事犹豫不决，因为二儿子曹丕勤奋听话，各方面表现都不错，按长幼顺序应立为太子，但另一个儿子曹植才华横溢，深得宠爱，所以思来想去，不知该让哪个儿子继承王位。

当曹操征求谋士贾诩（公元147—223年，字文和）的意见时，贾诩却站着一声不吭。曹操有些生气了："我问你话，你为何不答？"贾诩说：

"我正在想一件事呢，所以才没回答。我正在想袁绍、刘表废长立幼招致灾祸的事。"曹操立刻明白了贾诩的言外之意，哈哈大笑，决定立曹丕为太子。立谁为太子，这是贾诩不能不回答的重大问题；但他如果直接回答"立曹丕"，曹操定会猜疑，认为他和曹丕关系好，甚至有结党营私之嫌。他没有正面回答，而是通过历史事件恰当地表明自己的态度和立场，把说服重点放到了立太子事关国家兴亡上。他这样不说硬话、不做软事的巧妙回答，既避免了曹操的猜疑和可能招致的杀身之祸，又给了曹操一个满意的答案。（参考资料：蒋光宇《不说硬话，不做软事》，《思维与智慧》2021 年第 25 期）

启示　聪明的语言是智慧的表征，具有莫大的力量。会讲话的人，聪明睿智、从容应对，或说理深刻，或风趣幽默，能够化解矛盾、逢凶化吉、遇难成祥。为人处世，要成功，就要会讲话；要会讲话，就要会用语言表达；要会用语言表达，就要用正确的思维方式，会思考、有思想。一个观点，可以有不同的表达方式，不同的表达方式效果不一样，甚至有天壤之别。因此可见，说话是语言的艺术，也是思维的艺术，蕴含着多种智慧。而"不说硬话，不做软事"，与"低调做人，高调做事"一样，都是为人处世的智慧之一。

165
长孙皇后巧喻唐太宗

唐太宗本是历史上最能虚心纳谏的皇帝之一，可是到了晚年，看到天下太平、国富民强，便渐渐滋生出骄傲情绪，一度厌恶批评。

偏巧，有几天大臣魏徵常到唐太宗面前指陈他的过失，提醒他不要去山南游玩、不要贪图享乐。太宗一度对魏徵的话产生了逆反心理。有一天，唐太宗罢朝回宫，余怒未消地对长孙皇后说：“等我找个机会，非杀死这个‘乡巴佬’不可。省得他一天到晚总来揭我的短、找我的麻烦！”长孙皇后听了大吃一惊，赶紧追问：“又是哪个大臣触怒了陛下，惹您发这么大的火？”太宗答道：“魏徵每次都当着大臣的面讲我的过失。”

长孙皇后是太宗的贤内助，她早已发现皇上近两年有点陶醉于歌舞升平，讨厌批评。可是如果因此就对皇上讲一些大道理，效果不会好，此时更是如此。长孙皇后想出了一个办法。她回到自己的寝宫，像准备参加盛典一样，整整齐齐穿上礼服，重新来到太宗的寝宫中，向太宗请安。太宗看见皇后这副打扮和姿态，有点惊呆，赶紧问：“你今天怎么这么庄重？”长孙皇后满脸堆笑地答道：“我是给陛下贺喜来了。”“贺什么喜呀？”太宗更加茫然了。皇后一本正经地说：“我听说‘主圣臣忠’，皇上英明了，大臣就会尽忠心，敢于进谏；如果皇帝昏聩，周围只会有阿谀奉承之徒。如今陛下英明，所以大臣魏徵等敢于直言无隐，敢于当着您的面批评您的缺点，我荣幸地在后宫服侍您，看到您身边有这样一些忠臣保驾，为朝廷尽心竭力，使大唐的江山万年长久，我怎能不来祝贺呢？”

太宗茅塞顿开，恍然大悟。他虽然察觉到皇后是在替魏徵说情，在拐弯抹角地批评自己不虚心纳谏，但是他由衷感到皇后这样做，于国于己都有利。从此以后，他对皇后更加敬服了，对魏徵的进谏也能够继续虚心听取了。（参考文献：《隋唐嘉话》）

启示　唐太宗说出想除掉魏徵的打算，这个信息非同一般。一是意味着魏徵面临生命危险，二是唐太宗暴露出骄傲专断之心，于国于民于家，都极其不利。为了避免悲剧发生，长孙皇后发挥智慧，巧谏太宗。当时太宗气势正盛，如果正面说服，成功的把握不大，采用祝贺的方式，即用绕弯、含蓄讽喻的迂回办法，取得了成功。

166
唐太宗会意拆楼台

《资治通鉴》记载，长孙皇后去世了，唐太宗很想念她，就在宫中搭起一座很高的楼台，闲暇时便登台眺望她的陵墓，以表达对皇后的哀思。长孙皇后助他定天下，助他处理国务，助他处理君臣关系，是一位特别贤淑能干的皇后，能不思念吗？

一天，唐太宗邀请魏徵一起上楼眺望，他问魏徵看到皇后的陵墓没有。魏徵说："我老眼昏花了，没法看到皇后的陵墓，只看到了献陵。"献陵是太宗父亲唐高祖的陵墓。唐太宗明白魏徵此话的深意。过后不久，唐太宗就把这座楼台拆了。（参考文献：《资治通鉴·唐纪十》《智囊全集·语智部·善言》）

启示　魏徵明明看到了长孙皇后的陵墓，故意说看不到，意思是批评唐太宗不该只想念自己去世的夫人，更应该思念建立唐王朝的父亲。而这些话，只能心照不宣。心照不宣有两个作用：一是安全，避免冒犯皇帝；二是让人心领神会。唐太宗明白了魏徵的深意，不久就拆掉了瞭望长孙皇后陵墓的楼台，不忘创业之艰难、守成之不易，继续奋进。

167
说服"轴人"的方法

"轴"，即人们通常所说的"犟"。说唐敬宗是位"轴人"大概也不算过分。比如自他即位（公元824年）以来，就一直想到东都洛阳去巡行，很多人劝阻他不要去洛阳，他自以为是，一概不听，并派人前往巡察，准备修建洛阳的宫阙和长安到洛阳途中的行宫。

有位叫裴度（公元765—839年，字中立）的大臣，能言善辩，遇事能以理服人，以情动人。他对敬宗说道："去洛阳巡行没有什么不妥啊，国家当初设置东、西两都，就是为了让皇上能够巡行的嘛。"说到这里，裴度故意顿了顿，接着说，"不过呢，自安史之乱以来，历任皇帝实际上已经不再去洛阳巡行了。久而久之，洛阳的宫阙、禁军的营垒和各部门的办公用房都已荒废，现在陛下如果要去巡行，应当首先拨出足够的银子，让有关部门花费一段时间，调动大批的人力慢慢加以修葺，然后再动身前往才妥。"

敬宗一听，沉默了一会儿后说道："所有劝阻我的人，都说不应去洛阳巡行，却不说为什么；现在按照你这样说的，我好像真的不去也可以。"这时候，一些官员请求派出兵士和工匠前往洛阳帮助修补宫阙。敬宗只好说，修补洛阳的宫阙，劳民伤财，烦扰颇多，罢了罢了。

民间有句土语说得好，对固执己见的"轴人"，有时你就要"顺着毛捋"，表面看好像是肯定了"轴人"的意见，实际是让"轴人"自己从"肯定他的意见"中回悟过来，放弃己见，改变做法，回归正途。无疑，裴度深谙此道。对于唐敬宗一般情况下听不进不同意见的性格，真的需要讲求说话的艺术，才能让他心服口服，回心转意。

有位叫崔发的县令有一次得罪了朝中的宦官，这还了得，得罪皇帝的"自己人"，不就等于不给皇帝面子吗！唐敬宗得知情况后怒火中烧，下令把崔发逮捕下狱。后来大赦天下，崔发等待赦罪时，被得罪的宦官不乐意了，冲过来将崔发劈头盖脸打了一顿。敬宗知道后，又下令把崔发重新押回监狱。这时，很多官员不服气，纷纷上奏，说不赦崔发，于法于情于理均说不过去，但敬宗一概不听。

这时宰相李逢吉（公元758—835年，字虚舟）对敬宗说道："崔发的所作所为，确实是对陛下的不尊重。但他的母亲年纪大了，已近八十高龄，自从崔发被押进监狱后，她日夜忧虑，以致得了疾病。陛下以孝治天下，对于崔发母亲的情况应当予以怜悯。”

敬宗一听，诚恳地说道：“在崔发这件事上，大家只说崔发冤枉，却从来不说他对朕的不尊重，也不曾说他有老母在家。按照你所说的情况，朕怎能不赦免崔发的罪责呢！”随即就释放了崔发。（参考资料：赵宽宏《如此说服“轴人”》，《思维与智慧》2022年第22期）

启示　由以上两例可见，对于“轴人”上司，要善于找他的“软肋”：唐敬宗吝惜钱财，裴度抓住这一点，分析如去东都巡行，需要耗费大笔经费修缮，这笔钱是不容易拿出来的，于是使唐敬宗不得不放弃巡行东都的计划。而“以孝治天下”是唐敬宗的治国理念，李逢吉看准了敬宗的这一“软肋”，艺术地说话，一语破的，从而得到了想要的结果。

168 雍正实行耗羡归公与养廉银制度

雍正即位后，以铁腕手段惩治官场腐败，大批贪腐官员被革职抄家。但他深知，一味刚猛也不行，还得有软的一手，两手抓。由此，他采用了“耗羡归公”和“养廉银”。

耗羡，是指火耗和羡余。火耗出现于明朝。张居正当政时，曾推行“一条鞭法”，规定将田赋、徭役及其他杂税合并征收银两。张居正此举，本意是减轻民众负担，但是老百姓手里大多是碎银，需要熔化铸成银锭上缴国库，而在重铸的过程中，难免会有银两损耗，因而需要额外缴纳一部分，这部分收多收少取决于地方官吏。除此白银的火耗，官府摊派给老百姓的还有一种，叫作“羡余”，也就是粮食存储、运输过程中人力因素（如天气导致霉变、保管不当）或非人力因素（如老鼠、鸟雀偷吃）造成的损耗。羡余的历史更久。唐朝中期，地方官为讨好皇帝或上司，会以税收盈余的名义进贡，实质是税外对普通百姓的勒索。白居易在《重赋》中明确地说："号为羡余物，随月献帝尊，夺我身上暖，买尔眼前恩。""火耗"和"羡余"这两种附加税，合称"耗羡"。

在雍正朝之前，清朝官员薪资很低。在京的文武官员每年俸银：一品一百八十两，二品一百五十两，三品一百三十两，四品一百零五两，五品八十两，六品六十两，七品四十五两，八品四十两，正九品三十三两一钱，从九品三十一两五钱。康熙朝初年，一位御史曾向皇帝反映：如今一知县，每月俸禄仅三四两，全家老小只能粗茶淡饭。有些贪污的县官，起初仅仅是想改善家人生活、应对官场应酬，后来越贪越多，索性做个贪官。到康熙晚年，官员贪污行为愈演愈烈。雍正看在眼里，决心狠狠整治官场，所以即位不到一个月，便下令追讨国库欠款。此外，他同时命令各地督抚如实汇报自己的真实收入。见识了新皇帝的铁腕手段，督抚们老老实实地上报了合法收入和灰色收入，少则几万两，多则几十万两。官员俸禄太低，远远不够应付他们的各项支出。还是以地方督抚为例，虽然他们已经算得上是封疆大吏，但每年合法收入只有约一百五十两，远不能覆盖他们的实际支出。身为省部级高官，每年的实际支出，需要两万多两白银。为了维持体面的生活和政务的进行，官员们必须征收耗羡。

鉴于这一情况，雍正打算实行耗羡归公，就是各地将耗羡收入按一定比例上缴中央，中央统一管理和分配。雍正二年，皇帝下令各省依据本地情况推行耗羡归公，还特意强调耗羡归公后，其征收率不能增加。耗羡收上来了，一部分银两留作地方办公经费，一部分用来弥补亏空，其余的钱，要为官员发放养廉银。

所谓"养廉银"，顾名思义就是培养官员廉洁之风的银子。耗羡归公后，地方官失去了一项生财之道，为防止他们贪污，雍正决定按官职高低、事务繁简、用度多寡，向官员发放一笔丰厚的生活补助费：总督每年的养廉银为二万两，巡抚为一万五千两，布政使为一万两左右，按察使为八千两，道府为五千两，州县官员为一千多两。这样的数额，是他们俸禄银的数十倍乃至百倍，足够当时的官员过上体面的生活。向地方官发放了养廉银后，雍正也给京官涨了工资。三年后，又下令对各部尚书、侍郎、兼管部务的大学士发放双倍俸禄。除了文官，武将也有数目可观的养廉银。

养廉银出现前，官场上陋规横行。雍正元年，发出上谕，禁止朝廷钦差接受地方官馈赠，地方督抚亦不得以此为由摘摊派。在皇帝的严令下，取缔陋规运动效果显著。对那些心怀侥幸、肆行贪墨的官员，雍正一经发现，必定予以严厉惩处。（参考文献：《清世宗实录》《清史稿》；资料来源：周溯源辑议）

启示　“耗羡归公”与“养廉银”制度的发明与实施，是治官与治财相结合的重大举措，充分体现了雍正的能力和魄力。耗羡归公制度，充盈了国库，完善了财政制度，减轻了人民负担；养廉银制度，让官员收入变得透明化、制度化，此后半个世纪，贪污大案明显减少。从这里可以看到，雍正皇帝运用了迂回思维。

169
绝妙的赠言

宋真宗景德元年（1004年），当益州知州的张咏（公元946—1015年，字复之）听说寇准（寇凖，公元961或962—1023年，字平仲）当上了宰相，对其僚属说：“寇公奇材，惜学术不足尔。”张咏与寇准是多年至交，很想找个机会劝老友挤时间多读些书，既然身为宰相，系天下兴衰，理应饱学。

恰巧时隔不久，寇准因事来到陕西，刚刚卸任的张咏也从成都来到这里。老友相会，格外高兴，寇准设宴款待。在郊外送别临分手时，寇准问张咏："何以教准？"张咏对此早有考虑，正想趁机劝寇公多读书，可是一琢磨，寇公已是堂堂宰相，居一人之下、万人之上，怎好直接说他缺少学问呢？张咏略一沉思，于是慢条斯理地说："《霍光传》不可不读。"当时寇准弄不明白张咏这话是何意，可是老友不愿就此多说一句，言讫而别。回到相府，寇准赶紧找出《汉书·霍光金日磾传》，从头细读，当他读到"光不学亡术，暗于大理"时，恍然大悟，自言自语地说："此张公谓我矣！"是啊，当年霍光任过大司马、大将军要职，地位相当于宋朝的宰相，他辅佐汉朝立有大功，但是居功自傲，不好学习，不明事理，家教不严，这与寇准有某些相似之处。霍光去世后两年，霍光妻子霍显毒害皇后许平君母子事发，霍氏全族坐罪处死。霍光死后霍氏家族的悲惨下场令人警醒。（参考文献：《宋史·列传第四十·寇准》）

启示　**张咏与寇准过去是至交，但是如今寇准的地位变了，直接批评他"不学无术"，寇准很可能接受不了，传出去还会有损寇准的形象；但是批评太轻了，又可能引不起寇准的触动。于是，张咏来了一句赠言："《霍光传》不可不读。"别看这仅是一句话，却胜过千言万语。首先，他引导寇准把《霍光传》读完，在读传记中对号入座，势必给寇准的脑子里打下烙印。其次，霍光其人由于不读书，造成弊政，导致家族败灭。张咏通过教读《霍光传》，迂回地使寇准得到了启发。正所谓"借它书上言，传我心中事"。**

170
巧用"诉状"帮忙

多年前，广东有一位名叫童三梅的妇女在医院门口捡了一个女婴，然后她将这个女婴养在家里，视为自己的女儿。孩子到八岁时，问题来了：

孩子需要上学，而上学需要户口。于是童三梅就去给这个孩子办理上户口的手续。可她最终没办成，因为她自己已经有孩子，而法律规定：有孩子的家庭无权再去收养孩子。

童三梅咨询了很多专家和教授，媒体也很关注这件事，但碍于法律，最后她还是无法给孩子上户口，这让她束手无策。这时一位热心的律师从报纸上看到这个消息后，找到了童三梅。他向童三梅承诺："我义务帮你这个忙，给你的孩子把户口上上。"

童三梅不相信，她说："那么多专家教授和媒体都没办法，你怎么可能帮得了我？"律师说："你就等着派出所通知你去上户口吧。"

这位律师以孩子代理律师的身份，约了一位同行的朋友，然后一纸诉状，把童三梅告上法庭。他的诉状内容很简单，是以孩子的口吻写的："童三梅从小收养我，可现在她却要抛弃我，不养我，所以我要告她。"

法院受理这个案件之后，派人到童三梅所在村庄调查，得知孩子是她从医院门口捡来的，并且养在家里八年了。于是，法院最终判决：这个孩子无亲无友，但从小是由童三梅带大的，所以童三梅现在必须要收养这个孩子。

最终能等来这样的好结果，童三梅喜极而泣，对律师千恩万谢。之后，她带着这份判决书去派出所，给孩子顺利地上了户口。（参考资料：张珠容《"诉状"帮忙》,《思维与智慧》2020年第19期）

启示 **许多时候，我们容易被常规思维束缚住。比如，帮忙解决孩子户口这件事，律师若从常规思维出发、按常规套路去帮童三梅，会面对与以前那些热心人同样的困难，最后一定无功而返。可他来了个逆向思维，一纸诉状递上去，一个户口就办了下来。他告童三梅不假，但告她，为的却是帮她。**

171
女老师的善良“谎言”

有一个时长四分钟的视频，讲了一个故事。有个小女孩，在幼儿园午睡时，不小心尿床了。她睡醒之后，看着自己湿漉漉的裤子，忍不住难为情地哭泣起来，还躲在窗帘后面不肯出来。小女孩的老师是一位善解人意的小姐姐，她在努力哄劝无效的情况下，急中生智，跑到卫生间，故意用水把自己的裙子也弄湿了一块，然后拉着小女孩的手说：“别怕，老师跟你一样呢，都有不小心的时候……”

小女孩惊讶极了，她看看老师，再看看自己，不由得捂着嘴大笑起来。这一幕恰好被带着裤子来幼儿园给女儿换衣服的妈妈看到了，她拍下这段视频，并由衷感叹：“我家女儿遇到像天使一样善良的老师，太幸运了！”（参考资料：张军霞《善良也是一种超能力》，《思维与智慧》2023年第22期）

启示　**对天真的儿童，或是对上了年纪的老人，有时讲清一个道理说服对方，是很难成功的。这时需要换个思路，讲一个善良的“谎言”，让他们先把坎迈过去，他们事后会慢慢明白的。这是办小事的智慧，现实生活中常常用得着。**

第七篇 逆向思维

逆向思维就是反向思维，与寻常的顺向思维反着来，让人由此可能有新的发现与感悟，找到解决问题的新思路与办法，得出不同的见解与观点，推动矛盾的解决与事情的进展。善于运用逆向思维，能使我们在“山重水复疑无路”的情况下，开创“柳暗花明又一村”的局面，帮助我们解开症结、打开思路，开创新局面。

172
逆向思维，另辟蹊径

逆向思维是创新思维的重要表现形式。人们常说，脑袋决定口袋，思路决定出路，都强调的是思维的重要性。那么，什么叫逆向思维呢?

一位教士问他的上司："我在祈祷时可以抽烟吗？"他的请求遭到严厉拒绝。另一位教士也去问这个上司："我在抽烟时可以祈祷吗？"他的请求得到了允许。同一问题，两种不同的结果，前一位教士直来直去，是惯常思维；后一位教士倒过来说，是逆向思维。

所谓逆向思维又叫反向思维，指与人们惯常的思维方式相反的一种思维方式，即通常所说的"反过来想一想"，心理学家称之为"逆向发明法"。辩证法告诉我们，世上任何事物都是一个矛盾的对立统一体。但事实上人们总习惯地认识事物的此一面，而忽视另一面。因之，若能运用逆向思维，调整一下正常的思路，破除"从来如此"的思维定势，往往会有新颖独到的发现。

宋人杨万里指出："翻尽古人公案，最为妙法。"(《诚斋诗话》)清末刘熙载总结大文豪苏轼创作的一大艺术秘诀，即："善用翻案。"(《艺概》)唐代诗人刘禹锡有两句名诗："劝君莫奏前朝曲，听唱新翻杨柳枝。"(《杨柳枝九首·其一》)"新翻"，即翻案创新，亦即逆向思维。他的《秋词》堪称逆向思维的典范：

自古逢秋悲寂寥，我言秋日胜春朝。
晴空一鹤排云上，便引诗情到碧霄。

刘禹锡一反古之哀秋悲秋的萧条景象，创出立意高远的清词丽句，乃千古绝唱，是逆向思维的优秀成果。

生活中自觉运用逆向思维，往往能打破常规，收到事半功倍的效果。

在《三国演义》中，周瑜命诸葛亮在三天之内造出十万支箭。这分明是强人所难，欲借故定罪。如果按惯常思维定势在“造”箭上去冥思苦想，当时的条件无论如何也交不了差。但上知天文、下懂地理的诸葛亮，却偏从“不造”上下功夫，于是有了中国军事史上“草船借箭”的千古美谈。诸葛亮颠覆了“巧妇难为无米之炊”的古训，创造了“巧妇巧为无米之炊”的神话。“草船借箭”是我国历史上逆向思维的伟大创举。在《三国演义》中很多地方都写到诸葛亮的逆向思维，如他的减兵增灶、空城计、七擒孟获的欲擒故纵等。其实，诸葛亮的过人智慧正在于他思维的与众不同。（参考资料：郭萌《学一点逆向思维》,《思维与智慧》2020年第15期）

启示　当人们用寻常思维不能解决问题时，不能僵在那里，要考虑用别的思维方式来解决，其中逆向思维方式可供选择。要跳出包围，别出心裁，另辟蹊径，寻找办法。一旦找到了，往往创造奇迹。因此，学点儿逆向思维是十分必要的。

173
“欲擒故纵”，晏子进谏

春秋时期，齐景公派晏子去治理东阿。三年后，有人向景公说晏子的坏话，景公听后十分不悦，于是召晏子入朝，欲罢其官。晏子恳切地说：“臣已知错，请让臣再治理东阿三年，到那时若无人说我的好话，再罢我的官也不迟。”

景公答应了晏子的请求，又派他去治理东阿。三年又过去了，果然有人说了晏子的不少好话。这下景公很高兴，又召晏子入朝，要重赏他，但被晏子拒绝了。景公问其故，晏子答道：“前三年我到东阿，让人修筑道路，出钱出力者责怪我；我力主节俭勤劳，惩治作奸犯科者，懒汉刁民怨恨我；权贵横行乡里，仗势欺人，我不宽恕，他们就忌恨我；周围的人求我办事，我不答应，他们就反对我。于是您就听到别人说我的坏话。后三年，我改变了做法。我不让人修路，有钱有力气的人开心了；我轻视节俭勤劳，姑息犯罪者、懒汉刁民高兴了；权贵为所欲为，我装作不知，他们对我满意了；周围的人求我办事，我有求必应，甚至不惜假公济私，他们就对我赞不绝口；于是，好话就传到了您的耳中。现在您要封赏我，我认为应该惩罚我。这是我不能接受您的封赏的原因。”

景公至此恍然大悟，知道晏子是一个贤臣。于是，齐景公把治理国家的重任交给了晏子。只用了三年时间，齐国实力大增，跻身强国之列。（参考文献：《晏子春秋·内篇杂上》）

启示　晏子为了证明自己的清白，达到劝服景公的目的，放弃原则，用后三年的“不贤”反衬前三年的“贤良”。这种欲擒故纵的策略，实际上是逆向思维，终于使晏子赢得景公的信任。“众口铄金”，一人之力，难敌百人之口；但以晏子之才，即使舌战百官也未必逊色，然而那样的效果未必如意。一路披荆斩棘固然是英豪，但能因势利导逆向思维亦不失为上策。有了前后比较，明君更容易接受真相。这是事物的一方面。另一方面，真正的贤良之官，应该坚守不该放弃的底线原则，坚持为民造福的原则，不因小人的反对而丧失自己的是非标准，敢于坚持特立独行，为官一任，造福一方，才能赢得百姓的爱戴。

174
以囚犯多寡断贤明

赵抃（1008—1084年，字阅道），衢州西安（今浙江省衢州市柯城区）人，北宋名臣、词人。宋仁宗景祐元年（1034年）中进士，担任过地方官和京官。在神宗主政时曾拜参知政事。他在执政过程中发现弊端时，能够想方设法积极解决。一次，赵抃到青州视察，当他看到那里狱中犯人很多，就问是怎么回事。当地的官员回答："一个人犯法入狱，就会有人受到株连，两类人合在一起，犯人就多了。"赵抃接着说："一个人入狱，加上株连的人，那么，将会有十几个捕快被牵扯投入工作，这样就会浪费掉很多人力。被抓的人多，也难免出现冤假错案。"官员说："全国各地都是这样办案的。"

说者无心，听者有意。为了搞清真相、了解全局，接下来赵抃到全国各地监狱视察。让他意想不到的是，夏天又潮又热，很多监狱流行瘟疫；等到冬天的时候，罪犯的手脚都冻裂成疮。有些人只是轻微罪过，也被成年累月地关押；还有些被株连的人因为瘟疫和冻疮而死在狱中。此外，监狱的看守和狱中的犯人霸头，向犯人敲诈勒索钱财，令人痛恨。

赵抃想，如何改变这种状况呢？如果以囚犯多少来决定当地官吏是否贤明，应该不会出现这样的问题。他把这个思路变成了考评各地官员的标准。这个考评标准实施一年后，结果是局面大变，各州、县衙的官吏不仅没有人敢无故逮捕一人，没有因滥捕犯人及受株连的人而浪费人力物力，犯人减少了，犯人的生活条件也有所改善。

赵抃治蜀时，为吏清正，以身作则，法治与德治相结合，使蜀中奢靡之风为之一变，政绩斐然，深受蜀民称道；任崇安知县时，主持兴修了一条二十余里长的河渠，引城西河水入城，解决了城内的生活、运输、消防等用水，后人称此河渠为"清献河"，清献河的设计很科学，如今仍在发挥作用。（参考资料：高忠《以囚犯多少断贤明》，《思维与智慧》2024年第1期）

启示　现实中有些问题得不到解决，不是没有办法，而是没有找到办法，或者没有去找。而要找到解决的办法，首先需要有担当精神，然后进行调查研究，了解问题的来龙去脉，善于分析，找出问题的症结，接着找到针对性的方法，最终问题就会迎刃而解。如果正向思维不够用，就运用逆向思维。赵抃解决司法部门轻率抓人、虐待犯人的问题，就是通过逆

向思维，将其确立为政绩考核标准而解决问题的，实践证明效果很好。

175
把“原告”放到了“被告”席上

战国时期的一天，孟轲的妻子独自一人待在屋里，伸开两腿坐着休息，那姿势大概有点不雅。这时，孟轲从外面回来，没有敲门就走进屋里，妻子看见丈夫突然进屋来，一时不知所措，仍然保持原来的姿势。孟轲瞧见妻子这副姿态，顿时无名火起。在他看来，妻子看见丈夫，只能毕恭毕敬，否则就是对丈夫的不尊重。

于是，怒气冲冲的孟轲立即到母亲面前告状，他说：“我的妻子不讲礼仪，请允许我休了她。”孟母赶忙问：“究竟是出了什么事，惹得你要休妻呀？”孟轲答道：“刚才她在屋里伸开两腿坐着，那姿势真叫难看，这是对我无礼。妻子不尊重丈夫，我必须休了她！”孟母听这话有点蹊跷，继续追问道：“你说说，你是怎么发现她坐在屋里的？”孟轲蛮有理由地回答：“这都是我亲眼所见，我刚才一推门看……”“别说了，我全听明白了。”孟母问明情况后，批评儿子说：“这分明是你无礼，不是你妻子无礼！”孟轲有点茫然，不服气。孟母接着解释说：“俗话说：‘将入门，问孰存；将上堂，声必扬；将入户，视必下。’不管是进谁的门，都要事先敲一下门，或者大声咳嗽一声，好叫人家知道有人来了，让人有所准备。不能突然闯入。这是常人都懂的礼貌规矩。可你倒好，到你妻子的燕私之处，进门前不敲门，不声不响地往里闯；见了你妻子伸开腿坐着，不赶紧先退出去，还在那里看，这叫你妻子怎么办？这不正是你无礼吗？怎么能说是你妻子无礼呢？”

孟母的批评虽说尖锐，但是有根有据、句句在理，不由得孟轲不服。

孟轲赶紧向母亲认错，再也不提休妻了。（参考文献：《大戴礼记》）

启示　在封建社会，盛行大男子主义，男尊女卑，丈夫休妻，并不鲜见。孟母是有文化的妇女，懂得规矩，先问明事情的原委，待情况了解清楚后，她便抓住儿子的失礼展开批评。孟轲诉告妻子不礼貌，孟母却用进门需先敲门的规矩，严厉批评儿子不懂礼貌，把“原告”放到了“被告”席上。这不但打消了孟轲休妻的念头，而且使孟轲受到一次关于礼貌的教育，儿媳也免遭不白之冤，体现了孟母的公正和睿智。

176 罢免追捕盗贼的官吏

公元前66年，西汉宣帝时渤海一带连年灾荒，谷物歉收，盗贼蜂起，四处劫掠。渤海郡民不聊生、狱讼不息，宣帝对此很是忧虑。

为安定渤海，宣帝要选拔能吏前往治理。丞相、御史推荐了龚遂。

当时龚遂已七十多岁，宣帝召见他，看他瘦弱矮小，与他所听到的形象不相符合，不免大失所望，便对龚遂说：“渤海郡动荡不定，我非常担心。如果派你去，你打算用什么办法平息那里的盗贼，满足我的心愿？”龚遂回答说：“海滨遥远，未蒙陛下教化，那里的百姓为饥寒所困扰，而当地官吏又不悯恤，所以使得您的海滨百姓被迫武装起事，并非有意为乱。陛下现派我去渤海，是让我剿灭饥民，还是让我安抚他们？”宣帝听到龚遂这番话，不禁转忧为喜，说：“遵照龚爱卿你的想法办即可。”于是，龚遂请求让他到渤海见机行事，宣帝答应他，并给他赠派专车。

龚遂到达渤海地界，郡中官吏听说新太守到来，便派军队前来护卫，然而龚遂却把护送迎接的人全部打发回去。他还颁布了一道命令：彻底废黜渤海所属各县追捕盗贼的官吏。官吏们听闻后，皆大惊失色——盗贼岂不是更加肆虐，新太守的性命也堪忧啊！

正当官吏们为龚遂的性命担忧时，龚遂又立即向渤海各地发了一道公文：所有手持锄镰等农具的人都是善良的百姓，官吏不得过问，而手执兵器的人则是盗贼。随后，他便单车独行去了渤海郡。

盗贼们看了龚遂的公告，立即散伙，丢掉兵器，拿起镰刀、锄头种田去了。此后，龚遂在郡中选用良吏，开仓济民，劝民务农桑。渤海郡从此安定下来，数年之间，渤海殷富，人民安乐，狱讼止息。（参考文献：《汉书·循吏传第五十九·龚遂》；资料来源：罗燕、周溯源辑议）

启示　人在生活中总会面临各种各样的矛盾，若是盲目确立对立面，可能只会使矛盾激化而不能解决问题。只有认真分析矛盾产生的原因，耐心细致地寻求化解矛盾的方法，对症下药，才能真正消除矛盾。龚遂深入地分析了渤海郡民众闹事的原因，淡化矛盾，以德感人，正确施策，分化瓦解，达到了民众安乐的目的，表现出不凡的智慧。

177
唐太宗“奖励”受贿者

唐贞观年间，几个奴仆联手偷宫中财宝，被大臣长孙顺德发现了。这几个奴仆按律本应斩首示众，可他们向长孙顺德贿赂了一些丝绢之后，事情就被压了下来。

然而，世上没有不透风的墙，丑闻最终还是暴露了，而且传到了唐太宗李世民的耳朵里。太宗很生气，对近臣说：“顺德是开国元勋，地位高，爵禄厚，富贵无边，连国库都可以与我共享，怎么会不守气节，不顾名誉，干出受贿的丑事呢？”太宗惋惜他的功劳，不忍问罪，思量再三，想出一招。

一天，太宗召集五品以上官员上朝议事。一开始，太宗就直截了当地公布了长孙顺德受贿之事。正当长孙顺德面如土色、汗流浃背地等待处置时，太宗却问众大臣："长孙顺德受贿数十匹丝绢，说明了什么？"众大臣面面相觑，诚惶诚恐，不敢作声。太宗大声说："说明他家缺丝绢啊！来人，把我奖给他的丝绢抬上来，让他亲自背回家去！"很快，一大摞丝绢压在了长孙顺德的背上。再看长孙顺德，羞得脸上红一阵白一阵、紫一阵青一阵，欲卸不敢、欲背不能，像被冻僵了一样，杵在那里。

长孙顺德走后，有大臣问太宗："长孙顺德贪赃枉法，罪不可恕，陛下怎么反而赐他丝绢呢？"太宗说："人是有悟性的，给他这点丝绢，对他来说胜于刑罚。如果他仍然不觉惭愧，那就像禽兽一样了，杀了他又有何用？"

果然，经过了一段颓废时期之后，长孙顺德重新振作起来，认真工作、严明纪律、廉洁从政，被人称为好官。

奖励，对有功者是激励，对有过者是羞辱。有时候，带有羞辱意味的"奖励"，比刑罚更具威力。（参考文献：《资治通鉴 · 唐纪八》；资料来源：周溯源辑议）

启示　惩罚人的目的不是把人消灭，而是挽救人，促其悔过自新，进而把工作做好。唐太宗运用逆向思维，对长孙顺德受贿进行"奖励"，使长孙顺德深受刺激、痛悔不已，进而改过自新。唐太宗这样做既教育了受贿者，又保护了犯错误的大臣，还启发引导了众人，的确是智慧之举。

178
范仲淹的"荒政三策"

北宋仁宗年间，1050年，范仲淹在杭州知州任上遇到大饥荒。大饥荒在两浙一带爆发，史称“吴中大饥”。为了抗灾，范仲淹没有沿用常规发粟救济，而是实施了“荒政三策”。

第一策，提升粮价。逢灾，就会有人想发国难财，北宋也不例外。在奸商的哄抬之下，市面上大米的价格飞涨至每斗一百二十文，买不起粮食的百姓饿死在路边。范仲淹决定把杭州有影响力的粮商召集到一起开会。会议开始，范知州的发言就惊掉了在场所有人的下巴：“通知一下大家，米价还会继续涨，从今天开始就由每斗一百二十文改成每斗一百八十文吧。”粮商们一听，又惊又喜。怕开会通知不到位，范仲淹还签发政令，将大米提价至一百八十文的通知印成榜文张贴全城。有了知州的撑腰，粮商们哄抬粮价更加起劲了。眼见杭州米价一路往上走，远远高出全国的平均水平，杭州老百姓开始并不理解范仲淹的用意，大骂范仲淹。外地粮商都按捺不住，争先恐后地把米运进杭州，想大赚一笔。可这一船船大米刚刚在岸边停靠好，范仲淹就派人将价格低廉的政府储备粮大量投向市场。于是粮价一下子就跌落下来，从一百八十文降到一百文。商人们都慌了神，不是说到杭州来粮食就能卖高价吗？变了！但这个时候如果把粮食运回去，势必赔上更高的运费，损失会更惨，还不如咬咬牙“贱”卖。于是杭州的米价步步下跌，甚至比丰年的粮价还便宜。

第二策，让灾民有能力养活自己，将经济运转的“这壶水”烧开。遭灾之年，很多人没了生计。于是，范仲淹低价雇了一帮灾民，把自己家的院子从里到外彻底地翻修了一遍。他还安排手下雇了更多的灾民，把这衙门里的房屋、仓库、粮仓、钱库也全部翻新一遍。这还不够，他还鼓励修寺庙。那时候杭州有很多寺庙。范仲淹安排人向大小寺庙的住持透露口风：“现在闹饥荒，正是平民老百姓想办法挣钱的时候。你们赶快把握这个时机，招点廉价劳动力，把寺庙都翻修一下。”住持们一听有理，各个寺庙立即行动。当时杭州大兴土木，史载“日役千夫”，即每天有上千名劳动力在工地上忙碌。这就是范仲淹想看到的局面。这大灾之年，老百姓没有收成，也没有活儿干，只剩自己的“一身力气”。只有这“一身力气”

有了去处，家人的生活才有希望。

第三策是什么呢？范仲淹带着当地的官员跑到西湖边上一个接一个地办聚会——今天举办西湖乘舟会，明天搞西湖对饮大赛，后天再来西湖花灯节，频频向地主富商抛出橄榄枝：“杭州接下来的年度盛事‘赛龙舟’就仰仗各位了，我承诺谁的赛队能够拔得头筹，三年之内免交商税。”此话一出，地主富商的眼睛都亮了。几天之后，就出现了“钱塘江上千帆并进、西子湖畔百舸争流”的奇观。水面上锣鼓喧天、龙舟竞渡，岸边则是观者如云。往年的端午赛龙舟，也就进行两三天，今年范仲淹却提出办满一个季度。在范仲淹的号召下，杭州景区周围支起了各种摊点，卖吃的、卖喝的、卖旅游纪念品的，应有尽有，创造了不下万人的就业岗位。

“荒政三策”的“组合拳”打完后，虽然其他州府仍然深陷大饥荒，但杭州老百姓的日子却过得安宁和乐。（参考文献：《梦溪笔谈·官政一》；资料来源：周溯源辑议）

启示　范仲淹的“荒政三策”是平常赈灾的逆向思维，彰显了范仲淹治国理政的杰出才华。涨粮价，运用的是价值规律；搞基建，是以工代赈；抓龙舟竞赛、繁荣市场，是搞活经济，拉动消费。通过三管齐下，解决了杭州饥荒，发展了杭州经济，安定了民生。事实证明，范仲淹讲的“先天下之忧而忧，后天下之乐而乐”，既有理论又有实践，令人千秋景仰。

179
赵抃特立独行涨米价

赵抃出任越州时，有一年，两浙一带发生旱灾和蝗灾，致使米价大涨。各州官府看到这种情况后，便立即发布告示，对米价进行限定，严禁商人哄抬米价。

有一天，赵抃的一个幕僚对他说："别的州都以官府的名义贴出了告示，严禁随意抬高米价，咱们是不是也应该发布这样一份告示呢？"赵抃听罢，说："我们是该发布一份告示了。"于是，赵抃便起草了一份告示说："本州不限定粮价，商家只要有米，可以任意提高价格出售。"幕僚看了之后大为惊讶，对赵抃说："别的州发布的告示都是限定米价，而我们发布的告示却是允许商人抬高米价。这样米市就会发生混乱啊！"赵抃笑笑说："不会乱的，我这是反其道而行之。过些日子你就明白了。"

越州的告示发布以后，粮价果然猛涨，以致老百姓怨声载道。由于别的州县所发布的告示是禁止商人抬高米价，所以，别的州县的商人听说越州不限定米价，就纷纷把米运到越州来高价出售，越州市场上的米就越来越多。粮食多到一定程度，价格自然就回落了，市场果然如赵抃所说的那样，没有发生混乱。因此那一年，别的州县由于存粮太少，都出现了饿死人的现象，只有越州没有一个人饿死。人们这才明白赵抃放开米价的良苦用心，都纷纷称赞他。

赵抃之所以能够想出这样一个办法，是因为他懂得一条经济学原理——当市场上某种商品数量少了，价格就会上扬；而这种商品数量一旦多了，价格就会回落。这是一种市场自我调节的现象，在几百年前的宋代，赵抃就懂得这条经济规律，真是难能可贵。这说明他是一个既懂经济学又具有高超智慧的官员。（参考资料：唐宝民《用现代经济学理论巧降米价》，《思维与智慧》2021年第10期）

启示　**北宋熙宁八年（1075年），两浙路连遭旱灾、蝗灾，继而暴发瘟疫。越州（今浙江省绍兴市）灾情尤为严重，震惊全国。赵抃临危受命，赶赴越州救灾。赵抃调查摸底，组织募粮募钱救灾和开展生产自救，以工赈灾。他决定放开米价，"在越州境内，粮食随行就市，州府不再限价"。此消息传出后，各地粮商纷至沓来，一时间越州境内竟然米积成山。经过短期的暴涨后，米价猛然暴跌，甚至比灾前更低，使越州百姓"生者**

得食，病者得药，死者得葬”，把灾荒造成的影响降到最低。一千多年前，赵抃就懂得用市场经济规律救灾赈荒，的确是智慧之举。

180 慢的智慧

作家毕淑敏曾经说：这世界上一切美好的东西都是慢慢发生的，像太阳的升起，庄稼的成熟，花朵的开放，美酒的酿造，珍珠的孕育……相反，骤然发生的事情大多是灾难，譬如江河的决堤，地震的发生，泥石流的来袭，海啸的爆发……

然而，在这个追求速度人心浮躁的时代，快似乎成了生活的主旋律，几乎成了我们唯一的目标。人们渴望一夜暴富，一夜成名，快出成果，快见成效。快像一股巨大的洪流裹挟了我们，每个人都深陷于快的激流和旋涡中，焦虑像绳索一样将我们紧紧捆绑。

古人云：欲速则不达；今人也常说“心急吃不了热豆腐”。其实，慢才是生活的真谛，才是生活本应该呈现的面貌，才是我们应该秉持的生活态度。

慢品得真味。吃饭需要细嚼慢咽，这是对食物的尊重，对奉献食物者的感恩，也是对肠胃的温情呵护。如果囫囵吞枣，风卷残云，即使是珍馐佳肴也不过是“酒肉穿肠过”，难解其真滋味。唯有慢慢地吃，细细地品，让食物在唇齿间多停留一会儿，才能品出食物的美妙味道，才能充分享受吃东西的乐趣，才不会加重肠胃的负担，其营养才能更好地被身体吸收。

慢步赏美景。在出游的过程中，如果我们“春风得意马蹄疾，一日看尽长安花”，再美的风景也不过是浮光掠影，过眼烟云，过几天便在头脑中一团模糊，毫无印象。这种粗陋的赏景简直是暴殄天物，完全辜负了大自然的盛情美意。相反，如果我们放慢脚步，怀着与美好事物相逢的欣喜之情仔细观赏每一片叶子的形状，用心嗅一嗅每一朵花的香味，听一听风穿过树林的声音和鸟儿们如春水般清澈婉转的歌声，收获美感的同时，更收获心灵的安宁与愉悦。

慢言出慎语。古人云：“白圭之玷，尚可磨也；斯言之玷，不可为也。”(《诗经·大雅·抑》)白圭有了斑点，还可以磨掉；而说话出现了错误，就没有办法补救。可见慎言是何其重要！《论语·子张》说：“君子一言以为知，一言以为不知，言不可不慎也。”这句话的意思是君子一句话可以表现出他的聪明，一句话也可以表现出他的无知，所以说话不可不谨慎。那么如何做到说话谨慎呢？慢言是一种非常有效的方法。我们说话之前要斟酌一下，三思而言，话在舌尖多绕几圈，硬话柔说，急话缓说，直话曲说，出口便能暖人心扉，化解矛盾。否则，快言快语如汪洋一泻千里，口不择言，往往祸从口出，给自己带来不必要的麻烦，日后也必将后悔不迭。

慢工出细活。英国有句谚语说得好：“慢火煮出好麦芽。”强调做事如同煮麦芽，用慢火才能成就好品质。作家刘震云在一篇文章里提到他的一个舅舅，这个舅舅是个乡间木匠，方圆几十里非常有名气。因为，别的木匠打一张桌子只需要三天的时间，而他至少要花上十天工夫，所以他打出来的桌子总比别人的结实美观。后来，这个舅舅就教了他一招，就是做事情要慢。受这位舅舅的影响，他后来写小说也放慢速度，别人写一本小说花三个月，他花上三年时间。所以，读者夸他的小说好，并不是他的手艺比那个人好，而是他花的时间比那个人长一些。最后刘震云总结道“这是我写作最大的秘密和诀窍”。

慢，就是多一些细致和严谨；慢，就是多一些耐心和思考；慢，就是给自己留出足够长的自我修正的时间，精雕细琢，精益求精，让事情少一些瑕疵和纰漏，日臻完美之境。

事从容则有余味，人从容则有余年。慢是一种生活态度，更是一种人生智慧。因此，我们不要迫切地去追求速度和效率，不要急于看到事情的结果，而是要多一点耐心，多一点坚持，多一点等待，慢慢地遇见，慢慢地成长，慢慢地看世事沉浮，慢慢地看岁月静好，慢慢地等待好事发生。（参考资料：张燕峰《慢的智慧》）

启示　在这个人心浮躁的时代，人们太习惯于被快的洪流裹挟，快节奏，快生活，每个人的身心都绷得紧紧的。一旦慢下来，便茫然失措，无所适从。其实，慢才是生活应该呈现的本真面目，美好的事物都是慢慢发生，慢让我们的身心松弛，慢让我们更加从容地欣赏生活的曼妙风景，我们更加客观地审视生命的优劣得失。俗话说，事缓则圆，人缓则安，慢慢变好是送给自己的最好礼物。当然，慢也是相对的，慢不是不思进取，故步自封，该快的时候也一定要快，这也是生活的辩证法。

181
和而不同的君子之交

1045年初，北宋仁宗庆历年间进行的改革，即“庆历新政”，触犯了贵族官僚的利益，因而遭到他们的阻挠。主张改革的代表人物范仲淹（公元989—1052年）、富弼（1004—1083年）、韩琦、欧阳修等相继被排斥出朝廷，各项改革也被废止，新政归于失败。

不久，山东一带有人啸聚山林，聚众打劫闹事。朝廷派范仲淹、富弼等前去查办此事。富弼是范仲淹的学生，早年得到范仲淹的大力举荐，有师生之谊，年龄相差十五岁，他以父辈名分尊敬范仲淹。富弼对范仲淹说：“我看这些州县长官拿着朝廷俸禄，姑息养奸，形同通匪，都应定死罪，不然今后就没人愿去剿匪了。”范仲淹则说：“你不知道闹事者势强，远在山林，难以围剿，地方政府兵力不足，贸然围剿，只能是劳师伤财，让百姓白白受苦受累罢了。他们按兵不动，摆出缓剿架势，这大概是保护百姓的权宜之计啊。”

富弼不同意范仲淹的看法，脸红脖子粗地与恩师争执起来。有人劝富弼：“莫太过分了，难道忘了范先生对你的大恩大德吗？”富弼却答：“我和范先生的交往，是君子之交。先生举荐我，并非因我的观点始终和他一致，而是因为我遇到事情敢于发表自己的看法。我怎能因为要报答他就轻易放弃自己的主张呢？”

以天下为己任的范仲淹自然不会计较个人恩怨，更不会因为富弼顶嘴而生气。他说：“富弼遇事有主见，不盲从，不随便附和别人。我欣赏他，就是因为这个呀。”

范仲淹与富弼“相勖以忠，相劝以义”(《祭范文正公文》)，在报效国家、追求自我完善的过程中，始终保持着亦师亦友亦同僚的忘年之交。《论语》说：“君子和而不同，小人同而不和。”就是说君子可以与他周围保持和谐融洽的氛围，但他对待任何事情都持有自己的独立见解，而不是人云亦云，盲目附和；小人则没有自己独立的见解，虽然常和他人保持一致，但实际并不讲求真正的和谐贯通。范仲淹与富弼的交情，正是和而不同的君子之交。(参考文献：《涑水记闻》《续资治通鉴长编》《宋史·列传第七十二·富弼》)

启示　**范仲淹与富弼是师生关系，且对富弼有举荐之恩，一为名师，一为后生，富弼对范仲淹当然应该知恩图报。但是在关系“剿匪”安民这样的大问题上，富弼勇于发表自己的看法，不怕与老师兼上司看法相左，践行“和而不同”的理念，不亚于西方亚里士多德“吾爱吾师，吾更爱真理”的精神，赢得了范仲淹的理解和尊重，给后人留下了宝贵的启迪。今天，我们在处理人事关系时，当悉心体会先贤提出的“和而不同”理念的价值，善于应用，做到与人为善，坦诚相见，求同存异，团结合作。**

182
高价生意低价做

听一位经营珠宝首饰的朋友侃生意经，让人大开眼界。他利用低价经营，让一家小店三个月赚取一百万元的厚利，确实高人一筹。常言道：高端生意经，低端生意精；越是高端越好做，越是低端越比拼。如何让生意处处出蓝海，经营创新是关键。朋友告诉我，顾客买饰品，一看品质，二看价格，三看服务，而饰品经营最终看的是品质保障。由此，朋友展开了他的经营创新。

由于市场上假货太多，为了让顾客信得过，朋友保证“假一罚万”。他把整齐的一沓一万元现金放在柜台信誉箱中，让信用保障看得见。倘若有谁不信，他立即派人派车送顾客去权威部门验货，一旦有假，当场赔付。就这样，他在业内创造了响当当的信誉。

什么叫服务？朋友的解读很有趣。他告诉我，低端客户就是希望自己的“聪明”被认同。平时在生活和工作中，大多数人会自认为不太成功，如果在这里讨得便宜，那该是一种多么开心的价值认同。为了招揽生意，朋友又推出“进店送水晶，人人有一份”的免费赠送服务。为了聚集人气，免费水晶不是整串地送出，而是一颗颗地任由顾客在柜台挑选，待顾客挑够一串的数量，店员再帮他们免费穿绳。这样一来，店里能保持十几个人在柜台旁开心地挑挑拣拣。一时间，火红的生意景象吸引了不少客人光顾。

朋友做的是中低端客户，面向价格敏感的人群。因为品质有保障，低价就更好做文章。朋友学习沃尔玛“集中采购、批量贩卖”的经营模式，创造了自己的低价经营模式。比如，水晶是一种高档时尚饰品，一般饰品店少说也要四五百元一串，朋友却做了“特价处理”，即每天在店里摆出一个“特价台”：一串18元起，最高180元。谈到此，不禁为朋友担心，如此一来，不亏死才怪，何来高额利润？朋友一语道破天机：高端买价值，低端买便宜。实践证明，尽管有不要钱的饰品赠送，还有18元的低价水晶处理，但毕竟人们追求的还是品质。一天下来，在特价台，基本上70%的客户买的还是180元的较高价位的水晶饰品。说起来朋友的点子一点不奇，无非是把经营讨巧与商业诚信嫁接在了一起。

某公将同样的方法运用到一次策划里，那是深圳的一家保健礼品商贸城。开始老板不理解，问某公为什么要把保健品与礼品这两个不同业态混合在一起经营？这样做可不可行？于是，某公讲了一个故事：巴黎有一个年轻的画家，很想把自己推销出去，于是，他倾尽家产又向朋友借钱，在巴黎著名的艺术街开了一间画廊。没想到，像这种小画廊根本无人问津。临关门那天，他心情烦闷地来到街头一家小咖啡馆喝咖啡。没多久他就发现，这家咖啡馆虽小，客流量却相当大，半个小时进出的客人，超过艺术街所有华丽画廊来往的客人总和。既然如此，何不将小画廊改造成咖啡馆呢？如果人们一边欣赏精美的图画，一边喝咖啡，那将是另一番景象吧？

于是，一个星期后，他的小咖啡馆开张了。尽管位置并不显眼，但咖啡的香气足以吸引过往的客人，当大家坐下喝着咖啡时，会惊奇地发现四周墙壁上挂满了一幅幅有创意且精美的画作。就这样，他的咖啡馆门庭若市，其中有不少投资者。一天下午，有人问起了这些作品的来历，当得知这些作品出自咖啡馆老板之手后，敬意油然而生。不久，一则消息在艺术街上传开了：那个开咖啡馆的老板竟是个画家！至此，他的咖啡馆名扬巴黎，作品也被抢购一空。

果不其然，这家保健礼品商贸城按上述模式一开业，就迎来财源滚滚的开门红，当天营业额达6万多元。（参考资料：严世华《高价生意低价做》，《莫愁·时代人物》2021年第1期）

启示　运用逆向思维经商，往往能出奇制胜，获得高收益；不是靠

投机取巧、精于盘剥，而是靠发挥智慧，遵循规律。人有本性所在，但有兴趣变化，有情绪变动，有爱好追求，因而市场有弹性，有潜力。善于因应者，则胜之。上述故事中的画家通过观察，发现咖啡馆生意好，聚人气，于是把画廊与咖啡馆结为一体，生意就红火了。

第八篇 诚实思维

诚实思维就是尊重事实、实事求是，有一说一、有二说二，不自欺、不欺人；也就是说，做老实人，说老实话，办老实事。诚实思维需要自信，做老实人需要勇气，人可能因诚实吃亏上当，也可能因诚实受气憋屈。这需要顶得住。科研需要诚实，与朋友交往需要诚实，在社会上树立形象也需要诚实。诚实可能会吃亏上当，但最终能赢得大的成功。俗话说："千奇百巧，不如本分做人。"所谓本分，就是诚实无欺；但是，诚实思维不是愚笨，不是窝囊，不是傻瓜，也不是自作聪明。诚实思维是最根本的科学思维，是最可靠的智慧思维。

183
周公一沐三握发，一饭三吐哺

西周时候，周公为了治理天下，不仅自己十分勤苦，还极其虚心地听取贤良人士的意见。有时他正在洗头，因为有人前来提意见或建议，他不等梳洗完毕，拧一把湿头发就赶忙出来接见，有时洗一次头发中间停止三次之多。有时他正在吃饭，因为有人来提意见或建议，他不等把饭吃完，赶紧放下碗筷，起身接待来访者，有时吃一顿饭中间停顿三次之多。相传大禹也具有这种精神，对贤能人士十分尊重，鼓励他们积极主动地随时提出治理国家的意见和建议，及时弥补自己知识的不足，为治理好天下服务。听取别人的意见或建议，有助于全面了解治理天下的道理，掌握真实情况，使周公的谋划、决策与客观形势相符合，顺应发展规律，使西周政权稳定，天下得以安宁。（参考文献：《史记・鲁周公世家》）

启示　君臣将相治国理政，必须勤政、廉政，国家才有希望做到安定繁荣。西周时期，成王年幼，周公代行管理权力。周公做到了“民惟邦本”，谦虚谨慎，临深履薄，“一沐三握发，一饭三吐哺”，兼听则明，正确决策，治理有方，政绩彰显。孔子在谈到这段历史时，由衷赞叹：“周监于二代，郁郁乎文哉！吾从周。”（《论语・八佾》）因此，“一沐三握发，一饭三吐哺”成为官员勤政的形象，是勤政的写照和楷模。相传大禹受命治理天下洪水时，他总结了父亲鲧修筑堤坝堵塞洪水招致失败的教训，变堵为疏，决定开凿河渠，将天下江河的洪水导入大海。据说，在大禹开始挖渠时，因为放水冲毁了许多田园房屋，许多百姓不得不在废墟瓦砾中栖身，因而也招致了许多人的反对。但是，大禹边做思想工作边治水，十三年“三过家门而不入”，最终带领大家治好了水患，造福于天下苍生，也因此受到百姓的衷心拥戴，千古流芳。“三过家门而不入”，大禹无疑是勤

政为民的杰出代表。

184
心里的马

1934年春天，徐悲鸿应邀到苏联国立博物馆举办个人画展，并受苏联主办方盛邀，在现场作一幅奔马图。

开馆的第一天，有着苏联“骑兵元帅”之称的布琼尼便早早等候在展馆外。展馆开放后，他第一个走了进去，占据了好位置，想看徐悲鸿现场作画。

工作人员给徐悲鸿介绍了布琼尼元帅，这让他一怔，急忙上前握手致意，欢迎苏军重要人物前来捧场。

徐悲鸿开始润笔、理纸，没多大工夫，一匹栩栩如生的奔马跃然纸上，在场的人除了惊叹，就是热烈地鼓掌了。布琼尼走到徐悲鸿面前，真诚地说：“徐先生，这匹马送给我吧，不然我会发疯的。”

徐悲鸿欣然应允，重新铺好了画，题上款赠给了布琼尼。布琼尼拿着这幅画，就像得到了宝贝一样，对徐悲鸿说：“先生的神笔不仅属于东方，更属于整个世界。你笔下的马比我骑过的任何一匹都健美。”

“不不不，你有一匹马，我画的马永远都比不上。”徐悲鸿说。

布琼尼有些发蒙，急忙问徐悲鸿：“请问徐先生，是哪一匹马呢？”

徐悲鸿笑了，对布琼尼说：“是你心里的马啊！”布琼尼似懂非懂，但还是笑着和众人鼓起了掌。

1941年，因为在基辅战役中，布琼尼力主撤退，与斯大林发生争执被撤了职。虽然最后苏联红军数十万人被俘，结果证明他是对的，但他还是淡出了军界核心圈，到了一个闲职上。

就在这一年底，德军兵临莫斯科城下，斯大林准备搞一场声势浩大的红场阅兵，然后送这些青年上战场。

可是，谁来检阅部队呢？斯大林有意让布琼尼出山，可又不知道如何对他说，毕竟前面自己的固执伤透了布琼尼的心。而布琼尼很快便得到了这个消息，他恨斯大林，但又热恋卫国的战场，内心极度挣扎。

这天晚上，他拿出徐悲鸿画给他的马，突然想起了徐悲最后说的那句话，他心里的马比画的任何马都要好。

那一刻，他突然热血沸腾。是的，他心里的那匹马一直在狂奔，从来就没有停下，而且比任何一匹马都要精神。那一刻，他毫不犹豫地下了决心……

1941年11月7日，布琼尼骑着高头大马，代表最高统帅部巡视了部队。从此，他重返军队，再次骑上了心爱的战马，也悄悄地改写了人生的命运。而他的经历也告诉我们：任何一项事业，如果你一直热爱着，那就不要压抑对它的情感，这是你成功的催化剂。（参考资料：程刚《心里的马》）

启示　不仅是画家徐悲鸿笔下有一匹马、一匹栩栩如生的马，我们每个人的心里都有一匹马，那就是我们的梦想和希望。可是在现实中，我们会经常遇到各种各样的阻力，我们的梦想会被现实的铜墙铁壁击得粉碎，我们心中的那匹马会慢慢萎缩，甚至死亡。

不，我们一定要喂养好心中的这匹马，让它永远生龙活虎，让它一直存在于我们的生命里，让它不断激励着我们，让我们的生命永远保持热情和挚爱，即使命运阴差阳错，最终让我们与梦想擦肩而过，但是追求就会有副产品，它会让我们的生命与众不同，迸发出耀眼的火花，绽放灿烂的光芒。因此，如果你一直热爱着心中的这匹马，那就不要压抑对它的情感，让它奔腾，这是我们迈向成功的第一步。

185
杯弓蛇影：心病还需心药治

晋朝的乐广（？—公元304年，字彦辅）有位很要好的朋友，朋友好久没到他家中做客了。突然有一天，朋友来到乐广家。乐广问朋友："为什么隔这么久才来？"朋友病恹恹地回答："我上次到你家中做客，承蒙你给敬酒，我端起酒杯正要喝，忽然发现杯子里有条蛇，心里十分厌恶，但又不好对你直说。结果喝下去就病了，而且病得很重。"

乐广开始有点纳闷，他反复琢磨不得其解。他转而向房间里巡视了一下，看见厅堂的墙壁上挂着一张角弓，弓上了漆，漆上画成了蛇的花纹。乐广终于搞明白了，客人所说的杯中"蛇"，可能就是墙上这张弓的影子。然而，朋友已患重病，要治好朋友的病，必须使朋友确信杯中"蛇"乃是墙上弓影。乐广略微沉吟，想出了一个主意。他在上次宴请朋友的地方，恢复上次的布置和摆设，重新摆下酒，一切依旧，然后叫朋友入座，对朋友说："你在酒杯里看见了什么没有？"朋友回答："和上次看见的完全一样，酒杯里有蛇。"于是，乐广对朋友说："这杯中的蛇，就是墙上弓的影子。"朋友抬起头仔细地瞧着墙上的弓箭，恍然大悟，病立即就好了。（参考文献：《晋书 · 列传第十三 · 乐广》）

启示　俗话说，治病贵在对症下药，"药对方，一口汤；不对方，一水缸"，"心病还需心药治"。朋友得的是心病，治心病吃的药如不对症，即使千百剂也不会见效。乐广指明了病因，用"心药"治心病，立刻"药"到病除。尤其值得称道的是，乐广让朋友坐在上次坐的地方，完全恢复朋友之前致病的环境，让朋友再次看到"蛇"，诱导和启发朋友回忆思考，触景生情，然后释疑。对于一个精神已受创伤的人来说，这种办法是对路的、智慧的，也唯有这种办法才能解决问题。

186
夜而计过

提起夜晚，自然以“秉烛夜游”为趣事。但是，善于修身的古人，在夜晚，还有一项重要的功课要完成，那就是“夜而计过”。

《国语·鲁语下》有记载：敬姜是位贵族夫人，她的儿子在朝中做大夫，按说她可以养尊处优，但是敬姜却每天夜晚都要织麻，劳作不辍。儿子觉得母亲太劳苦，就劝说母亲休息，不要让儿子感觉难堪。敬姜对儿子讲了一番道理，说的是从天子到庶人，都要劳作，自己也不例外。其中说到“士人”的劳作，“士人”以学业为重，白天讲习，傍晚复习，到了晚上，就要反省自己这一天有没有过失。这就是“夜而计过”。在《菜根谭》中，也提到过清夜是一个反省自己的好时候。“夜深人静独坐观心，始知妄穷而真独露，每于此中得大机趣；既觉真现而妄难逃，又于此中得大惭忸。”这段话说得真是太好了。在安静的夜晚，白天的喧嚣浮躁都远去了，一颗心静定下来，正好可以检讨自己一天的作为。哪些做对了，哪些做得不对，此时都一清二楚了。做错了，感觉“大惭忸”，就可以“知耻而后勇”，积极改正过错。人的德行，就会一天天得以提升。

中国文化是强调“自省”的文化，曾子所谓“吾日三省吾身”，这“夜而计过”，就是明证。荀子在《劝学》中也说：“君子博学而日参省乎己，则知明而行无过矣。”

《东坡志林》中，苏轼记载弟弟苏辙的一则谈话，说有人死而复生，就问冥官如何修身才能免罪。冥官告诉他准备一本记事簿，每天晚上将自己白天的所作所为都记录下来，如果有见不得人的不能记载下来的事或话，那就不能做、不能说。

苏轼给弟弟的这则谈话命名为《修身历》。其实人人都应该有这样一本“修身历”。“夜而计过”，就是要把自己一天做的好事坏事原原本本记下来，见不得人的不能记载下来的事或话也要记，就是要让自己生愧疚心，如《菜根谭》所言：有“大惭忸”。自己看了眼热心跳，感觉不自在，这就有了改过的动力。不然的话，文过饰非，只记住自己做得对的事，每天的错处却随做随忘，那么人就会一天天变得自大，觉得这个世上只有自己对，别人都是错的，时间长了，没有不摔跟头的。

《红楼梦》中写道贾雨村路过智通寺，看到一副对联：

身后有余忘缩手

眼前无路想回头

这副对联其实就是为贾雨村写的。可能贾雨村没有“夜而计过”的习惯，所以他始终没有明白这副对联的真意。等到有一天，“因嫌纱帽小，致使锁枷杠”，恐怕他才会明白过来，自己真是无路回头了。贾雨村号称曹操似的枭雄，可惜他的“智”，是一点也不“通”呀！

所以说，真正的“智通”还得要有这“夜而计过”的真功夫。苏辙肯定是给哥哥讲了个笑话，但这个笑话，却意趣深远，耐人寻味。世上没有死而复生的人，但可以有“知过则改”的人，孔子的弟子子路不就是“闻过则喜”吗？一个人如果有了这“夜而计过”的真功夫，那么有人肯热心指点他的过错，他一定是会坦然而欣慰地接纳，并及时改正的。（参考资料：叶春雷《夜而计过》，《思维与智慧》2024年第01期）

启示　通过“夜而计过”的方式，达到“吾日三省吾身”，从而逐步实现“修身、齐家、治国、平天下”的远大目标，是中国士人普遍的路径。对于这一点，在春秋以来的历代文献中不乏记录。白天都忙于工作、劳动，夜晚得空，而且安静，正是反思修身的时光。当然，反思在白天也可以进行。常言道“静坐常思己过”，就说明只要有空，就可以反思、总结。一个人如果善于总结，坚持“夜而计过”，则有助于自己保持清醒，居安思危，保持谦虚谨慎，决策周全，从而不犯大的错误，行稳致远。历史上那些取得大成就者，莫不是善于总结反思，以史为鉴，以人为镜，严格自律的。

187
保持适当的饥饿感

人们一直认为运动是最好的养生方式，而富有经验的老中医说：饥饿疗法是最有效最廉价的养生保健方法，应排第一。因为食量大了，那么消化食物的过程必然产生气体，气体把胃撑大了，胃就会顶着脾脏，两个肋缘下就会不舒服、隐隐作痛，所以需要适当节食。胃缩小了，饥饿感就不会那么强烈了！

我有老胃病，吃过不少药，但不忌嘴的毛病老是改不了，常有胃疼、胃胀。后来我下定决心，管住嘴巴，除了定时定餐，不抽烟不喝酒，少吃辛辣刺激外，我做到少食，每餐七分饱，适当保持饥饿感，几个月坚持下来，胃不疼了，也不胀了，人也有精神和力气了。我还注意晚上睡觉前两小时不吃东西，保证胃休息，消化好，不影响睡眠，从而以更好的状态开始新一天的工作。

咱小区的朱姐，五十多岁了，身材依旧苗条，活力四射，邻里无不羡慕。她对人讲，她很早就开始注意养生。不受珍馐美味的诱惑，不嘴馋，晚餐常常少油、少盐，青菜下肚，只吃三分饱。原来她的健康秘诀也是保持适当的饥饿感。

看我们取得这样的健康成绩，妻子和女儿身材微胖，也积极行动起来，适当保持饥饿感。没过多久，立竿见影，身体恢复了苗条，走路带劲了，气色变好了，不但没有出现营养不良，而是更美丽和健康了。

有人根据《黄帝内经》得出论断："肠常清，人长寿；肠无渣，面如花。"意思是说，只要肠道常常保持清空状态，就能健康长寿，而且肠道里的毒素排干净了，面色也会很好，白里透红有光泽。反之，肠道不大好、经常便秘的话，那些有害物质堆积在体内会让人发胖，也会导致脸上出现斑点、皮肤粗糙、失去光泽等一系列问题。而清空肠道，就要少吃一点，适当保持饥饿感，这样消化就会快得多。

生活中不少人在觥筹交错、饕餮盛宴时忘记了节制，晚上吃得好、常常吃夜宵，以致大腹便便、“三高”接踵而至，苦不堪言。那么，少食一点，留一口给未来，未来将还你年轻与健壮。

保持一定的饥饿感不仅体现在饮食上，工作上也应该如此。拼命三郎、每天高强度工作不可取，而要注意劳逸结合，这样才能细水长流，有源源不断的活力。有一个朋友，太拼，每天把自己绷得紧紧的，晚上像“夜猫子”，经常熬夜，以致四十多岁便进了抢救室，在心血管上装上了两三个“支架”，悔不当初。其实，生活中许多事情急不得，活儿干不完，钱财挣不完，要懂得“徐图”，这样才能攀登更高的境界，实现更大的目标，成就更强大的自己。

莎士比亚说：“情欲犹如炭火，必须使它冷却，否则，那烈火会把心儿烧焦。”保持适当的饥饿感，还要求欲望少一点，名利看得淡一点，使自己活得轻松一点，快乐一点。如果金钱欲、贪欲、色欲等过于膨胀，管不住手脚和大脑，任其发展，就会像野草越长越旺，终有一天起火烧起来，会将人烧得体无完肤。（参考资料：杨兵《保持适当的饥饿感》）

启示　**《保持适当的饥饿感》一文中，作者讲了养生的秘诀，其实也是养生的基础知识，也是哲学中的重要常识。凡事都有辩证法，都必须遵循辩证法，方能有规律地生活，顺畅地生活。而作者由养生联系到工作，由食多伤胃到累必伤身，提醒自己和他人有劳有逸，劳逸结合，方能既完成工作，又保护身体健康。作者又进一步联想到人的“欲望”不可过多，如果钱欲、贪欲、色欲等过于膨胀，超过了正常需要，势必出问题。至此，提出点睛之笔，令人豁然开朗。**

188
狄仁杰狱中诉冤情

狄仁杰（公元630—700年，字怀英），并州太原（今山西省太原市）人，中国古代著名的破案、断讼专家。唐高宗仪凤年间，狄仁杰为大理寺丞。他明察秋毫，主持正义，依法办事，一年中曾结案一万七千人，竟无一例冤案！

一次，武卫大将军权善才误伤了皇家昭陵一棵柏树，高宗见祖坟古柏被伤，认为是不祥之兆，下令将权善才斩首。狄仁杰受理此案，经调查研究，他认为权善才罪不当死，按照法律判他免职。高宗闻知，变色道："权善才折断昭陵树，是陷我于不孝，因此必须杀他！"狄仁杰正色回答："明主不可夺理，忠臣不可畏惧。陛下的做法，偏离了大唐刑律，按服律令，徙流死罪，具有等差，岂能犯一般罪行的均令赐死？法若不定，则百姓无所遵循。今陛下为昭陵一棵树而杀一将军，十年之后，世人该如何评议陛下？臣恐陷陛下于不道，所以不敢奉诏杀善才。"高宗听罢，点头称是，认为狄仁杰见识高远，正大光明。于是收回诏令，赦免权善才，并升狄仁杰为侍御史。

狄仁杰为官，秉公办事，刚直不阿，从不冤枉一个好人，也不放过一个坏人。由于他不与那些欺压百姓的权贵同流合污，所以得罪了一些上层人物。一次，狄仁杰被武则天的宠臣来俊臣诬陷有意谋反，被捕下狱。为置狄仁杰于死地，他们用大刑逼供。狄仁杰为保住性命，暂且屈招，被判死刑。在待刑期间，有一好心狱卒知道狄仁杰的为人，便偷偷找来笔砚，让他写冤书上诉。狄仁杰有了墨但无纸张，他便拆下被头，书写上诉冤书，然后藏于棉衣之中。他的儿子来探监时，他将其交给了儿子，其子为救父亲，手持"被头书"，到宫门喊冤。武则天听说狄仁杰之子捧被头写的冤书鸣屈，便亲自接见，这才弄清楚狄仁杰被屈打成招的经过。于是，命来俊臣将狄仁杰释放。

公元697年，狄仁杰恢复了宰相之职。在他任职期间，一如既往，为国为民，赤胆忠诚。原司刑亟要以叛逆罪处死被突厥胁从的人，狄仁杰认为胁从不应与叛首同罪，请求赦免了；武则天想造浮屠大像，狄仁杰认为这是劳民伤财，劝阻了。更令人吃惊的是，他竟敢建议召回被武则天放逐的唐中宗李显，并向武则天推荐了张柬之、姚崇等一些著名将相，这些将相成为武则天晚年最宠信的大臣。狄仁杰之所以这样做，且敢于这样做，缘于他出以公心，动机纯正。

公元700年，狄仁杰病逝。武则天为之举哀，三日不朝，深表怀念。（参考文献：《新唐书·列传第四十·狄仁杰》）

启示　狄仁杰秉公断案，堂前从无喊冤声；狱中用被头写上诉书，得以免除冤刑；晚年频频谏阻上方的错误决定，事实证明他是出以公心，动机纯正，没有私利，他的谏言也是正确可取的。狄仁杰诚实思维，智慧超群。

189
“千人之诺诺，不如一士之谔谔”

“真话”是社会的一种稀缺资源，“讲真话”与“听真话”是良知和责任。唐初名臣裴矩，旧为隋臣。为隋炀帝服务期间，裴矩善于揣摩隋炀帝的心思，投其所好。隋炀帝曾称赞裴矩：“大识朕意，凡所陈奏，皆朕之成算，朕未发顷，矩辄以闻。自非奉国用心，孰能若是？”隋炀帝好大喜功，裴矩就建议在东都洛阳举行规模盛大的庆典；隋炀帝渴望“四夷宾服，万邦来朝”，裴矩就支持发动对外战争。隋朝灭亡，裴矩降唐。唐太宗纳谏于朝，裴矩像变成了另一个人，诤言直谏，敢于为唐太宗纠错。唐太宗褒奖他："裴矩能当官力争，不为面从。倘每事皆然，何忧不治？"

对于裴矩前后的不同变化，司马光在《资治通鉴》中这样评价："古人有言：君明臣直。裴矩佞于隋而忠于唐，非其性之有变也。君恶闻其过，则忠化为佞；君乐闻其过，则佞化为忠。是知君者表也，臣者景（景，此处同影）也，表动则景（影）随矣。"

古人说，信言不美，美言不信。我们平日里大多提倡人们要讲真话，但讲真话、敢诤言的寥寥无几。毕竟，真话诤言多为逆耳之言，并不那么中听，有时还会令人反感不快，弄僵关系不说，甚至可能引来无妄之灾或杀身之祸，谁又愿意用切身利益去给自己惹麻烦添乱子呢？于是很多人信奉"祸从口出"的生存哲学。说察言观色的讨好话、报喜藏忧的称心话、虚情假意的违心话、溜须拍马的奉承话，也就成为不少人明哲保身的处世之道了。

历史与现实都告诉我们，说真话的"指挥棒"握在听真话者手中。只有在那些愿意听真话、能够听真话的人面前，人们才敢于讲真话，愿意讲真话，乐于讲真话。因为，讲真话哪怕是讲错了，天也塌不下来。当然，听真话不仅需要虚怀若谷的胸襟，也需要创设一个平等对话的氛围和条件，否则，就容易存在交流障碍和隔阂。

蔡元培德高望重，在师生中有很高的威望，很受众人的尊敬。但蔡元培平易近人，平时从不摆架子，也乐于听师生们的真心话。在一次座谈会上，他在和学生交流中突然发问："一加一等于几？"在座学生一时不明就里，感觉凭蔡校长的学识，这个问题肯定不会那么简单，皆不敢贸然回答。过了一会儿，有个学生小声说："等于二呗。"蔡当即大笑说："对嘛，一加一就等于二嘛。你们这样崇拜甚至迷信偶像，连真理也不敢说了，真理就是真理呵。"

学生们面对蔡校长的简单问题不敢贸然应答，哪怕是知道真实的答案也不敢说，是因为怕说错话丢面子，这当然更囿于蔡元培的权威身份。这也从另一面提示我们，自己如果有权威身份、权力地位、荣誉光环，这可能是让人有所顾忌、保留的心理负担，也是让人讲真话需要打破的思想枷锁。

一位愿听真话的人，如果遇到一直不愿对自己掏心窝讲真话的人，是无法与之交往的，只能敬而远之。而如果你是领导的话，必须知道“千人之诺诺，不如一士之谔谔”的可贵，也不可一味放低身段，听之任之，对缄口保身之辈也须做一区隔，这方面不妨学学晏婴的做法。

《说苑》记载，高缭曾在齐相晏婴手下做家臣，三年后晏婴却把他辞退了。身边的人说：“高缭侍奉先生并无过错，您不仅没给他爵位，还要辞退他，这难道是道义允许的吗？”晏婴说：“我是一个卑微而水平不高的人。通过礼、义、廉、耻才能匡正自己。现在高缭他跟随了我三年，却从来没有对我说过什么真话、纠正过我的过失，这就是我辞退他的原因。”身边的人豁然开朗，由衷悦服。（参考资料：王厚明《一句真话比整个世界的分量还要重》，《思维与科学》2023年第13期）

启示　古人云：“善真为德。”讲真话，折射出一个人的正直品质，是真理在身、正义在手和有公心正气的体现。听真话，同样是一种可贵品格，有了“言者无罪、闻者足戒”的胸怀，就拥抱了真理，拥有了力量。从这个意义而言，讲真话，听真话，营造一个求真务实的环境和氛围，是我们的共同责任。

190
劝谏不休的韩休

韩休（公元673—740年，字良士），京兆长安（今陕西省西安市）人，唐朝宰相。在历史上以直谏闻名，在后世享有盛誉，其刚正不阿的品行在《旧唐书》《新唐书》中均有记载。

唐玄宗年间，韩休担任虢州刺史。他性格耿直，一向不趋炎附势。虢州位于长安与洛阳之间，是皇上移驾东都的必经之地。玄宗往返比较频繁，且每次路过这里，大队人马所需草料等，均由当地官吏向老百姓摊派征收。虢州民众不堪其扰，怨声载道。韩休上任后为此事专门上书请求减免。时任宰相认为，草料事小，予以驳回。事实上此事并不小，已严重影响到当地百姓生计，许多人家要耗资或变卖家产，到外地购买草料应付御差。穷苦人家负担不起，只好卖儿卖女筹资。韩休于心不忍，再次上表，说道："这样长期下去，百姓被逼无奈，保不准会群起反抗。"属下劝他说："您这样做会得罪宰相。"韩休说："作为地方官，不能为百姓减轻负担，何以为政？若因此而获罪，我心甘情愿。"于是再次上书给宰相。宰相见韩休说得这么严重，就把奏折呈给了皇上。玄宗感到这的确不是小事，遂下令免除虢州百姓的这项额外负担。玄宗听宰相说这是韩休的第二道奏折了，感慨地说："难得韩休体恤民情，一再吁请，这样的官员多一个，百姓就少一分灾难，也让我多一分清醒。"

后来韩休拜相，万年县尉李美玉获罪，皇上旨令将其流放岭南。韩休当着满朝文武的面谏阻说："李美玉不过是个小官，所犯亦非大罪。如今朝廷有大奸尚且未受惩处，怎能舍大而取小呢？金吾大将军程伯献恃恩骄纵，贪财谋利，超标建住宅、配车马。臣请求陛下先把大奸拿下，再抓小害也不迟。"玄宗没同意。韩休说："轻罪尚不能宽宥，重罪却放过不问，陛下若不惩处程伯献，臣便不会流放李美玉。"玄宗见韩休说得在理，只好同意了。

韩休眼里容不得沙子，事无巨细，直言敢谏。玄宗喜好狩猎、宴乐、歌舞，每当铺张过甚，便问左右侍从，韩休知否？话音刚落，韩休的谏书就已送达，这让玄宗有些闷闷不乐。侍从说："自从韩休拜相，陛下忧多乐少，为何不赶他走呢？”玄宗说：“我虽瘦了，但天下却肥了。韩休劝谏虽多，我退朝后却能睡得安稳。我用韩休为相，是为国家社稷考虑。”韩休坚持不懈地率直进谏，曾让老臣宋璟赞叹：“韩休如此，真乃仁者之勇啊！”（参考资料：杨祚合《劝谏不休的韩休》，《滕州日报》2022年6月29日）

启示　辅宰劝谏“不休”，容易使君主烦恼，也可以使君主保持清醒。正因为有韩休这样的辅宰劝谏“不休”，盛唐余晖才得以延续，待到宋璟、张九龄、韩休等一干直臣相继离世，开元盛世也就终结了。“良药苦口利于病，忠言逆耳利于行。”其中的道理人人都懂，身体力行却不容易。韩休之所以敢言上谏，在于他出以公心，所言在理，关系国家政治清明；唐玄宗信任韩休，宽容大度，善于纳谏，也是重要原因。

191
渡人 · 渡己

越来越喜欢“渡”这个字。《说文解字》这样解释：“渡，济也，从水度声，徒故切。”“渡”的本意是横过水面，也就是从水的此岸到彼岸。比如，渡江、渡河与泅渡等，都用“渡”的本意。对大多数人而言，不擅游泳，无法独立完成渡河的工作，因此，产生了一种特殊的职业——摆渡。在浩瀚宽阔的水面上，摆渡人驾着小舟，风里浪里，划桨摇橹，劈波斩浪，穿梭往来，朝迎日出，暮送夕阳，把旅客送到想要抵达的地方。摆渡的工作虽然平凡，却受人尊敬，因为所做的，恰恰是一种有利于他人的事情。

摆渡，渡的是人的身体，另外一种，却要摆渡人的灵魂。

当一个人思想上遇到过不去的坎时，就需要有人为之开导，祛除疑云，破解迷雾，拨云见日，打开心结，看到希望的曙光。当得到别人的启迪和鼓舞，即使暂时无法摆脱眼前的困境，无力走出命运阴冷潮湿的幽谷，但内心深处已滋生出无限的希冀和勇气。人，一旦打开囚禁心灵的牢笼，就能坦然接受命运赐予的苦难，咬牙坚持，默默积蓄力量，总有一天，能够冲破重重束缚，重新获得内心的安宁与快乐。

俗话说："渡人如同渡己，渡己如同渡人。"当看到饱受苦楚折磨的人，重新站在阳光下，重新感受阳光的煦暖和明媚，重新拥有发自内心的温暖的笑容时，自己的内心又将是一种怎样的欢欣和幸福。每个人都不是一座独立的孤岛，都与他人有着千丝万缕的联系。"渡人"的同时，何尝不是在"渡己"，也就是对自我灵魂做着救赎。显然，在为别人破壁填坑的时候，无疑等于行善积德，为自己赢得真切的福报。

要渡人，尽己所能帮助别人摆脱困境，更要懂得渡己，做自己的摆渡人。当自己身处逆境，深陷命运的沼泽之地，切不可丧失生活的信心，任由悲观绝望的毒蛇咬噬心灵，而要时时鼓励自己挺直胸膛，笑对人生风雨。在漆黑的暗夜里，要一遍遍对自己说：阴郁的日子里需要镇静，一切都是暂时的，乌云遮不住太阳，说不定明天就会峰回路转、柳暗花明，也许这只不过是命运的一场恶作剧。要笃信，当自己经受住了厄运考验，命运将会露出温情脉脉的容颜，给予更扎实、更丰厚的馈赠。

渡，是一个痛苦的充满艰辛的过程，也是一段风光旖旎的旅途。从此岸到彼岸，可以欣赏沿途各种风景，也会经历各种有趣好玩的事情，还会见识各种人的真实面目。所有的经历都是财富，所有的苦难终将化为提升自己的台阶。当整理好行装，收拾好心情时，眼中有光，面带微笑，将所有的美好珍存于心，将所有不堪的过往，交付于岁月浩荡的长风，开启一段崭新的人生旅程，这时你已走上了自强不息的道路。

渡，无论渡人还是渡己，都是修行。当人们历尽劫波或帮他人渡过激流险滩时，人生总会走向圆满，内心总会趋于圆润，幸福的清泉将在心田，汩汩流淌。（参考资料：张燕峰《渡人·渡己》）

启示 渡，无论是渡人还是渡己，都是追求人生圆满和心灵安宁的过程，都是自我修行的必经之路。渡，是一个多么美好的词语，在渡的过程中，赏风景，增知识，识人心，启智慧，润情怀，当你完成了渡的事业，你的生命将冲破所有的束缚，浴火重生，破茧成蝶。

因此，我们不要畏惧人生路上的挫折和磨难，也不要害怕遇到的陷阱和欺骗，更不要担忧遭逢别人的排挤和打击。所有的这些都是为了成就你而来，都是你人生的一笔又一笔宝贵财富，当你有勇气冲过命运的激流险滩，必将驶向人生浩瀚广阔的海洋，与最好的自己相遇。

多一点忍耐，多一点坚持，多一点等待，仔细品味“渡”的艰辛，尽情享受“渡”的快乐，让“渡”成为垫高我们人生的台阶。

192
狄青靠战功改变命运

北宋名将狄青（1008—1057年，字汉臣），能够从一个低等军官快速跃升至延州指挥使，完全是凭着勇而善谋的个人能力与征伐战功。但在那个出身决定命运、门第高于一切的封建时代，就算狄青的功劳再大，能力再突出，他寒门子弟的身份，也使他免不了受到那些有着豪门世族身份官员的白眼和攻讦。

在时人看来，为了自己仕途更加顺畅，狄青一定希望有个狄姓名人做祖先，从而缩短自身与豪门世族间的距离。

皇祐四年（1052年），宋仁宗拜狄青为枢密使，他成为全国最高军事长官。这时朝中一个与他同为狄姓的官员，多次声称自己是唐朝著名宰相狄仁杰后裔、嫡系子孙，为了证实自己所言不虚，他还拿着一幅狄仁杰画像作为凭据到处炫耀。在他看来，狄青虽然出身卑微，但却深得最高领导——宋仁宗赏识，如果自己和他多套套近乎，让他替自己美言美言，说不定自己的官职也会更上一层楼。于是他找到狄青说：“你也姓狄，我也姓狄，说不定五百年前我们就是一家人，不如我们就一起认狄仁杰做祖先吧，这样不但抬高你的身份，狄公也会因有你这样的子孙而含笑九泉，何乐而不为？”

狄青听了这位狄姓官员的话，谦虚地笑笑说：“我本来就是一个出身贫贱的人，这是无法改变的事实，我不过是偶然立了点功劳，得到皇帝垂青，才得以有这么高的地位，我又怎么敢高攀狄公做祖先呢？”一看狄青不买账，他先是表情尴尬，继而心中失落。和狄青同姓的同僚之所以不遗余力，非要拉着狄青认狄仁杰做祖先，其实他是打着自己的算盘，因为他的狄仁杰后人身份，并未得到人们的广泛认可，他觉得只要狄青和自己一样，成了狄仁杰后人，就可以减少别人对自己的质疑，起码可以堵住一部分人的嘴。没想到狄青非但没有就坡下驴，还委婉地反对自欺欺人的做法。（参考资料：葛文景《不愿名人做祖先》，《思维与智慧》2022年第1期）

启示　狄青勇于承认出身贫寒，不拉大旗作虎皮，诚实做人，靠自己艰苦奋斗博取功名，富贵之后又不忘根本的品行，为他赢得了更高的威望，被朝野广为传颂。狄青的这一举动，也为那些因出身低微而受歧视的人，树立了一个样板：出身卑微，门第不高，只要自己努力，也有可能改变命运，有所作为。

193
从不说谎开始

司马光是北宋政治家、史学家、文学家，他小时候砸缸救人的故事，在中国可谓家喻户晓，从北宋一直流传至今。但是，我们在现今司马光留存的文字中，从来没有看到过他提自己砸缸救人这件事。在司马光自己的记述中，让他印象最深刻的童年往事是青核桃的故事。

当时司马光只有五六岁，和姐姐在一块儿玩，他们想要把一颗青核桃去皮。青核桃外皮很难去，司马光和他的姐姐忙活了半天也没能把皮剥下来。姐姐有事离开了，只剩下司马光一个人。这时，他们家有一位老仆人过来了，他非常有经验，弄了点热水把青核桃烫了烫，三下五除二就剥下了青核桃皮。仆人走了以后，司马光摆弄光溜溜的青核桃玩。姐姐回来了，问是谁剥的，司马光得意地仰起脸说："是我剥的呀！"

父亲悄然站在一旁，将事情的经过看得一清二楚，见司马光小小年纪竟然学会了撒谎，立即沉下脸大喝一声："小孩子不能说谎！我从头到尾都看到了剥核桃的过程，你怎么能说谎呢？"

这件事情深深地烙印在司马光的脑海里。多年以后，司马光在一封信中写道这件事。他说，从那以后，我再也不敢吹牛了，不说谎，做一个诚实的人。这就是司马光从父亲那儿得到的教诲。

同样都是童年发生的事，司马光对自己救人的事只字不提，而对让自己难为情的青核桃念念不忘，时刻提醒自己要做一个诚实的人！

诚实的"诚"字，在成年之后司马光对它有了深刻的认识。他曾经说过，诚一定是要发自内心的，因为你有一颗挚诚之心，那么你表达出来的东西别人是能够感受到的。本着挚诚之心，以最诚实的态度对待别人，对待自己，不隐瞒自己的感受，勇敢地表达自己的观点，坚持理想、坚持原则，这是司马光一辈子遵循的做人原则。

后来，司马光有个学生要离开他到外地工作，行前来问司马光："先生，能不能给我一句话作为座右铭？"司马光想了想，说道："诚实的'诚'字，记住这个字一定会让你受益终身。"学生又问怎样才能做到"诚"，司马光又说："从不说谎开始。"

司马光不仅自己践行诚实，同时他把这颗美好的种子又传递给了自己的学生后辈。清人陈宏谋评价司马光一生："以至诚为主，以不欺为本"。《宋史》评价司马光，"德之盛而诚之著也"，认为他的诚实出于天性，所以天下人都敬重信任他。而这颗挚诚的种子，是在司马光童年时代摆弄青核桃被父亲大喝一声时种下的。（参考文献：《宋史·列传第九十五·司马光》；参考资料：高桃芝《从不说谎开始》，《思维与智慧》2022年第28期）

启示　从不说谎开始，做到诚实；做到了诚实，方能成就事业。不说谎，要求敢于讲真话，敢于讲出自己的缺点和过失，要求有一定的自信心。这是不经训练、不经培养做不到的。孩子的品格受家风影响，良好的家风培育人的诚实品格。自幼就养成诚实品格，利于孩子走上正轨，早日成才。

194
曹玮的天才与汗水

曹玮（公元973—1030年，字宝臣）是北宋的一员名将，历史记载其"平居甚闲暇，及师出，多奇计，出入神速不可测"（《宋史·列传第十七·曹玮》）。平时看着很悠闲，可等到出兵征战时，往往奇谋妙策迭出，进退神速，鬼神难料。简单一句话，曹玮打仗，拼的是智，不是力。

曹玮驻守镇戎军（今宁夏回族自治区固原市一带）时，有一次和夏军交战，敌人一击即溃，跑得比贼都快。曹玮于是下令驱赶牛羊、捡拾辎重，一样东西也不能落下，结果原来严肃整齐的军队，瞬间变成了乱糟糟的搬运队，阵形尽失。夏军本来已跑出几十里之外，探听到曹玮贪图战利品、队伍混乱不堪，立刻回师偷袭。夏军大队人马很快追了上来，曹玮听到敌人的马蹄声，派人迎上前说："你们来回奔波一定很累吧。我们不想趁别人劳累时占便宜，请让兵马好好休息，过一会儿再决战。"夏军主将正为士兵疲困而忧虑，很高兴地接受了这个建议。过了好一会儿，曹玮才派人说："如果你们休息好了，就放马过来吧。"于是，双方鸣金开战，结果只一个回合，夏军就被打得落花流水，只剩下残兵败将落荒而去。手下人高兴之余又很不解，为什么要让西夏人休息好了才开战呢？曹玮解释说："我知道西夏兵疲惫不堪，于是故意装出贪图小利的样子引诱他们。等他们果然上当又追回来时，差不多又要行军近百里。这个时候，如果让他们鼓足余勇即刻交战，胜负之数犹未可知；可是他们是刚刚经过长途跋涉的人，这时候如果稍稍休息一下，就会下肢麻痹，无法站稳，人的精气神也会相对低迷，作战乏力。我就是用这个办法取胜的。"

曹玮简直就是一个生理学兼心理学大师，不仅掌握敌人的心理，"故为贪利以诱之"，还十分清楚人体在不同情境下的身体状况，看似为其着想，让其喘口气，实际上是让其不堪一击。这种战争属于真刀真枪的有形战争，而有的时候，曹玮只是写几个字、说几句话，就能杀敌于无形，神妙无比。

曹玮镇守渭州（今甘肃省平凉市、宁夏回族自治区泾源县一带）时，与夏将鞅鞨作战。对方智勇双全，领兵十万，曹玮知是劲敌，有意避其锋芒。一天，他听说鞅鞨偶染风寒，卧病在床，不由心生一计，他命人在寨前设了一个祭坛，举行隆重的祭祀仪式，并亲自登坛祷告。之后只留下少数士兵守寨，当晚夏军劫寨而去，不仅得祭物银器近千两，更重要的是还得到了曹玮的祭文。祭文很快被呈送到了夏主那里，内容竟然是祈求上天保佑鞅鞨，有病快点好。夏主二话不说，一刀结果了鞅鞨，鞅鞨部下纷纷归降宋朝。这一仗曹玮兵不血刃而破夏十万大军。

还有一次，曹玮正请几位将领喝酒，负责侦探敌情的骑兵行色匆匆地前来报告说："将军不好，有数千名士兵叛变投降胡人去了。"将领们都大吃一惊。曹玮却谈笑如常，不慌不忙地对那个骑兵轻声说："他们是奉我的命令去的，你不要张扬出去。"不久胡人听说这件事，以为降兵是曹玮派来诈降的兵士，便将他们全数处斩。

曹玮假敌人之手而灭己之敌，以无兵而胜有兵，用兵如神，事事高明。不过曹玮最令人钦佩之处，还在于他的远见。

有人说曹玮的成功，因他是天才，这可能有些道理，因为他的父亲就是北宋初年著名的将军曹彬。所谓老子英雄儿好汉，必须承认强大的基因的作用。然而，曹彬所生四子，为什么只有曹玮出类拔萃呢？原因就在于他虽然出身好，但却喜欢读书，他所到之处一定载有几辆车的书，闲暇之余手不释卷，所有的时间都用在了学习和思考上，这让他通晓“春秋三传”，尤其精通《春秋左氏传》。世上所有的天赋，如果不被汗水浇灌，那也不会开出绚烂的花朵。（参考资料：清风慕竹《天才与汗水》，《思维与智慧》2020年第03期）

启示　曹玮遇事沉着，料事如神，指挥若定，战无不胜，的确称得上天才。而他的天才，一方面来自遗传基因，另一方面来自他的勤奋好学，饱读经书，胸有韬略，而后者更重要。

195
海瑞备好棺木，冒死进谏

海瑞是中国历史上有名的清官，被世人称为“海青天”。有不少后人向他学习，刚正不阿，为民造福，成为忠良之士；每当朝政腐败、奸佞专权、生灵涂炭之时，民众呼唤“青天”出现；特别是当那些忠臣良将受到陷害时，人民则抬出海瑞，为他们鸣冤叫屈。

明世宗时，当朝权相严嵩专权，他在全国各地网罗党羽，一手遮天，残害忠良，欺压百姓，作恶多端。严嵩在浙江的亲信总督胡宗宪，以严嵩为靠山，横行一方，敲诈民众，却又装出爱民如子的样子。胡宗宪的儿子也狗仗人势，到处搜刮民财，抢占民女。一次，胡公子路过淳安，驿站没有设宴款待，胡公子竟把驿吏吊起来一顿痛打。海瑞早已对胡氏父子的恶行感到气愤，早就想治一治他们，苦于没有机会。听到此事，他想出了一条妙计：他先命差役将胡公子捆起来痛打一顿，没收其剥夺来的全部银两，然后修书一封，连同胡公子一起押送给胡宗宪，说此人冒充胡公子干坏事，有意败坏总督的名声，请胡总督酌情发落。胡宗宪看着他那被打得遍体鳞伤的儿子和手中的书信，哭笑不得，明知这是海瑞戏弄他的，但又不敢声张，只好吃了个哑巴亏。这也是对他的一个警醒。

1564年，海瑞到京城任职。他发现明世宗朱厚熜二十年不理朝政，却拜道士陶仲文为师，求长生不老之术。海瑞为“正君道，明臣职，求万世治安”，冒死写了《治安疏》，尖锐地批评了皇帝的过错。他指出当今吏贪将弱、民不聊生的严重局面，提出除佞臣、清仕途、选军士等具体建议。他知道上疏后，皇帝会治他死罪，奸佞之臣也不会放过他，但为了国家，为了民众，他又不能不上书直陈。于是，他在上呈谏书之前，就事先买了棺材，并拜托好友为他办理后事。果然，皇帝见疏大怒，将海瑞逮捕，判了死刑，囚于大牢。后因世宗自知海瑞所言不虚，朝中也有人为海瑞讲情，广大百姓为其请命，因此始终未下令执行海瑞的死刑。1566年，世宗病死，海瑞获释复任。此后，他继续施展自己的治世才能，为国家、为民众做了许多好事，人民千古称颂。（参考文献：《海忠介公全集》《明史·列传第一百十四·海瑞》）

启示　海瑞（1514—1587年），字汝贤，号刚峰，海南琼山（今海南省海口市）人。明朝著名清官。海瑞一生，经历了正德、嘉靖、隆庆、万历四朝。海瑞以打击豪强、严惩贪官、平反冤假错案、主持正义知名，禁止徇私受贿，执行“一条鞭法”，强令贪官污吏退田还民，遂有“海青天”之誉。海瑞爱惜民生，敢斗权奸，冒死谏君，先备棺材，成为千古佳话，家喻户晓，妇幼皆知。万历十五年（1587年），海瑞病逝于南京官邸，获赠太子太保，谥号“忠介”。

196
公正执法与勇于自劾

明朝嘉靖年间，浙江平湖县人陆光祖出任河南浚县知县。浚县有富户华某，无端地被牵涉进了一场重大案件，蒙冤入狱。历届知县要想将其处死，都苦于证据不足；要想为他平反，却因为他家十分富有，担心有人会弹劾自己收受了华某的贿赂。就这样一拖再拖，华某在狱中也是年复一年，不见天日。

陆光祖到任后，立即对华某一案进行了深入的调查，确证他是无辜者后，当天就卸掉了他的手铐脚镣，放他回家与亲人团聚，然后才向台省使者禀报。台省使者为难地说："华某是浚县的首富，你难道就不回避瓜田李下的嫌疑吗？"陆光祖回答："我只问他冤枉不冤枉，并不问他富裕不富裕。如果确实有罪，哪怕他像上古贤人伯夷、叔齐那样高洁贫寒，也没有活命的道理；若系蒙冤含垢，哪怕他富裕得超过当年的陶朱公范蠡，也没有处死的法则。"台省使者听了，不住地点头，对陆光祖深为器重。

后来，陆光祖被提拔为吏部郎中。掌握了这个用人大权后，他往往自行罢免、提升官员，根本不向上一级台省请示禀告。吏部尚书孙丕扬便向朝廷弹劾其专权擅政。于是，陆光祖被削职为民。

就在陆光祖收拾行李准备回乡时，偏偏遇上了孙丕扬。陆光祖向孙丕扬深深作揖，从容地说："承蒙老尚书赐教，光祖获益匪浅。不过今日的吏部门下，请托买嘱，营私舞弊，贿赂公行，一片乌烟瘴气。如果一件件事都向上司呈报请批，迁延日久，这帮人耳目甚多，一旦得了风声，必然四处活动，走内线、寻靠山，事情往往就办不成了。如果不专擅一点，还怎么能主持公道呢？因此，老尚书的这份弹劾疏，实在是弹劾错了。"孙丕扬沉思良久，终于点头道："你说得不错，事情确实如此，这是我的过错啊！请您暂停，不要急于回乡。”孙丕扬当即骑马回家，重新起草了一份奏疏，先检讨自己弹劾不当，请求责罚；接着又大力推荐了陆光祖。于是没过多久，陆光祖就官复原职。这件事情传出去后，人们对陆、孙二人都大加称赞。（参考资料：沈淦《执法与自劾》，《思维与智慧》2022年第31期）

启示　祖富欺贫固然可恶可恨，但怕担受贿嫌疑，不敢替富民申冤，也是不正当的行为，同样可气。因为两者都是为了一己之私而亵渎了国家大法。陆光祖则不然，他不论贫富，唯法是依，有罪则穷者亦罚，无罪则富者亦释，表现了公正立场。他担任吏部郎中，深知当时官场腐败，因而办事雷厉风行，不给跑官要官者活动时间和机会，表现出理政智慧。孙丕扬官居吏部尚书之高位，勇于自责，知错就改，亦属难能可贵。

197 不自律，皇帝也帮不了你

古代有个叫武展元的人，去京城参加考试，结果高中状元。但是这个武展元是个酒鬼，嗜酒如命。这回高榜得中，有朋友设宴为他庆贺，他便兴冲冲地去了。而在去之前，他已经得到正式通知——皇帝要在第二天早上亲自召见他。按理说，被皇帝召见这么大的事，关系到皇帝对自己的初次印象，关系到自己今后的仕途发展，应该给予高度重视才对。可这个书生太喜欢喝酒了，所以还是兴冲冲地到朋友家赴宴去了。赴宴也行，你少喝一点，意思意思，早点回家，做好见皇上的准备也行，可他见酒就没命，在朋友那里一杯接一杯地喝，喝得烂醉如泥、人事不省，朋友们只好把他抬到床上让他睡下。结果，他一直睡到天亮才醒。他猛然想起了皇帝召见之事，吓得出了一身冷汗，连忙策马向皇宫赶去。但为时已晚，当他大汗淋漓地赶到皇宫时，皇帝早已升殿了。皇帝见这个状元如此没有时间观念，分不清轻重缓急，初次见皇帝就迟到，一怒之下，革去了他的功名。（参考资料：唐宝民《不自律，皇帝也帮不了你》，《思维与智慧》2020年第21期）

启示　**有的人因为没能得到上司的赏识而郁郁不乐，心有不平，其实，想得到上司的赏识，既要抓住机遇，也要做好自己，确有长处，还要加强自律，严格要求自己，才能把握住机会。如果不能严格要求自己，大大咧咧、马马虎虎，很难脱颖而出，也不能引起上司的赏识，即使一时被赏识，也不能持久。武展元的失误说明，如果不自律，皇帝也帮不了你啊！**

198
天才，就是缓慢的耐心

我们总是对天才抱有一种神秘感，他们，到底有哪些不同于常人的奥秘？从科学家爱因斯坦、爱迪生、牛顿，到艺术家达芬·奇、罗丹、莫扎特，从文学家莎士比亚、但丁、雨果，到商界奇才比尔·盖茨、马斯克，再到篮球天才乔丹、科比，乃至中国古代诗人李白、苏轼、文学家曹雪芹……

这些在全世界范围内响当当的天才人物，无疑有着极高的天分、突出的才智、卓绝的创造力和想象力，所以被称作与“神”最接近的人。

他们无一例外都是某个领域顶尖儿的成功者。他们的成功，当然有天赋的因素；然而，天赋断不是决定性的唯一。20世纪90年代，美国著名心理学家埃里克森曾做过有关“音乐天才”的研究，在世界最好的艺术学院——柏林音乐学院，他们分组跟踪调查三年，得出结论：第一，根本不存在“与生俱来的天才”，没有人能够花费比平均水平少得多的时间，达到比平均水平高得多的成就；第二，世界上不存在所谓的“劳苦命”，没有一个毕生努力且方法得当的人，不能获得成功。那些顶级演奏家，训练何止是比其他人努力，而是比其他人努力十倍，甚至百倍。

天分，不是天上掉下来的东西，随手一接就行了，而是得接得住、守得稳，不断琢磨维护和默默精进，并终生灌注于实践中；否则，即便身为天才，最终也将“泯然众人矣”。

法国作家福楼拜说：天才，就是缓慢的耐心。

一事当前，当别人无法忍耐悻悻离去的时候，只有天才在坚持。这世间普遍的事实是：天才画家，都是一直在画画的人；天才音乐家，都是一直在作曲的人；天才文学家，都是一直在写作的人……在别人目标涣散或无所事事时，他们一直在创作着后来被称为天才的作品。他们因此获得了“天才”的名号。

放眼世界，无一例外。1902年，二十七岁的诗人里尔克应聘去给六十二岁的雕塑大师罗丹当助理。在这位年轻诗人的猜想中，名满天下的罗丹一定过着十分浪漫恣肆、与众不同的生活。而真实情形大相径庭，罗丹竟是一个整天孤独地埋头于画室的老人。里尔克问：“怎样才能寻找到一个要素，足以表达自己的一切？”罗丹沉默片刻，极其严肃地说：“应当工作，还要有耐心。”

罗丹道出的，是成功的秘密，也是天才的秘密。

人生百年，三万六千五百日，足够一个人用缓慢的耐心成就自己。一分一秒，点点滴滴，都在见证着耐心的发生。耐心，似一个充满好奇的孩子，永远兴兴头头、不知疲倦地向着世界发出思索与探问。耐心，是一个怀有梦想的人，以无声之奋斗冲破精神的桎梏，以无形之焰火消融思维的冰层。

牛顿说：“天才就是思想的耐心。”门捷列夫说：“终生努力便是天才。”中国古人说：“锲而舍之，朽木不折。锲而不舍，金石可镂。”（《荀子 · 劝学》）

耐心，是意志力的磨炼、爆发力的蓄积。

音乐神童莫扎特，创作出被奉为经典的第九号钢琴协奏曲，是拿了整整二十年的苦练打底儿；世界首富比尔·盖茨在大学之前已不间断练习编程七年，一周七天、一天八个小时不离电脑；莫泊桑成名前默默无闻地写小说、诗歌近十年……

耐心地思索，耐心地做事，耐心地识别自我的缺陷，耐心地自我弥补提高，耐心地享受沉浸工作本身的美妙。所谓的成功，便是耐心护佑下慢慢前行的整个过程，最终会水到渠成。

我们这些资质平平的普通人，凭着执着干劲和耐心精进，同样会提升工作和学习能力，从而练就一手绝活儿，做出不菲的成绩，成为别人眼中的天才。

耐心，是一种养分，一种素质，一种珍惜生命、催人前行的力量。光阴箭急，时光不待，耐心会让时间慢下来，把耕种者的镐头从一望荒芜，推向春色满园的五彩缤纷，并在守望中，收获丰硕的果实。（参考资料：米丽宏《天才，就是缓慢的耐心》，《思维与智慧》2024年第1期）

启示　天才人物有哪些异于常人的特点？普通人能做出天才人物那样的成就吗？回答是肯定的。普通人固然没有天才人物那样极高的天分、突出的智力；但卓绝的创造力、非凡的想象力、出色的才干，都是可以在长久的坚持和充满恒心的努力中锻炼而来的。成功，就是在耐心护佑下慢慢前行，最终水到渠成的过程。

199
成功的诀窍在“耐烦”

现实生活中，“能耐”一词的意思，等同于“本领、能力”。拆开来讲，能耐就是能“耐”，耐得寂寞，耐得冷清，耐得劳苦，耐得烦琐，耐得人情冷暖，耐得运道起伏。

耐烦，是一种可贵的做人的素养。烟火日子、个人修为、工作事业，要往高处走，都需要静心沉潜，踏实而行。三尺讲台上的教师，耐心钻研学科教法，耐心传授知识，耐心等待学生成长，一个“耐”字见高低。戍边卫国的士兵，“白天兵看兵，晚上看星星”，清冷寂寞是他们的常态化生活；治病救人的医生，“不烦”代表一种职业素养，不厌其烦地解释、精益求精地诊疗，一个“耐”字见境界；飞向太空的航天员，在常人看来，工作是如此神秘、有趣、充满探险意味，而飞天之路莫不是由航天员坚定的信念和无数极限训练开辟铺就的。挑战极限，意味着最高级的耐烦：疯狂转椅上天翻地覆的晕眩，载人离心机心跳加速的失重，仪表器件烂熟于心的操作……

就连我们平凡的小日子要过出滋味来，不也需要耐烦静心吗？生活的真相就是一事推着一事、一个麻烦叠着一个麻烦。面对生活，不耐烦，是人的本能，耐烦则是一种能力。

耐烦，是一种做人的智慧。耐烦的耐，不是被动应承，而是主动选择，勇于担当。

晚清政治家曾国藩极为推崇“耐烦”之心，他在给好友李宫保的信中说：“若遇棘手之际，请在忍耐二字痛下功夫”；在给九弟曾国荃的家书中也说：“居官以耐烦为第一要义。”他以为耐烦体现在做人做事上，要勤勉克制，心无旁骛。

曾国藩识人选才，也是以耐烦为依据。淮军创建之初，李鸿章为他推荐了三位人才，他没有立即召见，而是暗中观察这三个人的表现。半个时辰后，三人中的一个东张西望，略显躁动；一个规规矩矩站在庭院里，但神色焦急；只有一个人神态自然，精神放松。

曾国藩对李鸿章说：“这三个人中，只有一人堪大用。”李鸿章问：“老师如何得知？”曾国藩微微一笑：“做大事，最重要的是耐烦。这三人当中，只有一人耐得烦，能成大器。”

事实证明，曾国藩的判断是准确的。被他看中的那个人就是日后的淮军名将、中法战争中的大功臣刘铭传。所谓“耐得千事烦，收得一心清”，耐烦的人能够掌控杂念妄想，消解烦恼，保持温和平静，也能包容人事物境的纷扰，不怕繁难，不惧干扰，锲而不舍，坚忍不拔。

临大事有静气，其要义就是“耐烦”。

耐烦，还是一种心境的平和与崇高。万里之行，得一步一步走；鸿篇巨制，须一字一字写；长卷画幅，必一笔一笔描；家常日子，亦一针一线连缀缝补。这一步步、一字字、一笔笔、一日日的那种平和坚持，便是耐烦。具体在行动上，是务实肯干，勤勉不惰；是沉潜努力，百折不挠。

作家沈从文是个很耐烦的人。他的每部作品都会反复修改，少则四五遍，多则十几遍。一本《边城》，就写了半年多，平均每天三四百字，精雕细刻，一丝不苟。他当老师，批改学生文章，认真细致，写下的建议和修改意见比原作正文还多。他做报纸编辑，改稿编稿，斟酌推敲，从不敷衍。正是凭着“耐烦”的功夫，他从一个小学毕业生，一路走到大学名师、文物权威、著名作家。他曾说：“我不希望比谁聪明，只希望自己比别人勤快一点、耐烦一点。”（参考资料：米丽宏《认认真真地“耐烦”》，《思维与智慧》2023年9月第25期）

启示　无数事实证明，耐得小烦，可成小事；耐得大烦，能成大事。人生无处不磨炼，耐得住烦是晴天。只有认认真真耐得烦，不怕枯燥，不怕琐碎，不怕反复，保持定力，凝神静气，才有希望成就事业，提升自己，奉献社会。

200

兴趣成就的艺术大师

齐白石是“穷窝子”里长大的，他只上了一年私塾就辍学了。然而，就是这短短的一年读书时光，让他培养了一种兴趣，那就是画画。

1864年，齐白石出生在湖南湘潭乡下一个叫杏子坞的小村庄，那时家乡的风俗，凡是产妇的房门上，都要挂一幅雷公神像，据说能保佑平安。这种雷公像画得很粗糙，多是乡间的画匠用朱笔在黄表纸上画的。齐白石五岁时，家里添了二弟，家里就挂这雷公像，他觉得很好玩。齐白石八岁时上了私塾，隔壁的同学家也挂上了雷公像。齐白石忽然心血来潮，越看越有趣，就想模仿着画一画。他跟同学商量好，放学后就来到了同学家，对着挂在房门的雷公像，就在写字本的描红纸上画起来。刚开始总也画不好，不满意，就灵机一动，想了个办法，搬了一只高脚木凳，用一张包过东西的薄纸覆在画像上面，用笔勾描了出来，画好一看，还算满意，同学也说好，就又画了一张，送给了那位同学。

没想到隔壁的同学拿着那张雷公像到蒙馆里一宣传，班上的同学都夸齐白石能画，称赞他是未来的大画家，这给了齐白石满满的信心，从此一颗爱画画的种子，就在他的心里扎下了根。

齐白石受到同学们的鼓励后，一发不可收。他不仅画雷公，还画花鸟虫鱼、飞禽走兽，凡是目光所及的东西，他都要画。所以他的写字本里的描红纸就越撕越少。往往是刚换了一本新的，过不了几天就被撕完了。事情被齐白石的外祖父发现了，外祖父训斥道："不能只顾玩，不干正事，你看看描红纸白费了多少。"接下去又讲了一通大道理："一粥一饭当思来之不易，半丝半缕恒念物力维艰。"齐白石表面上听着外祖父的教导，而心里想画画的愿望更加强烈。

一年后，齐白石辍学了，他要在家挑水、种菜、扫地、打杂，还要帮忙照看两个弟弟，画画的时间，越来越少了。眼看着兴趣的种子就要被沉重的生活泯灭时，命运向他伸出了援助之手。

齐白石十五岁那年，父亲看他身体弱，气力小，田里的活实在干不了，就让他学了一门木匠手艺。刚入门学的是上梁立架的粗木活。有一年秋天，他和师傅收工回家的路上，遇上三个迎面走过来的木匠同行，师傅侧着身子，站在路旁，满脸堆笑地向他们问好，等他们走远时，才继续赶路。齐白石就问师傅："他们是木匠，咱们也是木匠，为啥要对他们低三下四呢？"师傅说："小孩子不懂，我们是大器作，做的是粗活，他们是小器作，做的是细活。这种手艺，不是聪明人，是一辈子也学不成的。我们怎敢和他们平起平坐呢？"

齐白石听后，下决心要学小器作，后来就向父亲说了自己的愿望。父亲同意了，十六岁那年，就让他拜了一个叫周之美的细木匠为师，从此开始了细木匠的学徒生涯。齐白石的绘画兴趣和精雕细琢的细木匠活结合在了一起，齐白石越干越起劲，很快成了闻名乡里的雕花匠。

齐白石十九岁那年学徒出师，正式开始了细木匠的江湖生涯。二十岁那年，他在一个雇主家中，看到一部《芥子园画谱》，爱不释手，他仔细看了一遍，才发现自己以前画的东西，实在要不得，画人物不是头大了，就是脚长了，画花卉不是花肥了，就是叶瘦了，如果较起真来，似乎都有大大小小的毛病。

齐白石一下子找到了自己的不足，就把《芥子园画谱》借回家中，晚上收工后，用松油柴火为灯，照着画本一幅一幅地临摹，足足用了半年时间，才把《芥子园画谱》临摹完，订成了十六本。经过细心揣摩，并以此为根据，推陈出新，齐白石的细木匠活，再也没有不匀称的毛病了。齐白石的名声从此传扬开来，十里八乡都知道他这个好木匠，活做得好，画得也好。

齐白石没有受过正规的教育，全凭自己的兴趣和不断练习，走上了绘画的道路，他所从事的细木匠活，也为他后来成为绘画大师打下了基础。

从一个小木匠，到成为一个享誉海内外的大画家，齐白石的人生经历，阐释了一个道理，兴趣加上努力，一定会有收获的。记得鲁迅先生曾说过一句话，多读和练习，才是文学艺术成功的道路，舍此无他。齐白石的成功，正是践行这样一种道路。（参考资料：侯国平《兴趣成就的艺术大师》，《闽南日报》2021年3月30日）

启示 《论语·雍也》曰："知之者不如好之者，好之者不如乐之者。"齐白石只上过一年小学，开始只是做小木匠，但他不甘居平庸，最后成为大画家，凭的就是兴趣爱好，兴趣爱好促使他终身努力。他的成功，也再次证明"天才来自勤奋，成功来自坚持"的规律。

201
招聘考试的唯一制胜者

1998年10月，香港廉政公署执行处面向本处全体工作人员公开选拔一名首席调查主任。经过严格的资格审查和层层推荐与筛选，最后有四十多人进入了笔试环节。时年四十三岁的蔡双雄也参与了这次选拔考试。蔡双雄二十五岁就进入廉政公署工作，承办过多起大案要案，具有很高的专业水平。对于这次考试，他不敢大意，做了充分的准备。

考试进行得很顺利，多是些专业性的题目，蔡双雄做起来轻车熟路，可是最后一道题把蔡双雄难住了。这道题分值高达二十分，成败在此一举。

题目是这样的：请简述唐太宗李世民为了保护环境，采取了哪些措施，并详细论述其合理性。

蔡双雄知识面并不窄，而且因崇拜唐太宗，平时读过不少关于李世民及贞观之治的书文。但是，此时他绞尽脑汁也想不起来，李世民在环保方面有过什么施政措施。交卷时间快到了，无奈之下，蔡双雄只好在试卷上写下了这么一行字："我实在想不起来李世民在环保方面有过什么举措，对不起，这道题我不会答。"

一道二十分的题没做，还有希望吗？交卷后，蔡双雄很沮丧。廉政公署选拔官员，考什么环保？一些关系好的同事了解情况后，都纷纷安慰蔡双雄。

万万没有想到的是，两个星期后考试结果出来了，最后的那一道题蔡双雄竟然得了满分，并且只有他一个人得了满分。蔡双雄成了进入面试的唯一人选。选拔委员会是这样解释的：唐太宗时，还没有环境保护这种说法。纵观李世民一生，他也没有为了保护环境采取过任何措施。这道题根本就没有答案，或者说最标准的答案就是“不知道”。原来，这道题是从联合国教科文组织的试题库里抽出来的，目的就是测试应试者的诚信度。“知之为知之，不知为不知。”这才是做人应有的科学态度，也是负责任的表现。遗憾的是，竟然有那么多的考生妙笔生花地列出了李世民的多项环保举措，并洋洋洒洒地用数百字论述其科学性和可行性。纯粹是“想当然”之作！（资料来源：朱国勇、周溯源辑议）

启示

“知之为知之，不知为不知”，这是做人应有的科学态度，也是负责任的表现。常言道：“千奇百巧，不如本分做人。”保持诚实的美德，是走向成功的基石。而有不少考生从常规思维出发，认为既有其问，必有其答，所以想当然地列出了李世民的多项环保举措，并加以发挥论证，结果是“下笔千言，离题万里”。而蔡双雄之所以能够判断李世民没有实行环保措施，在于他平时读书多，有丰富的知识积累，因而敢于做出否定的回答。而这次考试尤其看重诚实之美德。作为廉政公署的官员，必须是诚实的、实事求是的。蔡双雄诚实地答题，是取得成功的决定性因素。

202
“不敢”

爷爷有一句口头禅，经常挂在嘴边，这句口头禅就是“不敢”。吃饭的时候，爷爷把碗里的米粒舔得干干净净，他会说“不敢浪费了粮食”；锄地的时候，爷爷会把杂草清理得一棵不剩，他会说“不敢糊弄了庄稼”；秋天场院里晾晒麦子的时候，麻雀飞来啄食，别人用弹弓射击，他只张开双臂做驱赶状，嘴里发出“嘘——嘘——”的声音，他会说“不敢残害了生灵”。村里的人都嘲笑爷爷为人迂腐，可父亲却不这样看，认为“不敢”是自律，是心里有忌惮，行事有分寸。

爷爷年轻时是一个走街串巷的乡间木匠，修理农具，造房架梁，制作家具，样样在行。一日，邻村一户人家的儿子要娶亲，请爷爷去打家具。爷爷背着工具去了之后，看见新买来的木材有些潮湿，便把木材剖开后，在阴凉处晾晒。十天过去了，半个月过去了，二十天过去了，爷爷还没有动工。

巧的是，邻居家的儿子也要结婚，也请了木匠来打家具。那个木匠到来之后，马上大刀阔斧地干开了。破料，拉墨线，熬水胶，锯子，刨子，凿子，轮番上阵，从早干到晚，忙得不亦乐乎。主人看他干活如此卖力，日日好酒好菜款待。而爷爷的雇主不免暗自嘀咕：两家同时买的木料，人家做得，你却做不得，分明就是想多赚些工钱。这样想着，他的脸色不免日渐难看，饭菜也越来越马虎。

那个木匠悄悄劝爷爷赶紧开工，爷爷皱着眉头，诚实地说木材还没有完全干透，还不能打家具。那人嘲笑爷爷死心眼，他把爷爷拉到一旁，狡黠地说：“干不干透跟你有啥关系，你只要做好家具，挣了钱拍屁股走人就是了。”

爷爷吃惊得后退了一大步，眼睛瞪得像铃铛，好像受到了什么意外惊吓。呆愣了片刻，爷爷才梗着脖子跺着脚说：“俺可不敢糟践了好木料，可不敢欺骗了东家。”

一个月后，爷爷才开始动工，精雕细琢，干了足足有二十多天才完工。而爷爷的同行那个唯利是图的家伙早已领了工钱，欢天喜地地回了南方老家。

三个月不到，那家的新家具就严重变形，东倒西歪，像喝醉了酒的粗鄙醉汉，而且木板的接缝处严重开裂，龇牙咧嘴，丑陋不堪。而爷爷做的家具结实美观，完好无损。

这时，雇主才幡然醒悟，意识到自己当初怠慢了爷爷，就羞惭地拿着好酒好菜登门致歉。爷爷搓着一双结满老茧的大手，羞赧地说：“俺也知道如何讨你们欢心，可是俺不敢坏了良心，也不敢砸了自己的招牌呀！”

从此，爷爷的好手艺、好名声，像长了翅膀的鸟儿一样，扑棱棱地飞过三里五村，飞到七里八乡，而后飞得更远，甚至飞到了外县。很多人一听到爷爷的名字都竖大拇指，都纷纷前来请爷爷打家具。

父亲是个读书人，从小耳濡目染，爷爷的“不敢”论早已根植于他的心灵深处，不知何时，就长出了鲜嫩的芽儿，开出了芬芳的花，结出了诚信的果。

父亲是20世纪60年代的大学生。大学毕业时，白发苍苍的老教授恳请他留校做他的助手。但父亲以家有未婚妻为由婉拒了教授的美意。同窗好友都嘲笑他愚顽，不懂得变通，放弃了大好前程。可父亲说，在外读书这些年，爹娘弟妹都是未婚妻辛勤照顾，做人可不敢忘了恩、负了义。

“文化大革命”开始之后，父亲工作的学校老校长被人贴了“大字报”，脖子上还挂着牌子四处游斗。为了给老校长罪加一等，那些不怀好意的人蛊惑父亲捏造事实，揭发老校长中饱私囊。父亲一听，肺都气炸了，他的脸阴沉得像一块生铁，愠怒地说，我刚来学校不久，对学校事务知之甚少，对老校长个人更是不熟悉。我可不敢昧了良心，胡说八道，那样会遭天谴的。

几年后，老校长官复原职，有意提拔父亲做主管教学的副校长，可父亲坚决地拒绝了。他诚恳地说，教育事关每一个孩子的未来，也关系到民族的兴衰。我才不配位，可不敢贪心占据那个重要职位。

后来，父亲在领导岗位任职多年，两袖清风，清清白白，光明磊落，坦坦荡荡。他虽退休多年，但人们还经常说起他的故事，对他很是尊敬。

多年之后，我们兄妹三人也已成人，我们牢牢铭记爷爷和父亲的教诲。“不敢”二字已成为我们的座右铭，融入了我们的血脉，时时勉励我们做一个诚实正直的人。而今，我们已人到中年，经历了许多人世沧桑，咀嚼过诸多人情冷暖之后，愈加觉得“不敢”的可敬、可贵。

是啊，人在做天在看，头上三尺有神明。“不敢”里蕴含着对天地万物的敬畏，珍藏着对伦理道德的坚持。“不敢”是行为的严格自律，是人格的自我锤炼。按“不敢”自律，能够保驾护航，行稳致远。（参考资料：张燕峰《“不敢”》，《意林》2021年第5期）

启示　“不敢”不是胆小怕事，更不是懦夫行为；“不敢”是自律慎独，是心里有忌惮，行事有分寸。在这个红尘纷扰的人世间，名利、权势的诱惑无处不在，让我们的心中始终绷紧“不敢”之弦，时时警醒自己：恪守心中的道德和做人的底线，多一些诚实敬畏，少一些胆大妄为；多一些坚守，少一些任性和放纵。也许我们会与一些物质利益擦肩，但我们会得到更多，是长时间的安心和坦荡，是战胜诱惑的骄傲和自尊，是平平安安的好日子和清清白白的好名声，这些才是人生最宝贵的财富，也是自我最好的成长方式，也是我们对自己最好的爱护，更是岁月对我们最多情最丰厚的馈赠。让我们牢记“不敢”之念，秉持“不敢”之心，让“不敢”为我们保驾护航，顺利抵达人生最后的港湾。

203
“一万”这个数字

古人曾把一万当成最大数字，认为其无以复加，所以产生了许多以万为计数单位的成语，如万水千山、万死不辞、千难万险、万众一心、万紫千红、万千宠爱、千挑万选、万里挑一、千恩万谢、千辛万苦、万里迢迢、挂一漏万等。这里的万都是概略而言，并非严格意义上的“一万”，“万”不像个数词，而更像个形容词，轻飘飘的，虚。

但这个数词也可以很实，譬如万里长江，长江实长一万二千里；万里江山，中国九百六十多万平方公里，这还说少了；还有早年间的万元户，就是指一年收入达到了一万元。

再比如，元朝书法宗师赵子昂，每日能书写近万字；作家张恨水，每日写万字，同时写六本书，被称为“民国码字狂人”；“乒乓女皇”邓亚萍，每天挥拍三万次；铅球冠军巩立姣，练习投掷多达百万次……这些带万的数字可都是实实在在，没有水分的，而且他们都是数十年如一日，雷打不动，最后取得辉煌成就。可见，这世界上其实并无特殊天才，都是一刀一枪拼出来的，一锤一斧干出来的。

创作过“落霞三部曲”的作家二月河，在讲到“成功秘诀”时也说过：“我写小说基本上是个力气活，不信你试试，一天写上十几个小时，一写二十年，怎么着也得弄点东西出来。”他的写作时间，加起来也有五万来个小时了，他的成功并不意外。

西方名人也有同样的感受，可谓“世上英雄所见略同”。例如，帕布罗·德·萨拉萨蒂是西班牙著名小提琴家，在演出后很愤怒地表示：“那些记者们竟然说我是天才，好像我不费劲儿就能成功，这是对我的侮辱！我在三十七年里每天练十四个小时，他们居然没看见。”算起来，一天十四个小时，一年就是五千多个小时，三十七年就是十八万个小时，这个数字确实很惊人。

加拿大畅销书作家麦尔坎·葛拉威尔在《异数》一书中指出：“人们眼中的天才之所以卓越非凡，并非天资超人一等，而是付出了持续不断的努力。只要经过一万小时的锤炼，任何人都能从平凡变成超凡。”他将此称为“一万小时定律”。其实，每个杰出人物的成功都远不止付出一万个小时的代价，一万个小时不过是入门而已。

“一万”这个数字可以很虚，也可以很实，可以成为挂在嘴边吹牛的一时快感，也可以是数十年的孜孜矻矻、殚精竭虑。在我有限的认知里，古今中外，如果一个人的努力程度可以以一万小时为计时单位，以一万次练习为工作单元，他就很难不成功。所以，当一个人在抱怨自己已经很努力、很投入了，却还没有获得成功时，不妨想想那些以一万小时为单位奋斗的杰出人物，如果你还没有做到这一点，那就赶快回去补课吧，临渊羡鱼不如退而结网，天道酬勤，时间从来不会亏待每个人。（参考资料：陈鲁民《“一万”这个数字》，《思维与智慧》2023年第4期）

启示　以上事例说明，名人的杰出成就也是来自勤奋，并非仅仅靠天才、靠灵感、靠机遇。普通人也是可以成才的，普通人成才就靠多花功夫，“勤能补拙是良训，一分辛劳一分才”。伟人马克思深有体会地说：“在科学上没有平坦的大道，只有不畏劳苦沿着陡峭山路攀登的人，才有希望达到光辉的顶点。”（《致莫里斯·拉沙特尔公民》）

204
热爱，就是天赋

如果一个人在某一领域很有成就，一定有不少人会说他很有这方面的天赋。的确，无论干什么，天赋都很重要。关于天赋，有位作家曾说过：天赋分两种，一种是“出厂设置”的“硬天赋”；一种是因心而生、慢慢长成的“软天赋”。“软天赋”，其实可以理解为我们常说的热爱和坚持。如果说“硬天赋”是上天的赏赐，那么“软天赋”就是后天的自我加持。

在一次访谈节目中，主持人夸青年演员黄轩很有演戏天赋。可黄轩却笑着说：“我承认自己是有天赋的，如果一个人莫名其妙地对一件事无比地热爱，我认为那就是一种天赋。”觉得一件事情有意思，且它一直在吸引着你靠近，即使天分不足也要创造一切条件去实现，这就是超出绝大多数人的热爱。

因为对一件事特别地热爱，你才有热情，才会去投入，才会愿意为之持续付出时间、精力。其实这时候，并不需要你一定具备超出常人的天赋，因为热爱本身就是一种天赋。所以，只要满怀热情做自己喜欢做的事儿，假以时日，你就变得很有天赋。那么，“你最愿意做的那件事，才是你真正的天赋所在”。

“我不是为了参加奥运会而滑雪，我最初做这些事情是因为我喜欢，然后顺便开始比赛，顺便开始赢；这让我更喜欢它，再接着去做；我喜欢去做不同的滑雪动作，而不是去获奖……”从一个年长的人的口中说出这些话，可能是谦虚，可能是低调，也可能是“凡尔赛”，而从十八岁的谷爱凌口中说出这些话，所有人都觉得她滑雪、获奖，就是因为热爱。

谷爱凌自己也曾坦言，自己仅有1%的天赋，但付出了99%的热爱。所以，天赋可能很多时候就是披着热情和兴趣的外衣，让你不知不觉地热爱它，想要从事它，然后长久地坚持下去。

越是在喜欢的事情上坚持，越是能获得好结果。邓亚萍在《心力》这本书里讲过这样一个故事：小时候的邓亚萍因为个子矮，几乎被所有的专业教练拒绝，都觉得她没有打球的天赋，不会有什么前途。可邓亚萍对乒乓球的热爱近乎偏执。既然身高有劣势，那就用脚步速度来弥补。邓亚萍每天腿上绑沙袋，身上穿沙衣，负重三十斤跑步；为了避免对方利用她身高的劣势，来回调动她，邓亚萍拼命研究如何把球打得更快更狠，让对方没有机会。最终，邓亚萍凭着这份热爱与坚持，刻苦钻研，创造了一套她独有的打法，并独霸天下。所以，热爱是有能量的，它能让人变得强大。

（参考资料：马庆民《热爱，就是天赋》，《思维与智慧》2023年第16期）

启示　**不平凡的人生，就是人能够在自己所热爱的事情上，发光发亮。发自肺腑的热爱，让你收获了人生中最好的天赋；可持续的热爱，让你拥有了用之不竭的能量；深到骨子里的热爱，让你在平凡中成就了不平凡的坚持……由此可见，投身自己所热爱的事情，变被动为主动，这才**

是通往成功的上上策。子曰：“知之者不如好之者，好之者不如乐之者。”因为热爱，每个人皆可在生活中找到乐趣，遇见更好的自己。每个人都是独一无二的，发掘自己真正的热爱，并坚持到极致，你就一定会与众不同！正如麦家所说：“我坚信什么叫有天赋，热爱就是天赋。我相信这种热爱的程度越深，你对这个事情的天赋也就越大。”所以，很多时候，你不是没有天赋，而是因为不够热爱而错失了天赋。

205 不重蹈驴子的悲剧

与其这山望着那山高，挑来挑去、跳来跳去，最终一事无成，还不如坚持“留守”现有的阵地。这或许也是职业生涯中的一种明智的选择。

有则寓言叫《布里丹的驴子》，讲的是一头饥饿的驴子在路上发现了两堆稻草，它先走到左边的稻草堆，发现好像没有右边的稻草堆多，于是又走到右边。然而，它又发现右边的稻草堆好像没有左边的稻草堆新鲜，于是又走到左边。就这样，一会儿考虑数量，一会儿考虑质量，一会儿考虑新鲜度，一会儿考虑颜色，犹犹豫豫，来来回回，最后这头驴子在途中饿死了。

如今，在跳槽已经被大多数人当成提薪或升职的手段的社会里，也有一些人坚持“留守”，或是耐心地等待，或是积极地挖掘，最终在原单位也能实现自己的职业梦想。比起那些这山望着那山高，挑来挑去、跳来跳去，最终一事无成的人，他们觉得自己是明智的。

现任某中外合资制药公司人事经理的兰小姐，一谈起她的成功之道，便坦率地说：“我在这家公司做了近十年，从市场部秘书，到行政专员，到人事副经理，到现在的人事经理。尽管开始我对工作也不满意，但我一直坚信，最好的机会也许就在我的身边，我需要的只是耐心地等待和积极地挖掘。”

当年由于志愿填报的问题，兰小姐鬼使神差地被华东师范大学物理系录取。为了弥补心里的缺憾，在大学她又辅修了为期两年的国际金融与贸易专业。与不感兴趣的物理课程相比，她的辅修课程倒读得津津有味。但现在回想起来，其实当年物理专业的苦读很好地锻炼了她的逻辑思维能力，对她日后的工作也大有裨益。

毕业后，兰小姐被一家中外合资制药公司录用，职位是市场部秘书，工作与她的专业一点也不搭边。巧的是，当时该公司进入中国市场，正在中国设立办事处，不久她就转到那里，担任人事及总务经理的秘书。由于平时的工作也就是翻译打印一些申报资料，或是跑跑腿、打打杂，做了两年的秘书兼一些办公室行政，慢慢地，她对这种简单琐碎的辅助性工作开始不满意了，她觉得自己应该拥有一份利于长久发展的职业。

往哪个职业转型呢？她最早想到的是市场和财务，后来觉得从事人力资源工作也不错，当时的考虑完全是从自己的兴趣出发的。那么是通过跳槽还是在公司内部等待机会呢？她选择了后者，并且“咬定青山不放松”，再也没有动摇过。当时公司正处于迅速成长的阶段，在经历了第一次合并后正式成立了独资的控股公司，组织结构存在很多变数，不稳定但同时也孕育着机遇。两年后，她原先的上司离开了公司，新组建的人力资源部正好需要招一名行政专员，于是她转到那里负责全公司的行政工作，这时公司已发展到了四百多人，在国外也设立了好几个办事处。

虽然行政工作并不是她理想的职业发展目标，好在这个职位设在人力资源部，而且她自己的工作量相对较轻松，对于其他同事忙不过来的一些人事方面的小事，她都非常乐意帮忙，有时也主动揽一些活来干。她还向领导提出并参加了人事上岗证的培训。不知者以为她自讨苦吃，却不知原来她是在积极主动地向自己的目标靠拢。

在从事行政工作三年不到的时间后，机遇终于向她招手了。原先负责招聘的同事要到国外读书，很自然地，兰小姐成了接替她的理想人选。在踏上社会工作岗位的六年半后，她这才真正走上了自己的职业发展之路。与一般人相比，她的起步很晚，因此她也格外珍惜和有紧迫感。由于有了较长时间的积累，她上手得非常快，后来又经历了公司的第二次合并，其间独立负责人事部的日常运作，保证了平稳过渡。一年半后，由于工作比较出色，她被提升为人事副经理。她不断地在实践中汲取养料，同时也不忘对理论知识的更新，利用业余时间在国内进修人力资源硕士学位。

耐心和努力终于有了回报，去年底，兰小姐被公司提升为人事经理。

有人认为，兰小姐的成功在于运气，其实不然。如果她被动地等待命运的安排，而不去主动地计划、经营自己的职业，那么她的做法只能是守株待兔。职业前程计划是组织和个人双方都参与的事，最终的实现者是个人。因此，不能抱着做一天和尚撞一天钟的态度对付自己的未来，应该有个中长期打算，并在培训和技能训练上做出投资，这样不用靠跳槽也能加薪升职。（参考资料：靳小倡《不重蹈驴子的悲剧》）

启示　兰小姐坚守原单位实现职业梦想与“布里丹的驴子”因犹豫不决而饿死的故事的强烈反差告诫我们，在职业选择上，我们应避免像驴子般犹豫不决、见异思迁。要遵循职业岗位“定向”原则，依据自身条件和发展前景选定职业，即便专业不对口，也可选择有前景的职业并努力适应。同时，职业发展要“定点”，在选定的领域深耕，积累资历与经验，成为资深人士。最后水平也要“定位”，从实际出发，择业时不盲目追求公司名气与高薪，注重自我发展与学习。兰小姐的成功并非偶然，她凭借耐心等待、积极挖掘，主动向目标靠拢，不断积累知识与经验。我们不能被动等待命运垂青，而应主动规划职业生涯，为培训和技能提升投资。只要坚持、努力并善于把握机会，即便不频繁跳槽，也能在原单位实现职业理想，避免陷入如驴子般因犹豫不决而一事无成的困境 。

206
人生得意莫尽欢

某公年轻时，特别欣赏大诗人李白“人生得意须尽欢，莫使金樽空对月”的率性，觉得在那张扬的放纵里，洋溢着快意人生的豪爽。寻常日子里，每每遇到可喜可贺之事，都会邀上几位好友，把酒言欢，畅享生活赐予的得意之喜。

然而，见过尘世间太多的沉沉浮浮、太多的悲欢交替后，某公越来越真切地认识到，人生得意之时，当然可以流露喜悦，却不可恣意地放纵欢喜。

前年，某公结识了一位优秀企业家，这位企业家原是一名推销员，后来接手了一家濒临倒闭的鞋厂。经过他一番大刀阔斧的改革，鞋厂很快就走出困境，成为当地的明星企业，他本人也当选了市人大代表。在事业蒸蒸日上之时，他依然一脸的云淡风轻，人们极少见到他笑逐颜开。朋友好奇地问他：“你的企业发展得这么好，何不尽情释放一下心中的欢喜？”他一脸平静地答道：“人生得意莫尽欢，这是我祖父教导我的。”朋友惊讶道：“古人都特别强调，人生得意须尽欢，您祖父是怎样的一个人，他怎么会秉持如此与众不同的观念？”

在他娓娓道来的讲述中，其祖父的形象如素描般浮现出来：他个子高大，是一个走村串户给人打家具的木匠。他手艺精湛，为人忠厚，做事特别认真，人缘极好，走到哪里都受人尊敬。每当有人赞叹他做的家具漂亮时，他就会面露羞涩，赶紧回一句：“多谢鼓励！我只是用心琢磨了，还得继续努力！”

邻村有位手艺出色的同行，曾多次在酒桌上，得意地夸耀自己与他祖父堪称十里八乡木匠界的“绝代双骄”。对此，他祖父淡淡一笑：“我只是手艺尚可，不敢领受这样的称号。”那位同行笑他祖父太不自信，不懂得好好享受生命中的得意时光。后来，他祖父的那一手“绝活儿”，得到了省城一位大领导的欣赏，祖父被调入省城一个大家具厂，再后来他当了这个家具厂的副厂长，多次被评为省劳动模范。自然，因为祖父的“升迁”，他和家人也告别了乡村，成了乡邻们羡慕的“城里人”。他记忆中的祖父，从未在人生风光时肆意欢悦过，偶尔面露些许的欢喜，也短暂即逝，似乎那些可以尽情得意的时刻，不值得欢欣雀跃，甚至不值得举杯一贺。

受祖父的影响，他和他的父辈们平时也很少喜形于色，他说这种有些淡然的活法，也挺有意思。某公仍有些不解：“人生得意须尽欢，有得意之事，尽情地欢呼，那该多爽啊！”他反驳说：“不尽欢，是要告诉自己保持清醒，知晓天外有天，人上有人，激励自己继续努力，做得更好……”

他这一番话，让某公想起读大学时，著名红学家张锦池教授曾郑重地告诫同学们：“永远不要以为自己做得足够好了，千万不要让一时的得意冲昏了大脑。”还记得，张教授当年被评为国家级教学名师，众人纷纷上前祝贺，他脸上却无丝毫得意之色，谦虚地说：自己只是尽力做一个好老师而已，所有荣誉，皆是对自己努力工作的勉励。（参考资料：崔修建《人生得意莫尽欢》，《思维与智慧》2023年第13期）

启示　人生得意莫尽欢，不是心中没有欢喜，而是愿意低调一些，不尽情释放心中的欢喜，避免被得意冲昏了头脑，乐极生悲。能够在人生得意之时仍淡然处之，不让喜悦搅扰自己前行的脚步，也是一种人生智慧。

207
尴尬促成的一代大师

沈从文出身于行伍世家，祖父累官至贵州总督。沈从文十四岁投身军旅，随军浪迹湘、川、鄂、黔一带，二十三岁时受五四运动影响，只身来到北京，投学未成转而写作。

1928年4月，胡适出任上海中国公学校长，大刀阔斧地进行改革，聘请了一大批著名学者来校任职。沈从文听说后，也向胡适求职，胡适批准了他的请求。此举招致舆论一片哗然，大家认为沈氏虽然发表了一些作品，但其只有小学文化学历，与登上高等学府授课的要求差距太大。而且沈从文给大家的印象一直是不善言辞的，让这么个人来沪任教，所有人心里都觉得不靠谱。但胡适慧眼识珠，力排众议，坚持让沈从文授课。

此时的沈从文已经出版了第一本散文集《鸭子》，或多或少有了些读者。听闻他要来上海教书，第一堂课，他的教室被挤了个水泄不通。他抬眼望去，黑压压一大片全是人，他完全没料到自己这么受欢迎——没料到的后果就是在讲台上呆呆站了十分钟没说一句话。好不容易开口了，他又讲得迅速至极，一面匆匆地讲述，一面在黑板上抄写授课大纲。本来一个小时的授课内容，他在十分钟内搞定。讲完之后，又是一片寂静，场面很是尴尬。见此情景，他只好又拿起粉笔写道："我第一次上课，见你们人多，怕了。"这件事一时传为笑谈。胡适听后笑笑说："上课讲不出话来，学生不起哄他，这就是成功。"

胡适能够理解他的尴尬自然可以说是沈从文的幸运，而抗战以后，沈从文在西南联大任教时就没那么幸运了。当时的西南联大教授可谓星光璀璨，刘文典便是其中一位。这位以研究《庄子》闻名的大师毕业于早稻田大学，满腹经纶、学贯中西，通晓欧美多国语言。有一次防空警报响起，他看到沈从文也在躲避行列，不屑地指着沈从文说道："我跑了是为了《庄子》，学生们跑是为了保留下一代希望，可你干吗跑啊？"沈从文羞得满脸通红，无言以对。

后来沈从文晋升教授时，刘文典坚持不举手，他说："沈从文是我的学生，他都要做教授，那我岂不是要做太教授了吗？"

不久以后，刘文典在课堂上说："陈寅恪才是真正的教授，他该拿四百块钱，我该拿四十块，朱自清该拿四块，沈从文连四毛都不该给。”刘文典此话自然是戏谑性的，但在民国大师辈出的那个年代，沈从文彼时的学识水准确实还难以跟那些大师们比肩。

沈从文虚心接受了刘文典的“恩典”，学历低不要紧，完全可以通过后天的不懈努力弥补。一次次的尴尬境遇促成了沈从文一次次的提升，他活了八十六岁，而一生创作的文集也有八十余种——真正实现了著述等身，成为现代作家成书最多的一位。由于他风格独特，佳作迭出，被誉为中国文坛“乡土文学之父”。

20世纪80年代，瑞典学院设立的诺贝尔文学奖开始关注中国作家，在议及的几名中国作家中，沈从文被认为是“实力最雄厚”。（参考资料：袁恒雷《尴尬促成的一代大师》）

启示　在学术界，学识与文凭一般成正比，但是在文科，往往打破常规，学历低的人有大学问，甚至高于学历高的人。因为文科可以自学。自学的学历也是学历，有一定的基础而且善于自学的人，其自学学历的含金量并不一定亚于学校教育的学历。这样的例子不胜枚举。学历高、认真学的人能成才，学历低、会自学的人也能成才。沈从文就是一个很好的典型。

208
不打听别人的隐私

隐私是与公共利益、群体利益无关，不愿告人或不愿公开的个人私事。隐私除一些不为人知的经历、伤痛、伤疤之外，还包括女士的年龄、夫妻感情、经济状况、家庭生活等。

不打听别人的隐私，实际是己所不欲勿施于人。每个人都有自己生活的空间，都有自己隐秘的“私人花园”。既然自己的隐私都不希望被别人知道，那么我们就不应该打听别人的隐私。人往往有想知道别人隐私的欲望，但这是应该克制的有害无益的欲望。比如，我们有一个必须改掉的爱好，就是特别关注明星的隐私。那些街头小报一旦出现了一篇有关某某明星的隐私的报道，如《某某离婚揭秘》《某某情变内幕》之类，肯定会被抢购一空。

不打听别人的隐私，可以赢得别人的敬重。有一次，一名员工请假说：“经理，我有些不舒服，想明天请假去医院检查一下，希望您能批准。”经理关心地问：“严重吗？要不要现在就去医院看看？请病假我当然会批准，你放心去吧！”员工好奇地问：“您不问我生的是什么病吗？”经理说：“你不告诉我，肯定有你的不便之处，我为什么要主动问呢，对吧？”当这位员工从医院回来后，告诉经理：“当时担心得了乳腺癌，不过检查结果显示一切正常，真是虚惊一场。谢谢您没有追问我为什么去医院看病，我担心别人知道后会在背后议论我！”

不打听别人的隐私，可以避免引起别人的反感，甚至怨恨。据说有关机构做过调查，在一次对3000人的调查中有44.6%的人表示，如果有人故意冒犯自己的隐私，那么一定会对其敬而远之；有33.7%的人表示，不管对方是否有意，只要触碰了自己的隐私都会愤怒。可见，打听别人的隐私是不明智的。（参考资料：蒋光宇《不打听别人的隐私》，《思维与智慧》2022年第25期）

启示　**不打听别人的隐私，是做人处世必须坚守的一个原则。对于别人的隐私，绝不多问一句。即使别人主动地说出了隐私，听后也要替其保守秘密，守口如瓶，绝不传言，让它烂在肚子里。只有学会尊重他人的隐私，才能赢得他人的尊重。不尊重别人的隐私，即便是再亲密的关系，最终也会破裂。**

209
图钉的力量

在央视《中国经济大讲堂》中，主讲人刘燕华谈到“T型”人才时说，“T”是一个形象，就像一个图钉，图钉有个钉、有个帽，帽的面积较大，压强分散，最终分散的力量集中在钉上，所以才能够把图钉压下去。这启示我们，“T型”人才既要做到学科融合、知识面宽，又要做到某一个方面的专，这样的知识结构才有利于最终整合发力，出成效。

刘燕华的话让我豁然开朗。想起小时候，有时以拇指用力压桌面上的一只蚂蚁，却压不死，用同样方式、同样的力，却可以把图钉压进木板桌面。难道是蚂蚁比木板更坚硬？非也！问题就出在力量有没有集中到一个目标点上。用拇指压蚂蚁，施力面虽大，而真正作用在蚂蚁身上的力量不大，因而不能压死蚂蚁。

《史记》为什么能成为“史家之绝唱，无韵之离骚”?《红楼梦》为什么能成为一部举世公认的中国封建社会百科全书？就是因为作者司马迁、曹雪芹又博又专，不仅掌握并熟用广博的知识，而且深谙文学写作之道。

司马迁、曹雪芹做到博而专，并把广博的知识整合“为我所用”，聚力于目标点，才能成就不凡。可以说，不论司马迁还是曹雪芹，都是典型的又博又专的“T型”人才，他们的成就是对“图钉的力量原理”最好的诠释。

常看到各种各样相互矛盾的论述：或者着重讲知识面要广博，要全面，要“知天下事”才能成功；或者强调要能专注要有匠心，要成唯一，才能成功。它们把博与专进行了二元化简单对立。其实，博与专并不矛盾。当今科学技术迅猛发展，使多学科交叉融合、综合化，这必然要求我们既要博，“读万卷书，行万里路”，以获取广博知识；同时又要专，做强做精专业，更要把理论知识和实践整合在“目标”的大框架之下，同向发力，聚力对准目标，如此才有可能将知识变为力量。（资料来源：周溯源辑议）

启示　**在现实生活中，我们看到“图钉的力量原理”是普遍存在的。人们做任何事情，如果围绕既定目标，能够广泛整合各方面的人力、物力、智力，就有可能把事情做到极致，变“不可能”为“可能”。只要组织好、用力到，精诚所至，金石为开，我们也可能学习司马迁、曹雪芹，谱写华章，取得辉煌的成就。**

210 “人言可畏”与“得言要察”

在国人心目中，“人言可畏”中的“人言”专指流言、谣言，特别是流谣之言，一旦被昏庸者掌握，后果可怕，历史上忠肝义胆死于这种流言者难以尽举，而善良之辈，遭流言诬陷者更是难计其数。

随着通信工具和信息网络的发达，人们的生活尤其是公众人物的生活，如同被装上了一面放大镜，在大众的审视下无处遁逃。因此，评价他人的生活也成为大部分人生活的一种常态。这些评价无论是对个人，还是对社会，影响也与日俱增。故道：“人言可畏。”

恶意中伤是造谣者的必杀技，其目的在于添堵、泄恨、复仇、抱怨、搅局、打击假想敌、唯恐天下不乱，甚至反人类、反人道、反人性，数者必居其一。在人治彻底压倒法治的年代，直接用谣言指控对方，风险不大，胜算不小。

北宋文豪欧阳修因为力挺改革派领袖杜衍、韩琦、范仲淹等，得罪了朝中权贵陈执中、贾昌朝。在关键时刻，他的外甥女张氏与仆人陈谏私通，被告发后，遭到开封府右军巡院拘禁。恐慌之下，张氏自求解免，胡乱牵攀，招供了一些她少女时期的闺阁秘辛，与欧阳修有撇不清的瓜葛。

判官孙揆明察秋毫，只查办张氏与仆人私通的罪错，对其余枝枝蔓蔓的丑话未予采信。宰相贾昌朝正要借机弹劾欧阳修，他看到孙揆的判词，哪能满意！于是他改派太常博士苏安世复勘，内侍王昭明监勘，满以为万无一失。哪知王昭明看了苏安世的复勘案牍后，不以为然，他在宫内常听仁宗夸赞欧阳修，担心自己制造冤案，依顺了宰相，忤逆了皇上，事后定会受罚。苏安世见王昭明不肯配合，同样害怕脑袋搬家。最终，此案仍以孙揆的判词为准，只附加一条：欧阳修用张氏资金购田产立户，有经济往来。欧阳修受到张氏案的牵连，由知制诰贬为滁州知州，那篇《醉翁亭记》即写于任内。此案虽结，仍长出一条丑陋的尾巴，欧阳修盗甥的谣言风传天下。有心人甚至找出欧阳修创作的小令《望江南·江南柳》加以佐证："江南柳，叶小未成阻。人为丝轻那忍折，莺嫌枝嫩不胜吟。留著待春深。十四五，闲抱琵琶寻。阶上簸钱阶下走，恁时相见早留心。何况到如今。"造谣者据此捕风捉影，穿凿附会，传谣者也跟着瞎起哄。从实际效果来看，这个谣言既伤害了欧阳修的清誉，也使其政治前途长期受阻。

白居易是唐代诗坛执牛耳者之一。他自承"三十气太壮，胸中多是非"，由于直言无忌，得罪了朝中权贵和藩镇节度使，因此成了他们的眼中钉、肉中刺。白居易的母亲患心疾，因为看花堕井而亡。造谣者就"独具慧眼"，挑出他在守孝期间创作的《赏花》《新井》二诗，指责他浮浪无行，有伤名教，不宜在朝为官。结果白居易被排挤出长安，贬谪为江州司马，千古绝唱《琵琶行》即诞生于贬谪地。造谣者会下蛆，也曾为某些传世的神作铺就"产床"，他们的功过该如何评说？这绝对是一道难题。

现实生活中，那种有意挑拨是非、飞短流长的人虽属个别，但影响恶劣。无中生有、搬弄是非者有之；捕风捉影、听风便是雨者有之；添油加醋、以讹传讹者有之；颠倒是非、混淆黑白者亦有之。其传播的内容也相当广泛，大到政治生活的官方传闻，小到鸡毛蒜皮的民间轶事，上至天文地理，下至个人隐私，无所不有、无所不包。然而，造谣的人言固然可畏，发出真理的人言、揭露丑恶的人言难道不可畏么？同时认识到这两点才能真正领会“人言可畏”的庐山真面目。“人之多言，亦可畏也。”这“人言”未必全是流谗之言。所以“人言可畏”不应只作一面之解。不过畏人言者又有本质区别：正直之人畏流谗之人言，阮玲玉即属此列；心术不正之徒畏揭其丑之人言，奸臣佞相即属此流。

只要是人，就不可避免地会听到一些流言蜚语，关键在于“得言要察”，自觉地排除主观感情的色彩，尽量保持理智，切忌“听到风就是雨”，更不能随波逐流、人云亦云。当听到闲言和传闻时，务必察言。《吕氏春秋 · 慎行论 · 察传》一章，用正反两面事例说明“得言不察”会使“国亡身死”，告诫人们：“夫得言不可以不察。数传而白为黑，黑为白。故狗似玃，玃似母猴，母猴似人，人之与狗则远矣。此愚者之所以大过也。”“闻而审，则为福矣；闻而不审，不若不闻矣。”意思是说，当听到“人言”时，不能不加以考察和分析。有些事情几经流传，可能会把白的说成黑的，黑的说成白的；把小的变成大的，少的变成多的。假如对“人言”能加以考察和辨别，就会带来好处；如果对“人言”不加辨析，倒不如不去听的好。

一句子虚乌有的谣言、一条信口开河的网络短视频，其危害程度，有时简直不亚于一场灾难！无怪乎，有人称“谣言猛于毒”。鲁迅先生说过：“造谣是中国社会上的常事……我一生中，给我最大的损失的并非书贾，并非兵匪，更不是旗帜鲜明的小人，乃是所谓的‘流言’。”余秋雨先生说过，恶者播弄谣言，愚者享受谣言，勇者击退谣言，智者阻止谣言，仁者消解谣言。面对各种人言，要学会“得言要察”，要保持客观冷静的头脑、理智清醒的态度，千万不能人云亦云，让谣言扰乱正常的思维和生活。（参考资料：靳小倡《“人言可畏”与“得言要察”》）

启示　历史上诸多案例表明，恶意的流言、谣言对个人清誉和前途影响巨大。如欧阳修因外甥女案件谣言风传，清誉受损、政治前途受阻；

白居易因母亲事件被造谣，遭贬谪。但是，“人言可畏”并非仅指恶意流言，揭露丑恶的仗义执言、正义之声也能让心术不正之徒畏惧。人言是否可畏在很大程度上取决于自己对他人评价的重视程度。我们不应过度看重他人的负面评价，将自己困于他人眼光中。面对人言，要像余秋雨先生所说，做击退、阻止、消解谣言的勇者、智者、仁者，而非传播谣言的恶者、愚者。

211 幸福是一个谜

幸福是什么呢？幸福在哪里呢？

有人说过：“幸福不是你房子有多大，而是房里的笑声有多甜；幸福不是你的爱人多漂亮，而是爱人的笑容多灿烂；幸福不是你听过多少甜言蜜语，而是你伤心落泪时有人对你说——没事，有我在！”

“幸福”的英文是“happy”，这个词最早源于希腊文，翻译过来就是“好生活”。亚里士多德说，好的生活的关键在于“令人满意的生活”，而不在于快乐本身。如果这么说，那幸福就等同于生活得好和做得好。

有收入，买不起房子，只能在蜗居里；有朋友，谈不起爱情，只能在流浪里；有工作，拼不起事业，只能在徘徊里……生活太忙、太累、太烦琐，感觉前程一片渺茫，难道会有幸福吗？

幸福是一个谜，对于每个人来讲，都会有不同的答案。记得以前读过伯尔一篇文章，大意是这样的：

海港的一条渔船上，渔夫捕了一定数量的鱼虾后躺下来打盹，悠闲地望着蓝天大海。有人问他何不再多打些鱼虾，渔夫说：“筐里已有四只龙虾、二十几条青花鱼，不少了”。那人劝他再多捕些，说这样再过几年就可以买新渔轮，建冷库，然后可以购买直升机寻找鱼群。渔夫问：“再往后呢？”那人说：“到那时你就可以逍遥自在地躺下休息，欣赏大海的美景了。”渔夫回答：“我现在就已经这样享受了。”

细品之后，原来幸福只是一种感觉。富人有富人的幸福，穷人也有穷人的幸福。很多时候，幸福是点点滴滴，在我们身边往往被忽略，或者说是视而不见。

诚然，追求完满的幸福是每个人的天性，然而，在追求幸福的曲折路上，我们怎么能忽视沿途那些美丽的风景呢？

在下班的路上，踩在萨克斯风的节奏里，想着家人的翘首盼望，心里会涌起一丝丝的甜蜜；在小雨淅沥的夜晚，打开正在热播的电视剧，陪着家人一起欢笑一起含泪，享受人间至深的天伦之乐；在寒气逼人的冬天，窝在暖暖的被子里，听着电脑里循环播放的古典音乐……这一切，难道不是简单的幸福吗？

还听说过一个小故事：一个单亲爸爸，独自抚养一个小男孩。有一天出差要赶火车，没时间陪孩子吃早餐，他便匆匆离开了家门。回到家时孩子已经熟睡，旅途上的疲惫，让他全身无力。正准备就寝时，突然大吃一惊：棉被下面，竟然有一碗打翻了的泡面。盛怒之下，他朝熟睡中的儿子的屁股，一阵狠打。“为什么这么不乖，惹爸爸生气？你这样调皮，把棉被弄脏……”这是妻子过世之后，他第一次体罚孩子。“我没有……”孩子抽抽咽咽地辩解着：“我没有调皮，这……这是给爸爸吃的晚餐。”原来孩子为了配合爸爸回家的时间，特意泡了两碗泡面，一碗自己吃，另一碗给爸爸。可是因为怕爸爸那碗面凉掉，所以放进了棉被底下保温。爸爸听了，不发一语地紧紧抱住孩子……这就是幸福，它就在一碗打翻的泡面里。

其实我们已经有好多好多的幸福，一块巧克力、一杯茶、一个浅浅的微笑……都会是幸福，幸福常常不会如泉涌般，它是一点一滴的，需要我们去不断积累、去珍藏，只有这样，我们才不会抱怨生活，才会体会到

我们憧憬中的完满的幸福的感觉。（参考资料：肖东《幸福是一个谜》，《南方日报》2013年3月13日）

启示　幸福是什么？相信我们每个人都无数次地思索，却又苦苦找不到答案。当你历尽沧桑，当你千帆阅尽，蓦然回首，发现其实幸福很简单：它就在母亲给你做的一饭一蔬里，就藏在晚上爱人等你回家的灯光里，就藏在孩子甜甜的笑脸里，就藏在陌生人的一个温柔眼神里……只是我们常常被渴望的那些所谓宏大的目标所掩盖所遮蔽，而没有发现其中的可贵。是的，幸福是一个谜，它常常穿着最朴素不引人注目的外衣，它常常被粗心的我们忽视，需要我们用心去探索，去发现，去守候，去付出，去不断积累、去珍藏。只有这样，我们才会体会到憧憬中的完满的幸福的感觉，才会发现幸福原来离我们这样近。当有一天我们在红尘中练就一颗温柔之心，就会发现点点滴滴的爱的细流，已汇聚成幸福的海洋，将我们包围。

212
你培养了好习惯，好习惯将玉成你

一个良好的习惯，足以改变一个人的人生，绝非虚言。毕业于南方一所名牌大学的小梁，时间观念非常强，他的字典里没有“迟到”二字，凡事都走在时间的前面。读书时期，习惯每天提前半小时到学校上课。参加工作后，习惯每天提前半小时到公司上班。天天如此，从未间断。

一天，部门副经理因故离职了，需要选人接替。客观地说，小梁的工作能力不是最强，但是，出乎大家意料，他却成了总经理眼中最合适的人选。面对员工们的疑问，总经理意味深长地说：“一个自觉与时间赛跑的人，一个自觉为公司付出额外劳动的人，一定是个积极进取的人，也是公司最需要的人！”

小梁上任后，一如既往，继续每天第一个到公司上班。“鲶鱼效应”立显，他手下的员工不敢怠慢，跟着他养成良好的时间观念，很多人也每天提前上班，工作热情越来越高，团队的精神面貌焕然一新，业绩迈上一个新台阶，员工们的收入跟着水涨船高，皆大欢喜。

一个人的良好习惯不是临时起意、刻意为之的，是长年累月养成的。不可或缺的习惯性行为和思维，是一个人走向成功的动力，人生也因此被良好习惯改变。正如作家王尔德说的那样：“起初是我们造成习惯，后来是习惯造成我们。”

有一位网络作家，他一年出了三本网络小说。他的高效创作，源于写作时保持的一个好习惯，那就是：拔掉网线，关掉手机，排除一切外来干扰，全身心地投入写作中去。鲁迅先生说：“哪里有天才，我只是把别人喝咖啡的工夫都用在了工作上。”这位网络作家也是这样，有抓紧时间、做事专注的良好习惯，好习惯使他获得了成功。

古往今来，不少成名者都在惜时和创造上有着与众不同的好习惯。画家齐白石用“不教一日闲过”鞭策自己，为此，保持每天至少作画一幅的习惯，画技日益精进，终成大家。作家郭沫若出门时，习惯随身带着笔记本，将看到的新鲜事记录下来，为写作积累素材，夯实基础，令华章迭出。（参考资料：李职贤《好习惯改变人生》，《广州日报》2020年10月12日）

启示　工作习惯、生活习惯，都是作风的体现。作风决定速度、效率，而速度和效率直接影响胜负输赢。因此，作风就是生产力、战斗力，不可小看工作习惯和生活习惯。在关键时刻，早一步与晚一步，有天壤之别。只有培养良好的行为习惯，并坚持下去，人生之路才能越走越宽广，越走越顺畅。

213
群居不倚，独立不惧

苏东坡曾在《墨君堂记》中写道："群居不倚，独立不惧。"这句话的本意是写竹子具有卓尔不群的品格，后人常用来形容君子高洁、傲岸的风骨。意思是说，群居时，不趋附、不倚仗、不屈从于任何人；独处时，也不畏惧孤独，有勇气独自面对一切。亚里士多德曾在《政治学》中写道："离群索居者不是野兽就是神灵。"其实，大多数人既不是野兽，也不是神灵，而是介于两者之间的代代生灵。

有些人热衷于混圈子，并美其名曰抱团取暖。其实，真正的强者不会依附任何外在势力，而是从灵魂深处汲取昂然前行的勇气与力量。每个人对事物应有独立的判断、有客观的见解，不应轻易受他人的影响。

所谓群居不倚，就是在众声喧嚣之中，面对各种面孔，仍保持一份清醒与从容；同时，也不会为了某种利益而蝇营狗苟，甘当某些人的依附品与应声虫。

德国哲学家康德曾说：有两种东西，对它们的思考越是深沉持久，唤起的惊奇和敬畏就会日新月异、不断增长，这就是头上的星空和心中的道德。一个群居不倚的人，不谄媚，不屈服，也不盲从。就像康德那样遵从自己内心真实的声音，甘心做真理忠实的仆从。

所谓独立不惧，就是独处时，也能安然自若、恬淡自适，保持内心的平静和快乐。《易经》有句话说："君子以独立不惧，遁世无闷。"人独处时，应冷峻地审视自己的内心，与心灵对话，果断地铲除欲望的荒草，毫不犹豫地清扫积存的污垢。犹如唐代高僧神秀的感悟："时时勤拂拭，莫使惹尘埃。"唯其如此，才能使自己的心像"明镜台"一样明亮洁净、纤尘不染。同时，独处也能抚平内心的创伤，自我修复，从而达到完善自我的目的。

“有子孙，有田园，家风半读半耕，但以箕裘承祖泽；无官守，无言责，世事不闻不问，且将艰巨付尔曹。”据说这副著名的对联，出自曾国藩父亲之手；也有人说，原属曾国藩所作。公众可以领略这幅作品表达出的高尚情操与品格。田园与耕读，官守与言责，都变成复杂的生活主题；关键是当事人要分清主从，筛选最重要的人生主题。

一个人独处时，没有因害怕孤独的蛀蚀而选择逃离，而是享受孤独，把这种奇特的感觉变成一脉澄澈的溪流，一路淙淙，浇灌心田每一条幽深的小径，滋养心灵的千里沃野，把孤独的时光，变成修养身心提升自我的良机。一个人若能做到独立不惧，那么，独处的时光就是一种曼妙无比的精神享受。

群居与独处，虽是两种截然不同的生活方式，但二者之间，从来都不是非此即彼，反倒属于彼此融合、相互渗透。当然要遵循民间的古训：“群居防口，独处防心。”应通过两个不同的侧面，力争世人的悉心观照与防微杜渐，这才称得上是严于律己、善待旁人吧。

人生是一场漫长的修行。一个人只有不断润泽心灵、培养浩然之气、锤炼自己的意志品质，才能真正做到“群居不倚，独立不惧”。良知与真理，才是每颗心灵寄身于天地之间的准则与定律。（参考资料：张燕峰《群居不倚》）

启示 **作为一个生命个体，我们更多的时候感到自己弱小无力，总是想融入集体的怀抱，以为“人多力量大”，从中获得一份安全感。其实，一个人如果缺乏独立人格，缺乏独到的见解，缺乏独当一面的能力，无论置身何处都是一个面目模糊、可有可无的存在。因此，我们更应该把精力和时间花在提升自我上，而不是混圈子、找靠山，因为很多时候都是“求人如吞三尺剑，靠人如上九重天”“靠山山倒，靠树树摇，靠人人跑”。靠自己才是最可靠的，自己才是自己最大最坚实的底气和靠山。与其仰人鼻息，不如经营自己，让自己足够强大，有真本事，不被世俗裹挟，保持自己独立的人格。群居时，不趋附、不倚仗、不屈从任何人；独处时，也**

不畏惧孤独，有勇气独自面对一切。

214
爱情不是无条件地占有

在日常夫妻生活中，当发现平时亲密无间的伴侣，突然在感情上“开小差”，应该怎样做工作，才能把偏离轨道的另一半拉回来呢?

开诚布公地说真心话是最好的途径。

电视剧《亮剑》中，身为军长的李云龙在军校深造期间，被婚外女子张白鹿追求。李云龙的妻子田雨赶到军校，跟张白鹿展开了一场对李云龙的攻心战。三人见面时，张白鹿说：“我爱老李这个男人，我愿意为他做任何事情。我可以不要自我，甚至荒废自己的专业。我可以不在乎他生活上的那些小毛病，我不反对他抽烟，不嫌他抠脚，他满嘴骂骂咧咧都可以。跟我在一起，他感到轻松，感到愉快。田雨，为什么这些感受，他从来没有在你这里得到过？”田雨说：“老李，我承认，我以前对你关心不够，如果你给我机会的话，我会改的，我会好好地爱你。可是，我也不想为了得到你，隐瞒自己的观点。张白鹿说她可以一辈子唯你是从。坦白地说，这点我做不到。我不想依靠你的地位生活，我想做一个独立的女性，靠自己的努力去生活。我觉得爱人之间应平等、尊重。如果连这点都做不到，那爱仅仅是一种占有。对于你的那些小缺点，我还是不想迁就。我认为这是一种很粗俗的嗜好，应该改一改。在战争年代，这些小节无足轻重，可现在是和平年代了，你已经是军长了，你应该做一位有良好修养的军长，因为你代表的是中国军人。老李，如果你还爱我，我会改掉我的缺点，但我不能保证处处顺着你。我可能在我心情不好的时候会跟你吵架，会哭会闹，会让你心烦。因为我也是个普通女人，我心里不高兴的时候就不能向丈夫发泄一下吗？谁让你是我的丈夫呢？现在我给你选择的机会，如果你不爱我了，我马上跟你去办离婚协议，要是舍不得孩子，我会让孩子跟你共同生活；要是你不愿意跟孩子一起生活，我会好好教育他们尊敬自己的父亲，经常带着孩子去看你们，我还会愿意为你们做任何需要的事情。”李云龙听罢二人的倾诉，毫不犹豫地选择了田雨。（参考资料：电视剧《亮剑》；资料来源：周溯源辑议）

启示 **从做事到做人，从结婚到离婚，田雨开诚布公地说出自己的真心实意，深深触动了李云龙。在夫妻生活中，每个人都是对方的另一半，但又都是独立的个体。彼此之间要顾及另一半，但也要有自己的独立性。这种身心相依、彼此尊重，又维护独立的特殊关系，才会让夫妻关系正常而健康地发展。妻子真实地讲出有温度、有高度的话，更能打动丈夫的心。《亮剑》虽然是文艺作品，但文学艺术源于生活，反映的是现实。像李云龙与田雨之间的矛盾与爱情，现实中并不鲜见，所以具有普遍教育意义。**

215
无我的境界

前些天读史，读到清朝名臣谢济世的故事，颇多感慨。

清朝名臣谢济世，他一生四次被诬告、三次入狱、两次被罢官、一次充军、一次刑场陪斩，经历之坎坷，实令人不忍卒读。凭这些遭遇，我们都会认定他的一生充满了怨愤和不平，但事实却并非如此。

雍正四年（1726年），谢任浙江道监察御史。上任不到十天，因上疏弹劾河南巡抚田文镜营私负国、贪虐不法，引起雍正不快，被免去官职，谪戍边陲阿尔泰。

与谢济世一同流放阿尔泰的还有姚三辰、陈学海。经过漫长艰难的跋涉，终于到达陀罗海振武营，三人商量着怎样去拜见将军。有人告诉他们："戍卒见将军，一跪三叩首。"

姚三辰、陈学海听后神情凄然，为自己一个读圣贤书的斯文读书人竟要向一介武夫下跪磕头而难过。唯独谢济世不以为然，劝慰两个同伴说："这是戍卒见将军，又不是我们见将军。"等见到将军后，将军对这几个读书人很是敬重，不仅免去了大礼，还尊称他们"先生"，又是赐座，又是赏茶。

出来的时候，姚三辰、陈学海很是高兴，面露得意之色，谢济世倒是一脸平静。他说："这是将军对待被罢免的官员，不是将军对待我们，没什么好高兴的。"

令人动容的是，在别人眼里遭逢屈辱，是一件非常痛苦、难堪，甚至难以忍受的事情；而享受成功荣耀，却是一件令人得意、欣喜若狂的事情。这本来就是人之常情，无可厚非。但谢济世在做人的境界上显然胜人一筹，那就是他做到了——无我。无论置身于怎样的处境中，总忘却自己的荣辱得失，这样就免除了各种的困惑和烦恼。

心中有我的人很容易患得患失、惴惴不安，处于顺境沐浴阳光就喜形于色、欢天喜地，遭逢挫折失败就垂头丧气、怨天尤人；而心中无我的人却淡定自若，泰山崩于前而不变色，心无旁骛，得之泰然、失之淡然，不忧不惧、不喜不悲。

心中无我，可以使我们心无挂碍地坚守做人的底线，富贵不淫、贫贱不移、威武不屈；心中无我，才会让我们忘却世事纷扰，心无杂念专注地做自己该做的事；心中无我，才能使我们挣脱各种权钱诱惑和名利束缚，跳出小我的圈子，心灵像骏马自由驰骋于草原、像风筝悠然飘荡在蓝天。

心中无我，就如松横陡岩，风霜雨雪不改其姿；就如日月经天，云飞雾扰不减其辉。无我，实乃人生的大智慧、做人的大境界。（参考资料：张燕峰《无我的境界》,《意林》2013年第20期）

启示 人生很多的烦恼，就在于太把自己当回事，把自己看得太重，觉得自己没有受到尊重、没有得到赏识、没有获得待遇，所以便滋生出许多不满和怨恨。其实，很多时候都是自寻烦恼。不要把自己太当回事，如果看淡名利赢输、看淡荣辱恩怨，以一个客观者的身份去审视看待一切，许多事就不能给我们带来困扰和烦忧了，我们的身心就会轻盈很多，与他人的关系也会和谐很多。无我是一种高尚的人生境界，我们似乎难以做到，“低调做人，高调做事”却是我们可行的。当我们认认真真地做好分内事、谦虚低调地做好人，这样也可以为自己扫除许多不必要的麻烦。这不失为一种人生智慧、一种处世良方。

216 母亲是人生大大小小问题的答案

东晋名将陶侃（259—334年，字士行）出身贫寒，少年丧父，与寡母相依为命。后来，陶侃做了一个管理鱼梁（在水中筑堰用于捕鱼的装置）的小官。一天，他把鱼品腌制作坊的一罐鱼干托人送给母亲。陶母经年累月的粗茶淡饭，面对如此美味的食物和儿子的拳拳孝心，她没有欣然接受，反而忧心忡忡。她把鱼干重新封好，让来人带了回去，并给儿子写了一封信：“汝为吏，以官物见饷，非唯不益，乃增吾忧也。”（《世说新语·贤媛》）意思是说，你用官家的东西来孝敬我，对我来说非但无益，相反让我很为你担忧。陶侃看到母亲的信后非常羞愧，从此清白做人，廉洁为官，踏踏实实，一步一个脚印，以良好的品行赢得人们的广泛赞誉，终于在门阀壁垒森严的东晋脱颖而出，成为一代名将，为后世景仰。

陶母真不愧是一位贤德的母亲。她终日以粗糙的饭菜果腹，面对从天而降的美味佳肴，却没有喜出望外、欢天喜地地大快朵颐，或在尽享美食后对儿子的行为大加赞许和鼓励。相反，她保持了足够的冷静，她清醒地认识到人的贪欲一旦打开缺口，必将如洪水泛滥，一发而不可收，所以她流露出对儿子深深的忧虑。她的信如当头棒喝，给陶侃敲响了警钟，让他对自己的行为深以为羞，并引以为戒，时刻保持警惕，严于律己。

苏轼的母亲程夫人也是一位见识不凡的母亲。苏轼幼年时，程夫人曾以古代志士的事迹砥砺儿子的名节。一天，程夫人给苏轼兄弟讲东汉史《范滂传》。范滂为官忠贞不阿，检举贪官污吏，最后受到奸党陷害而死，临刑前母子诀别。范滂说："我今天离您而去，请您不要太过悲伤。"母亲含泪说："名誉与长寿往往不可兼得。你今日有了这样的好名声，我还有什么好悲伤的呢？"

故事讲完后，苏轼说："母亲，我长大了，要做范滂那样的人，您允许吗？"程夫人莞尔一笑："如果你能做范滂那样的人，我难道就不能做范滂母亲那样的人吗？"

正是因为少年时经常得到母亲的勉励，苏轼不仅从小立下远大的志向，而且养成了坚毅豁达的性格，尽管一生历尽磨难，饱尝贬谪颠沛之苦，但总能苦中作乐，从容地面对人生的风霜雨雪。

作家梁晓声在他的作品《母亲》中记述了这样一件事。小时候，家里缺粮，饥饿困扰着他们全家人。一天，他拿着布袋到母亲工作的厂子里摘了满满一袋榆钱儿。心想，终于可以填饱肚子了。回家的路上，遇到几个同样饥肠辘辘的孩子，其中一个孩子央求说："给我一点儿吧。"梁晓声紧紧捂着袋子，坚决地说："不给。"另一个孩子也苦巴巴地请求道："给我一点儿。"他还是说不给。后来，一个孩子喊道："抢！"瞬间，五六个小孩围了过来，梁晓声拔足狂奔。他跑得快，后边的人追得更快。最后，榆钱儿被抢光了，连袋子也被抢走了。回到家里，他哭着告诉了母亲。母亲说："孩子，这事怪你，好东西哪能独享呢？你只要分给每个人一点儿，就不会发生这样的事。"

我们不得不佩服梁母人情练达。要知道，一个人的愤怒会演化为一个人的暴力，集体的愤怒会演化为集体的暴力。原本用一把榆钱儿就可以安抚那些饥饿的嘴巴，赢得大家的感激，却因为自己的吝啬小气最终两手空空。梁母的教导影响了儿子，梁晓声后来为人处世总是关怀别人，设身处地地为别人着想，他的作品中充满浓厚的悲悯情怀，赢得了许多读者的喜欢和朋友们的敬重。

母亲是孩子的第一任老师。耳濡目染，潜移默化，孩子的身上就会打上母亲的烙印。每个人的性格命运，都能从其母亲的身上找到遗传密码，可见母亲在家庭中的作用多么重要。（参考资料：张燕峰《母亲是人生大大小小问题的答案》，《意林》2024年第8期）

启示 **有人说，母亲是孩子的第一任老师。此言不虚。中国古代就有许多伟大的母亲，在她们的教育下，儿子成长为优秀的人物，在历史上留下浓墨重彩的一页：孟母三迁，欧母教子，岳母刺字……在现实生活中，母亲对我们的成长同样起着非同寻常的作用，母亲的一言一行潜移默化地影响着我们的言行、润物无声地滋养着我们的心灵，母亲是人生大大小小问题的答案。因此，全社会都应该重视对女性的培养，往小处说是关乎孩子的身心健康，往大处说是关乎国家民族的未来。作为女性、作为母亲，则更应该重视对自己的培养，学业上要不断精进，道德上要持续锤炼，行为上要严谨自律……母亲的所有美好，都会让孩子终身受益。**

217
且向宽处行

清代左宗棠有一副名联：“发上等愿，结中等缘，享下等福；择高处立，寻平处住，向宽处行。”细细品味，很有哲理，颇具深度。“向宽处行”，蕴藏了诸多人生智慧，给人诸多启迪。

要向宽处行，必先修得一颗宽容心。人生是一场修行，首先在于修心。人生路漫漫，崎岖又坎坷，修得一颗宽容心，尤为重要。所谓宽容，就是宽宏大度，有包容他人的雅量，面对别人的过失和伤害，不斤斤计较、不耿耿于怀。有包容心的人，能够以一种平静坚毅的态度、以豁达洒脱的心境，对待过往得失与恩怨是非。事来心应，事去心止，不会让不愉快的事情长久留驻内心，懂得适时转身，“挥一挥衣袖，不带走一片云彩”。

有人说，生气是用别人的错误惩罚自己。对于已经发生的不可扭转的事情，生气非但于事无补，而且只能是一种更深的自我戕害，即使愤怒情绪爆发，也是“杀敌一千，自损八百”。因此，遇到不好的事要学会平静地接受，不妨豁达一些，对别人的无心之过选择包容和谅解，对别人蓄意的伤害选择宽恕和遗忘。“他强由他强，清风拂山冈。他横任他横，明月照大江。他自狠来他自恶，我自一口真气足。”如果抱着达观淡然的心态，一切都可以坦然面对、泰然处之。而且，我们要学会理解别人。每个人的家庭出身、受教育的程度、自我经历不同，说话做事的方式自然不同，尤其是对那些文化水平低、认知水平低的人，我们更没必要针锋相对，针尖对麦芒，而应心怀悲悯、宽宥他人，给别人自我觉醒、自我成长的机会。

当你不再固守某种执念，不再深陷于往事困扰，当你放别人一马的时候，其实是放过自己，与世界握手言和。因此，管理好自己的情绪，拥有一颗宽容的心，何尝不是呵护自己的心灵、修养自己的身体，何尝不是对自己的一种善待和珍重！

往宽处行，小，则家庭和睦、邻里和谐；大，则上下同心、国泰民安。

西汉名相陈平，少年时家境贫寒，与哥哥相依为命。为了光耀门庭，他终日闭门读书。大嫂对此颇有意见，时时冷言冷语，后来更是变本加厉。他忍无可忍，愤然离家出走。被哥哥追回后，他却不计前嫌，阻止哥哥把嫂子休掉。面对陈平的宽容，嫂子幡然醒悟，全力支持他读书。

清康熙年间，安徽人张英在京城做官。桐城老家的邻居翻建新房，想占用两家共用的小巷。张英家人不同意，争执不下告到县衙。老家人给在朝廷做大官的张英写了封加急信，希望他出面解决。张英立即回信道："千里修书只为墙，让他三尺又何妨。万里长城今犹在，不见当年秦始皇。"老家人收到回信，主动让出三尺。邻居深受感动，也让出三尺。"六尺巷"因此得名。

俗话说："退一步海阔天空，让一步柳暗花明。"当每个人以宽容慈悲的胸怀包容外界、以退让的姿态立身处世，生活会更加和颜悦色、慈眉善目；我们的世界会更加广阔明媚，我们的内心会愈加丰盈平静。

你若盛开，蝴蝶自来；你若辽阔，万物平和。向宽处行，不仅会让人获得愉悦祥和的好心情、好日子，也会使人生之路更加宽广、安宁顺遂；向宽处行，是为人处世的大智慧，更是安抚心灵的大格局与大境界。（参考资料：张燕峰《且向宽处行》，《河北日报》2024年1月19日）

启示　**人生就是一场修行。我们每个人在漫长人生路上，艰辛跋涉，经历许多磨难，忍受许多痛苦，承受诸多误解，其实这些都是在磨砺我们的浮躁之心，锤炼我们的坚毅之性，锻造我们的高尚人品，增长我们的人生智慧。因此，不要抱怨，相反，心平气和，且向宽处行。**

向宽处行，就是理解别人，有包容他人的雅量，面对别人的过失和伤害，不斤斤计较，不耿耿于怀。向宽处行，就是善待自己、呵护自己，不纠缠、不执念，洒脱前行。我们在日复一日的烟火生活中时时处处向宽处行，就是与世界握手言和，就一定会涵养自己的心灵、丰厚自己的品德。当我们拥有一颗自由广阔的心灵，我们的人生之路就会宽广顺遂。

第九篇 借力思维

借力思维就是在自身力量不够的情况下，借助外力办成事情、完成任务。万物之间是有联系的，能量之间是可以互补的，人与人之间是可以合作的，人与外界也是可以互助的。这就为借力思维提供了前提。许多事情需要合作才能完成，必须合作才能做好。俗话说，“红花虽好，也要绿叶扶持”“一个篱笆三个桩，一个好汉三个帮”，讲的就是这个道理。人们在分析事物时，为了把道理讲透，往往需要借助比喻，比喻也是借力思维。借力思维很常见，借力现象很普遍。犁田，过去借助牛，如今借助拖拉机；远行，过去借助马，如今借助各种车；照明，过去借助松脂，如今借助电灯；等等。俗话说：“工欲善其事，必先利其器。”说明借助的工具也大有讲究。人类不断地改进工具，就是不断地发展生产力。世界的进步，强化了分工与合作。为了做好本职工作，一方面要自力更生，另一方面要善于合作。把二者相加，就可能做到尽善尽美。

218
识友之道

孔子把朋友分为“益友”和“损友”两类。“益者三友，损者三友。友直，友谅，友多闻，益矣。友便辟，友善柔，友便佞，损矣。”(《论语·季氏》)用现在的话说，朋友分为好朋友和坏朋友两种。正直的人、诚信的人、知识广博的人，他们身上都是满满的正能量，是可以交的“益友”；而谄媚逢迎的人、阳奉阴违的人、巧言令色的人，都是不可以交的“损友”。

孔子虽然把朋友分了类，但他却没具体说该如何去识别“益友”与“损友”。两千多年来，每每有人捶胸顿足，后悔自己识人太迟，没有交到“益友”，被“损友”所坑。那么，到底有没有识友之道，让自己结“益友”，远“损友”呢？战国时期魏国大臣李克给魏文侯讲解的识相之道，可以借鉴采用。

魏文侯是魏国的开国之君，励精图治，礼贤下士，把魏国带到了巅峰，以至于连强大的秦国也不敢东向侵魏。

这一年，魏国国相空缺，候选人有两个，分别是魏国两个响当当的人物魏成子和翟璜。到底该选谁呢？魏文侯很纠结，因为这两个人水平相当，对魏国的贡献也都非常大。纠结中，魏文侯决定请教李克。

魏文侯一见李克就客气地说：“先生曾经教我说，家贫则思良妻，国乱则思良相。现在我在选相上遇到了难题，不知该选魏成子还是翟璜。”

见国君请教自己，李克在推让一番后，说出了一套选相标准：

“君不察故也。居视其所亲，富视其所与，达视其所举，穷视其所不为，贫视其所不取，五者足以定之矣，何待克哉！”(史记·魏世家)

李克这段话的意思是，国君之所以在选相上为难，是因为没有留心考察他们罢了。要考察一个人是不是适合做国相，就要看他平时和哪些人亲近交往，富裕时把钱财花到了什么地方，显达时亲近推举的是什么人，困厄时看他有没有胡作非为，贫苦时看他是不是什么钱都想捞。只要通过这五个方面的考察，国君不用问我，就能确定由谁来做国相了！

魏文侯听完李克讲的标准，心中立马有了国相的人选。对李克说："先生就舍，寡人之相定矣！"

李克作为一名政治家，虽然他没有继续问魏文侯定了谁，但他心中也知道魏文侯选的是谁。对于魏文侯召李克进宫商议国相人选的事，大家都非常关心，尤其是志在必得的翟璜更是如此。他一见李克就问他推荐谁当国相。李克告诉他，是魏成子当了国相。听了李克的回答，翟璜立马气得变了脸，他质问李克："我哪一点比魏成子差？西河的守将是我推荐的。君王对内地最忧虑的是邺郡，我推荐了西门豹。君王计划要攻伐中山国，我推荐了乐羊。中山攻灭以后，派不出人去镇守，我推荐了先生。君王的儿子没有师父，我推荐了屈侯鲋。我哪一点比魏成子差！你竟然不推荐我？"

面对恼羞成怒的翟璜，李克很理智，他反问道："难道您向君主推荐我，就是为了结党营私谋大官？"一句话问得翟璜不再吭声。紧接着李克给翟璜讲起了自己与魏文侯交谈的经过，并进一步解释道："根据我提议的五条标准，我就知道是魏成子要做国相，而不是您。因为根据这五条标准，您根本比不上魏成子！魏成子有千钟俸禄，十分之九用在外边，十分之一用在家里，因此他从东方聘来了卜子夏、田子方、段干木。这三个人，君主把他们都奉为老师；而您所推荐的那五个人，君主都任他们为臣。您怎么能跟魏成子相比呢？"

听完李克的述说，翟璜心服口服，赶快给李克赔礼道歉："璜，鄙人也，失对，愿卒为弟子！"愿意终身做李克的学生。

李克的五条选相标准，不仅使魏文侯选到了良相，而且还让落选者翟璜心服口服。由此可知，这五条选相标准具有很强的公信力和可操作性。既然这五条标准可以用来选相，那么它能不能用来识友呢？答案应该是肯定的。只是魏文侯选相考察的是大事，我们平头百姓识友看的是鸡毛蒜皮的小事。比如，用“居视其所亲”识友，我们就要看一个人平时与什么人来往得多。因为“物以类聚，人以群分”，当我们不能判断一个人是“益友”还是“损友”时，不妨考察他的朋友圈，进而做判断。

推而广之，选相的其他四条标准照样能用来识友。

“富视其所与”，可以通过考察一个人有钱后，是做公益还是吃喝嫖赌了，判断他是“益友”还是“损友”。

“达视其所举”，可以通过考察一个人发达了，是不是喜新厌旧、是不是趾高气扬、是不是喜欢拍马溜须的人，判断他是“益友”还是“损友”。

“穷视其所不为”，可以通过考察一个人不得志时，是不是为了往上爬不择手段，甚至为了自己不惜牺牲别人的利益，判断他是“益友”还是“损友”。

“贫视其所不取”，可以通过考察一个人为了挣钱是不是什么事都敢做，判断他是“益友”还是“损友”。（参考资料：赵倡文《识友之道》，《思维与智慧》2022年第34期）

启示　虽然孔子给朋友分了类，李克又给了辨别“益友”与“损友”的方法，但要想真分清“益友”与“损友”，却并不容易。一是因为“损友”的招数太具有迷惑性；二是人生来都爱听好话，“损友”的招数稍一施展，不少人便失去了判断能力。因此，选友必须做深入全面考察，使自己保持清醒的头脑。

219
四面楚歌，攻心败敌

历史上暴虐的秦王朝终于在各路反秦武装的围攻下灭亡了，但反秦的各路军队为争夺天下权势，又互相争斗起来。这其中以西楚霸王项羽和汉王刘邦两路人马的军事力量最强，所以，他们之间为夺得天下，进行了五年的对抗战，双方都疲惫不堪，兵士厌战，尤以项羽一方为甚。当战争打到第四年秋天时，经过协商，双方决定停战，彼此约定以鸿沟为界，鸿沟以东归项羽、以西归刘邦，各自退兵，互不侵犯。

约定后，项羽把拘押在本营中的刘邦亲属全部送还，并老老实实地按照协约率部向东撤退。刘邦也准备把大军撤回关中地区，然而他的谋臣张良却建议："现在楚军已兵疲粮绝，与我军形成鲜明的对照；再者，各路诸侯都归附我们，这有利于我方，决不可退兵，要趁势全歼楚军，以免后患！"刘邦早有独统天下的雄心，见下僚与他不谋而合，便决定毁约，追击项羽。

起初，刘邦手下的战将韩信和彭越见战事又起，热情不高、劲头不大。张良见此情形，向刘邦献计说："要想调动两将军的战斗激情，必须予之好处。何不告知他们：若打败楚军，将平分楚地，韩、彭各半。"刘邦依计行事。果然，韩、彭两人因此精神倍增，立即大举进兵，直逼项羽于垓下（今安徽省灵璧县东南），并将其团团围住。刘邦素知项羽勇猛过人，而且从江东带来的八千子弟兵与他情同手足，要想速胜，谈何容易！于是，刘邦与臣僚们商量出一个计谋：瓦解军心，涣散斗志，离间项羽与其部下的关系。接着，在汉军营中教兵士歌唱楚地的歌曲，然后到战场上对着楚军，放声高唱。一时间，楚军四面楚歌，此伏彼起。项羽的士卒听到家乡民歌，思乡之情油然而生，不禁随之唱和，有的甚至潸然泪下，哪有心思打仗呢？

项羽面对此情此景，一时也无可奈何。他的宠妃虞姬舞剑后，鼓励项羽赶快杀出重围，东山再起，说罢自刎身亡。项羽悲愤到了极点，这时汉军杀来，尽管项羽有渡江逃命的机会，但他觉得无脸面见江东父老，于是拔剑自尽。至此，楚汉之争以刘邦获胜而告终。（参考文献：《史记 · 项羽本纪第七》）

启示 刘邦施计“四面楚歌”，借力楚歌，实施攻心战术，使得西楚霸王项羽部下军心涣散，失去战斗力，从而战而胜之，可谓聪明智慧。垓下之战是楚汉之争最后的关键战役，“四面楚歌”也因此成为著名的典故和成语。

220
孙权巧借力

三国时，曹操接连打败了袁绍、刘表，一举灭掉了他们的威风，于是乘胜追击，率领百万雄师浩浩荡荡向江东进发，摆出了平扫东吴的气势。大战当前，孙权帐下的谋士们一片哀嚎，到处弥漫着投降之声。他们心里都有同样的想法：袁绍都成了他的手下败将，我们还打什么？

然而，孙权不甘心，他十分清楚，一旦投降，手下的这些大臣和谋士们官照当、钱照拿，但他自己就不一样了——不但保不住如今的地位，甚至还可能掉脑袋！所以，坚决不能投降！但他也不能把这件事说穿，更不能搞“一言堂”——把那些主张投降的人全都拉出去砍头。于是，他心生一计，先让诸葛亮舌战群儒，把主降派狠狠地训了一通，然后又向周瑜求助，两人联手演了一场“双簧”。

在一次朝会上，孙权问：“有人主张投降，有人主张迎战，现在大家的意见不统一，到底应该听谁的？”周瑜马上站了出来，对当前的局势进行了一番分析，然后表明态度：“臣愿为将军决一血战，万死不辞！”大臣们看到周瑜力主作战，面面相觑，不知道说什么好。这时，孙权顺水推舟说：“先兄（孙策）对我说，每逢外事问周瑜。既然周瑜主张要打，那我们就打。”事已至此，群臣们也只好随声附和，再也没人提投降的事了。（参考文献：《资治通鉴·汉纪五十八》）

启示　借助诸葛亮、周瑜的力量，孙权将大家的思想统一起来，这才有了后来的“赤壁之战”。孙权的借力之计可谓用得精妙。《红楼梦》中薛宝钗填过一首《柳絮词》，原词中有一句写道：“好风凭借力，送我上青云。”这就是言借用外力。每个人都渴望成功，然而，受出身低微、运气不佳、资源匮乏等因素的制约，使人难以如愿。因此，要想取得较大成绩，除靠自己的努力外，借助他人力量也是必需的。当你借助他人之力时，你会发现你的视野更加开阔了，思路更加通透了，境界更加高远了。在人生的道路上，你并不知道前面有什么挑战在等待着你，或许有一天，那些在你看来微不足道的人，也会成为你的“贵人”，支持你走向成功。因此，不要忽视身边的每个人，带着慧眼去识人，善待他人就是善待自己，知恩图报就能友谊长存。

221
刘勰借助沈约巧推销

刘勰从小父母双亡，孤苦伶仃，生活贫苦，只好寄身寺庙。但是他从小好学，对文学理论很感兴趣，胸怀大志，刻苦钻研，到三十多岁时写成了新颖扎实的文学理论著作《文心雕龙》。由于他当时地位低下、默默无闻，著作虽好却无社会反响。他苦苦思索，寻找办法。刘勰想到了请大诗人、当朝宰相、当时的文坛领袖沈约为自己的书作评论，以扩大影响。

沈约，南朝时期政治家、史学家、文学家，出身门阀士族家庭，其家族社会地位显赫，是刘宋朝建威将军沈林子之孙、淮南太守沈璞之子。南齐建立后，沈约任征虏记室、太子家令、著作郎、国子祭酒。梁武帝萧衍即位后，沈约授尚书仆射，册封建昌县侯，历任左仆射、中书令、尚书令、左光禄大夫、侍中、太子少傅等职，是南朝梁朝的开国功臣。沈约自幼笃志好学，博通群籍，擅长诗文，著有《晋书》《宋书》《齐纪》《高祖纪》《迩言》《谥例》《宋文章志》《四声谱》等。

但沈约身为社会名流，年轻的刘勰哪能轻易见到他？于是刘勰想出了一个主意，他事先打听到沈约外出的时间和路径，背上自己的书稿，装成卖书的小贩，等候在离沈府不远的路上。当沈约乘坐的马车经过时，刘勰便乘机兜售。沈约喜欢读书，当即就停下来，顺手取了一部《文心雕龙》，见是自己没有读过的书，便随手翻阅起来。稍稍浏览了一下，沈约就被深深地吸引住了，当即买了一部带回家，放在案头悉心阅读。沈约被这部书的文采所折服。他的家中常常是高朋满座，多为文人墨客。沈约经常伸出大拇指称赞《文心雕龙》："写得好！深得文理！"经他这么一评论、一推荐，人们便交相传颂，流传开了，刘勰和他的书因此名传四方。

这事传到宫中，梁朝昭明太子萧统也读了《文心雕龙》，他与沈约一样，也很佩服刘勰，于是提拔刘勰做了官。刘勰得以改变命运，施展才华，效力社会。（参考资料：江舟《刘勰的"借力"》，《思维与智慧》2021年第25期）

启示　**刘勰的著作《文心雕龙》写得很扎实、很优秀；但由于作者本人默默无闻、地位卑微，书虽好也难以产生影响。这就需要名人推荐。刘勰想到了文坛大师沈约，这个思路是智慧的。他通过装扮书商卖书的方式，避免了高攀之嫌，也避免了可能不被理睬的尴尬。由沈约的认可到昭明太子萧统的重视，《文心雕龙》才得以传播开来，刘勰本人也得到了提拔任用。这里，《文心雕龙》本身优秀是刘勰成功的根本原因，没有这一条，即使引起了沈约的关注，也不会得到沈约的赏识及后来的发展。但是，没有名人沈约的推荐，在当时的社会背景下，刘勰也不可能脱颖而出。"酒香也怕巷子深"，说明广告宣传的作用不可或缺。现实也证明，千里马要有伯乐发现，人才要有领导提拔，力作要有名家推荐。因此，人们在平时的工作中，默默耕耘固然是一种优点；但是，如果仅仅停留在单打独斗的状态，而不知道获取他人的合作与帮助，往往是事倍功半。**

222
陈寔现场教子

东汉灵帝时，有一年因闹饥荒，盗贼很多。一天晚上，有一个小偷混进了陈寔（公元104—187年，字仲弓）家，躲在屋梁上，想等陈家的人入睡后再偷东西。躺在床上休息的陈寔发现了小偷，装作没看见，他慢慢地起身，穿好衣服，把床铺略微整理了一下，便把儿子、孙子都召集起来。陈寔对儿孙们严厉地说："凡人都应当自勉，要有上进心，任何时候都不能放纵自己，堕入邪路。干坏事的人并不是生下来就是坏人，只是因为平时不学好，沾染上坏习气又不知改悔，逐渐地变得不可救药。这样，本来可以成为君子的，也就变作小人，成了'梁上君子'了！"当他讲到"梁上君子"时，还特意加重了语气。陈寔的训话，蹲在屋梁上的小偷字字句句听得真切，尤其当听到"梁上君子"时，顿时大吃一惊，他再也蹲不住了，逃又逃不脱，躲又没处躲，只得硬着头皮，跳到地上，向陈寔连连叩头请罪。陈寔叫他起来，批评了几句，然后平心静气地说："我看你这副模样，不像是个坏人，大概是因为生活贫苦，才被逼得出来偷东西。你应当从现在起严格要求自己，改恶从善，重新做人。"小偷连连点头称是。陈寔教训了小偷一顿后，送给他两匹绢，叫他当作本钱做小生意，那人千恩万谢地走了。陈寔的儿孙们都从这件事上受到了一次生动形象的教育。

陈寔在汉桓帝时当过太丘县的县令，汉灵帝时陈寔又给大将军窦武当过属员。他心地善良，待人宽厚，办事公道。自从他教育"梁上君子"弃旧图新后，此事不久就传开了，全县再也没有发生过盗窃行为。（参考文献：《后汉书 · 荀韩钟陈列传第五十二 · 陈寔传》）

启示　常人发现小偷偷盗，或捉拿，或报案，而陈寔异于此。他将之变成一堂生动的品德教育课。他先是用小偷做活靶子，教育儿孙；继之

用对小偷变坏的原因的分析教育小偷本人，真是一举数得。这次教育成功的关键在于，他抓住了稍纵即逝的时机，这时机给了被教育者永不磨灭的印象；这时机造成的现场紧张、严峻而又真实、自然，它比起人为布置的现场生动得多；当这时机与他阐释的深邃道理相结合时，便化作转变思想的一种力量。

223 陈子昂买琴

唐朝时四川的一名才子陈子昂，尚未出名时，到京城长安去求职。人是跑到了京城，然而京城没有人认识他，也就没有人注意他，他落落寡欢，郁郁不得志。但是，他必须打开局面。他带着侍童上街寻找机会。

有一次，他碰到一群人围着一个卖胡琴的人，一把胡琴，要价一百万。围观者多半是豪绅贵族子弟，他们传看着此琴，不辨优劣，也没人真想买。此时，陈子昂心生一计，用高价买了此琴。此举令围观者惊讶，以为陈子昂一定是个识琴善弹的音乐行家，便问他能不能弹一曲。陈子昂说："好，大家如有雅兴，欢迎明天都到宣阳寒舍赐座。"

第二天，陈子昂大摆酒席，置胡琴于案。他请大家喝酒吃肉。席罢，捧着琴向大家说："我是四川人，名叫陈子昂。写得有诗文百轴，特到京城来求知音。此琴价贵，不过是一种娱乐的工具，不是我们文人学士争取的目标，我留着它又有什么用呢!"说完，他将琴摔碎，然后将自己的诗文散发给大家。从此，陈子昂摔琴赠文的事传遍长安，人们读了他的诗文，都觉得很好，于是，陈子昂的名气不胫而走。（参考资料：《毛遂自荐，也要确有本事》，原载雷祯孝《中国智慧谋略全书》，新世界出版社2007年版）

启示　陈子昂买琴请客，摔琴赠文，得以扬名。陈子昂借助一把胡琴，把自己的文章宣传出去，实在高明。毫无疑问，文章必须好，才会传开来。可以“借力”，“借力”之前，自己必须先“有力”。

224
智救百姓，巧烧名册

明朝开国元勋刘基（1311—1375年，字伯温），从小聪明好学，智慧过人。在他十岁那年，家乡浙江青田县（今浙江省温州市文成县）一带旱灾严重，粮食严重歉收，老百姓吃不饱饭，交不出赋税。县令不但不如实上报灾情，反而诬告百姓聚众谋反、抗交皇粮。皇帝听信了谎言，立即派员前往调查核实，准备狠狠镇压一番。

当地的土豪劣绅因佃户交不了租，正心急如焚，见皇帝派人下来，个个喜出望外，连忙请客行贿，谎报乡情，称这一带刁民为非作歹，对抗朝廷。他们把交不起田租的佃户统统归为“土匪”，列了一本厚厚的名册呈上去。

刘伯温的父亲听到这个消息，急得寝食难安。刘伯温知道了父亲的心思，沉思许久。一天，他忽然高兴地跳起来说：“有了，有了！”凑到父亲耳边，说出了他的主意。

过了几天，朝廷命官来到刘伯温的家乡。刘伯温的父亲十分热情，硬是把官员让到家里，摆上丰盛的酒饭，还特地叫儿子出来一同陪客。那官员随身带着花名册，不敢丢失。官员见刘伯温长得眉清目秀，且知书识礼，很是高兴，端起酒杯，一杯接一杯地喝，一会儿就喝得烂醉如泥，刘伯温父子将他抬到了床上。

趁那官员熟睡之际，刘伯温父子和几户邻居一起，先放火点着了附近的一处破草房。火势很快就蔓延到刘伯温家。眼看就要烧到客房，刘伯温的父亲和一个邻居一下子冲进火海，推开房门，背起那官员就往外跑。那位官员惊醒过来，睁开双眼，只见火光冲天，浓烟滚滚，不知是怎么回事，但见火势蔓延，不知如何是好。等到清醒后，他猛然想起了花名册还在里面，正挣扎着要闯进去取，只听一声巨响，整座房屋倒塌下来，那官员被吓得急忙后退了几步。失去了花名册，犹如哑巴吃黄连——有苦说不出，那位官员只好垂头丧气、心情抑郁地回京都了。（参考文献：《明史·列传第十六·刘基》《青田县志》）

启示　刘伯温一条妙计——先放火点着附近的破草房，把“水”搅浑，然后再让父亲救出那个官员，却把花名册留在里面，任火烧毁，从而救了许多穷苦乡亲的生命。刘伯温此法成功，巧妙地使用了借力思维，解决了一大难题，使乡亲们避免了一场可能发生的灾难。

225
李四光巧借父信传真情

中国著名地质学家李四光，年轻时性格深沉，做事细致。他当时已与许淑彬交往了两年，两人的感情很好，可是谁也不好意思提及婚姻大事。有一天，许淑彬收到了李四光寄来的一封信，她打开一看，不由得愣住了，原来这封信不是李四光写的，而是李四光的父亲写给儿子李四光的。信中说：“你已经三十多岁了，既然和某女士相识了两年，而且互相都非常了解，如果她同意，两个人就结婚吧。”许淑彬看完这封信，脸上直发烧，她就是不问李四光也知道，信中提到的那位“某女士”正是她自己。经过慎重考虑，许淑彬愉快地同意了这门亲事。李四光也就实现了自己的美好愿望。（参考资料：邱章乐、杨一华编著《变通思维》，黑龙江人民出

版社2003年版）

启示 现实生活中，热恋中的男女向往与对方结成伴侣，但因纯真不好意思谈婚论嫁，怕遭到对方拒绝而尴尬，怕对方为难，也使自己犯难。李四光发挥智慧思维，巧借父亲的来信捅破了这层窗户纸，挑明了此事，较好地解决了这个问题。如果打开思路，解决这个问题，可以借用父亲的来信，也可借用母亲的来信、兄弟姐妹的来信、亲朋好友的来信说话。通过第三者的身份说话，就留有回旋余地，即使对方不同意还可以再等待再商量，这样循序渐进，最后就能圆满收局，皆大欢喜。工作生活中有些问题单靠自己力量不能解决，需要借助第三者力量，合力完成。当然，首先立足于自力更生，在自力更生的基础上，再寻找必要的合作者，共同完成任务，达到目标。

226 戒烟高招

“爸，您还是把烟戒了吧。医生说，不戒烟您的青光眼会越来越重，甚至还要手术！”一出县医院大门，小郭就对父亲老郭劝说起来。

老郭一拧脖子：“老子就是不戒，瞎了也不戒。”老郭脾气倔，嗜烟如命，烟龄快七十年了。想让老郭戒烟，简直比登天还难。小郭急得团团转。

过了几天，老郭在超市里闲逛，正巧碰上了老街坊赵老师，赵老师现在是自己宝贝孙子龙龙的班主任。“龙龙他爷爷，您老好！我正打算找您说说龙龙近段的情况。”赵老师说道。

“龙龙怎么了？”老郭不由得担心起来。“唉，龙龙近段时间上课总是说话，整天不写作业。哦，他还在厕所里偷偷吸烟！”

“这孩子怎么变了呢？”老郭火急火燎地说，“赵老师，我儿子、儿媳在厂里打工，没多少时间管教龙龙，这事儿还得请您多费心。拜托赵老师了！”老郭恳切地央求赵老师。

“我已经找龙龙谈过好几次，可就是不管用，他还说，还说……”赵老师一副欲言又止的样子。

“他还说什么？赵老师，有什么话尽管说。”老郭急切地问。

“他还说我爷爷从七八岁起吸烟，到现在快八十岁了，身体照样硬朗，所以像他这么大，吸几口烟没什么大事，不用怕。”

老郭咬咬牙、跺跺脚，从口袋里掏出打火机和一包烟，一起扔进了垃圾箱。“赵老师，从现在起，我戒烟了！您告诉龙龙，如果他再敢吸烟，我就不客气。”老郭狠狠地说道。

赵老师诚恳地答道：“我一定告诉龙龙。”

那天晚上，小郭一进门就冲妻子喊：“老婆，你这招太高了，咱爸戒烟了！”夫妻相视一笑，乐不可支。（资料来源：周溯源辑议）

启示　小郭劝父亲老郭戒烟，总是未见效，于是他妻子想了一个高招——借赵老师之口，讲孙子龙龙出现了“坏行为”，利用老郭疼爱孙子之心，达到让老郭戒烟的目的。“身教重于言教”，是普遍规律，善于运用，就能见效。做大人的如有不良嗜好，怎能要求孩子学好？老郭明白了这个道理，吸烟不是自己一个人的事，还影响家人，于是毅然决然地把烟戒掉了。

227

智慧的演技与真挚的爱

妹妹开了一家超市，最近资金紧张，正张罗着借钱。回到父母家，我正要提这件事，妹妹偷偷拽我一下，把我拉出屋。她小声对我说：“我借钱的事不要对爸妈说，要不然的话，他们又会动用老本，把存在银行的钱取出来。我这次是暂时借点钱，最多两个月就能还上。现在差不多借够了，别让爸妈跟着操心了。”我点点头说：“爸妈知道你又要借钱，肯定以为你的超市遇到了麻烦，一定不能让他们知道……”

我和妹妹正说着，母亲走了出来。见我俩交头接耳，母亲问：“你俩嘀咕啥呢？还不让我们知道。我跟你们说啊，有啥事、有啥困难可不能瞒着我们，我们还有点儿余力。”妹妹笑嘻嘻地说：“妈，我们还能有啥事，我跟我姐正商量着怎么给老爸过生日呢。这不，下月就是老爸的生日嘛，我们想给他老人家一个惊喜。老妈，您也要保密哦。”老妈笑嗔道：“你这鬼丫头！”

老妈进屋后，我向妹妹竖起大拇指，小声说：“你现在可真是演技派哦，戏演得滴水不漏。”妹妹说：“嘿嘿，生活有时还真需要点儿演技。因为爱，所以演。接下来，咱俩要继续第二个话题——老爸的生日咋过。”接着，我们商量了父亲生日的安排。

父母对子女的疼爱细心周到，也是有“演技”的。记得我刚生孩子那段时间，父亲身体很不好，我很担心，每天都打电话问候。但那个时候我的孩子刚一周岁，家里有个吃奶的孩子，拉扯我寸步难行，也不能去看望父亲。我每天打电话，母亲都会说：“你爸这几天好多了，放心吧。你在家把孩子带好就行，别惦记我们。”过了大概一个月，母亲才告诉我，父亲前阵子住院了，都是妹妹照顾的。父亲身体恢复得很好，已经出院。我有些急了，气呼呼地说：“妈，我爸住院这样的事你竟然瞒着我，还瞒得这样紧。”母亲说：“我跟你爸和你妹都商量好了，不能告诉你，你知道了肯定会上火。孩子正在吃奶，你上火他会跟着吃‘火奶’；而且你在家也会待不住，肯定要来医院看你爸。孩子半步都不能离开你，如果你带孩子到医院，医院里那么多病人，孩子被传染了咋办？这件事没告诉你，不也过来了嘛。现在你爸挺好的，不用担心。”那段时间父母和妹妹都在跟我

“演戏”。因为爱，所以演。（资料来源：王纯、周溯源辑议）

启示　上文题材取自家庭琐事，但能以小见大。亲友之间为了爱，不因自己的事情给对方添麻烦或苦恼，独自担当起来，对对方做出善意的隐瞒；隐瞒要巧妙，要有智慧，不然会被对方发现。善意隐瞒自己的困难，不轻易给亲友增添负担，也是中华民族的传统美德，是亲情友情的体现。

228
巧用“瑕疵”

表演学中有一个理论，叫“瑕疵理论”，意思是，如果一个演员长相或语言有瑕疵而无法克服，则干脆夸大这个瑕疵，让瑕疵变成一种风格、一种艺术。这就好比一个瓷器有了无法弥补的划痕时，就干脆让瓷器布满划痕，使之看起来像正常开片形成的冰裂纹，反而变得漂亮了。如今，布满冰裂纹的瓷器已然成为别具风格的种类，深受人们喜爱。

“瑕疵”如同“缺点”“缺陷”“错误”一样，似乎是一个很不光彩的字眼，在日常生活和工作中，劝诫人们要努力避免瑕疵、尽力克服缺陷、极力防止错误的箴言警语，随处可闻。然而，倘若能够根据具体情况对“瑕疵”加以巧妙利用，则往往可以收到正面的效果，譬如将错就错。有些错误不仅可以改正，而且可以“改道”，通过人为的努力，使其改变错误的路径，朝着有益的方向发展。相传，鲁班受君主之命盖金銮宝殿。他带着一帮徒弟做好了梁柱，可在搭建时却发现其中一根柱子做短了三寸。如果重做，时间已经来不及了。鲁班郁闷地回到家与老婆商量此事，老婆心生一计，说干脆把全部柱子都锯短三寸，再用合适的石墩子垫上。从此，在石墩子上面立柱子，居然成了一大建筑风格。

无独有偶。毕加索创作了一幅铜版画，画的是一个英姿飒爽、右手拿着长矛的斗牛士。可令他没想到的是，画像在印刷时出了错，左右易了位。当他看到一个左手拿长矛的斗牛士时，不禁大吃一惊。但很快，他忽生灵感，将此画的名称改作《左撇子》，后来竟成了经典之作。

歪打正着。本来采用了不恰当的做法，却侥幸得到满意的结果，这样的事例古今中外也不少见。这里权且借用一个非洲的例子加以论证。一次，古埃及法老胡夫举行盛大国宴，有位小厨工不慎将炼好的一盆羊油打翻在地，吓得他连忙用手把羊油捧起来扔到外边。扔完后他赶紧洗手，不料手上出现滑溜溜、黏糊糊的东西，竟将手洗得特别干净。渐渐地，用羊油洗手在全国推广开来，后来经过研究制造，改变人们生活方式的肥皂便问世了。

下面再借用一个欧洲的例子加以论证。德国有位造纸工人，在生产书写纸时不小心弄错了配方，使一大批书写纸报废。他不仅被扣工资，而且还被解雇。事后，他的一位好友提醒他，能否从这次失误中找到一些有益的东西呢？很快，他想到这批废纸虽然已不能用于书写，但其吸水性能很好，可以吸干器具上的水分。于是，他将这批纸切成小块，并取名“吸水纸”投放市场，结果十分抢手。可见，当我们发现某些意外失误时，不必一味自怨自艾，甚至自暴自弃，而应当好好研究和利用这些失误，使之发挥正向的特殊效用，而奇迹恰恰可以由此产生。

善用“缺点”。所谓缺点，其实并非烂透了的铁板、朽空了的木头，其性质往往会因时因地发生转化。优点、缺点是相比较而言的。在此一场合是缺点，在彼一场合却可能是优点，皆由主观因素和客观条件所决定。例如，有的人有吹毛求疵的毛病，那么可以安排这些人当监察员，他们会干得出色。这样，原本吹毛求疵的缺点，就可能变成忠于职守的优点。清代将领杨时斋面对一时无人可用的窘境，毅然决然地将聋者置于左右，让哑者专司密信传递，令跛者坐守炮台放炮。这不仅缓解了“用人荒”，而且使人人各得其所。此类事例不胜枚举，如两只已有裂缝的破桶，看似无用，但有人将其用于浇灌，挑着它们边走边洒水，既省时又省力；一堆被废弃的空易拉罐，通常也没有什么用处，可有人将它做成各式各样的艺术品、装饰物，竟然赚了不少钱。人们常说，用人要用其所长、避其所短，但如果用得当、用得好，用其所短与用其所长一样，具有异曲同工之妙。（参考资料：胡建新《巧用“瑕疵”》，《思维与智慧》2023年第16期）

启示　短兮长之所倚，长兮短之所伏。现实生活中，许多看似无用甚至“有害”的东西，只要善于巧用，就可以化短为长、变废为宝。当然，不是所有的“瑕疵”都可以巧用，那些致命性的缺陷、本质性的错误必须弥补和改正。

229
“向钱看”，却不是为了钱

1929年，国民党元老于右任的长子于望德结婚。没想到，平时布衣粗食的于右任像换了个人，不仅亲自操办儿子的婚礼，还到处发请帖、捎口信，要在上海著名的“一品香”酒楼大宴宾客。如此“劳师动众”，难免惹上贪敛钱财的非议。

那天，在新婚仪式上，于右任走到台前。看着他脸颊微红、神情激动的样子，大家以为他要发表儿子喜结连理的感言。谁知他开口说的却是从1927年起已经持续了两年的陕西大旱。于右任怀着沉痛的心情，讲述了灾区的惨况：赤地千里，哀鸿遍野，米珠薪桂，人相食啖。“在南京召开的会议上，偏偏有人妄下雌黄，硬说三秦无灾。我曾为民请命，无奈拨得的赈灾款少得可怜，比如偌大一个三原县，才获区区千余元资金，不啻杯水车薪。万般无奈之下，鄙人只好出此下策，借犬子新婚之机，多收一些礼金，欲将其作为救灾善款……”说至动情处，于右任当众洒泪，众宾友这才恍然大悟。后来，于右任把在儿子婚礼上收得的全部礼金，连同动员其他人捐献的钱物一并捐给了灾区。

无独有偶。著名化工专家陈调甫于1928年创办了永明漆厂，为中国涂料事业的发展打下了基础。1934年，他的爱妻潘瑛如因病去世。悲痛中的陈调甫却在讣告中写道："如送奠仪，一律只收现金。"消息一出，舆论哗然。因为在当时，写明只收现金而不收挽联挽幛等物，实在没有先例。事后，人们才知道了陈调甫的良苦用心。原来，他开办了一所小学，用来培育工人和穷苦百姓家的子弟。他还想建一所幼稚园，但资金不够。于是，他想出这个办法筹集资金，加上个人资产，建造了一所"怀瑛幼稚园"。（资料来源：江东旭、周溯源辑议）

启示　于右任与陈调甫"向钱看"，目的却不是钱。于右任借助儿子的婚礼、陈调甫借助爱妻的丧礼，合情合理地收到钱，一个是为了赈灾，一个是为了办学。他们满腔爱国爱民的情怀，令人景仰、流芳百世。

第十篇 让步思维

让步思维是外表柔和的弹性思维。通过让步，或者是接受对方的意见，趋利避害；或者是回避对立冲突，从缓处理，争取较好的效果；或者是做出牺牲，成人之美；或者是先退让，做准备，然后反击，夺取胜利。在日常生活中，让步思维比较常见，每当出现甲乙双方冲突时，中间人往往劝道："退一步海阔天空"，"让他三尺又何妨"，"让人如让己"。让步思维看似消极，实则积极；貌似柔和，实则柔中有刚；貌似迁就，实则另有考虑。世上事物纷繁复杂，处理起来不能简单化，不能"一刀切"，往往需要先让步，然后冷处理，以争取较好的效果。

230
用幽默浇灌孩子的童年

对待孩子的错误，严肃认真是一种方法，但有时采用“幽他一默”的办法，效果往往要比大声训斥好得多。

跟上幼儿园大班的儿子在一起，说实在的，有时候我穷于应付。家里有台式电脑，他嫌不过瘾，要我给他买掌上电脑，他说这个方便，我问他怎么知道，他脑袋一歪说自己想的。我还是打马虎眼没答应，他就在那死缠烂打，后来竟哭着非要不可，把他妈妈搞烦了，吼他也不管用，于是踢了他一脚、扇了他一掌（肯定也不至于很暴力）……我连忙把儿子拉过一边，问他：“你看你妈妈像不像灰太狼？”他破涕而笑，猛然点头。我接着说：“你如果是喜羊羊，应该怎么做？”他说：“跑呀！”然后我又引导他：“是啊，喜羊羊懂事、讲道理，你也要听大人话嘛，这样好不好？等你上一年级爸爸再买给你……”整个下午，他总算消停下来。儿童节那天，我和他通电话聊了会儿，末了他问：“爸爸，你什么时候回来陪我玩呀？——妈妈光打我。”原来他一直记得我的幽默、我的好。

苏联著名诗人米哈依尔·斯维特洛夫就是一位以幽默的方法教育孩子的高手。有一天，诗人回到家，见家人慌作一团，诗人母亲正打电话给医院请求急救。原来诗人的小儿子舒拉别出心裁地喝了半瓶墨水。诗人明白，墨水不至于使人中毒，用不着惊慌，这正是教育舒拉的最好时机。于是，他轻松地问：“你真的喝了墨水？”舒拉得意地坐在那里，伸出染墨的舌头，做了个怪相。诗人一点不恼，从屋里拿出一沓吸墨纸来，对小儿子说：“现在没办法了，你只有把这些吸墨纸使劲嚼碎吞下去了！”一场虚惊就这样被诗人一句幽默的话冲淡了，并在家人的嬉笑中结束。此后，舒拉再也没有犯类似错误。

当然，借助幽默，是为了达到教育孩子的目的，而不是油腔滑调的贫嘴，不是玩世不恭的刻薄。相反，幽默是以真善美为底蕴的一种处世态度，是百炼钢化作绕指柔的一种人生艺术。幽默显示的是一种智慧、一种深刻、一种情趣，既展现了自我又愉悦了他人。

匆匆走过一段人生里程，蓦然回首，总算发现用幽默陪伴着孩子成长确是一块净土，不妨就用那份真、那份纯，把孩子的童年浇成一路鲜花。（参考资料：肖东《用幽默浇灌孩子的童年》，《广州日报》2013年6月22日）

启示　经常听到有人说“幸福的人是用童年治愈人生，不幸的人是用一生治愈童年”。幸福的童年里一定有父母的慈爱，也包括他们满怀爱意的幽默“批评”，这些会伴随孩子的一生，给予他们一生的温暖，是他们幸福人生的底色。幽默是一种智慧，是以真善美为底蕴的一种处世态度，是百炼钢化作绕指柔的一种人生艺术，既展现了自我又愉悦了他人。这些都会给孩子纯净的心灵上涂染上明亮的颜色，会开启他们了解世界处理问题的另一种通道，若干年后被幽默浇灌童年的孩子，会以松弛的状态展示自己、拥抱生活，也一定会用这种柔软幽默的方式对待身边这个纷繁复杂的世界，而不是以剑拔弩张的方式与世界对抗。

231
给风留下可以刮过去的距离

汉朝时，韩安国和田甲原本是很要好的朋友，好到了形影不离的程度。因为二人都很有才华，同时被朝廷召去做官。可不知何故，渐渐就有了些流言蜚语，说韩安国向汉景帝进谗言，贬损田甲，也有人说田甲找御史弹劾韩安国，导致他们都对对方失望，二人也因此从好朋友变成对头。

田甲的仕途不是很顺利，因为做错事被一贬再贬，最终当了一个小狱官；而韩安国却春风得意、步步高升。后来，原本仕途顺利的韩安国，却因为一件事触犯了国法，被关进大牢，成为阶下囚，落入了田甲的手中。田甲对韩安国恶语相向，不但如此，还克扣韩安国的饭菜，常给他吃很糟糕的食物。田甲的行为让韩安国十分生气，一门心思想着出去后如何报复他。

不久，韩安国的贵人出现了，她就是窦太后。窦太后听说韩安国入狱，赶紧派人去救他。出狱后的韩安国官复原职，重新手握大权。他对自己的门客说了自己和田甲的关系，又说了自己在狱中受到的侮辱，最后怒气难平地说："等我找机会抓住田甲，看我怎么收拾他。"

门客听后，平静地说："大人，您说庄稼要想高产，是没有距离地种好，还是有距离地种好呢？"韩安国说："多种多收，当然是没有距离地种才好。"门客说："不是，应该是有距离地种好。因为没有距离，一阵风来，庄稼就全倒了。种庄稼要给风留下可以刮过去的距离，人和人交往也是这样。没有距离，一旦流言蜚语来了，就很容易让原本亲密无间的两个人反目成仇。"韩安国听后猛然醒悟，连连说受教了。（参考文献：《史记》；资料来源：任万杰、周溯源辑议）

启示　人们的关系之道，其实就是把控距离之道，再好的关系，也要在彼此之间留出恰到好处的距离。常言道："距离产生美。"朋友之间，不宜疏远，但也不宜过近。友谊的原则是道义，不全是利害；人生观、价值观相同，则友谊长存。

232
不要与缺乏基本理性的人争辩

《庄子·天道》有则关于士成绮问道老子的故事。士成绮是个非常博学的人。他经常听别人赞叹老子高尚的品格和非凡的智慧。于是他长途跋涉，登门拜访。当他看到老子其貌不扬，家里如同老鼠洞一般杂乱不堪时，便很生气地说："听说你是拥有大智慧的圣人，我走了几百里路来见你，没想到你竟然生活得像老鼠一样！"老子听后看了他一眼，继续低头读自己的书，完全不理他。士成绮自觉没趣，转身出门离开了。

第二天，士成绮认识到自己说的话太过分，便来向老子道歉。老子平静地说："什么圣人不圣人，这种名号，我早就像扔破鞋子一样把它扔掉了。如果我收获了大道，你骂我是牛、是马、是老鼠，又有什么关系？我还是我啊。"汉语成语"呼牛呼马"便出自士成绮问道老子的故事。意思是：别人辱骂也好，称赞也好，决不计较。

《老子》讲："圣人之道，为而不争。"意思是圣人的行为准则是，做什么事都不跟别人争夺。老子不屑于与认知不同的人争辩。

有天早晨，子贡在大院门口打扫院子，远处走来一个身穿绿色衣服的人。来者问："您是孔子吗？"子贡答："有什么事需要向我们老师请教吗？""我想请教关于时间的问题。""这个问题我知道，可以告诉你。""那你说说，一年有几季？"子贡笑答："四季。""不对，一年只有三季！"子贡理直气壮地说："四季！"来者毫不示弱："三季！"他们争辩不止，一直到中午也没消停。

孔子听到声音，从院内走出来。子贡上前讲明原委，请孔子评定。孔子没有立刻回答，观察一阵子之后说："一年的确只有三季。"来者听后，大笑而去。

来者走了之后，子贡不解地问："一年分明有四个季节，老师怎么说是三个呢？"孔子答："方才那位来者一身绿衣，分明是田间的蚱蜢。蚱蜢者，春天生，秋天亡，一生只经历过春、夏、秋三季，哪里见过冬天？所以在他的思维里，根本就没有'冬季'这个概念。你跟这样的人就是争辩三天三夜，也不会有结果。即便争辩出了你输我赢，又有什么意义呢？"孔子说："可与言而不与之言，失人；不可与言而与之言，失言。"

(《论语·卫灵公》) 意思是：可以和他谈的话你没有与他谈，这是错失了人才；不可与他谈的话你却谈了，这是说错了话。而智慧的人，既不会错失人才，也不会说错话。孔子不屑于与认知不同的人争辩。

《庄子·秋水》说："井鬼（蛙）不可以语于海者，拘于虚也；夏虫不可以语于冰者，笃于时也。"意思是：对常年生活在井底里的青蛙，不可与它谈论大海的事情，因为它的眼界受到狭小居所的局限；对夏天生死的虫子，不可与它谈论关于冰雪的事情，因为它完全无法体会。同样，对认知不同的人不可与他争辩，因为他的眼界受到教养等条件的束缚。（参考资料：蒋光宇《不要与认知不同的人争辩》，《思维与智慧》2023年第25期）

启示　"君子和而不同，小人同而不和"，这是普遍的社会现象和不变规律。要想处理好，必须清醒地认知和正确地应对。就是说，不要轻易地与认知不同的人争辩，最好的办法是用事实说话，用实际效果启迪人。

233 庄王绝缨，换来忠勇

春秋时期，一次，楚庄王在宫中大摆"太平宴"，宴请作战有功的群臣。酒宴喝至傍晚，楚庄王说："今日国泰民安，愿众卿通宵畅饮。"便命侍役点燃蜡烛，让受宠的许姬亲自给各位斟酒。忽然一阵狂风吹来，把蜡烛全部吹灭了。一位武将因见许姬美貌迷人，就乘黑暗之际伸手拽拉许姬的衣裙。许姬顺势把他头上的带子（冠缨）拉断。随即许姬告知楚庄王，有个武将调戏她，请楚庄王查办。再点蜡烛，即可发现是谁。

楚庄王初听后很恼怒，但转念一想，现在正是创业用人之时，需要上下一心，于是将怒气压下，不以为然地对许姬说："怎么能为了显示妇女的贞洁而使众臣受到污辱呢！"接着，在黑暗中宣布："今日文武相聚，大家要开怀畅饮，请各位把头盔上的红缨摘掉才算尽兴。”众将摘掉红缨后，楚庄王才让侍从点燃蜡烛，继续饮酒作乐。由于大家的冠缨全断了，那个调戏许姬的人也就无法找到了。

后来楚国攻打郑国，有一位大将杀敌勇猛，所向无敌，五次交兵就斩敌将五名，使郑国军队闻之丧胆，楚国取得了胜利。楚庄王赏赐这位大将时，他拒收赐物，并坦诚地对楚庄王说：“感谢大王恩赐！我就是当年那个大王不查的被摘缨人。”(参考文献：《说苑·复恩》)

启示　楚庄王如果现场查找那位被摘缨的武将，肯定能够查出来。查出以后，如果不处理，会丧失威严；如果处理，势必使大家扫兴，并且丧失一位武将。楚庄王体察人心，宽容大度，没有查处武将，从而赢得了武将的感恩，并以忠诚来回报楚庄王的宽容。楚庄王的做法无疑是智慧的、有远见的。

234
蔺相如化解廉颇之怨

战国后期，赵国有两位栋梁之臣。一位是廉颇，能征善战，曾率兵大破齐国，因军功被封为上卿，“以勇气冠诸侯”；另一位是蔺相如，是赵国的宦官首领缪贤家的门客，在完璧归赵和渑池会中，临危不惧，不辱使命，也被封为上卿。他的位置排在廉颇之上，矛盾由此展开了。

蔺相如晋升为上卿，来之不易。赵惠文王得到了楚人的和氏璧。秦昭王听说了这件事，就派人给赵王送来一封书信，表示愿意用十五座城池交换和氏璧。赵王同大将军廉颇及诸大臣商量：如果把宝玉给了秦国，秦国的城邑恐怕不可能得到，白白地受到欺骗；如果不给他，又恐怕秦国来攻打。一时未找到合适的解决办法，也未寻到一个能去秦国回复的使者。宦官令缪贤说他的门客蔺相如可以出使，并介绍了蔺相如有智慧的事例。赵王召见了蔺相如，并派他出使秦国。蔺相如智勇双全，力挫秦王，完璧归赵。蔺相如回国后，赵王认为他是一位有德行、有才能的贤大夫，能做到不辱使命，捍卫国家尊严，于是封蔺相如为上大夫。此后秦国并没有把城邑给赵国，赵国也始终没有把和氏璧给秦国。秦王不甘心就此罢休，派使者告诉赵王，想在西河外的渑池与赵王进行一次友好会见。赵王害怕秦国，打算不去。廉颇、蔺相如商量道："大王如果不去，就显得赵国软弱胆小。"赵王于是前去赴会，蔺相如随行。廉颇则陈兵边境，严阵以待，以防不测。在宴席上，秦王要求赵王为他奏一曲瑟，赵王无奈只好弹起瑟来。秦国的史官将此事立即记录下来。蔺相如见状，马上威逼秦王为赵王击缶，秦王虽然不高兴，也只好敲了一下缶。蔺相如回头招呼赵国史官也记下此事。直到酒宴结束，秦王始终也未能压倒赵王。秦国君臣本想借机劫持赵王，得知赵国在边境部署了大批军队，秦国也不敢轻举妄动，赵王得以安全无恙。渑池会结束后回到赵国，由于蔺相如功劳大，赵王封他为上卿，官位比廉颇稍高一些。廉颇不服气，对人说："我是老资格的大将军，为国家转战沙场，出生入死，功勋卓著。蔺相如出身低微，只凭着一张嘴，立了点功，却居然位高于我，我感到羞耻。"并且扬言："如果我见到了蔺相如，一定要羞辱他一番！"

蔺相如听到这话后，清楚自己遇到了挑战、碰上了难题。如何破解，他胸有成竹。他的办法是尽量回避廉颇。每到上朝时，蔺相如常常声称有病，不愿在朝廷上因为和廉颇排座次，使廉颇更加不快。出门也注意不与廉颇碰面。有一次蔺相如外出，远远望见廉颇的车驾迎面而来，蔺相如急令手下人改走便道避开。见此状，蔺相如的门客愤愤不平，禁不住一起进言："上卿大人，我们之所以离开家庭来侍奉您，是仰慕您高尚的节义呀。如今您与廉颇官位相同，廉颇公然口出恶言侮辱您，而您却这样害怕他，连普通人都不能忍受这样的侮辱啊，何况您还是上卿呢！我们这些人没有出息，请让我们辞职，您另请高明吧！"蔺相如很淡定，问他们："诸位认为廉将军和秦王相比，谁更厉害？”众人都说：“廉将军比不上秦王。”蔺相如接着说：“这就是了。秦王那么大的威风，我在章台和渑池会上，不顾刀兵林立，当着他群臣的面，厉声呵斥他，逼令他敲瓦盆子，使其君臣受辱。我虽然无能，难道会害怕一个廉将军吗？”听到这些话，众人都似有所悟地点点头。“但是，为什么我还要回避他呢？因为我想到，强大的秦国之所以不敢欺侮我们赵国，就是因为有我们两人在呀。如果我们两虎相斗，结局必然是两败俱伤。这正合秦国的心意。我所以对廉将军一再退让，正是以国家利益为重，把私人的恩怨小事抛在脑后啊！”众人听罢，由衷悦服。谁也不再提离职的事了。

蔺相如的这番话不久传到了廉颇那里，廉颇深受感动，幡然悔悟，也很羞愧。他就袒露上身，背着荆条，亲自到蔺相如家去谢罪，请蔺相如用荆条狠狠鞭打自己，并诚恳地说：“我是个见识低下的人，真糊涂，差点儿误了国家大事。料想不到您的胸怀这么宽广！”两人从此誓同生死，成为刎颈之交，并为赵国赢得了一段和平发展时期。（参考文献：《史记·廉颇蔺相如列传第二十一》）

启示　当廉颇扬言要羞辱蔺相如时，蔺相如用前瞻思维，明白如果他与廉颇闹不和，不和的消息传出去，就会削弱赵国的力量，秦国必然乘机来打赵国。为了国家的安定团结，他决定忍让。从中可以看出蔺相如深明大义，具有大局意识，不计私利，以国家为重的高贵品质。蔺相如的品质和智慧，也感动了廉颇，化解了二人之间的矛盾，成就“将相和”的千古佳话。蔺相如对属下进行的是顾全大局、讲团结的教育。但他不是从团结的重要意义讲起，而是针对下属认为他退让是由于胆小、怕廉颇的思想扣子，采取对比的方法，即拿廉颇与秦王对比。这对比就像一层窗户纸，在未挑明之前，人们的心头布满了阴云；一旦捅破，下属就豁然开朗，多少天郁积在心头的疙瘩一下子就解开了，一个危及赵国大局的复杂难题被顺利地解决了。这都是蔺相如善于抓住下属“退让乃是怕”的思想扣子，及时开展说服工作的高明智慧。

235
西门豹治邺

战国时期，魏斯（魏文侯）当诸侯王时，西门豹出任邺县（今河北省临漳县）令。他到邺县后，便召集地方上德高望重的长者，询问本地百姓有何疾苦。长者们说：“苦于给河伯娶妇，这件事闹得本地民穷财尽。”西门豹细问缘由，他们答道：“邺县的三老（掌管教化的乡官）、廷掾（县令助手，分管处理案件），每年都要向老百姓征收赋税搜刮钱财，收取的这笔钱有几百万，他们只用其中的二三十万为河伯娶媳妇，名曰‘防治水患’，实际上却把剩余的钱和巫婆私分了。到了为河伯娶媳妇时，女巫四处巡查，看到小户人家的漂亮女子，便说‘这女子适合做河伯的媳妇’，不容商量就马上下聘礼强娶。给女子梳洗打扮，穿花衣服，让她独自居住，并沐浴斋戒；还在河边上给女子做好斋戒用的房子，让她住在里面享用牛肉酒食。过了十几天，他们又装饰好像嫁女儿一样的床铺枕席，让这个女子坐在上面，然后把它浮到河中。起初女子在水面上漂浮着，漂了几十里便沉没了。这样一来，那些有漂亮女儿的人家，担心大巫祝替河伯把女儿娶走，就全家远逃他乡。也因为这个缘故，城里越来越空荡无人，更加贫困荒凉。这种情况由来已久了。本地百姓中流传一个说法：‘假如不给河伯娶妇，就会大水泛滥，把当地老百姓都淹死。’大家只好听之任之。”西门豹听后说道：“到了给河伯娶妇的时候，希望三老、巫祝、父老都到河边去送新娘，也请你们及时告诉我，我也要去送送这个女子。”大家回答：“好的，按您说的办。”

到了为河伯娶妇的日子，西门豹带着衙役也来到河边与众人相会。三老、巫祝官员、地方上的父老、有钱有势的人，全都会集于此，来看热闹的百姓有二三千人。女巫已经七十多岁，跟在她身后的女弟子有十来个人，都身穿丝绸单衣。西门豹首先发话："请把河伯的媳妇叫过来，我看看她长得漂亮不漂亮。"人们马上扶着女子出了帷帐，走到西门豹面前。西门豹看了看女子，对三老、巫祝、父老们说："这个女子不漂亮，麻烦大巫婆到河里去禀报河伯，需要重新找一个女子，迟几天送去。"说完就叫差役们一齐抱起大巫婆，将其抛到河中。过了一会儿，西门豹说："巫婆为什么去这么久还不回？叫她弟子去催催她！"差役们又把她的一个弟子抛到河中。又过了一会儿，西门豹说："这个弟子为什么也这么久？再派一个人去催催她们！"便又抛了一个弟子到河中。这样总共抛了三个弟子。西门豹说："巫婆、弟子，这些都是女人，不能把事情说清楚。请三老替我去说明情况。"又把三老抛到河中去。西门豹帽子上插着簪，弯着腰，毕恭毕敬，面河而站，等了很久。长老、廷掾等在一旁看得心惊胆战。西门豹问："巫婆、三老都不回来，怎么办？再派一个廷掾或者长老到河里去催催他们吧？"廷掾、长老们都吓得伏地叩头，头都叩破了，额上的血流了一地，面如死灰。西门豹说："好吧，暂且留下来再等一会儿。"又过了一会儿，西门豹说："廷掾、长老可以起来了，看样子河伯留客要留很久，你们都散了吧，回家去吧。"廷掾和长老们松了一口气，连声道谢。邺县的官民对西门豹的举措分外震惊。此后，再也没有人敢提为河伯娶妇的事了。

西门豹紧接着征发邺县百姓开挖了十二条渠道，引来漳河水灌溉农田，农田得到了灌溉，丰收就有了保障。当时，老百姓怕开渠劳累而不乐意做。西门豹说："有些老百姓可以和他们一起分享成功，但不可以和他们一起考虑创业的开局。现在父老子弟虽然认为我使大家受累受苦，但可以预期若干年后，父老子弟们会想起我今天做出的决定的好处。"在西门豹的带领下，邺县消除了河伯娶妇的人祸，又根治了大自然的水患，老百姓因此生产丰收，生活富裕，安居乐业。（参考文献：《史记·滑稽列传第六十六》）

启示　西门豹上任邺县令，志在为官一任，造福一方。西门豹治邺有两大实绩：革除"为河伯娶妇"的陋习，凿渠引水灌溉农田。在创造这两大实绩的过程中，西门豹表现出勇敢和智慧。首先通过调研，西门豹从

长老处得知“为河伯娶妇”的罪魁祸首是三老、廷掾与巫祝，但听了介绍后，他只是表示将出席为河伯娶妇的活动，似乎无动于衷。原来这是西门豹的让步思维，以退为进，欲擒故纵。在河伯娶妇的仪式上，西门豹先解救了将出嫁的女子，然后将大巫婆及三个弟子和三老投入河中，吓得廷掾、豪绅跪地求饶，才算结束了这场闹剧。除掉了首恶，西门豹用事实证明河伯娶妇的虚妄，教育了百姓，再推动兴修水利。邺县没有石碑记载西门豹的功劳，但他为民兴利除弊的智慧形象，永远留在了人民的心中。

236
打在心底的板子

唐代著名宰相李日知最大的特点就是脾气好，尤其以善待下属著称。李日知升任刑部尚书后，发现整个刑部懒散成风，难以做到令行禁止。更有一名健忘的管事，不仅平日里工作丢三落四，有一次竟把李日知亲口交代的重要任务也忘记了，拖了三天都没有处理。

“此人是不打不长记性，你得给他点儿教训。”身旁的副手建议李日知好好惩罚一下这个犯错的管事，“杀一儆百，对别人也是个威慑。”正在气头上的李日知同意了。他叫人拿来板子，剥了管事的衣服，还把所有下属都喊来，准备当众打他板子。

可就在要行刑的时候，李日知忽然改变了主意。

李日知亲自扶起管事，语重心长地对他说：“你犯了大错，我原本要打你一顿板子，可又担心天下人笑话你，说你真行，能把从不发怒的李日知都惹火。如果连李日知都能打你，还有什么人不敢欺负你呢？只怕今后连你的老婆孩子都不会尊重你了。”

管事听了这番话，心服口服，对李日知感激涕零，决心痛改前非。从

此，整个刑部上下没有人敢马虎工作了。（参考资料：王章材《打在心底的板子》，《演讲与口才》2023年第18期）

启示　李日知体谅、尊重下属，给了他面子，这种批评教育可谓“打在心底的板子”，管事很受感动，也深受教育。李日知此举既赢得了人心，又推动了工作。作家刘亮程认为善意批评很有好处。他写道：在别人难堪时，给别人台阶下，而不是落井下石；在别人失意时，给别人一个体面，而不是冷嘲热讽，这是一种善。别人的难言之隐，不要去拆穿；别人的落魄失意，不要去嘲弄。谁都有路走窄的时候，谁都有雨天没伞的时候。你在大雨时，默默为别人撑一把伞，日后有雨落到你身上时，也会有伞撑在你头顶。现实中也不乏这种现象。

237 打金枝驸马闯大祸，郭子仪绑子上大殿

有出戏叫《打金枝》，久演不衰，深受民众喜爱。说的是唐代宗时，郭子仪率军平定了安史之乱，战功显赫，成为复兴唐室的元勋。为感谢郭老将军保住江山社稷，唐代宗将女儿升平公主嫁给郭子仪的儿子郭暧为妻。

一次，郭子仪过生日，郭驸马要公主陪他一同前去为父拜寿。升平公主以自己是皇帝女儿，是金枝玉叶为由，不肯去给公爹下拜。于是，小两口发生了口角。在气头上，两人互不相让，互不服气。郭暧愤懑地说：“你是公主有什么了不起？就仗着你老子是皇帝，告诉你吧，你爹的江山，还是我爹打败安禄山、史思明后才保全下来的。我爹瞧不起皇帝的宝座，才把帝位让给了你爹！”这话，在当时可是大逆不道。那时皇帝至高无上，神圣不可侵犯。想当皇帝，是犯了满门抄斩之罪。

升平公主听到这带有反意的话，感到抓住了丈夫的致命伤，找到了出气的机会。于是，她哭哭啼啼地跑进皇宫，向父皇复述了刚才驸马说的话，请父皇严惩郭暧，替她出气。

这边郭子仪听到此事后，惊出了一身冷汗。他觉得小两口吵架不要紧，但儿子口出狂言，语带反意，这还了得！真是闲在家中坐，祸自天上来。如果皇帝怪罪下来，是要满门抄斩、殃及九族的。为保全身家，他急令把儿子郭暧捆绑起来，刻不容缓地亲自带子上殿，面见代宗，道歉、谢罪，听从发落，并强烈要求皇上严惩驸马，以儆世人。

唐代宗一见郭老元勋如此赤诚，龙颜大悦。他笑着对老亲家说："他们在气头上，说了过分之言，当老人的咱们不要太认真！儿女们在闺房里说的话，咱们就装作没听见，不就万事大吉了吗？"听到皇上说这番话，郭子仪心中的一块石头才算落了地，顿时轻松，眼见得一场灭门大祸，至此风平浪静，于是，伏地叩谢皇上。（参考文献：《资治通鉴》《因话录》）

启示　当郭子仪得知儿子说了冒犯朝廷的话语时，他高度紧张，深知问题严重，反应迅速，马上绑子上殿，亲自赔礼、道歉、请罪。幸亏代宗皇帝宽宏大量，大人不记小人过，才避免了满门抄斩之祸。如果郭子仪反应不及时，动作不快捷，没有绑子、赔礼、道歉、请罪，代宗能否原谅，就难说了。郭子仪的让步换来了代宗皇帝的让步，代宗皇帝的让步，进一步笼络了大臣，让郭子仪更加忠心耿耿。

238
格局成于气度

在北宋，欧阳修不仅以能诗善文名驰朝野，更以气量恢宏享誉一时。嘉祐二年（1057年），欧阳修以主考官身份主持当年的科举考试。这一年的考试题目是《刑赏忠厚之至论》。阅卷时，有一个考生的答卷吸引了欧阳修的注意。考生在文章中用到一个典故："当尧之时，皋陶为士师。将杀人，皋陶曰'杀之'三，尧曰'宥之'三。"意思是说尧帝时有一个司法官叫皋陶，皋陶要判一个人死罪，连续上报了三次，尧说宽恕他吧，说了三次。此时作为一代文宗的欧阳修，已经五十岁，诗、词、文、哲学、经学没有不精通的，唯独这个典故，他绞尽脑汁也想不起来出自哪里。

这个考生就是后来的大文豪苏轼，事后当苏轼按惯例去谢师时，欧阳修当面问他说："你文章里说皋陶和尧帝的'三杀''三不杀'，这个典故从哪儿来的？"

苏轼淡然一笑，回复说："想当然尔！这是我想象出来的，是我编的。"

你说气人不？换一般的老师听到这样的回答，都得气疯了，肯定会勃然大怒，这不是在戏耍老师吗？可欧阳修的反应却是退而大惊曰："此人可谓善读书、善用书，他日文章必独步天下。"后来他在给老朋友梅尧臣的信中甚至说："读轼书不觉汗出，快哉，快哉！老夫当避路，放他出一头地也，可喜，可喜！"意思是，读苏轼的文章，不禁冒汗啊，太痛快了！太痛快了！我这个老头子要给这个年轻人放出一条路来！

那一年，苏轼还仅仅是一个二十一岁初出茅庐的后辈。欧阳修贵为文坛泰斗，没有嫉妒与打压，而是扶持与让路。正是这份格局，让北宋文坛呈现百花齐放的生动景象。对于自己的同道中人如此，即使对那些政治对手甚至敌人，欧阳修也拿得起、放得下，从不公报私仇、落井下石。

有一年欧阳修被贬到地方，做青州知州，刚上任就有人在他耳边打起了小报告："县令蒋之仪搜刮百姓，无恶不作，应该将他法办，为民除害。"随后又跟了句："他哥哥蒋之奇就不是什么好人，他这个弟弟还能好到哪儿去？"

这句话击中了欧阳修的痛处，因为他的被贬正是拜这位蒋之奇所赐。说起来这个蒋之奇，还是欧阳修的学生，和苏轼是同年进士，在欧阳修的举荐下当上了监察御史，可他是个投机分子，见朝中新党要得势，他竟然向宋神宗诬告欧阳修。事后虽证明所告之事纯系子虚乌有，但搞得欧阳修声名狼藉，被贬出京。

对于欧阳修来说，说蒋之奇是自己的仇人也不为过。如今听到这样的反映，欧阳修下令调查，许多人都怀着看热闹的心态静观发展。既然蒋之奇的弟弟落在了欧阳修的手里，估计蒋家倒霉的日子到了。可谁也没料到，通过调查，发现蒋之仪没有什么大的过失。欧阳修公私分明、秉公断事，不仅没有打击报复，反而力排众议、全力保他，还亲自找蒋之仪谈话，让他安心工作。蒋之奇后来听说此事，不禁惭愧落泪。

还有一次，宰相陈执中被弹劾下台，外放地方做官。按照规制，要由翰林院起草一份制文，对官员写一个评价，这个任务就落在了欧阳修的头上。陈执中一听头就大了，心想肯定听不到什么好话了，因为他对欧阳修没干过什么好事。当年陈执中任陈州知州，欧阳修前往南京任职，路过陈州，依惯例拜见地方长官，陈执中拒而不见，让欧阳修吃了一个闭门羹。后来陈执中任宰相，欧阳修做翰林学士，因为政见不同，两人互无往来。

有了这些前因，陈执中的担心并非多余。然而当他拿到制文的时候，却傻了眼，上面对他的评价竟然是："杜门却扫，苦避权贵以远嫌；处事执心，不为毁誉而更变。"意思是说，陈执中闭门谢客，不与外界往来，努力远离权贵以避嫌；处理事情，从良心出发，从来不会因为毁誉而改变。陈执中大喜过望，感叹说："即使与我相知很深的人，也不能说出这样的话，这说到我的真处了！"他将此制文亲自抄录了一份，寄给好朋友李师中，由衷感叹："吾恨不早识此人！"

清人陈淡野在《相理衡真》中说："人亦一器也，莫不各有其量。"欧阳修被尊为文坛领袖，为后世所仰望，一是才量大，二是气量大。他的气度成就了他的格局，而格局则是一个人见识与智慧的源泉。（参考资料：清风慕竹《格局成于气度》，《思维与智慧》2021年第34期）

启示　有气度才能有格局，有格局才能避障碍，出佳话，成大事。

欧阳修让年轻的苏轼出人头地、对蒋之奇以德报怨、对陈执中不念旧恶，公正地对待了他人，成就了他人，因而也让自己流芳百世。“赠人玫瑰，手留余香”，做顺水人情容易，做逆势人情则难。能打破常规，超越俗套，对人才不嫉妒，对宿怨不报复，严于律己，宽以待人，表明欧阳修高风亮节，令人敬佩。如果人们都能这样做，那将是盛世和谐之局面。欧阳修能为后世所仰望，一是才气大，二是器量大。尤其对于拒绝过自己的“前嫌”，他并不记恨在心。大度、大量，决定了欧阳修的器量，这就使他具有独特的个人魅力。

239
“退步原来是向前”

平常人们在发生争执时，有些人通常不愿意承认自己的问题和错误，而是尽量把责任推给对方，结果公说公有理，婆说婆有理，谁也不肯相让。本来只是一点鸡毛蒜皮的小事，但由于双方不依不饶，最终变成了难以解开的死结。

“路径窄处，退一步与人行；滋味浓时，减三分让人尝。”懂得适时退步，才是真正的智慧。退一步海阔天空，退是一种为生命积蓄更多力量的姿态。运动员在起跑跳远时总是采取后退的姿势，只有这样，才能跑得更快，跳得更远；拉弓射箭必须把弓架在弦上，引弓向后，呈现一种屈退的状态，只有这样，才能射得远。懂得退让，才能让自己待时而发，不盲目不冲动。

在道路狭窄时，要退一步让别人通行；在享受美餐时，不妨分一些给别人吃。在日常生活中，不必事事、处处都争强好胜，不要一遇到事情就和人硬碰硬，应该明白“退一步海阔天空”。处处和人争斗，最终的结果很有可能是双方都头破血流，两败俱伤。懂得适时退步，才是真正的智慧。

西方名人中也不乏让步思维。传说古希腊哲学家苏格拉底有一次在大街上与人发生了辩论，结果被对方踢了几脚，苏格拉底却若无其事。有人对此迷惑不解，苏格拉底解释说："我没有必要去踢一头驴子。"苏格拉底将对方比喻成"一头驴子"，智者是不应该跟一头驴子计较的。驴子是动物，它们没有思想，控制不了自己的言行，所以会做出一些粗鲁的事情来。人类是有智慧的高级生物，如果与动物较劲，那与动物又有何区别呢？苏格拉底运用这样的思维，避免了一场争斗。

中国五代后梁时期的高僧布袋和尚有一首偈《插秧诗》：

手把青秧插满田，
低头便见水中天。
六根清净方为道，
退步原来是向前。

很多时候，退让其实是另一种方式的进取。（参考文献：《汉魏六朝诗讲录》）

启示　**世上万事万物，总是波浪式前进、螺旋式上升的，不可能直线发展。人的情况也是这样，人的活动有进有退，有上升也有下降，不可能径情直遂。进与退、升与降也是辩证的关系，作用不是单一的，进中有退，退中有进。为了进，需要先退；退，是为了更好地进。上面所述的重点是讲谦让、忍让的必要性，谦让、忍让也能得到相应好处。**

240
"让他三尺又何妨"

六尺巷是安徽桐城的名胜古迹。六尺巷的故事，最早记载于清末民初桐城派作家姚永朴的《旧闻随笔》，原文这样写道：

张文端公居宅旁有隙地，与吴氏邻，吴越用之。家人驰书于都，公批诗于后寄归，云："千里修书只为墙，让他三尺又何妨。长城万里今犹在，不见当年秦始皇。"吴闻之感服，亦让三尺。其地至今名为六尺巷。

翻译成白话文即是说：文端公张英老家住宅旁有块空地（大约三尺宽），与邻居吴家共用。后来吴家却占用了。张英家人不服，修书一封送达京城告状，希望做宰相的张英出面干预一下。但是张英没有为自家人说话，只是在原信上写了四句诗将信退回。吴家也是一个大家族，听说了张英的四句诗，为之感动，也做出让步，在最初的间隔处后退三尺，形成了六尺宽的空地，后人称之为"六尺巷"。

明清之际，桐城县城内的世家大族不少，望族大宅鳞次栉比。在今天县城的北大街，还能看到不少名人故居，比如左光斗的啖椒堂、方以智的廷尉第（潇洒园）、姚鼐的惜抱轩等。张英出仕前，一直住在桐城县城老宅。康熙二十九年，他已是文华殿大学士兼礼部尚书，在老家盖了一所新居。新居坐落在桐城县城西南角，面积不小。新第落成，康熙帝亲自题写"笃素堂"御书匾额以赐。当时大学士俗称宰相，所以张氏府邸被人称为张氏相府，张氏庞大家族聚居于此。

张英出身耕读世家，幼承家训，恪守家风，积德励行，廉俭谦让。"居官四十余年，朴诚敬慎，表里无间，忠于公家，无毫发私""素性耿介廉静，内刚外和""生平不沽誉，不市恩，无矫异之行，无表襮（bó，表露）之迹"，皇上曾经对人夸奖："张英有古大臣风。"在教育子孙上，张英也颇为用心，编撰《聪训斋语》，作为家训，深入浅出，富含哲理，教导家人如何持家、治国、立身、做人。张英自言："予之立训，更无多言，止有四语：读书者不贱，守田者不饥，积德者不倾，择交者不败。尝将四语律身训子。"家训刊行后，流传甚广，为名家看重，晚清重臣曾国藩也对其推崇备至。即使在今天看来，其仍然有价值，发人深省。张英死后清朝廷赐祭葬，谥号文端，哀荣备至。

近些年，人们常将六尺巷的故事与反腐倡廉相关联，褒扬张英及其家族勤政廉俭之风，倒也恰当，但在笔者看来，其精髓重在礼让。为官与为人，素来是相通的，一个谦和礼让之人，居官清廉，应在情理之中。张英曾对人说："古人有言，'终身让路，不失尺寸'，老氏以让为宝。"或许得益于言传身教，张氏家族把"礼让"演绎至极致。张英次子张廷玉，幼承家学，秉持家风，继承其父为官为人之道。历事康熙、雍正、乾隆三朝，居官五十载，官至保和殿大学士，辞世后谥号文和，配享太庙，富贵寿考，在清朝一代至为尊荣。

雍正十一年，张廷玉之子也就是张英的孙子张若霭参加殿试，中了一甲第三。张廷玉再三恳辞："普天下人才众多，三年大比，莫不相望鼎甲。臣蒙恩现居政府，而子张若霭登一甲三名，占寒士之先，于心实有未安。""臣家何等恩荣未备，只算臣情愿让与天下寒士。"雍正帝鉴于张廷玉的恳切之情，勉从其请，将张若霭由一甲探花改为二甲第一名。与其父六尺巷"让墙"的义举一脉相承。张廷玉"让探花"的故事，当年名扬京城。居庙堂之高，还能心忧天下，且礼让寒士，连雍正帝都深感其义，要求读卷官将此事完整记录下来，"候朕览定，颁示中外"。

礼让，乃中华民族的传统美德。张英、张廷玉父子继承和发扬这一传统美德，一让再让，传为美谈。张家"让墙"，不仅体现了张氏谦和礼让的胸襟，还感动了邻人，使人见贤思齐，昭示出道德的感召力。据传闻，此后的桐城民间，每遇纷争，常能以一句"让他三尺又何妨"而化解，使礼让蔚然成风。

六尺巷后来遭遇战乱破坏，所剩无几，但人们念念不忘。2002年政府在原址重建了六尺巷。放眼望去，笔直的小巷，长约百米，宽两米，青砖黛瓦卵石路，墙外两旁植香樟。巷道两端立有徽式汉白玉牌坊，一端刻着"礼让"，另一端题有"懿德流芳"。(参考文献:《旧闻随笔》)

启示　历经几百年，六尺巷的故事至今仍在传扬，表达的正是人们对礼让精神的赞赏，对中华优良传统美德的推崇。"让他三尺又何妨"——

这种气魄和境界穿越时空，长久闪耀着光芒。张英不争世俗小利，虽官居高位，仍能谦虚谨慎，礼让他人，是六尺巷能够流芳百世、张氏后人连续成才的重要原因。“退一步海阔天空”，“退一步息事宁人”。恰当地礼让，能提升自己的境界，也会感染他人。

241
关于“低”的思考

一

一阵狂风过后，地里许多长得高高的植物都被吹倒了，那些低矮的灌木却毫发无损。我忽然发现：很多时候，植物长得越矮小、身子放得越低，狂风便对它们越无奈。

做人，不也需要时时低调、处处把自己放低吗？

二

世上万物，都争着往上走，而水，不争高。一江春水向东流，也向别处流，不管往哪儿流，都是往下、往低处流。

世上最低的地方，常常能看到水的影子。水偶尔成瀑布、化雨雪登上高处，也不是为了高高在上，而是为了扑向下面的大地，哪怕把自己摔伤……往低处流才能流出滋润大地的黄河、长江；一直待在高处，只能是冷冰冰的冰川雪山。

三

有科学家说，早期的地球曾连续下过一千万年的大雨。

为什么地球上大海最大？为什么雨水都愿流入江河？为什么江河都愿奔向大海？因为大海总是把自己放得很低很低。

海深知越是把自己放低，才会有越多四面八方的朋友，才能成海。海，其实就是亿亿万万水的朋友的大聚会。

四

唐代孟浩然《宿建德江》诗云："野旷天低树，江清月近人。"宋代寇准《咏华山》诗曰："举头红日近，回首白云低。"

天空、白云、日月，也懂得只有把自己放低，才更能得到人们的亲近；人若把自己放低，愿意接近你的人也不会少。

五

一棵树若想长20米高，那么它的根就得往低处扎40米以上，以吸收更多的水分与营养。

往低处扎根，是为了向高处生长。

理想在高处，起步在低处。

六

把种子高高捧起，捧得再高也难有作为。

把种子放低、再放低，低得埋入地下土壤中，才能生根、发芽、开花、结果。

那天，来到一谷田，看到所有沉甸甸的果实，都低下了自己的头，还羞于看我一眼。

七

当你身在低处，水都会流向你，终成绿洲；当你身处高岗，水自会绕开你，终成荒坡。要想获得知识的水、智慧的水、财富的水，莫高高在上，切记把自己放低。

八

当风吹来时，小树低了一下头；当风过去后，它又昂起了头。在大风中，小树若不低一下头就会被风折断，又怎能长成参天大树？

九

年轻时，三上华山，两上黄山。忽想起元诗“云来太白低”，山顶的我也成“人来高山低”。但我再高，也得下山。

在山上，虽高，你不过是踩在山高大的肩膀上；在山下，虽低，你自己却是自己的一座山。

十

气象学家说，海拔每升高1000米，气温就要下降6摄氏度，空气含氧量下降1.6%。在海拔7000米高的山顶上，气温要比海平面低42摄氏度。

山顶不是离太阳更近吗，为何反而更冷？这是因为，太阳的热辐射主要是被地表的水和大地所吸收的，地表吸收后再释放出热量。海拔越高，获得的热量反而越少。

原来，真的是“高处不胜寒”。

十一

雨雪本在天上，为何纷纷来到大地安家？

它们深知，天空太高、太寒冷、太虚无缥缈，低处的“家”才温暖、才坚实，才能滋润绿色的苗儿，养育美丽的花儿、芳香的果儿、高高的树。

十二

有人到老师家拜访，匆匆进门时头撞在门框上。老师关心地问：“很疼吧？看来，为避免碰头，学会低头很重要。”

想穿过狭窄的洞，须弯着身；欲走进低矮的门，须低下头。有时，弯腰是为了直腰，低头是为了抬头。不屈身怎能挺身，不低头怎能昂头？

十三

抬头只能看远方，低头才能看清脚下的路。高昂着头拉不动辇，低下头来才能拉起重重的车。

举头是望，低头是思。举头只能望明月，低头才能思故乡。举头是空空的天空，低头才是满满收获的大地。人须抬头，更须低头。

十四

高入云天的摩天大厦很风光，但低处的楼基才最重要；飞架南北的长桥很壮观，但低处的桥墩才最关键……

“横看成岭侧成峰，远近高低各不同。”高有高的风光，低有低的景色。居高不一定就高，位低不一定就低。

低虽默默无闻，但高是低的延续，高是低“举”起来的。越是伟人传记、宏大史诗、高亢旋律，越须从低处写起。（参考资料：吕游《低》，《思维与智慧》2024年第1期）

启示 **“高”与“低”是对立的统一，相比较而存在、相依存而发展。老子说：“合抱之木，生于毫末；九层之台，起于累土；千里之行，始于足下。”（《老子·第六十四章》）《礼记·中庸》说：“辟如行远必自迩，辟如登高必自卑。”俗话说“万丈高楼平地起”“伟大来自平凡”，讲的都是这个道理。正确认识低，决不轻视低，从低处出发，自低处努力，循序渐进，逐步攀登，最后才能到达光辉的顶点。**

242
林语堂巧妙安排演讲时间

1939年7月，林语堂受邀到法国巴黎演讲。他按时到来，主办方安排他住进郊区一家宾馆。晚上，主办方打来电话，告之演讲原先预定是三十分钟，现在要压缩到十五分钟。十五分钟，时间这么短，还能讲个啥呢？林语堂提出了自己的意见。后来，他找熟人打听到他和其余三名学者都各压缩了十五分钟，这些时间给了另一位学者，这位学者要讲60分钟。林语堂深入打听，得知这个人还很年轻，算是一个新星学者，因为政府要主推他。

林语堂本来对主办方的怠慢就很不满意，不但让他住得这么远，还要压缩演讲时间，让给比他资历浅的人。不是不能让，看是为谁让。这位年轻学者水平如何，尚且不知。林语堂立即生气地说："我身体不舒服，明天能不能不讲？"

这一下，主办方可傻眼了，海报都贴出去了，票也都卖完了，有些人就等着听林语堂演讲呢！没办法，主办方负责人亲自找到林语堂作解释，表示政府下了指令，演讲时间肯定是要压的，但也不能不讲，否则他们会遭受罚款和要求赔偿。费了好多口舌，林语堂的态度才有所松动，表示会按时演讲。主办方工作人员要走时，林语堂拦住了他，问他："我是几点开始演讲？"工作人员立即答道："林博士，您是9：30开始讲，讲到9：45。"林语堂听得出，工作人员既在提醒他演讲时间，又重复了一遍他的演讲时间只有15分钟。

林语堂没吱声。工作人员往门外走，快上车时，林语堂追了出来，对工作人员说："能不能把我放到最后？另外我要提前看一下场馆。""当然可以，我们立即安排，只要您遵守15分钟约定。"工作人员说。"好的，我会遵守的。"林语堂冷冷地说。

第二天，林语堂提前到达了会场。很快，轮到他讲了。他并没有像其他学者那样，连夜压缩了稿子并讲得很急。他按照自己的节奏从头开始讲，讲到第15分钟时只讲了一半。当主持人提示时间到了时，林语堂停了下来，补充了一句说："我只讲了一半，一会儿我将在活动结束后讲另一半。昨天我过来了一次，已经和场馆联系好了，就在这里，有兴趣的可以继续等着听！"林语堂的演讲很精彩，大家听得意犹未尽，当然都会等。

等到会议主持人做总结时，大家都因为等着听林语堂演讲，都在底下催着他快点宣布结束，主持人十分尴尬，草草讲了几句便收场了。这时，林语堂从容地上台继续他的另一半演讲，主办方只能干看着，无可奈何。（参考资料：程刚《林语堂的演讲时间》,《思维与智慧》2022年第7期）

启示　林语堂的这次演讲，主办方违背事先的约定，临时改变计划，压缩他的演讲时间，这是对林语堂的不尊重。而林语堂不是软柿子，偏要讲出准备好了的内容和水平，在这场系列讲座中，他绝不满足于做年轻学者的陪衬。但是，他首先还是做了让步，让步是为了坚持。林语堂的演讲，讲出了水平，讲出了自信，讲出了尊严，更讲出了智慧。

243
示弱

楼上有个邻居，时常能从他们家传出吵架声，“咣当咣当”的玻璃破碎声传了出来，让人压抑。小区的朋友说，邻居家的这两口子工作都能干，就是都太强势了，两个火药桶在一起容易点燃。一个家庭要幸福，夫妻要有一方主动示弱。

随着年龄的增长，越来越发觉示弱的重要性。

有人说，父母年龄越来越大，反而越来越像小孩，你得宠着他，惯着他，哄着他，和他们周旋，不能事事都讲道理，要一半清醒一半糊涂，他们训你的话你要乐呵呵地听着，看似不可理喻的事你要照办，给予他们地位与尊重，让他们开心快乐，主动向父母示弱不是软弱，恰恰是一种孝心，是自己强大的表现。

儿女长大了，不能像小时候呵斥打骂，面对青春期孩子脾气大、暴躁，给父母脸色，有的锁门在屋，喊半天不应一声，作为父母更多的应该是“示弱”，和他们共情，设身处地走进他们内心，了解他们，找到问题的突破口，打开他们心灵的窗户，平静地和孩子一起度过“青春期”。

看过一个很动人的片段，一个混混模样的人在街上故意撞到一个男士，这个男士拱拱手向他道歉，他举起手欲打他，他又拱拱手向他道歉，最后那个男士离开。这时剧情逆转了，前面一个男士见他到来，立即为他打开车门，欲打人的这时看到对方的豪车，无地自容，这就是一位男人的格局，示弱正反映了他内心的强大。

“大家”汪曾祺，能写能画，在家经常做饭，烧一手好菜，三请五请让妻子吃菜，在家里谁都可以叫他“老头”，谁都可以对他的作品说三道四，在家“没大没小”，玩起来像个孩子，他尊重孩子们的个性任其自然发展，对他们的教育采取“放养式”，孩子的婚姻生活他也不干涉，在家里他没地位，在外面却名声很大。正是他的示弱，营造了一个温馨幸福的家庭。示弱是与妻儿平视、平等对话，而不是高高在上。

一根很硬的棍子，容易折断，而一根硬中带柔的棍子弹性更好，耐力十足。生活、工作中太过强势并不是一件好事，夜郎自大、刚愎自用，只是外强中干，适当的示弱，能让家庭更和谐，解决问题更从容，可以磨砺自己，沉淀自己，升华自我，在示弱中可以找到自己的差距，迎头赶上，到达一个新的境界和高度。真正的强者是让自己的才能和品格变得越来越优秀，向内求索。（参考资料：杨兵《示弱》,《红山晚报》2024年4月25日）

启示 **生活中，我原来是一个强势的人，有时喜欢争论，但胜了，想想感觉无趣，伤了身体，也讨了无趣，还疏远了与别人的关系。经历生活打磨，我学会了遇事沉着冷静，做人谦虚谨慎，不去争论，而是注重内心修养，不断充实自己的思想，夯实自己的能力。当自己真正强大了，才能所向披靡。在父母面前显得弱势，是尊老爱老的表现；在妻子面前显得弱势，并非无能，而是不计较，避免矛盾，多了爱意；在孩子面前示弱，是慈祥大度的表现，这样培养出来的孩子更优秀更易成材、家庭更和睦。**

244
心中之门也该有一个门闩

赵申乔（1644—1720年，字松伍，又字慎旃）是康熙年间的官员，官至户部尚书。此人非常清廉，素有“两袖清风”的美名，被称为“天下第一清官”。因为想要找他办事的人总会想各种方法行贿，赵申乔对来人非常警惕，见面时必须有第三人在场，谈事时也必须开门开窗，而且规定晚上不许找他。因此，康熙皇帝非常信任他。由于爱屋及乌，康熙皇帝对赵申乔的儿子赵凤诏也非常照顾，很赏识。赵凤诏十分争气，康熙二十六年成为丁卯科举人，次年戊辰科进士及第，康熙立刻重用提拔赵凤诏，短短几年他就做到了太原知府。

赵申乔也为自己的儿子自豪，可他后来慢慢发现赵凤诏交友非常随意。有一次，父子俩聊天，赵申乔指了指门上的门闩，问赵凤诏：“那是做什么的？”

赵凤诏看了看说：“父亲，那是门闩，是插门时用的。”

赵申乔问：“为什么要插门呢？”

赵凤诏说：“防止夜间有坏人进来。”

赵申乔说：“这就对了，门有门闩，别人就不能进来做坏事，那我们心中之门是不是也应该有一个门闩保护自己，不让坏人进来呢？我发现你现在交友做事很随意、不设防，这是很危险的。”赵凤诏回答父亲，他记下了这句话。

然而，赵凤诏并没有把父亲的谆谆教诲一记到底，没有给心中之门插好门闩，在别人的引诱下，赵凤诏伸出了贪婪之手。康熙五十四年十月，赵凤诏被查出贪赃三十余万两白银，最终被斩首示众，留下了惨痛的教训。如果赵凤诏真正记住了父亲的话，插好心灵的门闩，会出现这

样的结局吗？（资料来源：周溯源辑议）

启示　房屋之门需要门闩，以防盗贼；心灵之门，也需一个门闩，以防坏人引诱。赵申乔的这个比喻，非常贴切，道理深刻而又明白易懂。然而，插上心灵的门闩，需要一定的思想境界、一定的思想定力、顶得住压力、经得起诱惑，方能拒腐蚀，永不沾。赵申乔的比喻给人以启发，赵凤诏的垮台给人以教训。

245
会说话的人

我喜欢和那些会说话的人打交道。我有一个朋友，事业成功，很少见他发脾气，他遇到不如意的事时，说话会变通，大家都喜欢与他相处。有一次，一位熟人说请我们喝酒，却只拿了小半瓶酒招待大家，虽然家常饭菜味道不错，但一位心直口快的客人还是抱怨起来，说主人小气，气氛突然尴尬起来，这位朋友马上出来打圆场，说："今天真不错，吃到家乡口味的饭菜，还顺带喝到好酒，且不用担心喝醉！"气氛顿时缓和起来，大家顺势聊起菜肴如何可口，自己家乡的饭菜是什么口味的……

会说话，是一门学问，也是人际关系中的一种润滑剂。我自己也在"学"着做一个会说话的人，会说话，要懂得体，也要懂幽默。

生活中，风趣幽默的人总是很受欢迎，他们适时说几句幽默又得体的话，能让大家瞬间轻松开心，能在紧张的时候活跃气氛，遇到尴尬、挫败的事，还会自嘲两句，难堪一下冰雪消融，颇有四两拨千斤的架势。

记得有一次，妻子托付我做的事情出了差错，她气得发火。我说："消消气，是我做错了，让你的脸长出了'苦瓜'，你的脸这么好看，应该绽放'玫瑰'才对！"此话一出，妻子一下子笑出声，脸色转晴。

生活中如果遇到令你生气的事情，千万不要冲动地说出过头的气话。我的经验是，想发怒时，先屏住呼吸，沉下心来，分析对错，也可以换位思考一下，看能不能理解和包容对方的言行。若遇到不可理喻的人和事，或学会放下，一笑而过，或先冷处理，与对方多交流。有些矛盾一时解决不了，可以让事情先搁置，遇到好的时机，找到突破口再去化解。

遇事不怒不冲动，你就赢了开局。一个人能控制脾气，言语温和，心胸宽广，也是生活的智慧。

会说话，还体现在生活的细节处。“良言一句三冬暖，恶语伤人六月寒。”赞美人的话让人春风拂面，损害人的话让人夏日犹寒。平时多说些谦虚低调的话，少张狂说大话，更让人信服。对家人朋友，有时用哄一哄的方式说话，会显得更亲近，更懂情趣。

生活中好听的话有什么特点呢？不露声色的循循善诱，细致耐心的深入浅出，“听君一席话，胜读十年书”的高雅睿智，力挽狂澜的气场和智慧，与人为善的春风化雨，“沉默是金”胜过千言万语的荡气回肠……这些美好都直抵人心。

总之，会说话展示着一个人的知识和阅历，是一个人品格、情商的体现，说话得体，彰显着一个人的魅力、胸怀和智慧。会说话这门学问，值得好好钻研。（参考资料：杨兵《会说话的人》，《广州日报》2023年3月21日）

启示　**“三年学说话，一生学闭嘴”，话不在多，多的话让人烦，伤人的话如矛戟，要容人、理解人，多说暖心的话。生活中要学会少说话，不在背后说别人坏话。和父母在一起，要多倾听，学会理解和宽容；和孩子在一起，学会幽默，多说鼓励的话，让他们在阳光、自信、宽松的氛围中成长。想发火的时候，要控制好自己的脾气，少说为妙。要学会幽默的语言，绕着弯儿说话，这样可以峰回路转，缓和气氛，力挽狂澜。总之，说话是一门艺术，相同的意思，不同的语言表达，起的效果是截然不同的。说话需要我们终身学习。**

246
送鸡蛋护菜园

一栋带院落的平房里，住着两户人家。屋子后面有一大片空地，独居的年轻人在后院开辟了菜园，种了一些青菜，而隔壁带孩子的老太太家则在后院养了十几只母鸡，这些母鸡经常跑到年轻人的菜园里，把他种的青菜弄得一塌糊涂。年轻人讲过多次，希望老太太把母鸡关起来，老太太每次都客气地答应下来，却从来没有行动。年轻人不愿为这件小事和老太太争论，伤了和气，于是想了个办法。年轻人提前准备好一袋鸡蛋，趁老人的孙子来他家玩耍时，让他带回家去，告知是送给他和奶奶吃的。等到第二天老太太过来道谢，年轻人诚恳地说道："不用客气，我们家鸡蛋多的是，还真要感谢您帮忙吃，免得坏了。"老太太很惊奇地问："没有看到你们家养母鸡呀，怎么鸡蛋吃不完呢？"年轻人平静地回答："每天在菜园随便可以捡到好几个鸡蛋，怎么吃也吃不完。"从第二天起，老太太家的母鸡就再也没有跑过来吃菜园的青菜了。（资料来源：周溯源辑议）

启示　生活中人们之间难免会发生利益纠葛，想要快速处理问题，不能一味地靠讲道理，当讲道理不能解决问题时，就要另想办法。把问题和对方的利益挂钩才是关键，毕竟人在自身利益受损的时候才会用心解决问题。年轻人送鸡蛋护菜园，代价不大，成本不高，未伤和气，解决了矛盾，给人启迪。

247
星云大师妙论应对情感的变化

人因情爱而生，情爱丰富了人生，但处理不好，情爱也会困扰人生。

多年前，每年弥陀佛诞辰时雷音寺都会举办佛七法会，有一位女士几乎次次参加。有一年佛七，她又来了，但是一进寺里，见了星云大师就一把眼泪一把鼻涕地哭着说：“今年险些不能来参加佛七了。”星云大师问她为什么，她说夫妻产生了情感矛盾，她非常痛苦。星云大师看她哭得很伤心，就说我有办法挽回你们的婚姻，只是怕你做不到。女士一听这话，就追问是什么办法。星云大师告诉她，你先生平日回到家里，你只抱怨他对你不够好、嫌他不够体贴，他自然不想回到像冰窟一样的家。但如果你希望先生改变态度，你要做两方面的工作，一手硬，一手软。硬的一手向他讲明道理，如不改，就诉诸法律，让他倾家荡产；软的一手，是你本人先肯改变态度，先生一回家，你就赞美他、体贴他，他欢喜吃什么东西、欢喜看什么书，你都能满足他，对他好。他有苦恼，替他分忧；他有任务，为他分担；他有成功，为他祝贺；慢慢地他就会回心转意。你要用爱才能赢得爱，如果你一味抱怨，只会加速破裂。

她一听星云大师这样讲，就说：“我做不到。”星云大师说：“做不到，你就会失败。”她说试试吧。后来她照着星云大师指导的方法做，果然改善了夫妻关系，让濒临破碎的家庭重拾欢笑。

异性相爱是很难得的因缘，男女双方经过互相追求、恋爱，获得了社会的认可、家人的同意，千辛万苦才结成良缘，本来是应该被祝福的美事，但是花无百日红，人无千日好，世事风云变幻令人难以预料，只要夫妻任何一方“开了小差”，从此家庭、事业、名誉、子孙、金钱等各方面就会纠缠在一起蒙受损失。有人忙于自己的事业、社交、应酬，疏于照顾家庭、关心对方；也有夫妻因为观念不合、认知差异、成就悬殊等发生情感危机。总之，不能让对方满足、理解，就容易发生矛盾。

夫妻本来就来自两个不同的家庭，彼此的成长背景不同，难免有思想个性、习惯上的诸多差异，要维系夫妻之间的感情始终如一，事实上并不容易，所以要彼此尊重、包容、沟通，思想上、生活中包括教育儿女发生的问题，都应该开诚布公地拿出来讨论。此外，夫妻双方如果能够培养共同的兴趣，认识彼此的朋友，偶尔营造一下“小别胜新婚”的温馨气氛等，都可以增进夫妻感情。（参考资料：星云大师《世间最大的力量是忍耐》，湖南文艺出版社2017年版）

启示　夫妻感情出现问题，双方都应该负责任。如果每个家庭的先生都能做“第一等先生”，回家后帮忙做家务，体贴慰问太太，制造欢笑与和乐；每位太太都能做“第一等夫人”，治家条理，贤惠有德，把家收拾得干干净净，三餐有美味佳肴，时时有问候、赞美，那自然感情和睦。万一出现了问题，吵架不管用，最好的办法是“用爱再去把爱赢回来”。这才是明智之举。星云大师发明的这个方法具有启发意义。

248
好脾气

岳父岳母都是七十岁的人了，妻子说他们在一起几十年从未吵过架，我有些不信。

岳父岳母曾和我们共处了几个月的时间，有几次岳母生气了，对岳父一番唠叨。我担心岳父会还嘴，没想到岳父哈哈大笑，脸上像开了一朵朵鲜花，对身边的我们说：“你妈妈怎么批评都是对的！”岳母听了忍不住笑了。

辅导女儿的作业总是让我头疼，教过几次仍然不会做。有一天为此事我又怒发冲冠，将她的作业本扔得远远的，看到女儿委屈的样子，我又非常难受、自责。岳父见状教育我说："控制住自己的脾气，人生就算成功了！"

妹妹对我说，她所在工厂的老板博学多才，事业有成，她从未见过他发脾气，就算员工出了错漏，他也只是轻声教导。反而是你，总是控制不住自己的脾气，看来还是有本事的人脾气小。

他们的话，我听了若有所思。

我一直不会羡慕别人本事大，但我确实仰慕那些脾气好的人，他们云卷云舒，淡定从容，不急不躁，心中风平浪静，胸中装着大海高山。

坏脾气常触发家庭矛盾，如果夫妻学会相互宽容理解，相濡以沫风雨同舟，常能成就一段佳话。如果任坏脾气肆意蔓延，害人害己，事后才反思应该怎么做，可能已经晚了。很多事情其实是可以冷处理的，该补救的补救，该走法律程序的走法律程序，发怒发火不是解决问题的良方，而且还会损伤自己的身体。能驾驭好自己的脾气，也是一种品行的修炼。

至于儿女成长方面，家长的坏脾气可能会影响他们一时甚至一生，让他们变得胆小、不自信，甚至焦虑、叛逆，和家长对抗。所以，家长教育儿女，一定要保持冷静，找对方法，多鼓劲，勤沟通。

以和为贵，和气生财，前人的经验要记取。人的脾气越来越好，与周围的人和事和谐相处，心中风平浪静，眼中充满温柔和辽远的光，幸福感也会越来越多。（参考资料：杨兵《好脾气》，《牡丹晚报》2022年6月30日）

启示　**好脾气是金。青春的时候，脾气大，容易冲动，气得伤了身体，而且事情未必能够处理好。随着时光的推移，人们会发现许多生气的话，要慢着说，或者不说，或者委婉着说，这样效果更好，也同样能够解决问题。遇到许多急事怒事不需要发火，如果事情已经发生了，发火也没有用，就积极寻找解决问题的方案，该怎么办就怎么办。一个人**

不仅在外要有好脾气，在家更要有好脾气。好脾气不仅养身，还是修行。脾气越好的人本事就越容易增强，心胸就越宽广，力量就越强大。如何修成好脾气呢？遇事时先让急躁的心平静下来，不需要急着回应，要有钝感力，学会搁置，过段时间再想一想，多一些比较，多一些反思，多一些权衡，再去处理。自己对人想发脾气，这时可以干脆不理他或者躲避他。心急的时候，也可以外出散步，学会独处，思路就慢慢打开了。还有一点就是要多读书多学习多运动，培养自己其他的兴趣爱好，释放压力。

249
自信助胜出

李女士曾经是某著名广告艺术公司的副总经理，广告界的“红人”。她曾感慨地说，帮助自己走上这条成功之路的，是一份坚定的自信。

当初她刚走出校门时，到一家中外合资的广告公司应聘，这家公司的经理打着手势说：“我们这里研究生的求职档案都这么一大沓了！”那弦外之音谁都能听出来，嫌她的学历低了。但是，李女士认为，各行各业都有自己的特性，对人才的要求也不尽相同。学历高并不意味着样样能力强，而她对自己做广告的能力充满自信。她坚持把自己的想法毫无保留地对经理讲了，并补充说：“我有一个特点，不愿在庸人手下当兵。今天是您考我，可我也在考您呢！”此话出言不逊，却令经理刮目相看——如此的自信与口才，不正是广告人所需要的素质吗！经理立即有了清晰的判断，二话没说，马上拿出几份广告合同，交给李女士，说：“你去试试吧。”后面的发展不言而喻了。（资料来源：周溯源辑议）

启示 李女士的求职经历说明，自信心之于成功，虽然不是唯一的条件，却是必不可少的条件。而在求职过程中，自信心尤其重要。“一个能够认清自己的优秀的人，几乎必然会有优秀的表现。”这是心理学家们通过观察得出的结论。因为一个人如果对自己的某一方面充满信心，相信自己是优秀的，或者是能够胜任的，那么，这种自我感觉就会渗透到他的意识和言谈举止之中，起到自我暗示和鞭策的作用，促使自己向目标靠近。有参赛经历的人都会有这样的体验：赛前自信，会令自己处于最佳竞技状态；如果信心不足，往往影响正常水平的发挥。求职过程也是一场人生的竞技。对于应聘者来说，你的充分的自信心，直接影响对方对你的直观印象和判断，因为你的自信而对你产生信任。

250
“不过”

古人养生，有“九不过”：衣不过暖；食不过饱；住不过奢；行不过逸；劳不过累；人不过闲；喜不过头；心不过虑；利不过求。衣、食、住、行、劳、喜、心、利，皆是人的正当需求，且须臾不可离，但却不能过，过则适得其反。

孔子说：“从心所欲不逾矩。”“不过”，是洞明世事不奢求。人生有欲求，世间有百味，世事有起伏，不过底线，不撞红灯，不逾规则，方有正常人生。做人做事，时刻绷得紧紧的、撑得圆圆的、塞得满满的，名则名满天下，富则富可敌国，欲则贪得无厌，走极端、达极限，只有疲累，何来幸福。“祸莫大于不知足，咎莫大于欲得”，不知足，难免受辱；不知止，难免蒙耻。“用破一生心”，著名学者王充闾从人性角度剖写曾国藩，说他的人生追求是“内圣外王”，既建非凡功业，又做天地完人，他身上智慧、经验、知识、修养，应有尽有，但没了本色本真，他过多、过盛、过强、过高的欲望，使他成为忍辱包羞、屈心抑志、俯首为奴、头脑发达而灵魂猥琐、智性充盈而人性泯灭的人，以致活活累死。在物欲横流、充满诱惑的时代，人心浮躁，有人铤而走险、孤注一掷，有人瞒天过海、欺世盗名，偶有小成便睥睨天下，刚上层次便得陇望蜀，人心不足蛇吞象。“过”则成过错，奢则为奢靡。

人若无情趣便不可理喻，许多情趣就在这“不过”中，“缺胜过圆，半胜过全”，不是懵懂痴话，却是洞明睿语。“酒饮半酣正好，花开半吐偏妍。”清代李密庵有《半半歌》，就是叫人“不过”，意趣盎然。苏州城里有座“半园”，精巧别致，建筑皆以“半”为特点，半桥、半廊、半亭……另有一番风韵。

人生跌宕起伏，世事千变万化，“不过”有余地，一蹴而就、一劳永逸的事亘古罕有，此时“青草池塘处处蛙”，彼时“黄梅时节家家雨”；抬头“百鸟枝头唱春山”，低眉“风过芭蕉雨滴残”，丰富多彩而复杂多变，有余地，立定脚跟；能回旋，柳暗花明。

人的不少毛病，都因透支而成，“不过”，是精打细算不透支。“过劳死”是透支生命，过度消费是透支钱财，欲壑难填是透支心灵。过犹不及，杀鸡取卵尽无鸡，焚林而猎尽无猎，竭泽而渔尽无鱼，逞一时之快，造长久之孽，却是拔苗助长，速荣速朽。有句话叫尽力而为，量力而行，顺应规律，顺其自然，才有成功。词坛名家乔羽先生说：“我一向不把歌词看作锦衣美食、高堂华屋。它是寻常人家一日不可或缺的家常饭、粗布衣，或者是虽不宽敞却也温馨的小小院落。”中国传统文化修养深厚，从事过京剧编剧的汪曾祺先生，深谙“绚烂之极归于平淡”的古训，他说他是写不了长篇，也写不了雄辩、华丽的大文章的。他曾在《〈晚翠文谈〉自序》中写道：“我写的一切，都是小品。就像画画，画一个册页、一个小条幅，我还可以对付；给我一张丈二匹，我就毫无办法。”他以含蓄、空灵、淡远的风格，从小的视角切入，写凡人小事，记乡情民俗，谈花鸟虫鱼，考辞章典故，即兴偶感，娓娓道来，成就了小品文的经典和高峰。

人是群体动物，每个人都生活在他人的环链之间，人我之间、人事之间、人心之间，留个若即若离的空间，有雅量，有境界，才有作为。“不过”，是宽宏大量。过紧过松，过高过低，过冷过热，都不是佳境。资源丰厚，开源节流，不多吃多占，才有共裕共荣；道路宽阔，谦恭礼让，不横行霸道，才有安全畅通；市场活跃，公平交易，不欺行霸市，才有日益繁荣。有些东西，你过多了，别人就过少了，守住“不过”之求，知足常乐，知止有德。

“不过”，说到底是不过头、不过度，绝非主张浅尝辄止，更非提倡半途而废。恰恰相反，它主张严谨、整洁，内外兼修而不粉饰包装，保质保量而不浮躁夸张，谨慎笃行而不追赶时尚，“不过”，便有极致、有华彩。

（参考资料：靳小倡《不过》，《杂文月刊》2023年第3期）

启示　过度奢求，过度追求名利、财富和欲望，会让人陷入疲惫，甚至如曾国藩因过多、过盛的欲望活活累死。在物欲横流的时代，我们要懂得克制欲望，不逾底线和规则，才能拥有正常人生。许多情趣蕴含于“不过”之中，“缺胜过圆，半胜过全”。比如饮酒半酣、花开半吐的美妙，苏州“半园”以“半”为特点的别致风韵，都体现了不过度的意趣，提醒我们生活不必追求极致圆满，留有余韵更具美感。

人生和世事复杂多变，没有一蹴而就、一劳永逸的事。“不过”能让我们在生活中留有余地，在面对变化时能够回旋自如，避免因过度追求而陷入困境。“不过”并非浅尝辄止或半途而废，而是主张严谨整洁，内外兼修，谨慎笃行。不过度追求表面的东西，才能达到真正的极致。

第十一篇 细节思维

细节思维就是从细节入手，观察分析，预测发展，精准判断，做出决策，克难制胜。古人说："观一叶而知树之死生，观一面而知人之病否，观一言而知识之是非，观一事而知心之邪正。"即是说，从一片树叶就可以了解到整株树的生机，从一个人的面部表情就可以断定他是否生病，听一个人的言论就可以知道此人识见的高低，看一件事就可以了解这个人心术的邪正。这种说法就是强调注重细节。还有一些俗话，如"一叶落而知天下秋""窥一斑而知全豹""一粒沙子见天地，一滴水中见太阳"，说的也是以小见大、见微知著。日常生活中，注重细节就是要做有心人、做细心人，考虑问题周到全面，做事不丢三落四，做到有头有尾。细节思维很常用、很重要。

251
不贬低别人

一位年轻的朋友告诉我，他们单位每到年底考评时，有一项内容是同事之间互相打分。他因为人缘不太好，经常被人打低分，为此非常苦恼。马上又要迎来新一轮考评了，这一次，他想给所有同事都打低分，而给自己留一个高分。

我听了之后，劝他千万不要这样做。一个人的处境越尴尬，越要保持清醒大度，坚持对别人客观评价，让那些故意与自己过不去的人看看自己的胸襟。

苏东坡与佛印之间有个故事给人以启发。说的是有一天，苏东坡与好友佛印禅师边品茶边谈论人生、研讨佛法。聊得正开心，苏东坡突然问佛印："你看我现在像什么？"佛印说："我看你像一尊佛！"苏东坡哈哈大笑，对佛印说道："我看你却像一坨牛粪。"佛印也哈哈大笑，并未对此不雅之言予以反击。苏东坡心里得意，认为自己在佛印面前赢了一把。事后，却有明智者告诉他："佛教最讲究心境，境随心变，相由心生。佛印禅师说你像一尊佛，是因为他心中有佛；而你说佛印禅师像牛粪，是因为你心中只有牛粪！"苏东坡这才知道，原来以笑声回报自己的佛印才是真正的赢家。

这个故事，和这位年轻朋友遭遇的年度考评，颇有几分相通之处。聪明的人是不会拿别人的错误惩罚自己的，对别人耍的那些上不得台面的小伎俩，一笑了之便是了，何必耿耿于怀，甚至以牙还牙？

你在评价他人的同时，旁人也在悄然评价着你。别人愿意怎么评说，那是别人的事，我们不能也不必强求。但努力做好自己，却是可以把握的。别人的差评，使自己知道自己做得还不够，对批评意见应该"有则改之，无则加勉”；如果想通过贬低他人出口气，报复一把，虽然图了一时意气之快，但无形中使自己减分了。

如果能以阳光的心态对待身边的人和事，你的世界就会充满阳光。（资料来源：周溯源辑议）

启示　如何评价别人？这是个很考验智慧的问题。在现实生活中，有些人出于种种心理，对他人做出评价时往往做不到客观公正、实事求是。其实，你在评价别人的时候，旁人也在通过你的评价对你本人做出评价。如果为图一时之快、为泄一时私愤，一个劲地贬低他人，虽然好像在当时占了点便宜，其实无形中却为自己减分了。所以，不管什么时候，做个厚道人，是最正确的选择。常言道：“老实人终究不吃亏！”这篇短文说的也正是这个道理，我们不妨运用到行动中去，无论何时何地何环境，始终做到不偏不倚地给别人打出一个合理的分数。

252
“没有比翅膀更高的山峰”

父亲是个鸟类爱好者。一有空闲，他就背起厚厚的帆布包，提着木棍走向山林，观鸟影、听鸟鸣。父亲的衣服经常被荆棘挂破，手臂经常被树枝擦伤，头发上也会落下灰灰白白的鸟粪。每次从外面回来，他的样子都狼狈不堪，但却乐此不疲。

父亲爱鸟，简直到了痴迷的地步。他用录音机录下各种鸟的鸣声，捡拾鸟的羽毛，观看鸟类活动纪录片，收集关于鸟的各种资料。他还特意到市里的新华书店买了一本鸟的图册，每一张上都有鸟的图片，旁边详细地记录了鸟的习性，图文并茂，非常美观。父亲性格内向，但只要说起鸟来，父亲就眉飞色舞、如数家珍，忘记了时间，忘记了自己，完全沉浸在鸟的世界中，似乎那里有一个强大的磁场在吸引着他。他的目光灼灼，就像夜空中璀璨的星星，整张脸也变得异常生动起来。

他爱鸟，还经常借鸟勉励我们读书做人。什么“早起的鸟儿有虫吃”“笨鸟先飞早入林”“人过留名，雁过留声”……

那年，我高考失利，终日垂头丧气、萎靡不振，就像折断了翅膀的鸟儿，灰扑扑的，蜷缩在角落里，不肯出门。高考过去了几个月，仍然没有从落榜的阴影中走出来。父亲看在眼里，不动声色。

一个初秋的午后，天空高远，干净如洗，白云丝丝缕缕，洒脱自在。我一个人坐在院子里，双手托腮，望着远山发呆。父亲下班回来，我也懒得打招呼。父亲进屋，拿出那本被他视为宝贝的鸟类图谱，拖了把椅子坐到我身旁。“孩子，咱们一起来欣赏在天地间自由飞舞的精灵们美丽的倩影吧。”

父亲一张一张地翻下去，边翻边讲解。我心不在焉，胡乱地应答着，全不理会父亲说了什么。翻着，翻着，父亲停了下来，指给我看：“这是蓑羽鹤。鹤类的一种，体型比一般的鹤类要小。”我漫不经心地看过去，它通体蓝灰色，前颈黑色羽延长，悬垂于胸部，脚也是黑色的。父亲接着说：“每年4月，蓑羽鹤在新疆北部、东北等地水草丰美的沼泽地，开始繁殖后代，孵化期是一个月。到了10月，沼泽地水干草枯、食物匮乏，蓑羽鹤就要飞越珠穆朗玛峰到印度过冬。五万只中，有半数的蓑羽鹤是第一次飞越珠穆朗玛峰，有四分之一是最后一次飞越。一路上，它们风餐露宿，无比危险，既要战胜霜雪、抗击风暴，又要躲避金雕、忍受饥饿，真可谓困难重重、危机重重。它们每一次迁徙，都是与死亡擦肩。尽管如此，这些可敬的鸟儿仍然不放弃飞翔的梦想……”

父亲停顿片刻，最后，那清澈深邃的目光凝视着我，意味深长地说：“孩子，珠穆朗玛峰号称‘世界屋脊’，但是蓑羽鹤还是成功飞越。没有比翅膀更高的山峰。小小的鸟儿都能迸发出神奇的力量，朝着目标坚定飞翔，你又有什么理由自暴自弃呢？”

父亲的话犹如一阵清爽的凉风，吹散了几个月来笼罩我心头的阴云，顿时阳光洒满心房，温暖明亮；犹如一阵清凉的春雨，滋润干涸板结的心田，希望如春草，在我心头发了芽，蓬蓬勃勃。

第二天，我回到校园复读。半年后，我终于圆梦，考上了心仪的大学。

从此，“没有比翅膀更高的山峰”，这句话深深地镌刻在我记忆的门楣上，时时激励着我、鞭策着我，不断挑战自己，克服障碍，努力攀登，像雄鹰一样翱翔蓝天，像海燕一样搏击风浪。（参考资料：张燕峰《没有比翅膀更高的山峰》，《广州日报》2023年8月31日）

启示　“蓑羽鹤在迁徙的过程中，一路上，风餐露宿，无比危险，既要战胜霜雪、抗击风暴，又要躲避金雕、忍受饥饿，真可谓困难重重，危机重重。它们每一次迁徙，都是与死亡擦肩。尽管如此，这些可敬的鸟儿仍然不放弃飞翔的梦想……”小小的鸟儿尚且如此勇敢，而我们，生而为人，又怎能怯懦？怎能在困难面前止步退缩、畏缩不前呢？怎能在挫折面前怨天尤人，自暴自弃呢？人生之路从来不是一帆风顺的，而是布满了荆棘和坎坷，但人生的乐趣和意义也正在于和困难的对决与对逆境的战胜，正在于挑战自我和重塑自我。请相信，每次战胜困难和自我，都是生命的一次飞跃，都是向成功的靠拢。“没有比翅膀更高的山峰”，让我们张开奋进的翅膀，飞过万水千山，飞越千难万险，体验生命飞翔的快乐吧！

253
决不可以轻视小人物

人人都仰望大人物，积极关注那些成功人士，却少有人将目光投注于那些没有钱、没有权力、没有地位的“小人物”身上。事实上在人际交往中，不可能不与小人物打交道。

我们必须摒弃一个常见的错误认知：高质量的人际关系，就是与企业家、政府官员、社会名流、行业大咖的关系。如果怀着这样的观点为人处世，很可能做无用功。实际上，真正有价值的人际关系，是在关键时刻能帮助我们的人，哪怕再小的人物，在某些关键时刻都会发挥不可替代的作用。正如象棋中，小小不起眼的“卒”虽然不像“车”那样所向披靡，也不像“炮”那样能以一当十，却能在关键时刻将了你的“军”。所以，“大小”不是绝对的，二者之间时有可能发生转换。那些看上去微不足道的人，也有可能在你的人生中扮演重要角色，成为你前进道路上的助力或阻力。小人物就像螺丝钉，用得恰当，就能推动大机器的运转。所以，别忽略无名小卒，不要小看任何一个小人物，有时，小人物也能翻起惊涛骇浪。

清朝雍正皇帝在位时，按察使王士俊被派到河东做官，正要离开京城时，大学士张廷玉把一个很强壮的佣人推荐给他。到任后，此人办事很老练，又谨慎，时间一长，王士俊很看重他，把他当作心腹。王士俊任期满了准备回京城时，这个佣人忽然要求告辞离去。王士俊感觉很奇怪，问他为什么要这样做。那人回答：“我是皇上的侍卫。皇上叫我跟着你，你几年来做官没有什么大差错。我先行一步回京城去禀报皇上，替你说几句好话。”王士俊听后为之后怕，好多天一想到这件事就两腿直发抖。幸亏自己没有亏待过这个人，要是对他有不善之举，可能命就保不住了。

古代一位将军说过：“永远不要忽视小人物的作用，有时候历史就是由一些不知名的小人物改变的。”小人物有小人物的优势，如便利、隐蔽、灵活、感恩等，因此，在人际交往中，千万不要只逢迎那些所谓的达官贵人，也要懂得和小人物建立关系。而且，更不可得罪小人物，尤其是大人物身边的小人物。中国有句古话叫作“宰相门前七品官”，你不知道哪个小人物会成为左右你的职场前途的重要角色。能慧眼识珠，不轻慢那些

具有潜力的小人物，正确处好关系，才有利于未来发展。（参考文献：《清史稿》）

启示 **一般来说，小人物最指无权无势、受人支配、生活在社会底层的人物，他们对社会环境发挥不了多大影响。当然，也有生活在高层大人物身边的人员，他们虽然没有职务和权力，但是见多识广，掌握了相当的信息，偶尔有建言机会，能起到令人意想不到的作用，因此不能小看他们。对那些看起来是“小人物”的人，要一视同仁，不可傲视他们，不可亏待他们。稍有得罪，也许会有麻烦，而且麻烦会出在你意想不到的地方。“小石头能砸破大水缸。”我们提倡尊重“小人物”，一是大家的人格是平等的。二是社会的民主程度越高，“小人物”的作用就越大。“小人物”不小，同样能创造历史。三是“小人物”也有发展，也有进步，也有成为“大人物”的可能。四是如果与“小人物”结下了仇恨，“小人物”也有报复的手段。总之，历史上有能量的“小人物”很多，产生影响的例子也不少，俯拾即是。所以，任何时候都不要轻视“小人物”，而且要团结“小人物”，与“小人物”处好关系。**

254
“一次也不去”与“一眼也不看”

春秋时期，楚国令尹子佩请楚庄王赴宴，楚庄王爽快地答应了。可子佩在京台准备好宴会后，却始终没等到楚庄王的到来。第二天，子佩拜见楚庄王，问起赴宴的事，楚庄王表示，京台南望料山，正对方皇之水，左是长江、右是淮河，此地易使人流连忘返，他怕自己会沉迷于此，快活得忘记了死的痛苦，误了治国大事，故不敢赴宴。

“春秋五霸”之一的楚庄王，作为一国之君，和下属吃顿饭可以说是一件平常事。可楚庄王却认为，在能够让人“忘记死的痛苦”的地方吃饭，会使人沉迷，从而贻误国事，所以虽然前面接受了邀请，但最后却没有去。第一次不去，就不会有第二次、第三次——如此强的自律能力，也许是楚庄王能够在群雄并起的春秋时期称霸的原因之一吧。难怪孔子说：“贤哉楚王！”

明朝成化年间，十二岁的王阳明在上私塾的路上，发现了一个挤满人的小赌坊，便建议同伴换一条路走。但同伴认为自己和赌坊互不相干，没有同意。后来，王阳明发现有的同伴站在小赌坊门口向里面张望，便提醒他们不要去看。但同伴说，只是看一眼，没事的。王阳明无奈地走开。一个月后，一个同伴禁不住诱惑，迷上了赌博，最后因偷家里的玉器作为赌资，受到父母的严厉责罚。

王阳明是明代著名思想家，提倡“知行合一”，其思想对后世影响深远。从如何对待“赌”这件事上，就可以看到他的过人之处。他的小伙伴自认为意志力强，看一眼不要紧，但事实说明，也许就是因为这个“看一眼”，就会让自己难以自拔。而王阳明却坚持一眼也不看，自始至终让自己不受诱惑，免于赌祸。这“不看一眼”，体现了王阳明的智慧。当然，即使是看了一眼，他也能做出判断：赌博是祸害，决不可参与。（参考资料：许洪昌《“一次也不去”与“一眼也不看”》，《解放军报》2022年4月28日）

启示 **古语讲：“贪如火，不遏则燎原；欲如水，不遏则滔天。”欲望，如水火般无情，需要建立坚固的堤防，才能免于祸患。可是，“千里之堤，溃于蚁穴”，再坚固的堤防也怕“蚁穴”，而“就去一次”“只看一眼”往往是这样的“蚁穴”，一定要提防。拒腐防变最坚固的堤坝是什么？可以说就是“一次也不去”“一眼也不看”，从根源上隔绝贪欲侵扰，就不会因之得祸。**

255
举一反三的“归零法”

一言以蔽之，“归零”就是从零开始，但在航天领域并非只是这样。

卫星安装在火箭上后，发射前，有一个操作工程师要钻进去做最后的检查。在一次任务中，现场的监督人员发现操作工程师完成检查出来后又钻进去看了一下，觉得有点奇怪，于是追问他为什么要再进去一次。操作工程师沉默了一下，承认是感觉到自己的腰带剐蹭了什么东西。原来，这位工程师的金属腰带扣和卫星主发动机发生了剐蹭，这可能导致严重问题的发生，甚至导致任务失败。补救吗？当然要补救。但是，补救之余必须多问一句：为什么此前他在操作时也戴了腰带，但没有发生剐蹭呢？

原来，前段时间他丈母娘来了，家里伙食太好，导致他胖了很多。如何彻底解决此类问题？那就是修改工作流程，以后所有工程师都需要称体重、量腰围；进入现场“要安检”，工作服的裤腰改成松紧带型，不系腰带。

腰带出现问题不能只解决腰带，还要举一反三，普遍研究其他操作环节有没有类似的人机接口问题。操作高压器件时会不会放电？手上的油脂会不会产生危害？需要戴什么样的手套？工作人员的头发会不会掉入精密仪器？这样一直追问下去，所有问题都逐个解决。

这就是“归零法”，不惜动员一切资源去解决一个小问题，无论问题表现为什么样的具体现象，都要不停地追问为什么，揭示现象背后的本质，最终彻底解决问题。这种方法由于极为有效，已经被很多国家采用。（资料来源：周溯源辑议）

启示　可以毫不夸张地说，“归零法”是中国航天业发明的一种彻底

解决问题的方法。归零之后是新的起点，归零之后并不是从零开始，而是从经验开始，从新的认知边界出发。重视细节，剖析细节，从细节入手，举一反三，用严细深实的态度解决一系列具体问题，体现严谨的科学精神和高度的责任意识，从而保证重要任务的顺利完成。

256
贵在坚持“日拱一卒”

中学时的靳老师微信签名写着“日拱一卒”，他执教快30年了，扎根山区，用“日拱一卒”的韧性，培养了一批批毕业生。

“日拱一卒”说的是人生像下棋一样，不要小视卒子的力量，卒子只能一步一步地走，但日拱一卒，坚持下去，就能拱过楚河汉界，可能促使棋局的扭转。想到这，我不由感慨：人生每一步小小的努力，都不会白白浪费，都会劳而有功。

微信里还有一个朋友的个性签名也很有意思：“再小的努力，乘以365，都很明显。”多励志呀，每天只是一个小数目，微不足道，但抓住每一天，累积起来，可成就人生的一大步。

刚出来工作时，某公遇到一个仅比他大几岁的老板，他让每位员工把每天的工作细化入表，每天对照要完成的任务查漏补缺，当天的工作不过夜，还要每天有所进步，哪怕只是一点点。在这样的氛围中，公司和员工都在不断提升。后来，他也开了公司，每天给自己规定考核任务，要求保质保量地完成，不强求一蹴而就，而是保持“日拱一卒”的状态，公司业务在一步步积累中稳定地发展。

某公业余爱码字，每天早起洗漱后便写文章，然后跑步，晚上睡觉前看书，雷打不动，日复一日，坚持不懈，一年下来，伏案而写的散文、诗歌足够出一本厚厚的文集了。

“早起的鸟儿有虫吃”“勤能补拙”“沉舟侧畔千帆过，病树前头万木春”……每天给自己一点微笑、一点自信，每天给别人一点阳光、一点帮助，不气馁，不松劲，一步一个脚印，长此以往，定能看到新的风景，到达一种新的境界。（参考资料：杨兵《日拱一卒》，《广州日报》2022年4月26日）

启示　“不积跬步，无以至千里；不积小流，无以成江海。”（《荀子·劝学》）日拱一卒，持之以恒，如同积跬步、聚小流，当你成千里、成江海时，一定会感谢自己每一天付出的汗水和智慧，虽然每一天都很平凡。

257
南北东西都有路

临近中午，边做饭边听歌，听到一首《舍离断》：“不坐仙山，不坐禅，笑我打水用竹篮。”心里一动：得失不判，舍离看淡，这是多么洒脱！

而现实当中，面临选择，能有几人如此潇洒？

刚刚我就站在塞得满满的冰箱前，愣了足足一分钟。我在琢磨午饭：家里四个成员的口味要照顾到；菜谱要有荤有素、营养全面；餐桌布局要吸睛又美味；馒头花卷该消灭一下了，可是米饭似乎更合心意；黄瓜茄子辣椒，选黄瓜吧，用它的脆感提提神，还是西红柿吧，搭配米饭颜值更艳一点儿……

以往，我在冰箱前苦苦筹谋时，我女儿就夸我是“厨神”。不“神”咋的？我每征求她的意见，总毫无例外地收获两个字——“随便”。踢出的球，被抛回来，接球的只能是自己。

人说，天秤座的人有选择困难症；其实，在众多选择面前，人人都会有点怵。

朋友有次去买冷饮，在林立的货架前，几乎看花了眼：老牌子的有口碑，新品牌的有亮点；进口货叫得响，国货亮闪闪……再看标签，更令人无所适从，碳水化合物、糖分比例、人工添加剂、新品牌的背景、保鲜方式、纤维含量、环保材质……一瓶饮料附带的因素如果都考虑，选择的难度真的不比买房子少。

是的，我们每天都会面对许多选择，并且必须花时间和精力在一个个或琐碎或重大的选择中勾选中意的选项，做出艰难的抉择。问题是，有时候，每个选项都很诱人，我们总想选择利益最大化的，最好鱼和熊掌兼得。虽则条条大路通罗马，不是还有最近的、风景最美的、路途最平坦的吗？

前天，跟几个女伴喝了半天茶。一个小友，正陷于选择的两难里几乎抓狂。她四年前凭借优秀的专业才华和出色的临场发挥，一举拿下公务员招录第一名，顺利任职于市政府办公室。四年磨合，业务能力纯熟了，人际关系润滑了，自己的小家庭也收获了美满，小宝宝已蹒跚起步了。一切都顺风顺水。可是，忽然一个机遇降临，省城一家著名央企招文职；她的条件又恰恰全部合格。关键是，当前安逸的生活还令她生了厌倦，她在暗暗渴望改变。于是，萌生了到省城发展的念头。

但这样一来，一切必得从头打拼，且面临着诸多未知的不确定：将来工作是否如意？房子问题怎么解决？孩子的照顾和教育问题……太玄。如果不去尝试一下，又是白白地放弃，心有不甘……

小友站在十字路口，向左？向右？茫茫然，决策不下。命运给了选择权，同时附赠选择的焦虑。

那天茶席上，一位教生物学的姐姐讲了一种可爱的小动物——猫鼬。这种獴科动物，生长在非洲大草原，身体修长，四肢匀称，满身咖啡色绒毛。最萌的是，这家伙能用尾巴和后腿支撑着身体，像人一样直立着往远处观望。这个很拉风的习性，导致猫鼬的脖子延长了四公分，眼前有了盲区，从而寻找天然洞穴的概率减少三成。它们不得不常常动用尖细的爪子来挖洞。

选择了享受观望远处，就得承受眼皮底下的盲区。那个姐姐说，这就是得与失。

道理明白，但在座的朋友们，谁能替小友敲定“去”“留”呢？她自己都摇摆得厉害。不过，她更清楚了：选择的本质就是取舍，得到这个，就要放手那个。兼得，基本是不可能的事。

有关选择，遍及生活的角角落落，很多并不是非此即彼的问题。我认为，如果感觉每一个选项都有道理，那么，你就没必要举棋不定，只管做决定、行动起来就是。你动起来，事情的齿轮就一点点滚动起来——事情本身的逻辑，会推着你往前走。

比如，你选择了写诗没成为诗人，但你看待世界的方法会改变；你选择了练瑜伽最终没练成，但你的心境脾气会变好；你打球没打赢，但你血管中的含氧量高了；你辞职去了省城，没有得到期望中的完美，可你发现你的平台和视野更开阔了。

东西南北皆有路，重要的是——用心走起！（参考资料：米丽宏《南北东西都有路》，《羊城晚报》2020年8月21日）

启示　**在生活中，我们每天都会面对许多选择，选择的本质就是取与舍。当面临种种诱人选择抉择不下时，你没必要举棋不定，只管做决定、行动起来就是。你一旦动起来，事情的轮齿就一点点滚动起来——事情本身的逻辑，会推着你往前走。**

每条路上都有美丽的风景，每种选择都有独特的方向。行动起来，往前走，是我们思考之后唯一的选择。

258
殷实的沉潜

在南极，海洋里的企鹅想要上岸，需要面临巨大的考验，因为水陆交界处全是滑溜溜的坚冰。企鹅身躯笨重，没有用来攀爬的前肢，也没有用以飞翔的翅膀，那么，它们是如何上岸的呢？原来，企鹅在上岸前，总是使劲地低头，从海面扎入深水中，拼命沉潜。潜得越深，海水所产生的浮力就越大。企鹅会一直潜到适合的深度，再摆动双足，迅猛向上，如离弦之箭般跃出水面，在空中划出一道优美的弧线后，降落到陆地之上。企鹅的沉潜是为了蓄势，看似笨拙，却富有成效。

朱元璋沉潜在濠州皇觉寺里，开始只是一个挑水做粗活的小和尚，却在生火烧水之余，熟读史书。后来，他投身郭子兴红巾军，带兵打仗，屡立战功，许多仁人志士都投奔在他的旗下。郭子兴听信谗言，要将朱元璋手下的将士全部收归己有，朱元璋恬退隐忍，欣然同意，获得郭子兴信任。郭子兴病亡后，朱元璋统领了这支军队，自此，走上了王者之路。

禅宗六祖惠能，五祖传法给他，他的师兄弟、同参道友要把衣钵夺回来，甚至要杀害他。他隐姓埋名躲在猎人队里，将佛、禅和神人性化、生活化、平民化，成为中国禅宗的创始人和领袖，成为世界佛教禅宗的领袖和圣尊。

沉潜为成才者提供了三大重要条件：一是时间，能够学习、思考；二是清净，摆脱了世俗的烦扰，使人变得平静、超脱；三是落寞感，游离于主流社会之外，刺激思维、促人反思。沉潜是一种策略，一种权宜之计，一种智慧，一个量变到质变的过程，一种由“忍”到“韧”的哲学理念，一种收敛、内向、自省，锻造灵魂的手段。沉潜的人像一口古井，质朴无华，默默阅读人间沧桑，将心灵的一泓泉水修炼得清冽甘醇。他们兢兢业业、默默钻研，他们现在也许很平凡，但将来的某一天，你会看到他们的横空出世和耀眼辉光。沉潜就是高亢前的酝酿、绚烂前的孕育、腾飞前的蓄势。自古圣贤皆寂寞，这种寂寞，就是一种沉潜，十年寒窗是沉潜的过程，水滴石穿是沉潜的结果。头悬梁锥刺股是沉潜的姿态，囊萤映雪是沉潜的精神，在沉潜中积蓄力量，在积蓄中丰满羽翼，于是，寂寞变得深刻，沉潜变得殷实。（参考资料：靳小倡《殷实的沉潜》，《广州日报》2023年8月5日）

启示　借企鹅上岸前的沉潜，引出人类在追求成功道路上同样需要沉潜的观点。从企鹅到朱元璋、惠能的事例，阐述沉潜的意义与价值。如同企鹅面对上岸难题，在生活与工作中，当我们遭遇困境时，不应逃避或抱怨，而要积极探寻解决办法。困境可能成为成长的契机，只要我们善于观察、思考，就能找到适合自己的“沉潜”方式，实现突破。当我们处于边缘或不被认可时，不应自怨自艾，而要以此为契机，反思自身不足、激发内在潜能。这种反思能促使我们不断完善自我，实现精神与能力的提升。“忍”与“韧”的结合，是智慧的体现。在追求目标的道路上，我们要有耐心与毅力，默默坚持，忍受寂寞与挫折。同时，要运用智慧，制定合理策略，在合适的时机爆发，展现自己的实力，实现人生价值。

第十二篇 类比思维

类比思维就是找到与面临问题相似的另一个事物，加以类比，从一个已知的事物认知另一个事物，从一个已知的道理推出另一个道理，套用已知的方法认识问题、解决问题。修辞中的比喻手法，就是类比思维。类比思维很常见、很常用，也很管用。

259
鲁班发明锯子

鲁班，姬姓，公输氏，名般，又称公输子、公输盘、班输、鲁般，春秋时期鲁国人。“般”和“班”同音，古时通用，故人们常称他“鲁班”。鲁班大约生于周敬王十三年（公元前507年），卒于周贞定王二十五年（公元前444年），生活在春秋末期到战国初期，出身于世代工匠的家庭，从小就跟随家里人参加许多土木建筑工程劳动，逐渐掌握了生产劳动的技能，积累了丰富的实践经验。二千四百多年来，人们把古代劳动人民的集体创造和发明也都集中到他的身上。因此，有关他的发明和创造的故事，实际上是中国古代劳动人民发明创造的故事。

民间传说，鲁班生活的时代还没有锯子，最早的扁长锯是能工巧匠鲁班发明的。相传有一年，鲁国国君下令盖一座豪华的宫殿，需要几百棵大树做梁和柱。鲁班是木料负责人。他们为了在有限的时间内完成采集树木的任务，没日没夜地干，但是只用斧头砍，进展很慢。鲁班心里焦急，又没有新办法。一天，鲁班带了工具上山砍树了，山坡很陡，他抓着山上的小树、杂草往上爬。突然，他感到手上一阵钻心的痛，一看手上拉了一道寸把长的口子，血都流出来了。什么东西这么厉害？鲁班拨开草丛仔细搜看，只见地上长着一棵茅草，他发现茅草有个特点——扁平且两侧有齿。原来是这棵有齿的草划破了手掌。后来，鲁班又看到一只大蝗虫在一株草上啃吃叶子，两颗大板牙非常锋利，一开一合，很快就吃下一大片。这同样引起了鲁班的好奇心，他抓住一只蝗虫，仔细观察蝗虫牙齿的结构，发现蝗虫的两颗大板牙上同样排列着许多小细齿，蝗虫正是靠这些小细齿咬断草叶的。

这两件事给鲁班留下了极其深刻的印象，也使他受到很大启发，陷入了深深的思考。他想，如果把砍伐木头的工具做成锯齿状，不是同样会很锋利吗？砍伐树木也就容易多了。于是他就用大毛竹做成一条带有许多小锯齿的竹片，然后用小树试验，果然不错，几下子就把树皮划破了，再用力拉几下，小树杆就划出一道深沟，鲁班非常高兴。但是由于竹片比较软，强度比较差，不能长久使用，拉了一会儿，小锯齿有的就断了、有的变钝了，需要更换竹片。这样就影响了砍伐树木的速度，使用竹片太多也是一个很大的浪费。看来竹片不宜作为制作锯齿的材料，应该寻找一种强度、硬度都更高的材料。这时，鲁班想到了铁片，于是他请铁匠帮助制作带有小锯齿的铁片，然后继续实践。鲁班和徒弟各拉一端，在一棵树上拉了起来，只见他俩一来一往，不一会儿就把树锯断了，又快又省力。锯就这样发明了。（资料来源：周溯源辑议）

启示　在鲁班之前，肯定会有不少人碰到手被野草划破的情况，为什么只有鲁班从中受到启发，发明了锯，这无疑值得人们思考。大多数人认为，这只是一件生活小事，不值得大惊小怪，往往在治好伤口以后就把这件事忘掉了。而鲁班却有比较强烈的好奇心和正确的想法，注意对生活当中一些微小事件的观察、思考和钻研，从中找到解决问题的方法，甚至获得某些创造性发明。这告诉人们一个道理，留意生活中不起眼的小事、勤于思考，会增长智慧，加之善于联想，就会有发明创造。

260
危如累卵，启发灵公

春秋时期，晋国国君晋灵公奢侈腐化，不惜民力。有一年，晋灵公下令兴建一个九层的高台以供娱乐。这项工程需要的费用巨大，给老百姓带来沉重的负担，会使国力衰竭。因此，大臣和老百姓都反对建这个九层高台。但是晋灵公坚持己见，并且在朝堂上严厉地对大臣们说："敢有劝阻兴建高台的，立即斩首！"气氛紧张极了。大臣们都吓得噤若寒蝉，无人再敢说反对的话。

过不久，有个叫孙息的大臣求见晋灵公。君臣见面后，孙息对灵公说："我能把九枚棋子摞在一起，上面还能放九个鸡蛋。"晋灵公听到这事感觉挺新鲜，不信孙息有这么高的技艺，但又急于一饱眼福，便说："我缺少学问，还从来没听过和见过这种事。今天就请你给我摆摆看。"孙息当然清楚，如果国君认为欺骗了他，他会有杀头的危险，但他胸有成竹。

当下，灵公叫人拿来棋子和鸡蛋，孙息便动手摆了起来。孙息先是小心翼翼地把九枚棋子摞了起来，然后又小心地将鸡蛋放置在棋子上。只见他放上一个鸡蛋，又放第二个，接着放第三个……战战兢兢、如履薄冰。

这时满屋的气氛格外紧张，只能听到鸡蛋碰棋子的声音。围观的大臣们屏住呼吸，生怕鸡蛋落下来。孙息也不由得额头冒汗。晋灵公看到这情景，实在耐不住了，上气不接下气地说："危险！危险！"灵公刚说完"危险"，孙息便接过话茬，从容不迫地说："我倒感到这算不了什么大危险，还有比这更危险的。"灵公惊诧了："还有什么比这更危险的呢？"孙息手里拿着正要置放的第四个鸡蛋，慢声说道："建九层之台就比这更危险。三年都不一定能建成。这三年中，要征发全国的壮丁服劳役，男不得耕、女不得织，国用空虚、户口减少，人民活不下去时就要逃亡、谋反；邻国看见我国国弱民穷，就会兴兵犯境；如果国家灭亡了，大王的性命也就难保。这难道不比摞棋子、码鸡蛋更危险吗？"灵公听到这一警告，不由得吓出一身冷汗，对孙息说："搞九层之台，是我的过错，马上停工。"灵公立即命令平毁正在施工中的九层之台。（参考文献：《韩非子・十过》《战国策・秦策四》《说苑》）

启示　孙息冒险劝谏晋灵公，借助了类比的手法。他首先针对灵公贪爱享受的特点，提出难题，献上技巧，把晋灵公的兴趣调动起来，然后

绕个弯子进入正题，对比两种危险，晓以利害，凸显出建九层高台的错误，使灵公受到启发，幡然醒悟，认识到原先决策的不当，进而纠正。孙息运用类比思维达到了劝谏目的，维护了晋国的和平与安宁。

261
巧比鹬蚌相争，劝阻一场大战

春秋时期，赵国准备进攻燕国。燕国著名辩士苏代为了替燕国解围，晋见赵惠文王说："这次我到贵国来，经过易水（今河北省易县沙河镇），看见一只大蚌正张开壳子在沙滩上晒太阳。这时走来一只水鸟，去啄吃蚌肉，大蚌将壳子合拢，一下就紧紧夹住了水鸟的尖嘴。水鸟说：'今天不下雨，明天还不下雨，我就有一只死蚌可吃了。'大蚌也对水鸟说：'今天不放开你，明天还不放开你，河滩上就会有一只死水鸟了。'两方互不相让。这时，走来一个打鱼人，毫不费力就把它们一起捉住了。现在，赵国准备攻燕，燕国必然抵抗；两国相争互不相让，相持日久之后，必会两败俱伤，民众疲惫。我担心那时强大的秦国会出来，充当打鱼人的角色啊！所以，请大王对攻燕一事要深思熟虑。"赵王说："您言之有理，说得好！"当即放弃了攻燕的打算，停止了攻燕的准备。（参考文献：《战国策 · 燕策二》）

启示　世界万事万物之间存在某种内在联系、某种可比性。聪明人善于运用比喻手法说明事理，生动形象，一语破的。苏代借用"鹬蚌相争、渔翁得利"这个例子，说明一旦赵国攻燕、秦国必将坐收其利的道理，使赵惠文王如梦方醒，进而放弃攻燕的计划，达到了保卫燕国的目的。比喻是人们常用的表达手法，巧妙的比喻是智慧思维的表现。

262
千金买回死马首

公元前311年，燕昭王继位后的燕国，呈现一派衰颓破败的景象。昭王立志复兴燕国，却苦于没有良策。有一天，昭王特意向郭隗（公元前351—前297年）请教。郭隗出主意说："复兴燕国的关键是得到贤士的辅佐效力，而贤士不会一请就来。要想征得贤士，就需要树立一个礼贤的样板。如果您能登门拜见并厚待贤者，使天下人看到您重视贤才，天下之士必然会云集于燕国。"燕昭王说："你讲的有道理，但是我如今该去拜见哪位贤才呢？"郭隗没有正面回答这个问题，而是先讲了个故事：

"我听说古代有位国君，愿出千两黄金买千里马，可是用了三年时间也没有买到。国君身边的一位杂役，主动请求完成这个任务。他经过三个月的努力，终于找到了千里马，但是这匹千里马已经死了。于是，他用五百金买了这匹死马的脑袋回来，向国君复命。国君看见死马脑袋，不禁大怒：'我要的千里马是活的，怎么能买死马呢？而且还糟蹋了五百金。'杂役回答：'大王，天下人如果听到您买死马尚且花了五百金，那么买活马价格会低吗？天下人知道您不惜出高价买千里马，千里马一定会买到。'国君听罢此言，也就息怒了。果然，重金买死马的消息不胫而走，不到一年工夫，国君得到了三匹千里马。"

讲完这个故事后，郭隗才回答昭王的提问："如今大王您想得到贤才，就先从我开始吧。像我郭隗这样没多大能耐的人，尚且能得到大王您的重用，那么，何况比我贤明的人呢？他们难道还会嫌路远而不来吗？"

燕昭王觉得郭隗讲得在情在理，当即采纳。他传令专门为郭隗建筑宫邸，拜郭为师。这则消息很快传遍天南海北。"燕昭北筑黄金台，四方豪杰乘风来。"（《黄金台》）天下贤士看到昭王真心诚意地礼贤下士，纷纷投奔燕国。燕国后来有了乐毅、邹衍等一批贤才，很快强大起来，成为“战国七雄”之一。(参考文献：《战国策 · 燕策一》《资治通鉴》)

启示　郭隗劝燕昭王礼贤下士之所以成功，一是先讲了重金买千里马的故事，用以启发君主对待贤才要不惜重金。要用实际行动树立一个样板。一个样板就是一则广告、一面旗帜。二是郭隗勇于自荐。马中的样板是那个死马脑袋，人中的样板就是郭隗。郭隗成功地运用类比的方法，用重金买千里马死马脑袋的故事证明古代国君是爱千里马的，用重用郭隗证明燕昭王是爱才用才的。因比喻形象生动，顺理成章，昭王采纳了，郭隗也受到了礼遇，燕国需要的各路人才终于被招来了，取得了理想的效果。

263
折箭说团结

南朝宗元嘉年间，地处我国西北地区的吐谷浑第九任国王阿豺（？—公元424年，也作阿柴），是位很能干的国王。他在位期间，兼并羌、氐，使疆土扩大到数千里，号称强国。有一天，阿豺得了暴病，他担心国家的强盛局面不能维持下去，必须抓紧做点工作。临终前，他叫人找来二十支箭放在眼前，同时把自己的二十个儿子也都叫到跟前。阿豺逐个打量儿子，用微弱的声音命令说：“你们每个人手里拿一支箭，先在地上摆弄摆弄。”儿子们莫名其妙，遵嘱在地上拨弄那支箭，听候父亲的指示。这时，阿豺又将同母弟慕利延叫到跟前，命令他说：“你取一支箭来，折断它！”慕利延没说什么，一使劲就将箭折断了。阿豺又命令慕利延：“你再把孩子们手中的那十九支箭给我捆在一起，你也使劲把它们折断。”慕利延遵命，使出了浑身的气力，可是怎么也折不断。躺在炕上的阿豺这才对孩子们说：“你们刚才都看见了吧，一支箭很容易被折断，许多箭捆在一起就很难被折断。我死以后，你们要同心协力，团结合作，这样才能继承祖先的遗志，江山社稷才能巩固。”说完就咽了气。孩子们悲痛地表示，一定遵从国王的遗嘱，团结起来，亲密合作，共同奋斗。（参考文献：《宋书·卷列传第五十六　鲜卑吐谷浑》《魏书·列传第八十九·吐谷浑》）

启示　阿豺要讲的大道理就是今人常说的“团结就是力量”，这个道理似乎人人都懂，但是却往往不易做到。“人之将死，其言也善。”阿豺以箭为喻，二十支箭代表二十个子弟，教育孩子们要懂得团结起来力量大的道理。同时，这个道理让他的弟弟来示意，也是有深意的。这样的现场教育，颇能引起教育对象的注意，它深入浅出，形象生动，给人的印象更深刻。至今，这个故事还在我国民间流传。

264
唐太宗讲故事反贪腐

唐朝贞观年间，君臣求治心切，因此常常在言谈中互相告诫规劝。贞观元年（公元627年），有一天，唐太宗在和大臣们闲谈时，讲了一个故事：“我听说西域有个商人，偶然得到一颗珍珠，他搁在哪儿都怕被人盗去，于是剖开自己的肚子，把珍珠藏到肚子里。真有其事吗？”大臣们有些不解地回答：“可能会有吧。”唐太宗说：“人们都说这个商人爱珠而不爱身，珍珠固然不会丢失，可是他的命却没了，实在是愚蠢可笑。但是，有些官员因贪赃受贿，被法律惩处甚至丧命，有的皇帝因骄奢淫逸而亡国，难道不是与那位商人一样的愚蠢可笑吗？”

在座的人明白了太宗讲这个故事的深刻含义，特别是在座的谏议大夫魏徵更听得明白真切。魏徵接着也讲了一个故事：“由于利欲熏心连性命都忘了的人，也是有的。从前鲁哀公对孔子说：‘有个健忘的人，搬家而忘了妻子。’孔子马上说：‘还有比这更严重的，夏桀、商纣王竟忘了自身。’”太宗接着说：“魏徵所言在理。我与诸位公卿应该勠力同心，相互辅助，以免被他人笑话。”（参考文献：《贞观政要》《资治通鉴》）

启示 **贞观初年，君臣不忘初心，常常相互提醒谨慎执政。唐太宗与魏徵在朝堂上讲了两个故事，这两个故事的主题是一个：切莫玩物丧志，因小失大，贪贿丧身。故事的政治性很强，但都是在轻松的谈话中聊出来的。鉴于夏桀、商纣王、隋炀帝因贪欲亡身的教训，唐初君臣互相告诫，含蓄而委婉地教育官吏（包括皇帝自己），遵守国法，严于律己，切不可纵欲贪贿而丧身亡国。唐太宗善于类比，借剖腹藏珠类比官吏贪贿亡身、帝王纵欲亡国，表现出难能可贵的清醒与自警。**

265
谏言如药

唐人吴兢在《贞观政要 · 纳谏第五》中，有一短章这样记载：贞观十七年，太子右庶子高季辅上疏陈得失，上特赐钟乳一剂，谓曰：“卿进药石之言，故以药石相报。”

贞观十七年（公元643年），在太子府中担任属官的高季辅，向唐太宗上书评论朝政的得失——在贞观年间，因为唐太宗的广开言路，虚心纳谏，所以，类似的事儿并不稀罕，但是，唐太宗对高季辅的赏赐之物，却不一般——通常情况下，唐太宗多以绢帛之类奖励谏臣，然而这次他给高季辅的赏赐却是“钟乳一剂”。

所谓“钟乳”，即钟乳石。在古代，钟乳石是一味中药。清人汪昂在所撰《本草备要》中，对其有这样的介绍：“甘温。阳明（胃）气分药。木石之精。强阴益阳，通百节，利九窍，补虚劳，下乳汁。”因此，其药用价值不小。而唐太宗之所以赐之以钟乳，其目的显然不是让高季辅治疗胃寒，或者是壮阳气、利九窍之类，而是重在传达他的一个看法：高季辅的谏言如同良药，可以匡正为君的过失。

唐太宗把臣子的谏言视若药石，可谓睿智深刻。俗话说，人吃五谷杂粮，哪有不生病的？而人一旦有病，就得看医生，然后根据医嘱服食药石。作为国君，也难免会犯各种疾病。当遇到“生病”时，同样需要看医生，需要诤臣们的苦口良药——必要的、正确的谏言。

后代史家对唐太宗的评价较高。在执政的二十多年间，唐太宗虽然也犯过一些错误，但是未犯大的错误，未犯颠覆性错误。由于他对于谏言持积极开放的态度，宽容大度，甚至还在一些场合提倡与鼓励，所以，他的身边围绕着如魏徵、房玄龄、王珪、杜如晦等一大批能够与之坦诚相对的诤臣；很多错误也因此能够被及时发现和纠正，从而开创了盛世“贞观之治”的局面。（参考资料：严阳《谏言如药》，《思维与智慧》2021年第34期）

启示　**在古代帝王中，在广开言路、纳谏兼听方面，唐太宗做得极好。唐太宗的神情、仪表原本威严，百官觐见他时都不免有些拘谨。太宗知道后，每逢有人来奏事，就注意做到和颜悦色，让对方放松，能讲出真心话。他即位不久就对百官说：“人欲自照，必须明镜；主欲知过，必藉忠臣。主若自贤，臣不匡正，欲不危败，岂可得乎？”（《贞观政要·求谏第四》）他认识到君主如果自以为是，臣下又不匡正扶助，想不走向危亡与失败，那怎么可能呢？他还说，隋炀帝肆行暴虐，臣下一个个紧闭嘴巴不说话，使隋炀帝不知道自己犯了什么过失，以致时间不长就走向灭亡。他身边那些不说话的大臣，只顾迎合隋炀帝求稳遏乱的心理，隐瞒农民起义已经危及政权存亡的事实，反而编造天下太平的谎话，欺君欺己。唐太宗说，我绝不会因为直言谏诤违背了自己的想法，就去呵斥责骂你们。唐太宗将隋炀帝作为一个反面教材，经常从他身上悟出一些道理，以史为鉴，保持清醒。唐太宗重视谏言，视如药石，很有道理。**

266
瓠里子批评“杀马治马”

明朝开国元勋刘基创作的笔记《郁离子·瞽聩》中，有这样一则寓言故事。闻知江西修水县艾邑长官重武轻农，以致很多农民被士兵粗暴对待，瓠里子拜见这位长官时，就编了个故事说：前不久，我朋友马车上的左服（古代一车四马，居中的两匹叫“服”，两边的叫“骖”）生病了，兽医说，只有活马的血才能治好它。朋友就来要我马车上的骖马，我没有给他。”

“为救活一匹马，却要杀死另一匹马，这不合常情常理，确实不应该给他。”艾邑长官附和道。

听到此言，瓠里子兴奋地说：“英雄所见略同！既遇到了知音，请允许我向您请教一个问题。我听说，要想国家长治久安，就得依靠农民耕种、士兵打仗。如果农民少了，士兵就无法得到给养；如果士兵少了，农民就不能得到保护。农民和士兵，犹如一个人的手和脚，哪个也缺少不得，是不是？”“您说得没错。”艾邑长官不假思索地回答。

瓠里子继而认真地说：“可是，我听说您的士兵总是粗暴地对待农民，而您竟不加阻止。农民和士兵发生纠纷，吃亏的肯定是农民，长此以往，他们的处境就会越来越艰难。如果缺少农民这双‘手’的作用，那么，士兵这双‘脚’的作用，岂不是要大打折扣吗？再说，您刚才也认为不能‘杀马治马’，可行事时却又和我的朋友一样，眼中只有自己的服马，却想不到别人不能没有骖马。这样顾此失彼，真让人为您担心啊！”

“先生所言极是，在下受教了。”艾邑长官听罢，真诚地致谢。（参考文献：《郁离子·瞽聩》）

启示　瓠里子论辩的高明之处在于，以“杀马治马”的荒谬做法进

行类比，指出服马和骖马皆是不可或缺的马匹，进而指出士兵和农民也皆是不可舍弃的子民。这两者舍其一都犹如断人手足，会造成不可弥补的损失。当然，瓠里子言马是虚，谏议处理好兵农关系是实，把自己的主张延伸到治国理政上，强调全面系统地看问题，不可“见手而不见足”，既不能顾此失彼、偏执一端，又不能内卷互伤、纵害放错，而应统筹兼顾协调发展，善于两手抓、抓两手，及时止损纠偏。这才是真正的治理之道。

267
且等

关于等，我最喜欢一个故事：寒山问拾得：“世间有人谤我、欺我、辱我、笑我、轻我、贱我、骗我，如何处置乎？”

拾得曰：“忍他、让他、避他、由他、耐他、敬他、不要理他，再过几年你且看他。”

拾得禅师的回答多么精妙！是啊，耐心地等他几年，且看他的下场。他会越来越嚣张、越来越得意、越来越放纵，结果呢，一步步走向毁灭，坠入万劫不复的深渊。

《周易·系辞下》说：“善不积，不足以成名；恶不积，不足以灭身。”足见积累的重要性。而积累的过程就是一个漫长等待的过程。你不必忧虑自己的才华和好名声还没有被更多的人熟知赏识，那是因为你的才华和德行累积得不够；也不必沾沾自喜你的恶行还没有被人发现觉察，那是因为你在作恶这条路上还走得不够远。

且等一段时日，你的才华和好德行就像太阳的光辉，任何人都无法遮蔽你的光芒，就像一首小诗里说的“我有明珠一颗，久被尘牢关锁，而今尘尽光生，照破山河万朵”。而那些作恶多端的人，抱着侥幸心理日复一日地干坏事，等到恶贯满盈的时候，罪恶必将大白于天下，等待他的必然是身败名裂、臭名远扬。

所以，你急什么，且等。当你看不到胜利曙光的时候、当你等不到坏人被严惩的时候，不妨静下心来，耐心地等，等几天，等几年。一切，苍天自有安排。

世间万物的发展都有一个过程。果实的成熟需要等，一朵云变成雨需要等，小溪投入大海的怀抱需要等。等就是熬啊，等就是一个磨炼心性的过程。

也许，你会在黑暗和凄风冷雨中踽踽独行好长一段时日，可能会独自吞咽着孤独寂寞，忍受着别人的嘲讽和白眼，也许你会失魂落魄。这时，你要劝慰自己学会耐心等待。一粒种子要破土而出，它要在黑暗的泥土里沉寂多少天，一点点积攒力气，才能冲破厚厚的土层，才能享受到阳光的照耀和清风的吹拂。你就像那粒种子一样，需要沉潜自己，默默积蓄力量，静待花开。尤其具有等待之功的是蝉，它的幼虫要在幽暗潮湿的地下苦苦等待十七年，才能羽化成蝉。所以昆虫学家法布尔用诗一样的语言来赞美它："十七年的苦役，换来一个夏天的歌唱。"

诸葛亮躬耕陇亩，不是等来刘备的三顾茅庐了吗？姜太公在渭水边垂钓，不是等来周文王的愿者上钩吗？印度僧人达摩，不是在五心朝天、面壁十年最终才明心见性，成为一代高僧的吗？所以佛家有"久等必有禅"的偈语。

等，不是庸庸碌碌、无所作为；相反，在等待的日子里，应该卧薪尝胆、磨砺自己。一旦机遇来临，你才能一飞冲天、一鸣惊人。

当然，等绝不是坐以待毙，而是等待时机、平心静气、笑看风云、伺机而动。等，不是让你满腔幽怨、悲声哀叹，而是要豁达从容、平心静气。等也是一个自我修行的过程。

茫茫人海，万丈红尘，等是一种砥砺人格增进学识和修养的过程。等是忍辱负重，也是养精蓄锐；等是如坐针毡的忧虑和焦灼，也可以是坐看云起宠辱不惊的洒脱和从容。

小说《基督山伯爵》的结尾是五个字："等待和希望。"这世间的一切都是时间的艺术。有时我们所能做的，就是顺着时间走，耐心等待。

等，也是做人的大智慧，人生的大境界。（参考资料：张燕峰《且等》，《意林》2019年第1期）

启示　在现实生活中，我们很容易被世俗的成功裹挟，为了成功，往往陷入焦虑之中。其实，我们不必焦虑、急躁，完全可以平心静气地等一等，多一点儿耐心，多一点儿忍耐，等待时机成熟，等待主动权恢复的那一天。当然，等待不是碌碌无为、虚度年华，而是珍惜时间，加紧努力、深耕自己、充实自己，接受各种磨砺，默默地积蓄力量，增长才干，迎接挑战。一般来说，命运不会辜负任何一个努力奋斗的人，付出就会有回报。要相信这世间的一切都是时间的艺术。在时间的激流中，我们不能祈求机遇从天而降，我们应该做的就是积极准备，迎接机会的来临。

268
人生的补丁

午后的阳光暖暖照着，有几缕光线穿过窗子，照在母亲身上。母亲坐在桌前缝补衣服，专注而认真，一副恬淡从容的神情。一块颜色并不相同的旧布，是从别的不能再穿的衣服上剪下来的，它经过母亲的细心比画，然后被剪成所需的形状，再被密密地缝在破洞处。缝补丁也是具有创造性的工作，最起码在母亲这里是这样。她补的是我的裤子，可能在母亲看来，为儿子缝补衣服是很幸福的事情，可以将嘱托、叮咛及心中所有的爱缝在补丁里，让我永远处在她的关爱中。尽管只是一个补丁，尽管买不起新衣服，母亲却不愿意草草了事，她希望自己孩子在别人面前呈现出美好的一面。于是母亲细细地缝着补丁，尽量让补丁像花儿一样绽放。母亲补了一条裤腿，然后在另一条裤腿上缝上同样如花的补丁，这不是防患于未然，而是想让别人看来，这个并不是补丁，而是有意为之的对称的花。

多年以后，很多年轻人对补丁这个词很陌生，他们不知道坏了的衣服还可以缝补后再穿。补丁，更多的时候，只是成了一个电脑术语，是一个修补软件或者系统缺陷的小程序。现在人们看到“补丁”二字不会想起母亲专注的神情，只会想到打了补丁的软件可以给自己带来更多的快乐。其实，所有补丁的功效都是一样的，都是弥补缺陷，起到补救的作用。大到我们居住的地球，因为地震的破坏和洪水的冲刷，因为火山的爆发和沙漠的侵袭，也处处如坏了的衣服。我们不得不用自己的智慧与自然作斗争，用自己的辛劳给地球打补丁。我们疏通河道，我们植树造林，我们治理风沙，我们铺路搭桥，我们给千疮百孔的地球母亲打上最漂亮的补丁，使地球看上去更美。小到社会生活的每个角落，不可避免会有法律的漏洞，有道德的缺失，有人际关系的隔膜，这些就需要法律工作者，需要社会活动家，需要我们每一个人，来给社会也打上补丁。这个补丁可以是一声问候，可以是一个微笑，也可以是一个微不足道的善举，但都是时代所需的美丽的补丁。（参考资料：谢汝平《人生的补丁》，《思维与智慧》2019年第21期）

启示　**俗话说，人无完人，每个人都有或大或小的缺点，缺点并不可怕，只要我们给心灵的缺陷也打上一个“补丁”，改过自新即可。当然，补丁也不是万能的，因为补丁的形状、材质，打补丁的手艺、方式等不同，补丁很多时候表现得并不完美。特别是给心灵打补丁，会让人有抵触，有排斥，有反感，甚至有人并不认为自己的心灵存在缺陷，补丁也就起不到应有的作用。这个时候，让我们想想母亲缝补衣服的情景吧，让一股暖意从心里漫上来，以激发自身自动修复的潜能。**

269
皮箱与金表

1996年7月，某国商人皮尔逊向中国内蒙古的一家皮革厂订购了一批价值四万元的皮箱。双方签订的合同规定，全部货物应在一个月之内交齐，如果交货逾期或不能按照质量要求交货，厂方要向皮尔逊赔偿损失费十万元。

皮革厂遵守合同，抓紧制作，如期向客商皮尔逊交了货。可是皮尔逊却挑剔，说是皮箱的夹层内使用了木板，因此不合格，要求中方重新做“真正的皮箱”。显然，如果重新做，必然会延误时间，制作新皮箱也需要花费一笔新资金，而且还要因为超时“违约”，赔给皮尔逊十万元的损失费。面对皮尔逊的无理挑剔，皮革厂经过多次协商无效后，只好诉诸法律。

到了法庭辩论的最后阶段，皮革厂委托的律师不慌不忙地站了起来，面对挑剔的皮尔逊，律师从口袋里取出一块金表，是皮尔逊所在国生产的大号金表，认真地说：“法官先生，请问这是一块什么金表？”法官看了一眼，说：“这是某国的名牌金表。可是，我要提醒你注意，这只金表与本案无关。”“怎么无关？”律师高举起金表，面向法官大声说道：“这是一块金表，恐怕没有人表示反对吧？但是，我要说明的是，这块金表除表壳上镀了黄金以外，里面却都是用别的材料组成的。但是，它的确仍然是一块金表。”律师从容不迫地继续说道：“难道金表一定要从里到外全用金子制作吗？”这时，法官和皮尔逊明白了律师将要做出的推论。

律师不失时机地继续说道：“既然金表中的部件可以不是金子，那么，皮箱的部件为什么就非要全都是皮呢？很显然，在这起官司中，认为皮箱夹层使用了木板就不是皮箱的看法不成立，属于敲诈行为。”

皮尔逊羞红了脸，不得不低头认输。于是，法庭当庭宣判，皮尔逊败诉，接受皮革厂的皮箱，按合同付款，并罚款一万元，了结此案。（参考资料：邱章乐、杨一华编著《变通思维》，黑龙江人民出版社2003年版）

启示　从金表不一定要从里到外全用金子制作，律师推出皮箱的部件并非全是皮的，这属于类比推理，是常用的逻辑手法。聪明的律师抓住皮尔逊以部分否定整体、以个别现象否定事物本质的错误，不仅运用了逻辑思维的力量，而且还拿出实物进行现场演示，这就更增添了说服力，从而为皮革厂赢得了这场官司。

270
悲观青年与睿智渔夫

某一天，有一位渔夫看见一位青年在海滩上徘徊良久，步履沉重，似有轻生之念。渔夫走上前，关切地询问青年有何心事。青年说，他怀才不遇，被人轻视，备受冷落，待遇很低，痛不欲生。渔夫听罢，又了解了青年的一些情况：无技术特长、工作岗位一般、业绩平平、没有立功受奖记录。于是，渔夫对青年说：请你捡起一粒沙子。青年照办了。渔夫叫他把这粒沙子丢到沙滩上再捡起来。青年把沙子扔到了沙滩上，但是无法找到那粒沙子。渔夫于是将一颗珍珠给了他，叫他扔下去再捡起来。青年很轻松地做到了。当青年把珍珠还给渔夫时，渔夫对他说："不要埋怨别人，自己先做一颗珍珠吧！"

青年恍然大悟，豁然开朗，向渔夫深深鞠了一躬，道谢过后，迅速转身，健步向岸上走去，决定先做好自我，凭实力立世，用过硬的业绩说话。（参考资料：周杏坤《爱国主义是建功立业的巨大力量》，《求是》1994年第14期）

启示　古人说，千里马常有而伯乐不常有。千里马如果没有遇上伯乐，就可能混同于普通的马而不被发现。人才也是这个道理。人才如果没有被发现，就会混同于普通人之中，不能扬其所长，不能实现抱负与价值。如果自己碰上了这种情况，难免有牢骚，但不能只是怨天尤人，最好的办法是进一步修炼自己，提高自己的本领，创造众人瞩目的业绩，那时自然就会脱颖而出。也就是常说的“是金子总是要发光的”。人才被埋没毕竟是暂时的现象。渔夫就是利用这个道理，开导青年人“先做一颗珍珠”。因这个比喻生动形象，易于理解，所以成功地化解了青年人心中的郁结，使其看清了路径与前景，重拾起信心与力量，勇敢地奔向前方。

第十三篇 大局思维

大局思维就是为了整体利益，做到局部服从全局、小局服从大局，必要时丢卒保车，丢车保帅。暂时牺牲局部，为的是更好地保存全局；牺牲小家，为的是更好地保护大家；牺牲暂时，为的是更好地保护长远。这就要求站得高些、看得远些，胸襟博大，具有魄力。具有大局思维的人，有大家风度、豪爽潇洒、落落大方，而不是小里小气、左顾右盼、患得患失。按大局思维办事，有时看起来有损失，不合算，但最终结果会利大于弊。

271
穷不失义，达不离道

“穷不失义，达不离道”(《孟子·尽心上》)，是孟子的一句名言。意思是说，人穷困时不失去仁义，显达时不背离道德。作为一个有德行的人，无论身处何境，都应该坚守高尚的志趣和纯洁的心灵，守住为人处世的道德底线。

北宋初期的思想家石介（1005—1045年，字守道），年轻时囊中羞涩，十分清苦。有人听说他穷，送给他很多食物，他摇头说：“早食膏粱，暮厌粗粉，那是有钱人的吃法。”他谢绝了众人的好意，把全部精力放在研究学问上，经过苦读，终见成效，后来他担任国子监直讲，跟随他的人很多，享有非常高的声誉。一次，一位朋友想请石介写一副对联，有人阻止：“石介不会答应的，年轻时都不善于做这种事情，如今声望剧增，官位又高，怎么会答应呢？”但出乎意料的是，听到友人的要求，石介毫不犹豫地答应了。面对众人的疑惑，石介解释说：“若为小钱，便是琐事；若为友情，则为大事。我虽然已身居高位，但不可以丢掉朋友间的情义。”

战国时的杨朱在魏国做大官，回畏垒山拜访老师，洋洋得意，夸夸其谈，前呼后拥的。老师下山接他，叹息道：“原以为你可教诲，今始知你不可教诲。”杨朱问为什么，老师说：“你神态傲慢，目光骄矜，谁愿与你共处？”杨朱羞愧难当，成为一个负面案例。

而左宗棠事业有成后，回湖南老家看望老师，选在拐角处停下轿子，换掉官服穿上了便装。随从不解地问：“大人为何要换便装？”左宗棠说：“我穿着一身官服，老师看到会有自卑感，就不会同我说心里话。”果然，当左宗棠出现在老师面前时，老师看到的是一个普通百姓形象，立马放松了，煮茶畅饮，讲了很多知心话。直到老师去世前，师生二人仍然保持着亲密联系。

关于王安石与苏东坡之间也有一段趣闻。王安石退下来后，苏东坡去拜访他，这一拜访，重新认识了对方，双方发现他们之间有太多的东西需要交流，都为对方的才华和人品而钦佩。王安石慨叹说："不知道从此几百年后，是否还会再出苏东坡这样的人才。"苏东坡也认为王安石是世上真正有才华、品行高的人物。

古往今来，有不少人能做到"穷不失义"，很难做到"达不离道"。因此，社会复杂起来。（资料来源：孺子芊、周溯源辑议）

启示　"穷不失义，达不离道"，倡导人在穷困时不失去仁义，显达时不背离道德。这是对人的道德要求，体现了封建社会价值观中"五常"——"仁义礼智信"中的"义"与"信"。"五常"值得创造性转化、创新性发展。无论古今，现实生活中因贫穷而不讲仁义信用的，的确有一些；因显达而张狂，忘恩负义，为富不仁的，亦非罕见。但是，达而离道，难以持久，早晚会垮台。古今中外那些成大业且能持续发展者，做到了达不离道，表现出高度的智慧和理性。

272
"小不忍则乱大谋"

《老子 · 第二十二章》提出"曲全枉直"的论断："曲则全，枉则直；洼则盈，敝则新；少则得，多则惑。是以圣人抱一，为天下式。不自见，故明；不自是，故彰；不自伐，故有功；不自矜，故长。夫唯不争，故天下莫能与之争。古之所谓曲则全者，岂虚言哉？诚全而归之。"

这就是说，委曲反能保全，绕弯反能直达，低洼反能盈满，陈旧反能生新，少取反能多得，贪多反而迷惑。因此，有道的人总是让对立的双方抱合为一，作为天下事物的准则。不自我表现，反而能够显露；不自以为是，反而是非彰显；不自我吹嘘，反而能见功劳；不妄自尊大，反而为人之长。正是因为不与人相争，所以，天下没有人能与他争。古人讲的“曲则全”的说法，并非空话，而是实实在在可以做到的。

该文开篇以“曲则全”为纲，列举了“曲则全，枉则直，洼则盈，敝则新，少则得，多则惑”六组正反现象，类比推演，阐述了事物的辩证运动，即对立统一、相反相成、至极生变。这种辩证运动存在于自然和社会之中，而且这正是“道”的固有属性的体现。

接着，言圣人以无为、不争为处世之道。“抱一”中的“一”就是“道”。抱一，就是守道。以执一遵道为处世原则，就能以“不争”而达到“天下莫能与之争”的境界。无论是弱者还是强者，只要持守践行这种处世之道，均能获益，得到更大的发展空间。古人讲的“曲则全”，并非虚言，我们均能做到。（参考文献：《老子》）

启示　世人大多喜好正面成果，往往忽略负面价值。例如，喜欢表扬、荣誉，厌恶批评、屈辱，然而，负面的体验是人生成熟的必要条件。“艰难困苦，玉汝于成”，就是此意。同时，只有持守柔弱之道，方能避免或延缓正面成果向反面的转化。自居于屈，则能保全；自居于枉，则能伸直；自居于洼，则能盈满；自居于敝，则能新成；自居于少，则能多得。老子讲的不自见、不自是、不自伐、不自矜，皆属谦柔之道。弃刚取柔，既是道的属性，也是人生的艺术与智慧。凡成大事者都有忍的功夫。小不忍则乱大谋。忍，不仅是一种修养，更是一种人生智慧。欲成大事者，忍劲不可无。忍，并非甘认失败，而是大丈夫的度量和作为，是一种弹性的生存方式。“小不忍则乱大谋”，在小事上要忍，但在原则问题上，忍有底线。把握“曲则全”的精髓，将“忍”与“度”巧妙结合，庶几成就事业的辉煌。

273
“南辕北辙”错方向

战国时，魏安釐（xī）王（？—公元前243年）要出兵攻打赵国。魏国一位叫季梁的大臣本来已奉命出使外国，听到这个消息，赶紧从半路上折回来，要求面见安釐王，想劝阻安釐王不要出兵打赵国。

君臣见了面，季梁先向安釐王汇报说：“今天我在路上遇到一个人坐着马车往北走，我问他到哪去，那个人回答要到楚国去。我很纳闷儿：楚国明明在南方，而他的车子却一直往北走去，这不越走离楚国越远吗？我说方向不对，那人却说：‘不要紧，我的马跑得快，我带的路费多，我的马夫最会赶车。’他的方向根本错了，马跑得再快，也永远到不了楚国呀！”

想往南去，却往北行，安釐王听到这件新闻，自然也报之以嘲笑；至于这件趣闻是否真实，安釐王是不大介意的，反正是当笑话听听罢了。

讲完这件趣闻，季梁马上把话锋一转，回到正题上，说：“现在，大王您仗着国土大、士兵精等优越条件，攻伐赵国，企图达到称霸天下的目的，结果有可能会导致内外交困，这和那个走错了方向的人有什么两样，不也是‘适楚而北行’吗？”安釐王听季梁讲得很合乎实际，如果出兵攻打赵国，就会在外面引起战乱，在国内造成国力衰竭，无异于南辕而北辙。于是他立即下令停止攻打赵国。季梁达到了劝谏的目的。（参考文献：《战国策 · 魏策四》）

启示　人们常讲要注意大方向，这是个大道理；大方向错了，再努力也将是徒劳。季梁用“适楚而北行”这个浅显的故事，阐述了一定要把握住大方向的重要性，说服国王不要用发动战争的手段去称霸。一旦发动战争，生灵涂炭，断壁残垣，胜负难定。行路要看大方向，治国也要掌握

好大方向，两件事是同一道理。季梁将行路的道理引申到安邦治国上，增强了说理的形象性和说服力。今人当以史为鉴，不可南辕北辙。人生亦如此，切不可误入歧途，跑偏方向，以致劳而无功，丧失前程。

274 家风清正福泽长

“祸福无门，唯人自招”，短短八字，道尽世间万象。如何只招福，不招祸，使家运恒久，福祚绵长？那就是必须做好功课：定家规、作家训、正家风。

战国时期有一位杰出母亲，深明大义，训子拒贿，受到齐宣王的高度赞赏。原来她的儿子田稷由于担任相国要职，接受了下官的重金贿赂，拿回家孝敬母亲。田母不解：“你出任相国已有三年，但俸禄从未有过这么多，难道这是收取了士大夫的贿赂？你是怎么得到这些钱的？”田稷跪在地上如实作答，田母听后非常生气，说：“吾闻士修身洁行，不为苟得。竭情尽实，不行诈伪。非义之事，不计于心。非理之利，不入于家。言行若一，情貌相副。”(《列女传·齐田稷母》)为官之人应当修身洁行，不得不该得到的东西；老老实实做人，竭尽全力做事，光明磊落，不行诈伪；不符合道义的事情，不在心中谋划；不合理的利益，绝不收取一分一毫；要言行一致，表里如一。她教导儿子：“尽力竭能，忠信不欺，务在效忠，必死奉命，廉洁公正，故遂而无患。今子反是，远忠矣。夫为人臣不忠，是为人子不孝也。不义之财，非吾有也。不孝之子，非吾子也。”(《列女传·齐田稷母》)在田母看来，臣子不忠如同儿子不孝。不忠不孝，还有比这更严重的事情吗？

田母的一番说教，让田稷羞愧难当，当即退还了财物，并主动向齐宣王坦白了自己的受贿之罪。宣王听了这事之后，非常欣赏田稷母亲的大义，也免除了田稷的罪责。此后，田稷始终恪守母训，清廉为官，克己奉公，兢兢业业，光明磊落，辅佐齐国，使百姓乐业、国运昌盛。

身教重于言教，欲使家风淳正，传之久远，必须给后人树立可以终身师之的道德标杆。晚清名臣曾国藩，入仕伊始，即立下“此生决不靠做官发财为后人敛集财富”的誓言。一件青缎马褂，一穿就是三十年。他既严于律己，也重视家风家教。曾纪泽之妻刘夫人的墓志铭上记载了这样一件事：曾国藩被朝廷授予礼部侍郎的官职，全家都很高兴。按惯例，对前来报喜之人要有所赏赐，但是曾家拿不出钱来赏赐，最后是刘夫人用自己的陪嫁之资打发了来使。

“仕宦之家，不蓄积银钱，使子弟自觉一无可恃，一日不勤，则将有饥寒之患，则子弟渐渐勤劳，知谋所以自立也矣。”人的本质都有好逸恶劳的消极面，如果父母蓄积足够的钱物，让子女不劳而获，坐享其成，他为什么还去吃苦呢？结果坐吃山空。如果“一无可恃”，则逼得他们去奋斗、去谋生、去立业，结果反倒能因穷而图变、而奋发。曾国藩要求子弟们“不许坐轿，不许唤人取水添茶等事。其拾柴收粪等事，须一一为之；插田莳禾等事，亦时时学之”，目的就是“愿尔等常守此俭朴之风”。这样，方能使子女后代珍惜福分，也是有所作为的必遵之道。（参考资料：马军《清正家风福泽长》，《思维与智慧》2023年第1期）

启示 **“欲治其国，先齐其家。”一个人要想治理好国家，首先要管理好自己的家庭。田稷之母当头棒喝，曾国藩以身立范，包拯作《诫廉家训》……古人之所以如此做，就是要用清正廉洁的家风，确保后世子孙为官从政不堕下流、不招灾祸。清以传家、廉以治家，从而使家族树大根深、枝繁叶茂。这也是智慧先哲留给后人的宝贵财富。**

275
自然磨损与自我磨炼

世上何物最磨人？这个问题并不深奥，有两个字就可以回答，或曰“岁月”，或曰“时光”。时光对每个人都是公平的，谁都不能例外，谁也回避不了。细细想来，人在时光的流淌中，并非完全是被动的。被动的是自然磨损，主动的是自我磨炼，由此造就了不同的人生。

人生在世，时光有限，精力有限，仅仅顺其自然，随波逐流，那只能是自然磨损。自然磨损由天定，自我磨炼可选择。有的人活得有趣，有的人活得无奈，皆因选择不同。那些活得有趣的人，大多是经历时光磨洗后，痛定思痛，删繁就简，有所舍有所不舍，有所为有所不为，选择适合自己又能被社会接纳的事情去做，将自己喜欢又有意义的事做到了极致。那些什么都抓在手里不舍得放下的人，不仅活得累，而且蹉跎一生，碌碌无为。

想当年，韩信如果一直浪荡乡野，乞食漂泊，能否活下去、能活多久都成问题。他喜欢研读兵法，很想在用兵上施展自己的抱负，希望能跻身运筹帷幄的中军帐中，可他费尽心机，却未被项羽看在眼里。做个执戟郎虽然有饭吃了，但终究有违初衷，于是就跑路了。到了刘邦大营，起初只是个治粟都尉，此前还差点儿成了刀下鬼。好在遇上了萧何，靠萧何说服刘邦，才被破格拜为大将，历经磨炼，从而走上事业的巅峰。

再如，西晋齐国临淄人左思，长相寒碜，又不善言辞，出门刷脸等于自讨没趣，只好猫在家里练书法、学操琴。大约是艺术细胞发育迟缓，欠缺这方面的天赋，字也练不好，琴也没学成。他老爹在朋友面前提起他来，总是唉声叹气的。这让本来就有些自馁的左思，受到了很大刺激，于是便埋头研读文史典籍，发愤攻读诗赋。为了试笔，他花一年时间写出

《齐都赋》后，又花十年时间写成《蜀都赋》《吴都赋》《魏都赋》(即《三都赋》)。

左思既无显赫的家族背景，又无响亮的文坛名头，《三都赋》成文后并未引起人们重视。当他将文稿示人时，引来的只是嘲笑和讥讽。好在皇甫谧、张载、刘逵、卫权、张华等名家慧眼识珠，《三都赋》赢得了他们的普遍认可，他们分别为其撰写序言和注解。于是乎，“豪贵之家竞相传写，洛阳为之纸贵”。贵到什么程度呢？有文章称，洛阳每刀千文的纸，很快涨到两三千文，断货后，不少人到外地买纸来写左思之赋。当初讥讽左思的陆机，看过《三都赋》后，深为叹服，以无法超越为憾而搁笔。成语“洛阳纸贵”“陆机辍笔”，便由此而来。

左思由其貌不扬到文采飞扬，其华丽转身也向世人证明，勤能补拙，功不白费。在你生命的天空中，难免会有云遮雾障的日子。如能通过自我努力超越那片云朵，你就会沐浴在灿烂的阳光下。

就此说来，与其被动接受自然磨损，不如主动追求自我磨炼，该发愤时还要发愤一番，这样的人生才能活得有意思、有意义、有出息。(参考资料：王兆贵《自然磨损与自我磨炼》,《思维与智慧》2021年第7期)

启示 **自然磨损是随波逐流，不求进取；自我磨炼是积极求索，有所作为。人有主观能动性，发挥好能动性，方能有变化。当年大庆工人王进喜(人称“王铁人”)为了“把中国贫油的帽子扔到太平洋去”，提出了“有条件要上，没有条件创造条件也要上”的口号，体现了中国人民自力更生、艰苦奋斗、勇创奇迹的主动精神。有一首民谣唱道：“樱桃好吃树难栽，不下苦功花不开。幸福不会从天降，社会主义等不来。”这首民谣朴实无华，平易近人，入脑入心。以上蕴含着真理力量、智慧力量，发人深省，激励人们砥砺前行。**

276
避嫌也是一种保护

宋仁宗皇后曹氏出身名门，自幼熟读经史，深知“位高者身危”的古训，所以当她位居中宫之后，不仅严于律己，对曹氏自家族人也是严格要求，凡是逾越礼制的事，绝不许做。鉴于外戚干政所产生的危害，为避嫌疑，不留话柄，自从入宫之日起，她就自定规矩，决不单独和娘家人见面。即使机缘巧合，偶尔与家人碰面，也必须有第三人在场，她才肯上前招呼娘家人。

史料记载，册封皇后当天，她就给曹家族人做工作说：“我既然已册封皇后，你们作为我的娘家人，就应带头遵守朝廷规矩，而不该接受额外恩典了。”曹皇后的叔叔听了她的话后，主动上奏，辞谢封赏。她的另一位在军中任职的亲戚曹仪，一见皇后的至亲叔叔都不恋栈，也辞去军职。唯有她的弟弟尚在京外做官，但也不是沾了她的光，而是因为政绩突出，在民间颇有威望，才没有辞职。

宋神宗即位后，觉得曹太后年事已高，必会感到孤独，想念家中亲人，于是提出让她与家人见见面，排解心中寂寞。但曹氏想：宫中规矩森严，一般外姓男子从来不允许自由出入宫闱，自己身为国母，岂能为了一己之私，置祖宗家法于不顾？宋神宗看她态度坚决，便提议让她上了年纪的弟弟曹佾（yì）入宫，这样别人就无话可说了。宋神宗知道曹氏和她的弟弟关系很好，让弟弟进宫和她拉拉家常，但曹氏依然没有答应。后来神宗未经曹氏允许，暗中传旨曹佾入朝，让他们共叙手足之情。曹氏知道后，要求弟弟入宫必须由神宗带着。没承想，宋神宗前脚刚出门，曹氏便催促弟弟说：“皇上已去，这里绝非是你久留之地。”说着，让曹佾赶紧离开了后宫。（参考资料：葛文景《避嫌也是一种保护》，《思维与智慧》

2021年第7期）

启示 皇后曹氏执掌凤印几十年，恪尽职守，尤其是在处理娘家人的问题上，更是小心翼翼，临深履薄，严格要求，从未有过半点逾越之举。而她的娘家人，也很配合，从未因皇亲国戚身份，有过出格之举。因此，曹氏家族没有任何人受到任何处分。可见，严格地避嫌，也是对家人的一种妥善的保护、一种真正的爱护。

277
张之洞理政二事

1890年深秋，汉江边的芦苇在瑟瑟秋风中摇曳。时任湖广总督的张之洞站在龟山之巅，俯瞰着脚下正在兴建的汉阳铁厂。远处传来蒸汽机的轰鸣，近处回荡着工匠们的号子，这位年过五旬的封疆大吏忽然想起三十年前初入翰林院时，在文渊阁读到的《周易·系辞下》箴言："穷则变，变则通，通则久。"此刻，长江上漂来的西洋蒸汽船，与岸边吱呀作响的木制水车交相辉映，构成晚清中国最荒诞又最真实的隐喻。

一

在汉阳铁厂筹建之初，英国工程师提出的方案需要白银三百万两。面对这个天文数字，张之洞在督署书房里来回踱步，目光扫过墙上悬挂的《禹贡九州图》。他突然想起《考工记》中的"物勒工名"制度，连夜召见幕僚："铸铁非仅器物，实乃铸人。若全盘假手西人，则我工匠永无进益之日。"次日便下令成立工艺学堂，将英国图纸拆解成三百六十五个零件，每个部件同时安排三组工匠独立试制。

这种看似笨拙的方法，却在三年后显露出惊人的效果。当德国工程师克虏伯参观铁厂时，发现中国工匠不仅能熟练操作机器，甚至能改良德国图纸中的疏漏。张之洞在验收现场指着新式钢轨对众人说："西法如药，不可不尝；中学如饭，不可不食。"这种"以中化西"的实践智慧，让汉阳铁厂在甲午战争后依然保持年产七万吨钢铁的能力，支撑起卢汉铁路的千里钢轨。

二

1893年深冬，张之洞在武昌两湖书院目睹令人震撼的一幕：讲堂左侧的学生在解微分方程，右侧的学生在研读《尚书》，中间的庭院里，留美幼童容揆正在用英文讲解《电磁通论》。这种"新旧并置"的教育场景，正是他"中学为体，西学为用"思想的具象化呈现。

在筹办自强学堂时，张之洞特意将算学馆设在文庙东庑。每月朔望，他必率学子祭拜孔子，而后亲自讲授《九章算术》。这种看似矛盾的安排，实则是深谋远虑的"文化嫁接"。他曾在给友人的信中写道："算学乃六艺之遗，格致即格物之变，何必以中西为界？"正是这种超越时代的洞见，使得武汉大学的前身——"自强学堂"，在20世纪初培养出中国第一代既通经史又精科技的复合型人才。（参考资料：张国中《张之洞智慧理政二事》）

启示 **晚清名臣张之洞主政湖广期间，以"中学为体，西学为用"之智统筹改革，展现了他的创新，当以解决实际问题为导向的务实精神。这种精神，对于今天的从政者依然有着深刻的启示作用。张之洞的治政实践揭示，改革者需具备"骑墙智慧"，既保持下属的执行力，又保持工作的开放性。这种平衡艺术，对当代治理仍然具有启迪意义：运用灵活的政治思维，避免下属的惰性和懒政行为，也能顺利推行自己的政治主张，善用作为领导者的智慧，方能走出稳健的改革之路。**

278
“不求甚解”辨析

陶渊明在《五柳先生传》中自称：“好读书，不求甚解，每有会意，便欣然忘食。”对陶渊明这句名言谙熟于心者，或许不多，但知晓“不求甚解”者，肯定不少，而且有人还把读书不刻苦、不认真、一目十行、粗枝大叶，也叫作“不求甚解”。

其实，这至少是一种误读。“不求甚解”的“甚”在这里是“超过、胜于”的意思，如《国语 · 周语上》：“防民之口，甚于防川。”若据此诠释，“不求甚解”理应释为不要超出书本原有的涵义，不做过度的解读。清代阮葵生在《茶余客话》中就说：陶渊明“读书不求甚解，盖不敢穿凿附会”。这种解释，用古语说是“过犹不及”。这样解释“不求甚解”，才切合陶渊明的本意。

但从古到今，不少读书人对待前人著作，往往追求“甚解”，即过度解读。譬如杜牧的《江南春》：“千里莺啼绿映红，水村山郭酒旗风。南朝四百八十寺，多少楼台烟雨中。”这是一首富于艺术想象的好诗，然而，明代文学家杨慎的《升庵诗话》却说：“千里莺啼，谁人听得？千里绿映红，谁人见得？若作十里，则莺啼绿红之景，村郭、楼台、僧寺、酒旗，皆在其中矣。”杨慎显然是脱离了《江南春》的特定主题和特定情境，把自我的主观意向强加给了杜牧——“千里”本是想象夸张之词，极言千里江南，到处是大好的春色。题目《江南春》正是着眼整个江南。若改为“十里莺啼绿映红”既不切诗题，也失去了诗意。我看任何一个有鉴赏力的读者，都不会同意杨慎这样的过度解读。

当代大家邓拓对陶渊明的“好读书，不求甚解，每有会意，便欣然忘食”赞赏有加，且有他独到的解读。他在《燕山夜话 · 不求甚解》一文中指出："读书的要诀，全在于会意，也就是说，读书不能死抠个别字句，固执一点，咬文嚼字，钻牛角尖，而是要抓住重点，着重领悟文中蕴含的真意。当然，不求甚解依然需要认真读书，只是对难懂的地方先暂且放过，不死抠住不放，不因小失大，不为某一局部而耽误整体。其实，我们读书时也多有这样的体会，对于难懂的部分，在我们读完上下文之后，有了一些相关知识，或者多读几遍之后，也许就能读懂，豁然贯通了。"此外，邓拓主张读"活"书而不要读"死"书，要"知入知出"。首先，要静下心来读进去，体会著作的精神实质，触类旁通，而不是死背一些字句；其次，读了之后还要跳出书本，将书本知识融会贯通，学会"透脱"地灵活运用，不能为读书而读书。（参考资料：高冬梅《邓拓：谈文论道不识何时倦》，《学习时报》2020年6月24日）

启示　对陶渊明的"好读书不求甚解"，古人和今人多有误读，而邓拓的解读比较切合原意。尽管邓拓解读的侧重点在"会意"上，与古代学者略有不同，但他们都强调读书要认真刻苦，不可粗枝大叶、失之空疏，则是完全一致的。试想，陶渊明如果读书不刻苦、不认真，浅尝辄止，他就不能成为我们现在所知道的陶渊明了。读书中对于难懂的地方，能够做到全懂当然最好；但如一时不能全懂，抓住要点，抓住精神实质，掌握立场、观点、方法，也能达到目的。不必在难点、细节、个别字句上耽误太多的时间和精力，这也不失为一种大局思维的读书智慧。

279
"将军赶路，不追小兔"

前秦建元六年（公元370年）六月，前秦丞相王猛率步骑六万兵马征伐前燕，前燕国主慕容暐闻报，命太傅、上庸王慕容评"将中外精兵三十万以拒秦”，双方在潞川（今山西省长治市潞城区东北）对峙。

敌强我弱，为做到知己知彼，王猛下令将领徐成去侦察前燕军队的部署情况，规定必须在日中返回大营报告。战事紧迫，王猛焦急地等待着，然而日已偏西也没见徐成的踪影，直到黄昏时分，才见他赶了回来。

王猛统军素来以军纪严明著称，徐成竟然敢违背军令，这让他十分生气，当即下令：“把徐成拉出去斩了！”众军吓得大气都不敢出。这时，将军邓羌站了出来，请求说：“如今敌众我寡，马上又要开战，徐成是不可多得的良将，应当赦免他的罪责。”

王猛冷着脸回答说：“如若不杀徐成，军法何在？”

邓羌再次恳求说：“徐成是我邓羌的部将，虽然他违期失律，理当处斩，但我愿与他一起效力死战，以赎其罪！”

王猛依然不为所动：“不行，军法不是儿戏，岂能出尔反尔！”

邓羌也生气了，他是前秦第一猛将，脾气暴躁，见王猛如此不给面子，立刻返回自己的营帐，“严鼓勒兵”，擂响战鼓，集结队伍，准备攻打王猛。

王猛闻讯，询问他何以如此妄为。邓羌回答：“我们接受诏令讨伐远敌，现在有近敌在前，却一味地要自相残杀，我想先把你除掉！”王猛称赞邓羌仗义而又勇敢，于是告诉他：“请将军息怒，我现在就赦免徐成。”

邓羌见徐成被赦免，也觉得自己的做法属于以下犯上，过于放肆，便亲往王猛的帅帐谢罪。王猛笑着拉起他的手说：“我这是考验将军罢了，将军对部将尚且如此，何况是对国家呢？我不再忧虑敌人了！”

过了不久，与前燕军的决战即将开始。王猛考虑前燕军队人数众多，声势浩大，需要一猛将冲击敌阵，挫其锐气。这个人非邓羌莫属。于是他将邓羌召到帐前，郑重地叮嘱说：“今日之事，非将军莫属。成败之机，在此一举，将军你要努力啊！”不料这个邓羌居然又跟王猛讲起了条件：“若以司隶见与者，公无以为忧。”意思是说，如果能给我司隶校尉的官职，其他的事您就放心吧。王猛说：“这不是我所能做到的，不过我能任命你为安定太守、万户侯。”邓羌不高兴地走了。

不久，大战开始，王猛急召邓羌，然而邓羌“寝而弗应”，躺在床上默然不应。不得已，王猛亲自驰赴邓羌的营帐，答应了邓羌的要求。邓羌这才一跃而起，立刻召军士拿酒，“乃大饮于帐中”，随后便率部将张蚝、徐成等人跨马挥矛，驰入前燕军中，杀了个数进数出，“旁若无人，搴旗斩将，杀伤甚众”，打得前燕军丢盔弃甲、溃不成军。

王猛见状，乘机挥军全线出击，于是大破前燕军。前燕军主帅慕容评因为跑得快而幸免于难，“单骑走还邺”，潞川战略决战，前秦军大获全胜。

虽然是受邓羌胁迫而允诺给他升官，王猛却并不肯食言。第二年，也就是咸安元年（公元371年），他趁自己攻打潞川立有战功之机，请求前秦国主苻坚任命邓羌为司隶校尉。苻坚下诏回复说：“司隶校尉负责督察京城周围的地区，职在政务，责任甚重，不能用来优待名将。邓羌有廉颇、李牧那样的才能，朕准备将征伐的事情交给他，在北方平定匈奴，在南方扫除扬、越之地，这才是邓羌的重任，司隶校尉怎么值得交给他呢？进号为镇军将军，赐位特进。”

在王猛的努力下，前秦君臣团结，勠力同心，最终实现了统一北方的伟业。

司马光称赞王猛是个具有大智慧的人。他在《资治通鉴》中引述北魏史学家崔鸿的话说，邓羌为触犯军纪的部将徐成求情，是徇私；集结军队想攻打王猛，是犯上；临战之前索求司隶校尉的官职，是要挟君王。这三条，都是非常大的罪过，但王猛却能“容其所短，收其所长，若驯猛虎，驭悍马”，最终“成大功”，不愧是一个高明的政治家。（参考资料：清风慕竹《“将军赶路，不追小兔”》，《思维与智慧》2022年第22期）

启示　**俗话说：“将军赶路，不追小兔。”王猛的成功，根本在于他有强烈的大局意识。面对大局，持经达变，知进能退，方能避免舍本逐末，避免被小事所干扰、为无谓之事所左右。这份定力，是智慧的核心，也是古往今来成就大功者的奥秘。**

280
德才相比，德更重要

“德能”与“才能”相比，孰轻孰重？在这个问题上，中国传统文化为我们提供了答案：才能固然重要，但德能与才能相比，德能更根本、更核心、更重要。中国传统文化中，为了说明德能的重要，用了很多比喻，比如把德能比喻成三军之帅，把才能比喻为三军之资；把德能比喻成树之根，把才能比喻为树之叶；把德能比喻成一家之主，把才能比喻成一家之仆。凡此种种比喻，都是为了说明一个道理，就是德能和才能相比，德能更根本、更重要。

中国几千年的传统教育也注重德能教育，把德行、品行放在首位，把知识的灌输放在第二位，这就是《三字经》说的“首孝悌，次见闻”。儒家宣传的“三不朽”——立德、立功、立言，也是把立德放在建功立业、著书立说之前。汉代选拔官员的主要标准就是“举孝廉”，明代皇帝朱元璋在选拔任用官员时也秉持“以德行为本，而文艺次之”的用人原则。康熙在用人时同样把德行放在首位，把才学放在其次。他说，若“心术不善，纵有才学何用”！我们今天评价学生，强调品学兼优；评价知识分子，强调道德文章；评价艺术家，强调德艺双馨，都是把德行放在首位。千百年来，重德行品行像一条红线，贯穿中国文化的始终。

北宋政治家、文学家司马光在《资治通鉴》中记载了一个历史事件，并进行了评论。春秋时期晋国有个人叫智伯，很有能力，在智氏家族选择权力继任者时，是被看好的第一位。但是，众人的这个看法却遭到了其叔父智果的反对，他认为智伯虽有才能，但没有德行，若把权力交给他，一定会出大乱子。但是，智伯的父亲智宣子不顾智果的反对，最后还是把权力交给了智伯。看到事已如此，以智果为首的族人为了避祸，便另立一族，改姓辅。后来事情果如智果所料，智伯上任后，无德的本性暴露无遗，虽然只是四卿之一，但擅权妄为，搞得朝廷上下怨声载道，结果，韩、赵、魏三家卿大夫团结起来，瓜分了晋国，杀了智伯，还夷灭智伯九族，最后只有更姓的辅果一脉得以幸免，这就是历史上有名的“三家分晋”。智伯的死，成为历史的拐点，这个事件成了春秋与战国的分水岭，《资治通鉴》也就是从这一年开始写起的。

讲这个故事，是要引出司马光对智伯身死族灭的评论，司马光评论说：“智伯之亡也，才胜德也。”司马光认为，智伯之所以会有这样的结局，是因为智伯的才能胜过了德行，是智伯才有余而德不足造成的。古往今来像智伯一样因才胜德导致身败名裂，身死家灭、族灭乃至国灭的事情，何止千百？历史这本教科书，为我们昭示了一个千古不变的真理：在德行与才能二者之间，更应该把德行放在首位，突出道德的优先位置。

做官先做人，从政先立德，要把修身做人、正己立德与为官为政统一起来，打牢修身做人的基础，夯实为官为政的根基。为人不正，为官必邪，所以，在选拔任用领导干部时不能只重其才，不能简单地“唯才是举、唯才是用”，而应任人唯贤，德才兼备，以德为先，把道德修养作为重要指标，把修德、养德、立德放在首要位置。（参考资料：王杰《德才相比，德更重要》，《学习时报》2019年11月25日）

启示　**德、才，是人的两大素质，德才兼备是高素质，有德无才或有才无德，则是低素质。人的修为，不外乎德与才两个方面的提升。中国古代有“任人唯贤”和“唯才是举”两条方针，大多数情况是讲究任人唯贤，因为贤者，德才兼备；少数情况下，也就是战乱情况下，采用唯才是举的方针。选拔官员，必须强调德才兼备、以德为先，因为官员是掌握权力的，是以权为公还是以权谋私，其结果大相径庭。古往今来无数事例证明，德才兼备者以权为公，做到勤政廉政，让人心悦诚服；有才无德者，以权谋私，骄奢淫逸，遭天怒人怨。即使是德才兼备者为官，也不能放松监督，监督使人谨慎，放任使人骄狂。一切以时间、地点、条件为转**

移，人，无论优秀与否，都是会变化的，有优秀变平庸的，也有平庸变优秀的。为官者，既要接受组织监督、民众监督，也要不忘自我革命，做到“忠诚、干净、担当”，才能行稳致远；为民者，不忘责任和底线，爱国、敬业、诚信、友善，立德立功立言，积极进取，才能做到自我完善。

281 风雨书声家国情

古往今来，文人雅士创作了众多脍炙人口的读书联，其中也有不少描写家国情怀的对联，表达了爱国爱家的美好情感。

风声雨声读书声声声入耳，家事国事天下事事事关心。

这是明代思想家顾宪成在无锡创办东林书院时留下的一副对联。上联将读书声和风雨声融为一体，以此劝学生要好好读书，既有诗意，又有深意；下联更进一步，说明光读好书对一个读书人来说是不够的，要有齐家治国平天下的雄心壮志，劝勉读书人要心有国家，体现了读书人既认真读书，又关心国家大事的胸怀。

干国家事，读圣贤书。

这是明朝海瑞的自题联。海瑞号刚峰，一生刚直不阿，为惩治奸佞，竟自备棺材，以死上书，不惧怕罢官。他与宋代的包拯一样，被后人称为“青天”，成为历史天空中又一颗令人敬仰的正义之星。海瑞做事果敢，做人坦荡，这副对联也如其人，不圆滑，不含糊。

读书志在圣贤，非徒科第；为官心存君国，岂计身家。

此联出自《治家格言》。读书是为了做一个道德与才智都杰出的人，并不是为了科举功名；做官则要心中想着国家，怎能只考虑自己和家庭？

好读书，不好读书；好读书，不好读书。

这是明朝书画家徐渭晚年撰写的读书联。此联妙在一个“好”字，语意双关，耐人寻味：少年时期正是读书好时光，可惜不知读书的重要性，而不喜欢读书；年纪大了，懂得了读书的重要性，想好好读点书，可是老眼昏花，力不从心，已经不能好好读书了。以此告诫子孙要珍惜时光，要趁早好好地读书。

读书好练武好学好更好，创业难当权难知难不难。

明朝嘉靖皇帝朱厚熜，幼时贪玩，无心读书，他父亲很是担忧，于是将儿子关在书房里，罚抄这副对联，并规定每天抄一百遍，否则就要受罚。朱厚熜整整抄了一百天，顿悟父亲的苦心，痛哭下跪于父亲面前请罪。从此，他把这副对联挂在书房里，开始用功读书。

有关家国书常读，无益身心事莫为。

这是杰出的人民教育家徐特立的题赠联。上联的“家国”，即家与国，亦指国家。上联鼓励人们常读有关家国的书，树立崇高的理想，培养爱国情操，自觉地把个人命运和国家的前途紧密联系在一起，以增强民族自豪感、责任感和使命感。同理，做事也应有选择，当然这种选择不是拈轻怕重，唯利是图，投机钻营，而是不做“无益身心的事”。

身无半亩，心忧天下；读破万卷，神交古人。

读此联使人深感左宗棠的爱国情怀，这种情怀跃然纸上，令人联想到他挥戈出塞，收复新疆的壮举。

大处着眼，小处着手；群居守口，独居守心。

这是晚清重臣曾国藩的自题联。曾国藩的“武略”不同凡响，“文韬”亦有过人之处。其家书备受推崇，影响深远，不少人将其作为家教范本。作为近代中国“睁眼看世界”并努力付诸实践的重臣，曾国藩这副对联显示了高超的处世哲学。

新文化运动的先驱李大钊推陈出新，书古人联与同志共勉：“铁肩担道义，妙手著文章。”（原联为明人所作，下联为“辣手著文章”。）一个“担”字道出了共产党人的胆识，一个“著”字突出了共产党人的才华。

敢“担”能“著”，一展革命者的本色与雄风。（参考资料：李盛仙《风雨书声家国情》，《思维与智慧》2022年第28期）

启示　上文引用了八幅对联，这些对联体现了仁人志士的人生观、价值观，体现了以天下为己任的家国情怀。对联是汉语独有的修辞方式，以对仗的格式、凝练的语言，表达深刻的思想，富有智慧，言简意赅，易读易记，富有正能量，给人以教育和启迪。研究中华优秀传统文化和智慧，需要加强关于对联的学习。

282
别把人生填太满

南宋马远（1140—1225年，字遥父）的《寒江独钓图》画面极其干净，只用淡墨勾勒出一叶扁舟，一位渔翁静坐船头垂钓，除了船周围有两三条微微的波纹，其余全是空白。这大概就是唐代柳宗元的“千山鸟飞绝，万径人踪灭。孤舟蓑笠翁，独钓寒江雪”所要表达的意境了。这一诗一画，足可以让欣赏者领略到“诗是无形画，画是有形诗”的艺术趣味。

“南宋四家”的夏圭的《渔笛清幽》与马远的《寒江独钓图》的创作手法，如出一辙。他们为同时期的著名山水画家，以边角式小山小水取代北宋流行的全景式大山大水，开创了中国山水画的新局面。人们常用“马一角”和“夏半边”形容他们作品的特征，正如美学大师宗白华在《艺境》中所言：“空白处并非真空，乃灵气往来生命流动之处。”

记得有一次到朋友家做客，进门就见这位朋友端坐书房，正在挥毫临摹着王羲之的《兰亭集序》。朋友说：“书法讲究疏密黑白，以墨书写的字，留下明确的所指；以空白书写的‘字’，则使人感受到更为深远的意蕴。”艺术是相通的，书法如此，文学亦是如此。文学创作的最高境界，不在于你洋洋洒洒写了几万字，而在于“不著一字，尽得风流”“言有尽而意无穷”的无限遐想。

留白是一种境界、一种艺术，更是一种智慧。清代李密庵的《半半歌》云：“酒饮半酣正好，花开半吐偏妍。帆张半扇免翻颠，马放半缰稳便。”他把“一半”提升为一种人生哲学：“看破浮生过半，半之受用无边。半中岁月尽幽闲，半里乾坤宽展。”人生何尝不是如此，处世为人谦和、刚正不阿，内方外圆，才能练达张弛。

一位深谙留白之道、洞察留白之势、善用留白之妙的人，往往能够创造出人生的留白之美。一位作家曾经说过：“世界上的事情，最忌讳的就是个十全十美。你看那天上的月亮，一旦圆满了，马上就要亏厌；树上的果子，一旦熟透了，马上就要坠落。凡事总要稍留欠缺，才能持恒。”最有意趣的人生，一定是不填得太满，就像国画里的留白，在笔墨勾勒、皴染之间，蓝天、白云淡逸悠远；雪山、瀑布尽显峥嵘；闲潭、河流、湖泊更是意韵悠悠，且静水流深。（资料来源：西柳河、周溯源辑议）

启示　懂得给生命留白，懂得给生活留白，也是一种智慧！有限的生命，不能只被世俗名利填满，而忽视了健康、快乐和家庭。不管我们如何匆忙，还是要找点空闲，放慢匆匆的脚步，给心灵留出属于自己的时间，正如林语堂先生说：“看到秋天的云彩，原来生命别太拥挤，得空点。”

283
韩美林：一笔下去，都是君子骨

韩美林，1936年出生于山东济南，1955年考入中央美术学院，是中国当代著名艺术家、联合国教科文组织“和平艺术家”、清华大学文科资深教授，他还是2008年北京奥运会吉祥物福娃、中国国际航空公司航徽的创作者。韩美林的艺术领域包括书画、雕塑、陶瓷等，作品以海量计。韩美林的作品如果拿去拍卖，必然抢手。但他却不卖，而是把作品全都捐给了国家，这就是君子的气魄。

面对记者，韩美林说，他把其他社会身份都卸除了，只留下清华大学老师的身份。他说自己这一生，最在乎三样：祖国、母亲和老师。“祖国、母亲和老师，是我一生都不会磨灭的动力。”他更指出：“出自清华必须是栋梁之材，老师也必须是栋梁之材。”

栋梁不仅指才华，更重要的是社会责任感。一位老师，倾尽一生所学去教导学生，那就是栋梁。而我们，不仅要做栋梁，“作为我们中华民族的一员，就要当中国的脊梁”。

因为韩美林希望“中华民族有继承的人”，所以他说：“我感到我爱这些学生。”孔子也是老师，他教导自己的学生说：“仁者，爱人。”韩美林对学生是慷慨的，除了在教学上的倾囊相授，还出钱让自己的博士生去世界各地考察，以增长见闻。自古道：“严师出高徒。”韩美林对自己和学生都很严格——必须努力。于己，韩美林至今仍保持着每天十几个小时的工作习惯。“我必须这样做，因为人外有人，天外有天。艺术更没有一百分。”于学生，韩美林现在带十个博士生，曾经退过两个，就是不要。为什么？“不学习，不珍惜，你经常不来上课，那怎么行啊？”清华人才辈出，这种不努力的轻浮态度是他所不齿的。

韩美林教学生重“才”，他爱才也惜才，他直言不讳，清华现在一进来就考英语，这是不对的，因为搞艺术的人就算英语、数学都不及格也没关系。“我认为要看菜下饭，因材施教，有教无类才行。”

人品和才气，选哪个？韩美林坚定地选择了“人品”，“他起码能认认真真对待这个社会”。这是他人生一路走来的体悟。从前韩美林有一个最爱的学生，因为家庭成分不好，所以韩美林经常拿自己的稿费和粮票接济他。后来韩美林“落难”被批斗的时候，不曾想过第一个蹦上去批斗他的，竟然就是这位学生。后来韩美林从监狱出来，这个学生要入党，需要他的批准，他便毫不犹豫地答应了。他觉得在那样的时代里，这个学生当年揭发他，也不过想为自己的“成分”脱身。

与过去和解，以宽仁之心待人。这就是韩美林的“人品”，而这也是儒家的理想型人格——君子所要求的内容。君子有君子的品格，当自省、克己、慎独、宽以待人。韩美林更是不忘师恩，当中央美术学院的周令钊老师到来时，韩美林立刻给周老师下跪磕头。学生和老师之间惺惺相惜，也有种“知己”的意味。

苦难是一种起点。“你怎么这么有热情？”“我爱它，不就有热情吗？”韩美林答，而且这种热情“烧不完，不知道是怎么的，直往外涌”。“一看到纸就上瘾，一沓纸就给它画完了。”韩美林说这是自己在鞭策自己，“一万年太久，只争朝夕”。（参考资料：李淳风《韩美林：一笔下去，都是君子骨》，《南风窗》2021年10月25日）

启示　韩美林有着自己的人生哲学：“人掉到谷底没关系，他这起点不就更高了吗？”君子上不怨天，下不尤人。韩美林认为吃苦不是坏事，做人要先学会吃苦：“因为人间不全是甜的，有明就有暗，有高就有低，有上就有下，有冷就有暖。人生就这一次，要珍惜这一次。”韩美林艺术馆墙上刻有一行字：“上苍告诉我：韩美林，你就是头牛，这辈子你就干活吧。”这行字，表现了韩美林的使命担当。

284
人有三命

有位知名作家说，人有三命：天命、实命、自修命。

何为天命？父母给的叫天命。一个人无法选择自己的父母，也无法选择出生于怎样的家庭，从呱呱坠地时起，上天就为他安排好了，父母和家庭这是无法更改的事实。既然无法选择，无法更改，那就坦然接受。

何为实命？生活经历给你的就是实命。生活赐予我们的无论是蜜汁还是苦酒，都只能自己领受，是无法逃避的，是我们每个人必须实实在在去经历的。

有的人似乎是被上天祝福过的，一路走来，顺风顺水；有的人却似乎是被上天诅咒过的，时时山穷水尽，处处关隘重重。但生活的迷人之处就在于变幻无常。生活会经常跟你开个大玩笑，来个急刹车，车轮会突然偏离轨道，把你带入另一重天地，正所谓“天有不测风云，人有旦夕祸福”。

然而，在生活的海洋上，难道人只能被动接受命运的安排吗？“王侯将相，宁有种乎？”农民起义领袖陈胜，仰头向天发出这一声响亮而有力的质问，两千多年过去了，时光深处仍传来隆隆回声，激荡着每一个胸怀大志的人。他们坚信，没有什么是不可改变的，只要靠智慧的大脑、勤劳的双手，一定能改善自己的生活状况和现实处境。于是，我们经常看到许多人在饮尽生活赐予的苦酒、遍尝了命运赐予的磨难之后，终于成功逆袭，实现华丽转身，丑小鸭变白天鹅，灰姑娘变王后。

而那些沉溺于生活甘露中的人，却碌碌无为，甚至迷恋“饱暖思淫欲”的腐朽生活。温柔富贵乡最容易腐蚀人的意志，消磨人的斗志，浸泡久了，势必精神缺钙。相反，苦难是人生的财富，在苦水中摸爬滚打之后，站起来的往往是一个铁骨铮铮的人。

何为自修命？文化给的叫自修命。生命是一场漫长的修行。一个人的修养，除了来自家庭和学校的教育，更在于个人的修为。

如何自修？读书是最简便的捷径。读一本好书，就是与一个灵魂高尚的人谈话。一本好书会教给你很多好东西：智慧、坚韧、达观、善良、宽容……在书籍的润泽下，一个人的修养不断加强，知识更加丰厚，视野更加开阔，性格也会变得豁达，会有慈悲之心。

增强个人修养，除了读书，我们还可以“与善者为伴，与智者同行，与高人为伍”。科学研究认为“人是唯一能接受暗示的动物”。与勤奋的人在一起，你就不会懒惰；与积极的人在一起，你就不会消沉；与善良的人在一起，你就不会邪恶。与智者在一起，你就会不同凡响；与高人在一起，你就能登上高峰。

修是一方面，为是更重要的一面。俗话说：人在江湖飘，哪有不挨刀？关键是挨了刀之后的选择。有的人因一次或几次受伤，就让复仇的火焰烧焦了自己，心智偏离了正义和良知的方向，成为比坏人更坏的人。而有的人在遭受欺骗伤害之后，积极自我疗愈，让自己变得强大起来，绝不允许自己成为与坏人一样的人，绝不与邪恶同流合污。人为善，福虽未至，祸已远离；人为恶，祸虽未至，福已远离，人要养德远祸。好的修为会为自己赢得福报，坏的修为只会给自己招来祸患。

面对挫折和逆境，不同的人有不同的修为。有的人愤愤不平，牢骚满腹，有的人达观平和，养精蓄锐。有道是“牢骚太盛防肠断”，抱怨是将刀刃向内，带给自己更多的是伤害；而豁达淡定，是将刀刃向外，将外界的伤害消弭于无形。面对被贬的厄运，不同的人表现不一。有的人被贬后，愁苦难安，四处写信求情，希望上司高抬贵手，让其早日离开流放之地。而苏东坡被贬黄州后，放下个人荣辱恩怨，专注于当下，甩开膀子像一个真正的农人一样，开荒种地，躬耕东坡，亲自做美食，安之若素，不断给自己加油打气，终于熬过了命运的凄风苦雨，重新拥抱了姗姗而来的自由。（参考资料：张燕峰《人有三命》，《思维与智慧》2022年第25期）

启示　**虽然命运自己难以掌控，但人也有奋斗的选择，有自修自悟改变命运的强大力量。一个人无论遭遇什么，只要精神不萎缩、不消沉，不断修炼自己，踔厉奋发，总有一天会关山飞渡，柳暗花明。**

285
“错得刚刚好”

一位朋友，多年来对当年高考时做错了一道题耿耿于怀，明明考试前做过类似的题，但考试时想了很久就是没有想出答案，最终以两分之差和一本线擦肩而过。他一直说：“要是那道题做对了该多好呀，说不定就不会吃那么多苦了。”

后来，他报考了一所农业学院，学园林设计。毕业后，他和同学一起创业，开办了一家苗圃。经过十余年不懈的努力，他的苗圃比初创时扩大了二十倍，他成了当地该行业的佼佼者。当然，这其中的艰辛可想而知。最忙的日子，他每天只睡四个小时，一心扑到苗圃上，人也因长期劳累变得又黑又瘦，好在，他坚持下来了，渐渐得心应手，并且对这行越来越喜爱。后来，他又提起那道错题，有朋友开导他，如果不是错了那道题，生活可能是另一番样子，也许轻松如意，也许光彩照人，但也许还不如现在这般成功呢！生活有千万种可能，谁也不能肯定另一种生活就会比现在更好。当下的成功才是最好的。

这番话让朋友醍醐灌顶，想到现在的自己，生活事业一帆风顺，曾经做错的那道题，也许错得刚刚好吧。失去了一个方面，成就了另一个方面。他也因此释怀，对那道错题从此闭口不谈。

另外一位朋友，成绩一向很好，但命运跟他开了个玩笑。高考那年，本来能上重点本科的他，因发挥失常，只考上了二本学校。他想复读，可贫困的家庭已经负担不起了。在学校里，他一度颓废，情绪低落，特别消极。这时，有一个女孩子来到了他的身边，时常关注他、安慰他、开导他，使他渐渐地从阴霾里走出来，感受到生活的阳光，从而积极快乐起来。毕业时，他考研，考得不错。后来，他和那个女孩子组建了一个幸福的家。两个人相伴相携，开办公司，生活过得有滋有味。朋友一直在想，曾经的发挥失常，就是为了让他遇见现在的妻子吧。如果那年高考他正常发挥，读的肯定是另外一所学校，那与现在的妻子肯定不可能有交集。遇见的另一个人，也许学历更高，也许更漂亮，但谁能说就会更好呢？（资料来源：周溯源辑议）

启示　**人生总有一些错，错得刚刚好。错的那些题、那些事，是为了让你以后遇见对的人，遇见对的事，做好对的事。一切或许都有安排，错了就错了，要好好总结，吸取经验教训，但不必遗憾后悔，应该安于当下，过好当下的人生。在人生的路上，你慢慢会发现，周围或许有无数赏心悦目的风景，但喜欢的才是最美的；周围或许有很多优秀的人，但志同道合的才是最好的。愿我们都可以对自己说一声："嘿，挺好的，错得刚刚好！"**

286
给生命留白

某公应邀去广州艺术博物院参加一位著名画家举办的山水画展。在金碧辉煌的展览大厅里，他仔细欣赏着这位画家的山水画。这些山水画有的泼墨如云，大开大合，气势雄阔；有的水晕墨章，或小桥流水，或大漠孤烟，一片静谧和苍凉。若仔细观察，还可发现一个有趣的现象——他的每一幅作品几乎都留出了大量的空白，虚实疏密，恰到好处。问另一位画家朋友，留白是何意？对方答道："留白是一个杰出画家区别于普通画家的艺术分界，也是衡量审美高下的标尺。很多画家处理得不好，要么画面实景铺得满，看似丰富饱满，实则过了，无美感可言；有的留白留得不是地方，影响了艺术感染力和效果，留下遗憾。正确的留白，可以让人产生遐想，让艺术作品产生张力……”

绘画艺术需要这种“留白”空间，宝贵的生命何尝不需要“留白”呢？一位当律师的朋友，由于每天把自己的行程排得满满的、精神绷得紧紧的，最终生命停摆在四十三岁。平时朋友关切地说：“你不要太劳累，悠着点！”他却答道：“没事，我早晚坚持体育锻炼呢！”朋友说：“主动锻炼和主动休息不是一回事，锻炼是激活细胞，而休息是让细胞休眠，蓄能凝神。功用不一样，不能用锻炼代替休息。”他不以为然，认为数年来的连轴转已形成处世风格和生活习惯，挺好的，无需调整。没想到，透支了健康，终于英年早逝，令人惋惜！

古人云：“月满则亏，水满则溢。”生命需要丰富多彩，需要拼搏进取，可以意气风发、高歌豪迈，但是做事千万不能过度过限，不能无节制地“耗尽油灯”。应适当给生命留出点空白，固本培元、凝神聚气，这是生命本身的需求，如同高明的画家“留白”一样，蕴藏着一种高超的艺术智慧。

留白是有张有弛、有密有疏的奋斗方式，不是叫人耽于享受安乐、不思进取。留白的方式很多。例如，来一次说走就走的旅行，慵懒地睡一个长觉，约三五知己品茗交谈，心无旁骛地阅读一本书，静心聆听一段美妙的音乐，与家人畅快交谈和享受美食，进电影院看一场电影……总之，把日子过得像行云流水般潇洒自然，不急不缓，虚实相间。别把生命之弓绷得太紧，善待自己，留有余地，让生命保持鲜活、丰沛和长久，这样才能取得人生的终极成功。（资料来源：杨德政、周溯源辑议）

启示　由创作山水画需要留白以增加艺术魅力，联系到人的生命也需要留白以保持健康，合乎逻辑，顺理成章。大自然有白天与黑夜之分，一年有春夏秋冬之别，这些显然是有留白的；人类社会与大自然天人合一，也应该有留白。个人的留白，就是合理安排工作和休息，不可只有工作没有休息，或者工作太多休息太少。工作与休息，要保持平衡，一旦失衡，就会出问题。该有的休息不会影响工作，而是为了更好地工作。注意

休息，善于休息，保证健康，保持活力，做到可持续发展，方可做出更大的贡献。这是人生不能忽视的智慧。

287
判案兼顾“情”与“理”

古时候，某县城里住着兄弟二人，家中富有，但二人早已分家。后来，弟弟去世了，没有留下子嗣，哥哥有两个儿子，就想把二儿子过继给弟弟家做子嗣。可是，这个二儿子不争气，每天游手好闲，只知吃喝玩乐，还经常顶撞婶婶。婶婶很生气，就想在同族亲人里另选一个孩子为嗣，但哥哥不同意，于是就闹到了公堂上。县令帮他们调解了好几回，但无法说服任何一方，他们之间的争讼几年内无法了断。

几年后，有一个叫李铁桥的人出任县令，婶婶又来告状，李铁桥接了状子后，仔细研究了案情，又向几名老吏了解了情况，并向街坊四邻做调研，认为婶婶提出的要求合乎情理，但如果依照法律判案，就只能判哥哥那一头胜诉。怎么办呢？他眉头一皱，计上心来。

这一天，李铁桥把原告、被告都召集到堂上，他先问兄长：“你弟弟真的没儿子吗？”兄长回答：“是。”他又问：“那你有几个儿子？”兄长回答：“我有两个儿子，所以应该让一个儿子过继到弟弟家做嗣子。”李铁桥说：“如此说来，兄长的想法有道理，那弟媳又为什么要打官司呢？”弟媳说：“法律要定严法，但礼义要讲人情。兄长要将他的二儿子过继给我，法律上当然能成立；但我要立自己喜欢的人为嗣，情理上是说得通的吧？他的二儿子终日游荡，无所事事，还多次冲撞我，这样的人，我将来能依靠他养老吗？”

李铁桥听弟媳讲完，故意沉下脸说：“我现在来到公堂，只能按法律行事，怎能顺从你的这些说法呢？”于是便下令结案，把哥哥的二儿子叫到前面来，指着弟媳说：“你父亲已具结让你到叔叔家为嗣，那么从现在开始，你婶婶就是你的母亲了，你马上在堂上下跪拜母亲，以正名声！”二儿子便立即在堂上向婶婶行跪拜大礼。弟媳却开始放声大哭，说：“这好比判我死刑啊！我不如现在就死去！”李铁桥问：“你这是什么意思？”弟媳哭着说：“我刚才已和大人说了，为什么还要强迫我同意立他为嗣呢？”李铁桥回答说：“你说他对你言语多有冒犯，那你举些例子来给我听。”弟媳便一五一十地把二儿子的恶劣品行都说了，李铁桥听罢，回头对哥哥说：“现在，既然你二儿子已向你弟媳行过了跪拜大礼，他们的母子关系就成立了，我朝法律规定，凡是父母举报儿子狂悖顶撞的，儿子就要被处死。来人啊！将这个狂徒拉下去乱棒打死！”左右立即上来几个人，抓住二儿子就往外拉，二儿子吓得号啕大哭，不停地喊救命；哥哥也大放悲声，不住地给李铁桥磕头，请求他高抬贵手。

李铁桥说：“我是个执法的官员，怎么能枉法行事？”哥哥依然不住地磕头说：“请大人饶过他吧！关于立他为嗣一事，就照他婶婶的想法办吧，我们不强求了，只要能保住我儿的命即可！”李铁桥这才令左右松开二儿子，一场久拖不决的官司就这样审结了。（参考资料：唐宝民《“情”与“理”都兼顾的判案》，《思维与智慧》2020年第23期）

启示　这个案子之所以难以处理，是因为它陷入了“情与理”的困境：如果依“情”来判，则损害了法律的尊严；如果依“理”来判，则伤害了当事人（婶婶）的实体正义。李铁桥先做调研，做到了心中有数，严格审案，先按法办，依法顺情，既照顾了亲情，又维护了法理，顺利地解决了这个难题，实在是智慧高明。从古至今，这种好吃懒做、泼皮无赖、刁钻耍滑之徒，并不鲜见。对这类人，道德舆论要谴责，法制强力要制裁。道德、法律一方面要保护真善美，另一方面必须打击假丑恶。对那些钻法律空子的伎俩，要有眼光识破，要有高招制服。

288
字斟句酌、仔细推敲

字斟句酌、仔细推敲，指说话或写文章的态度慎重细致，对每一字、每一句都仔细推敲琢磨。这里介绍三位名人是如何字斟句酌、仔细推敲的。

一

编剧宋方金在构思创作电视剧《功勋》的过程中，为了拍好“袁隆平”这一单元，他专程飞到海南岛，到南繁科研育种基地采访袁隆平，与“传主”直接接触。当天，某晚会团队也在采访袁隆平，他们希望袁隆平能给观众录一句新春祝福，其中有一句台词是“祖国是一粒种子，年年收获幸福的果实”。但袁隆平指出“收获”这个词在这里不够准确，准确的说法应该是“结出”果实，该晚会团队采纳了袁隆平的意见。这一幕给宋方金留下了深刻的印象，他说：“袁隆平字斟句酌、仔细推敲的严谨态度，让我瞬间抓住了创作这个剧本灵魂性的东西。”

二

林青霞在敦煌大漠拍摄徐克执导的电影《新龙门客栈》时，她的眼睛不小心被乱箭扎伤，当即疼得蹲在地上。后来照镜子一看，黑眼球中间竟然有一道白线。去医院看伤，医生说得抓紧医治，否则就会失明。于是林青霞赶快收拾行李返回香港，戴着纱布到机场的时候，刚好碰到导演徐克的妻子施南生，两个女人抱着哭成一团。后来，林青霞息影成了作家，她在散文集《窗里窗外》中记录这段经历时，取标题为《两个女人三行泪》。结果编辑审稿时，居然帮她改成了“四行泪”。林青霞不干了，说：“我明明有一只眼睛是坏的，不会流泪的，我说三行泪表现的是当时的事实，凄凄惨惨，又有点好笑，是苦中作乐。你这样一改，就没有当时那种凄凄惨惨的味道了。”于是编辑又改回来了。

三

三联书店前总编辑李昕有一次在《读书》节目中谈到了杨绛在清华大学设立“好读书奖学金”的故事。杨绛捐出自己的作品版税一千万元，设立这个奖学金，目的是扶助贫困学生，让那些好读书且能好好读书的清寒子弟能够顺利完成学业。节目播出后，杨绛看了，发现李昕有个地方讲错了，就及时托人转告李昕说：“是‘好读书奖学金’，但是被说成‘好读书基金会’了。设立‘奖学金’比较简单，但是建立‘基金会’就不同了。那得是按国家有关规定成立的非营利性法人，需要有规范的章程，有组织机构和开展活动的专职工作人员，还要申报民政部门批准，可向公众募捐，这两个概念不能混淆。今后若是再提到此事，一定要把说法改过来，不要一错再错，造成别人以讹传讹。”李昕听了之后，深感抱歉，便请转告人向杨绛转达歉意。李昕说：“虽然所涉及的事情不大，但是杨先生的严谨和认真，令我受教。杨先生的治学和为人，之所以那样令人敬仰、令人钦佩，可能就得益于她那种随时随地对于周边的一切都一丝不苟的性格吧！”（资料来源：周溯源辑议）

启示　“字斟句酌、仔细推敲”一文表达的是三位名人的三件小事，三件小事反映出三位名人的严谨作风。有了“字斟句酌、仔细推敲”的严谨细致，可以搞好科研、搞好创作、写好文章。要想出精品、出创新成果，请学习“字斟句酌、仔细推敲”，请培养严谨作风、求实学风。

289
人生四观

人有四观，并非只是三观。

如何看人生，是一观。人生不长不短，是一种难得的生命经历。人与花不同，无论“绽放”，还是“萎落”，都在自观自思，也在观他思他，从他者身上实现自我领悟。

看人生，既看实的一面，为生存而谋生存，因物质而体验身欲快感；也看虚的另一面，为生命而求生命，因精神而沉思心灵自由。人生是两面合一的，缺一不可。

“观心不观迹。”人生的长短不是最重要的，最重要的是生命的厚度。生命活得精彩，就是说此。找到生命精神的最好表现方式，将个体存在的特殊性彰显到极致，人生就能活出不一样的风采，成为独一无二的世间风景。看人生，看的不是平面的人生，而是立体的、跌宕起伏的人生，看的是未知的可能性。

如何看世界，是二观。看世界与看人生交融在一起。人在世界里，世界在心中。世界虽客观，不因我生，不为我存，但我却可将世界内化，变为自己的生命底色。王阳明先生云：心即世界！便是此意。

看世界，看的是大，是变，是真，是通。

世界的大，显出人的小，让这渺小的生命存在，也生出变大的渴望来，人有期待自我生命与世界共存恒久的内在憧憬。

世界多样，千变万化。世界的美，就在这种不可穷尽的多样中，没有相同的，一切都在变化，尤其是生命的流转。世界在不重复中变得引人入胜，让人惊叹！

世界是真的，不为一切生命而变。它有自身存在的因由和规律。人类觉得自己在改变世界，其实世界也在改变着人类。世界把人类不断塑造得更适合自己。世界在人心中是幻化的、空虚的，但世界在自身，永为实在。

世界万物是通为一体的。看似无穷多样，终生于无，归于无。庄子言“齐物”，看到了多样为一的世界本质。“道通为一。”世界为世界，在纷繁复杂，包罗万象，更在至简归一,万物同宗，世界是生命流转的道场，一切存在都是暂时的，既实而虚，既虚而实。看世界，是为看人生。看得明白世界，看得透人生。人活在世界中，世界为人提供创造一切的可能性。

如何看价值，是三观。人类谈价值，价值是生命的自我认知与肯定。找寻价值，就是找寻自我生命存在的根由与意义。所以，人类会有哲学。哲学本质上是一种人类存在的价值认知学，它是人类困惑的集中表现。“人哪，认识你自己！”说出了人类洞悟自我生命价值的冲动和苦恼。

看价值，看的是自我存在。我们活着，要脚踩大地。价值是我们真正赖以存在的大地。

如何看审美，是四观。看人生，看世界，看价值，是为了看审美。人生值得过，是因为它的丰富多彩；生命值得经历，是因为它的至真美好。经由人生，我们期待走向生命的深层，感受它真正让人留恋不舍的地方。

看审美，从人生中跳出看人生，看到生命的自然本质。人类的存在，很物质很实际，但人类的生命本身却是一种美的存在、一种艺术品。人类始终在创造着自我生命的存在形式，总想赋予它某种美感，让它变得有趣、可爱和永恒。人类想超越自身物质存在的有限性，想在美的生命创造中让自我走向无限。

有美感的生命是永恒的，能审美的人生是快乐自足的。我们在审美中真正感受到人生、世界与价值的存在意义。审美，是人类生命理应追求的最高境界。没有审美的人生，看似热闹，实则一片荒芜；没有美感的生命，看似丰富，实际一片苍白。

看审美，看的是自我生命的活力，看的是人心的丰盈与否。我们应活在审美之中。“日落似有竟，时逝恒若催。”（《折杨柳》，陆机）人生开始很慢，但越来越快，悄无声息，惊心动魄。我们看人生、看世界、看价值、看审美的心思愈加紧迫起来，因为再不充分领略人生的真谛、生命的美好，这一生就不会再来了！（资料来源：周溯源辑议）

启示　如何看人生，古今中外，因人而异，同中有异，异中有同。论人生四观，看人生、看世界、看价值、看审美，是从积极方面而谈的，看得全面、看得清楚、看得正确、看得通透，引人乐观自信，积极向上。人的一生怎样度过，既受环境影响，也受人生观、价值观的影响。相同的环境，却有不同的人生。“人固有一死，或重于泰山，或轻于鸿毛”，这是司马迁的看法；“人生自古谁无死，留取丹心照汗青”，这是文天祥的追求；“粉身碎骨浑不怕，要留清白在人间”，这是于谦的宣言；“不要人夸好颜色，只留清气满乾坤”，这是王冕的向往……正如鲁迅先生所言：“我们自古以来就有埋头苦干的人，有拼命硬干的人，有为民请命的人，有舍身求法的人”“这就是中国的脊梁”。中华民族的精神是“自强不息，厚德载物”。中华民族在历史上为人类做出了贡献，而且还将继续做出更大的贡献。

290
仙人掌

仙人掌是植物王国中一种地位较为卑下的生命。它灌丛状的肉质，扁平的节片，黄（暗）褐色的刺，是那样的不耐看，像丑小鸭一样躲在自然界的一隅。飞禽冷落它，几曾见有鸟儿落在上头？兽类疏远它，谁看到有走兽靠近亲热它或张口啃噬它？连万物之灵的人类也轻视它，很少被主人家特意安顿在花盆和花池中的，大部分则被随意地丢弃在墙头屋角或荒郊野外，让其自生自灭。尽管外部环境如此恶劣，但痛苦的仙人掌没有眼泪、没有沉沦，更没有选择轻生。相反，在孤寂中度日如年的它对世界观、人生观和价值观有了更科学的认识，从而进一步摆正了自己的位置。逐渐明白了丑陋的自己不必刻意博得飞禽和走兽及人类的厚爱，没人青睐干脆就自我欣赏，不但要活着，而且要更好地活着；活着就是一种美丽，活得好岂不是锦上添花？既然登不了大雅之堂，那么就去蛮荒之地大显身手。没人浇水和灌溉，就把根须朝地下深深埋藏，最大限度地吸取水分和养料。只要一息尚存，就释放绿色，绽开黄花。于是，在无边无际的干旱沙漠地带，为数不多的生命存在着，仙人掌就在其中；苦涩的盐碱地区，有限的生命苟活着，仙人掌就潇洒地站在那里……

只要顽强地生活着，丑陋者也有展示美丽的机会，低贱者也有令人刮目的时候，平凡者也有非凡的地方。（参考资料：曲向阳《仙人掌》，《湖北钢丝报》2001年5月8日）

启示　在植物王国中，仙人掌所处的地位很不显眼，在山区偏僻之处、在农村的土墙上、在公园的旮旯角处，才能看到它们孤寂地生长着、开放着、繁衍着。尽管不被注意，存在感很低，但它们并不纠结，在保护自己的同时，仍然以自己的方式点缀着周边的风景，发挥着独特的生态价值。在芸芸众生中，我们虽然自身客观条件不佳，但不要怨天尤人。读一读仙人掌，可以从它身上感受到修炼出来的坚韧不拔的精神，感念它向人类奉献出的医用价值、食用价值、观赏价值、防卫价值。读懂了仙人掌，然后以平和的心态吸取多方养分，努力向下扎根，拼命向上生长，最大限度地发挥自身价值！

291
人生有三把钥匙

人生不如意事，十之八九。很多人说自己过得不快乐，归根结底，除基本的生活困难以外，往往是想要的太多，不喜欢的事情太多。如能用乐观的心态对待世界，再平淡无奇的日子也会开出花朵。就如《肖申克的救赎》里的一句话："心若是牢笼，处处为牢笼，自由不在外面，而在于内心。"

人生有三把钥匙：接受、改变、放下。如果学会了这三点，我们将会快乐很多。

第一把钥匙：接受。

清顺治四年（1647年）八月的一天夜里，忙碌了一天的谈迁觉得累，倒在床上昏然入睡了。他哪里想到，一个小偷进屋后抱起床头的箱子，立刻溜走了。小偷偷走的不是金银财宝，而是老秀才二十几年的心血——《国榷》的手稿。当谈迁发现书稿被窃，如五雷轰顶，老泪纵横："噫！吾力殚矣！"打击来得如此突然、如此惨重！

谈迁二十七岁那年，母亲去世，他守孝在家，伏案苦读。他博览群书，读了大量史书，特别是有关明朝的历史。他发现史书错误甚多，于是决心自己动手编撰一部可靠的国史，留给后世。经过二十多年的奋斗，一部一百卷的《国榷》初稿完成了。而后他又修改了六次之多。万万没有想到，尚未刊刻，却被偷走。这个打击太大了！谈迁大哭一场后，擦干眼泪说："吾手尚在，宁已乎！"年过半百的老人，从零开始，又干起来了。又过了近十年，在他六十岁那年，一部新的《国榷》又写成了。而后，义乌朱之锡进京做弘文院编修，聘请谈迁做记室。谈迁答应了，带上书稿随同朱之锡进京。到京后，谈迁利用条件又对《国榷》进行了订正和资料补充，进一步提高了书稿质量。1657年谈迁去世，《国榷》一书在他生前未能刊印，新中国成立后得以排印出版，从而为明代留下了一部信史。

曾看过这样一段话："不管发生什么事，都请安静且愉快地接受人生，勇敢地、大胆地，而且永远地微笑着。"其实，在这个世上，总是有太多不圆满的事。既然已经发生，既然难以改变，就学会平和地去面对和接受。如果去强求，最终为难的是自己。如果去纠结，最终伤害的也是自己。

第二把钥匙：改变。

三毛曾写过一句话："偶尔抱怨一次人生可能是某种情感的宣泄，也无不可，但习惯性地抱怨而不谋求改变，便是不聪明的人了。"

在生活中我们常常听到这些抱怨：工作难做，生活难过，钱也难挣……其实，成年人的世界，没有"容易"二字。每个人都有自己的压力和负担，与其去发无意义的牢骚，做无意义的消耗，不如学会去做积极的应对和改变。"人都是逼出来的，本事都是熬出来的。"遇到问题只抱怨不改变，就不会有好转。如果具备了过硬的本领，就能披荆斩棘，所向披靡。

人生少见真正的"穷途末路"，所谓"穷途末路"，不过是你没有尽全力去找路、去开路。当你拼尽全力豁出去时，就会发现"柳暗花明又一村"！

第三把钥匙：放下。

一位小伙子到山上去请教禅师，说："我放不下一些人，也放不下一些事。"禅师说："世上没有什么东西是放不下的。"小伙子说："可我偏偏放不下。"于是，禅师递给他一个茶杯，然后往里面倒热水，水满溢出，小伙子被烫着，马上松开了手。禅师说："世上没什么放不下的，痛了，自然就放下了。"

在生活中，我们总是会有太多执着。有时我们越去执着，越容易愈陷愈深；越去较劲，越容易让自己走向泥潭。适当放开手，才会变得举重若轻；只有放宽心，才会觉得云淡风轻。

或许每个人在一生当中都会遇到一些让自己无法释怀、无法放下乃至无法罢休的事。但越去计较，越会烦恼；越去铭记，越会心疼。当我们放下了对他人的怨念，才能解开自己的心结，减少对自己的耗损。

其实，每个人的一生，都各有各的苦，各有各的伤，各有各的痛。而苦、伤、痛，主要在于自己的感受和认知，就像有一句话说的那样：“物随心转，境由心造。”当接受必须接受的，就没有翻不过的山；当放下应该放下的，就没有解不开的结。（参考资料：李思圆《人生有三把钥匙：接受，改变，放下》，《意林》2021年第23期）

启示 **水随形而方圆，人随势而变通。顺应潮流，及时改变，是自我救赎之道。要逼自己多读书、练好技能，有了一技之长，就有立身之地。你所洒下的大把汗水，终有开花结果的一天。要学会改变。俞敏洪曾说：“为了不让生活留下遗憾和后悔，我们应该尽可能抓住一切改变生活的机会。”改变幼稚的想法，接受成熟的思想；改变不合理的做法，做出正确的行为；改变身上的缺点，成为更好的自己；不断改变，跟上时代的脚步。人生一世，既有顺境也有逆境，有巅峰，也有低谷。没有人一生倒霉，也没有人一生顺达。面对逆境，是每个人的必修课。柳宗元被贬谪柳州，写下“孤舟蓑笠翁，独钓寒江雪”，表明自己不妥协。他不能接受被贬谪的现实，不愿承认自己政治生涯的终结，以致郁郁寡欢，不久染病去世，享年不过四十七岁。相反，苏轼被贬到黄州，很快接受了现实。他在东坡建房、插秧、修渠，安心做一个老农，大夏天把自己晒得黝黑。“长恨此身非我有，何时忘却营营。”他反思自己过去太执着于功名，以至于忽略了生命本身。他在黄州编写歌曲、唱歌劳作、喝酒听故事，融入黄州的生活，把日子过得有滋有味。他虽然官职被贬，可重新成为学者；不能经国济世，就埋首学问，成为一代文豪。因此，接受、改变、放下，是祖先留下的宝贵的人生智慧。**

292
厂长的境界和眼光

1990年，天津造船厂急需四十多根盖角条，因用量小、时间紧，他们先后跑了几个厂家，都未能如愿。后来，与河南省平顶山市大营摩托车钢圈厂联系，该厂厂长愉快地接下这批活，并如期交货，解决了天津造船厂的燃眉之急。大营摩托车钢圈厂厂长有自己的深远考虑：天津造船厂是家有实力的大企业，在他们急需协作时，不惜亏本也鼎力相助，这是感情投资的最佳对象和时机。正如大营摩托车钢圈厂所期望的，稍后，该厂就将天津造船厂的加工任务承揽过来了。不用说，大营摩托车钢圈厂的利润从此滚滚而来。

与此类似的还有个国外的例子：在美国某城三十公里之外的山坡上，有块不毛之地。这块地皮的所有者一直感叹，偌大的地盘却卖不出好价钱。一天，他突然灵机一动，跑到当地政府部门说："这块地我无偿捐献给政府盖所大学如何？"当地政府一听，如获至宝。不久，一所颇具规模的高等学府就矗立在这片荒凉的地面上了。老板也就轻易地取得了政府的支持，在校门外修建了公寓、饭店、商场、影剧院……形成了大学门前的商业一条街。毫无疑问，这条街的生意自然归这位老板经营。没过多久，地皮的损失就从商业街的营业收入中赚了回来。更重要的是，他获得了一个长期的大市场。（资料来源：周溯源辑议）

启示　商界有句名言："愚者赚今天，智者赚明天。"这话从侧面道出了企业经营制胜的客观规律。市场经济波谲云诡、瞬息万变，任何产品都难以逃脱自己有限的生命周期，使企业经营时时充满着风险。如果眼睛只是盯着今天，跟着走俏商品跑，往往是万人争走独木桥，造成同类商品的饱和、过剩，继而陷入经营困境。大营摩托车钢圈厂一例告诉我

们：市场无情人有情。真正左右市场变化的是人，谁拥有明天的客户，谁就拥有明天的市场。也就是以人为本、“以迂为直”、将欲取之、必先予之的经营谋略。以上两例告诉我们：市场的变化趋势也是有预兆的。只要敏于观察，巧于捕捉，善于做科学预测，就可驾驭市场规律，取得经营的主动权。

第十四篇 补偿思维

补偿思维是日常生活中常见的一种思维方式。俗话说："失败是成功之母。"成功就是对失败的补偿。还有常说的"早稻损失晚稻补，堤内损失堤外补""失之东隅，收之桑榆"，也是补偿；政治上的说法"将功折罪""戴罪立功""立功补过"，显然也是一种补偿；而通常说的"滴水之恩，当涌泉相报"，是非常明确的补偿思维。唐诗《游子吟》："慈母手中线，游子身上衣。临行密密缝，意恐迟迟归。谁言寸草心，报得三春晖！"无疑表达了子女报答父母养育之恩的自觉和深情。跌倒了，可以爬起来再走；害病了，可以诊治好了恢复健康；一次失败了，可以二次、三次、四次重来，直至成功。如果走错了路，可以重新选路；如果犯了错误，可以改过自新；哪怕是犯了重罪，被判了死缓，也有机会立功补过。"浪子回头金不换"，知错改错，就能获得人们的谅解和欢迎。补偿思维是必要的思维、常用的思维，也是很管用的思维。

293
卧薪尝胆图复兴

春秋末年，吴国和越国因战争结下仇怨。吴王夫差为父报仇，在伍子胥的辅佐下日夜练兵。得意之时的勾践却忽视了潜在的危险，踌躇满志，铸成“王者之剑”，欲灭吴国而后快。不想，夫差先下手了，伍子胥领兵已渡江，大兵压境，勾践战败。为保留一线复国的机会，有朝一日东山再起，勾践接受了谋臣范蠡的建议，降吴为奴。并且贿赂吴国太宰伯嚭（pǐ）。伯嚭得到黄金、白璧、美女之后，带越国大臣文种见吴王。文种说越王愿将越国土地归并给吴国，并亲自来服侍吴王。吴王同意了，停止了伐越行动。

勾践履行诺言，来到了吴国，服侍吴王。他住在吴国的石屋里，为吴王喂马，小心谨慎，逆来顺受。有一次夫差生病，勾践竟亲尝夫差的大便，预言夫差大王之病快要好了。夫差十分感动，病好之后，便把勾践夫妇放回国去，把越国当作附属国，越国必须年年向吴王进贡。

勾践回国后，为了不忘国耻，不睡好床，而睡在柴薪上，饭前总要舔尝一下苦胆，以激励自己不忘国耻，发愤图强。他又给吴王送去美女西施，让吴王沉溺酒色。

勾践不忘初心、卧薪尝胆、励精图治，一点一滴地积蓄力量，经过十多年的生聚和训练，越国终于由弱变强。然后，趁夫差离开吴国去会盟诸侯的机会，发兵攻打吴国，一举攻克吴国，伯嚭投降，吴王夫差兵败，羞愧而自杀。至此，勾践终于报越国之仇，雪越国为奴之耻，再创盛世。（参考文献：《史记·越王勾践世家第十一》）

启示 **越国抵挡不住吴国的进攻，差点亡国，无法向越国人民交代。失败的耻辱，激发了越王勾践报仇雪恨的决心，要用复仇复国的胜利，为**

越国做出补偿。他卧薪尝胆，励精图治，通过“十年生聚，十年教训”，使越国强盛起来；与此同时，吴国却走向衰弱，于是越国对吴国发起进攻，打败吴国，实现了夙愿。“卧薪尝胆”也就成为形容人刻苦自励、雪耻图强的代名词。

294
孙膑装疯逃生，庞涓马陵道丧命

孙膑，战国中期杰出的军事谋略家，是大军事家孙武的后代。早年，他同庞涓一道拜师鬼谷子。鬼谷子观其单纯、质朴，对他厚待一层，将孙武所著兵书共十三篇传授给孙膑。后来，庞涓在魏国当了将军，他怕孙膑才高，日后是他的敌手，便诓骗孙膑到魏国。孙膑感于同窗推荐，便从齐国来到魏国。这时，庞涓了解到，老师对孙膑另有厚爱，更加忌恨他。于是，庞涓在魏惠王面前诬告孙膑里通外国。结果，孙膑被施以“膑刑”——剔去两腿膝盖骨。

庞涓把孙膑关在一个秘密的地方，表面上对孙膑殷勤百倍，好吃好喝，亲自供养，使孙膑感激涕零。庞涓乘机索要《孙子兵法》。孙膑无书本，只是记在心中，庞涓就让他回忆记并录下来。待木简写完后，庞涓断其食，想活活饿死孙膑。庞涓派来侍候孙膑的仆童，是一个正直的孩子，他看穿了庞涓的狠毒之心，偷偷把庞涓的阴谋告诉了孙膑。孙膑恍然大悟，立即想出一条脱身之计。当晚，孙膑伪装成疯癫病人，时哭时笑，做出各种傻相，唾沫鼻涕横流，颠三倒四，反复无常，他把抄出的书简烧掉。庞涓怀疑他装疯卖傻，把他扔进粪坑里，进行试探。孙膑为了活命，实现远大志向，在粪坑里爬行，毫不在意。庞涓给他好酒菜，他都扔掉，庞涓给他土块，他却吃得很香，边吃边说：“这是我的好朋友庞涓送来的，你们谁也吃不上这好东西!"庞涓确信他得了疯癫病，消除了疑心。

当时，禽滑釐在魏国见到了孙膑的情况，便向齐相邹忌报告了他的见闻，邹忌当即报告齐威王。齐威王便派淳于髡（kūn）到魏国拜见魏惠王，并暗中寻找孙膑，设法营救他回国。大智若愚的孙膑，身在虎口，为谋生，故意装疯，忍受了巨大的耻辱和折磨。由于庞涓放松了对他的警惕，他终于被救，返回齐国。

孙膑回国后，发挥出了卓越的军事才能。公元前340年，魏出兵攻韩，韩国求救于齐，齐王命田忌为将，孙膑为军师，攻魏救韩。魏惠王命太子申为上将军，庞涓为将军，集中主力，迎击齐军。孙膑采取"减灶示弱"的谋略，诱使庞涓轻敌冒进。庞涓误认为齐军败退，只带少数精锐尾追，当他进入马陵道时，中了孙膑埋伏。齐军万箭齐发，魏军大败，庞涓无地自容，自杀身死。(参考文献:《史记·孙子吴起列传第五》《资治通鉴·周纪二》《东周列国志》)

启示　孙膑与庞涓本为同窗，但庞涓嫉贤妒能，害怕孙膑超过自己而加害于他。面对来自庞涓的羞辱，孙膑坚强忍受，做到"威武不能屈"，不失信心，"且将冷眼观螃蟹，看你横行得几时"，相信庞涓的恶行总有一天会得到惩罚。孙膑等到了机会，回到齐国，有了与庞涓交手的机会，最终惩罚了庞涓。

295
司马迁忍辱著史，洗雪腐刑之耻

司马迁（公元前145年前135—？），字子长，西汉夏阳（今属陕西省韩城市）人。西汉史学家、文学家、思想家，史官司马谈之子，任太史令，被后世尊称为太史公、历史学之父。

司马迁早年受学于孔安国、董仲舒等儒学名家，漫游各地，了解风俗，采集传闻。初任郎中，奉使西南。二十八岁任太史令，继承父业。父亲司马谈临终嘱咐他要写出一部从黄帝到当代的大历史。

汉武帝天汉二年（公元前99年），武帝想让李陵为出酒泉击匈奴的贰师将军李广利护送辎重，李陵婉拒，自请率步兵五千，进攻单于帐庭，愿以寡击众。武帝赞赏李陵的勇气并答应了他的请求。然而，李陵行至浚稽山时，却遭遇匈奴单于大兵阻拦，匈奴之兵越聚越多，汉军援兵又没有赶到，李陵带领士兵奋勇冲杀，终因寡不敌众，所剩无几，粮尽箭绝之际，李陵最终降敌。

消息传到朝廷，武帝十分震怒，认为李陵应该光荣战死，不应投降丧节，群臣皆声讨李陵的罪过。当汉武帝问询司马迁时，司马迁与众不同，说道："李陵侍奉亲人孝敬，与士人有信，一向怀着报国之心。他只领了五千步兵，吸引了匈奴全部的力量，杀敌一万多，虽然战败降敌，其功可以抵过，我看李陵并非真心降敌，他是活下来想找机会回报汉朝的。"然而，不久后去迎接李陵的公孙敖无功而还，谎报李陵为匈奴练兵以期反击汉朝。一怒之下，武帝便杀了李陵全家，而司马迁也以"欲沮贰师，为陵游说"，被定为"诬罔"罪名。诬罔之罪为大不敬罪，按律当斩。

面对大辟之刑，可怜司马迁家境平平，无钱赎罪，朋友们谁也不出面营救，皇帝左右的亲近大臣又不肯替他说一句话。他可以选择慕义而死，保全名节，但是，父亲叮嘱著述的史书未成，功名未立，这一死如九牛亡一毛，与蝼蚁之死无异。怎么办？司马迁一时陷入困境。

他是研究历史的，此时历史上的相关人物与事件涌上心头。他想到文王拘于囚室而推演《周易》，仲尼困厄之时作《春秋》，屈原放逐才赋《离骚》，左丘失明乃有《国语》，孙膑遭膑刑后修兵法，吕不韦被贬蜀地而完善《吕氏春秋》，韩非被囚秦国作《说难》和《孤愤》，而《诗经》三百篇大抵是贤士圣人发泄愤懑而作。苦难使人发愤，苦难也可能成就人。孟子说："故天将降大任于是人也，必先苦其心志，劳其筋骨，饿其体肤，空乏其身，行拂乱其所为，所以动心忍性，增益其所不能。”(《孟子·告子下》) 当前之祸，不正是历史对自己的历练吗？历史思维帮他打开了思路。他决定以史为鉴，走出自己的成功之路。司马迁毅然选择接受天下人所耻笑的腐刑而赎身死，求得生存，在屈辱中完成父亲穷尽一生未竟的事业，完成那个属于太史公的使命。

司马迁接受宫刑后，在监狱中度过了一段暗无天日的时光。后遇汉武帝改元，大赦天下，他有幸出狱，并被调任中书令。环境好转了，但是他没有去补偿生活的亏欠，而是尽量压缩社交，惜时如金，抓紧分分秒秒，奋笔完成所著史书。他的目标是“网罗天下放失旧闻，略考其行事，综其终始，稽其成败兴坏之纪，上计轩辕，下至于兹”“欲以究天人之际，通古今之变，成一家之言”“以著此书，藏之名山，传之其人，通邑大都，则仆偿前辱之责”(《文选·报任少卿书》)。

汉武帝征和二年（公元前91年),《史记》(原名《太史公书》) 全书完成。该书记载了从上古传说中的黄帝时期，到汉武帝太初四年，长达三千多年的历史。全书一百三十篇，五十二万六千五百余字，包括十二本纪、三十世家、七十列传、十表、八书，对后世影响巨大，被称为“实录、信史”，被公认为中国史书的典范，列为“前四史”之首，与《资治通鉴》并称为“史学双璧”。鲁迅认为：“武帝时文人，赋莫若司马相如，文莫若司马迁。”司马迁写的《史记》，堪称“史家之绝唱，无韵之《离骚》”。梁启超认为：“史界太祖，端推司马迁。”他认为《史记》实为中国通史之创始者，是一部渊博谨严之著作。《史记》之列传，借人以明史；《史记》之行文，叙一人能将其面目活现；《史记》之叙事，能剖析条理，缜密而清晰。因此梁启超主张对于《史记》，“凡属学人，必须一读”。郭沫若特别赞赏司马迁的文学才华，称他是“文章旷代雄”“功业追尼父（孔子）”。翦伯赞认为司马迁是史学开山祖师，“中国的历史学之成为一种独立的学问，是从西汉起”“《史记》是中国历史学出发点上一座不朽的纪念碑”。（参考文献：《古文观止》)

启示　司马迁为李陵辩解了几句，不意犯了杀身之罪。大刑面前，尊严被蹂躏、自信被摧折，欲活不能、欲死不忍。他陷入屈辱和痛苦的困境之中。他的职业是研究历史、撰写历史，历史人物的命运给了他启迪，给了他信念，给了他力量。他坦然接受最屈辱的腐刑（宫刑），保住生命，为的是完成父亲的嘱托和自身追求的史学事业。苍天不负苦心人。他的大著终于成功，他以其卓越的史识、翔实的史料和优美的文笔，创作出中国第一部纪传体通史著作，泽被后人，流芳千古，从而洗雪了腐刑带来的屈辱，他的苦难得到了历史的补偿。究其成功之因，在于以史为鉴和历史智慧。

296
毛遂自荐

在战国晚期，秦国攻打赵国。公元前258年，赵王让平原君去楚国搬救兵，平原君约了自己有文才武略的众门客，想带二十个人去。结果只找到了十九个，最后这一个找不出来。毛遂挺身而出，主动向平原君推荐自己。对毛遂的自荐，平原君坦诚地说："有能力的人，就好像把锥子搁在囊中一样，锥尖一定会很快被人看到。先生在我门下待了三年，没听过有人夸您，也没听到您干出了什么大事。先生还是别勉强了，留在赵国吧。"

毛遂没有被平原君劝退，而是接着讲："同意您的说法，我过去的确没有突出的表现，但是，我今天就想把自己这个锥子搁到囊中。如果您给我这个机会，我将脱颖而出，不仅能让您看到锥尖，整个锥子都能让您看到。"平原君被说服了，决定录用毛遂。之前选中的十九人互相看了看，都眼带讥笑。

平原君到了楚国，和楚王讲联合起来抗秦的好处。从日出一直谈到日中，也没有谈出结果。毛遂在这个时候仗剑登台，跟平原君说："合纵的利害两三句话就说清楚了，今天从日出谈到日中，还不能做决策，这是什么意思？"毛遂这番话虽然是对着平原君说的，但实际上是说给楚王听的。楚王怒斥道："你是谁？快下去，我在跟你的主公平原君说话，你是做什么的？"

毛遂听了楚王的斥责，于是按剑上前，对楚王讲："您之所以可以斥责我，是因为您仗着楚国地广、人多势大。但是十步之内，您不可能倚仗楚国之强、楚国之众，我却可以随意取君项上首级。我主公在这里，还轮不到您斥责我。汤用七十里地王天下，文王用百里之壤王天下，他们并不是仗着土地之大，而是能够利用土地的威势彰显自己的威望。楚国有五千里地、有百万战士，这是能称王称霸的资本。以楚国的强大没有人能够抵抗。但是一个小小的白起，带了几万兵就可以跟楚国对抗，一战拿下两城，再战又烧一城，三战辱您的先人。这种耻辱，到了可以结下百世恩怨的程度了，赵国也替您羞愧，而您自己却不觉得这是种耻辱。我们联合起来，不是为了赵国，是为了您楚国！我主公在我面前，他能斥责我，但您凭什么斥责我？"

楚王一听，蒙了，反应过来后，连声说："对对对，确如先生说的一样。现在咱们就按先生说的做。"毛遂问："我们合作抗秦，能定下来吗？"楚王说："定了！"毛遂就对楚王周围的人说："取鸡血、狗血、马血来。"一会儿鲜血送上来了，毛遂举着一铜盘血对楚王说："我们歃血为盟，您先，然后平原君，然后我毛遂。"就这样，在正午时分的大殿之上，他们就把合纵抗秦的大事定下来了。

平原君和楚国定下了合纵之盟，回到赵国后说："我平原君再也不敢说自己能识人善用了。"然后，他把毛遂尊为上宾。（参考文献：《史记·平原君虞卿列传第十六》）

启示　"毛遂自荐"的典故给人很多启迪，可以归纳为以下几点。第一点，抓住机会，挺身而出。有种时刻叫"关键时刻"，在关键时刻作为

一个自认为有能力的人，应该考虑挺身而出，甚至不假思索就挺身而出。因为在人的一生中，你可能只能遇上一两次、两三次的关键时刻，如不抓住，机会就稍纵即逝。第二点，关键时刻，不要多说。结构化表达，说清楚就停。就像平原君和楚王从日出谈到日中，也谈不出个所以然，毛遂忍不住按剑而上，两三句话就把合纵的好处说清楚了。第三点，敢于停下。很多人把自己要说的说完了，而对方还没反应过来，他心就慌了，继续说一些似乎相关又不一定相关的话。说得太多，会冲淡原来要表达的意思。毛遂自荐并成功地帮助平原君说服楚王，是对三年享受供养待遇而未有作为的一个补偿，平原君自此改变对毛遂的看法，由熟视无睹到尊为上宾，也是一种补偿。

297
“浪子回头是个宝”

晋朝初年，有位叫周处的少年，放荡不羁，行为不检点，经常寻衅斗殴，横行乡里。乡里人都十分恨他。周处家乡的河水中有蛇害人，山中有老虎害人，乡里人把蛇、虎与周处并称为“三害”。有几天，周处受人激将，去杀虎击蛇，三天未归，乡里人还当周处已死，共同庆贺。周处回来后听说乡里人曾庆贺他的“死”，发现自己如此不得人心，于是萌发了改过自新的决心。

周处怀着懊悔的心情远行到吴郡（今江苏省境内），寻找陆机和陆云哥俩。二陆是当时国内久负盛名的文豪，周处渴盼从他们那里找到改变人生的答案。不巧陆机外出，他只见到了陆云。陆云官至清河内史，所以人称“陆清河”。见到了陆云后，周处仿佛见到了真理的化身，谦恭地将自己由于行为不检点遭乡人愤恨及自己想改邪归正的心情，如实地讲给陆云听，并且难过地说："我想改正缺点，可是年岁已大，恐怕来不及了；即使我改正了，这一辈子也可能一事无成了。"

陆云虽说是鼎鼎大名的人物，但是面对这个想改过自新而又素不相识的青年，没有一点鄙夷的神情，而是耐心地引导，和颜悦色地说："你现在改正缺点、重新做人，一点也不晚。古人不是'贵朝闻夕死'吗？早晨找到了真理，即便晚上死了，都不算晚。你还年轻，我看你有才能，只要弃旧图新，定会前途无量。对一个人来说，就怕没有雄心壮志，只要有了远大志向，何须担忧功不立、名不扬呢？"陆云不愧是大文学家，道理讲得深入浅出。听了他的一席话，周处看到了希望，找到了人生的航标。从这以后，周处遵陆先生叮嘱，改正缺点，勤奋学习，积极向善，后来得到了提拔重用。晋朝元康年间，他历任太守及建威将军等官职，后来死于国事，成为一代名臣。（参考文献：《世说新语·自新》《晋书·列传第二十八·周处》）

启示　应当说，乡亲们的"舆论"促使了周处的醒悟，但是这类舆论只具有压力作用，弄不好还会使人的情绪更加对立。而文豪陆云的教诲，既有"贵朝闻夕死"的理论，又针对周处本身的特点，为其指明前途和方向，循循善诱，春风化雨，终于使周处的思想实现了根本性转化，使他从而洗心革面，重新做人，刻苦努力，积极进步。周处的变化，说明正确的引导很重要，充分的鼓励很重要。浪子可回头，"浪子回头是个宝"。

298
从"玄武门事变"到"贞观之治"

唐高祖武德九年（公元626年），身为高祖李渊次子的秦王李世民，陷入皇权争夺的旋涡。他面临艰难的抉择：如果不先下手发动政变，自己可能被皇太子李建成杀害；如果发动政变，必然会背负不忠不孝、谋逆篡权的恶名，遭受世人和史官的谴责。两利相权取其重，两害相权取其轻。他还是选择了后者，在都城玄武门抢先发动政变，杀死长兄皇太子李建成和四弟齐王李元吉，然后，逼父亲高祖李渊退位，立自己为新任皇太子。他登基后，改年号为贞观。

李世民虽然当上了皇帝，却将儒家的传统、人伦、法律、道德全部颠覆了，让世人瞠目，从而不得不承受来自四个方面的压力：内心良知、传统道德、社会舆论和史官记载。面对这些压力，怎么办？《论语·子张》有言："君子之过也，如日月之食焉：过也，人皆见之；更也，人皆仰之。"既然历史逼自己走到了这一步，无法改变历史，那就改变现实和未来！李世民选择了补偿思维，将功补过。

他努力在文治武功方面超越自己的父亲高祖李渊。他临深履薄、小心翼翼、殚精竭虑，处理好内政外交，做到任人廉能，知人善用；广开言路，虚心纳谏；以农为本，休养生息；厉行节约，以身作则；文教复兴，完善科举；平定外患，稳固边疆等，使社会出现了路不拾遗、夜不闭户、政通人和、风俗淳厚的局面，创造了盛世"贞观之治"，从而将功补过，青史留名。当然，促使李世民成功的不仅是补偿思维，历史思维也起了作用。隋朝统治者穷奢极欲，苛剥百姓，暴政而亡，也为李世民提供了殷鉴。（参考文献：《贞观之治》《资治通鉴·唐纪七》）

启示　人生在世，谁都希望一帆风顺，不出差错、不折腾，平安实现愿景。但是，上帝并没有给人们顺达之命。因为种种想得到和想不到的因素，使人做错事、走错路，造成损失，带来羞愧，甚至耻辱。有时损失和耻辱并非自己的过错造成的，纯粹是外界带来的，但无法抗拒，只得承受。当命运出现了这种情况时，不要灰心气馁、破罐破摔，最好的办法是补偿思维，立功补过。春秋时期，越王勾践卧薪尝胆，报仇雪耻；唐王朝时，秦王李世民从"玄武门事变"到"贞观之治"，就是两个著名的范例。

299
钱玄同给对方改过机会

1913年，二十六岁的钱玄同辞去杭州教育专署的工作后来到北京，开始担任国立北京高等师范学校及附属中学的国文、经学讲师。当时他的班上有两位学生，各方面的表现都很出色，一位姓张，另一位姓周，钱玄同对这两位学生都非常器重。

每到学期末，按照学校规定，校方都会在每个班级推选出一名品学兼优的学生干部。当时，许多人都以为钱玄同可能在这两名学生中难做取舍，毕竟他们两个人都很优秀。不料，令众人惊讶的是，钱玄同当时没有犹豫，就将张同学的名字报了上去，好像根本就没有给周同学一丁点儿机会。得知这种情况，一些人在背后议论，钱玄同表面看似对他们两个都好，其实不然，也许张同学和他家有亲戚关系。当时就连周同学也有了牢骚。面对众人的猜疑，钱玄同沉了沉，在一个场合做出解释，他说："大家可能有所误会。在我心中，这两位学生确实都非常优秀，我也一样喜欢他们。之所以推荐了张同学，是因为我在平日的教学工作中发现，张同学除学习用功勤奋外，他还有一个优点，就是乐于帮助其他同学，特别是愿意结交一些学习比较差的同学，然后，热情地帮助他们一起提高。"

说到这里，钱玄同禁不住叹息了一声，随后接着说："周同学当然也非常聪明，老师讲的东西他总是一学就会。但是，让人遗憾的是，他却很少主动帮助那些学习差的同学，对他们爱搭不理。再有，我还发现过多次，周同学喜欢结交一些富家子弟，对那些出身寒门的同学却总是摆出一副高高在上的样子，这是很不好的品行。我也曾善意地提醒过他好几次，但遗憾的是，周同学好像并没有将此事放在心上，依旧我行我素。"

说到这里，钱玄同话锋一转，最后说："其实在这次上报的名单中，我最后还是添上了周同学的名字，就是想给他一个改正的机会，同时以此为鉴，希望他在以后的学习中能团结同学，多交学友。幸运的是，这次的要求校方也答应了。所以，我们班这次总共评选了两名优秀学生干部。”

钱玄同话音刚落，立即博得了一片热烈的掌声。值得一提的是，钱玄同的话后来传到周同学那里，周同学终于明白了老师的良苦用心，最终也改掉了身上的那些缺点。（参考资料：姚秦川《钱玄同给对方一个改过的机会》，《思维与智慧》2023年第1期）

启示　**钱玄同的做法令人赞叹。因为在现实生活中，金无足赤，人无完人。看待一个人时，我们不能只看对方的缺点，而无视他的优点。面对那些缺点时，我们应适当地加以引导，不能把人看“死”了，在一定条件下，人是会变的，也是可以变的，尽量给对方一个改正的机会、一个补偿的机会。这才是最有温度的做法，也是最明智的选择。**

300
《北京晚报》“不晚报”

《北京晚报》第一次以广告形式推出了“晚报，不晚报!”的口号，把晚报的优势昭示天下。《北京晚报》在自己的报纸上刊登了题为《反对篇》的文章，借用中国街头巷尾最常见的传播形式——标语，一句“反对晚报！”简单明了；而“反对晚报!”的广告发布在《北京晚报》上，更令读者会心一笑：这种语言出现在《北京晚报》上，谁心里不明白，他们不是在反对自己“晚报”，而是告诉人们，《北京晚报》的新闻其实一点也没有“晚报”！

《反对篇》的文案异常简洁：“人民有当天新闻当天看的权利。”说明了晚报新闻的独特时效性，也表明了《北京晚报》全心全意为读者服务的态度。其实，晨报、日报、晚报作为报业为市民提供的“一日三餐”，定位不同，生存空间也不同。

晨报每天上市最早，但报告的必然是昨天的新闻；日报深夜截稿，出版比晨报稍晚些；而晚报一般在下午出版发行，以报道当日新闻为主，信息量大，雅俗共赏，贴近读者，贴近生活。由此可见，晚报的新闻其实并不“晚报”，它属于早新闻，同日报相比打了个“时间差”，有刊登出当日凌晨至中午新闻的优势。

这样晚报“早报”的例子，《北京晚报》有很多。比如，1997年邓小平同志逝世的讣告，新华社是在凌晨四点多发布的，这个时候日报基本上已截稿，而晚报正好抢了个先，使这条重要的新闻当天就和读者见面，比许多日报和晨报快了一天。又如，很多上午发生的党中央的重要活动，早报和日报要到第二天才见报，而晚报却可以当天下午报出。再如，以美国为首的北约轰炸中国驻南联盟大使馆的当天，《北京晚报》刊登了这条重要新闻，成为首都最早刊登这条消息的报纸，结果当天《北京晚报》卖得特别火爆。

《北京晚报》牢牢地把握住自己的定位，他们以“晚报，不晚报!”的广告口号宣传自己的特色，表达自己的个性。2000年奥运会期间，《北京晚报》借体育东风，巧妙地塑造了自己的形象。《北京晚报》系列广告在“晚报，不晚报!”的统一主题下，喊出了“夺金牌，不晚报!”“世界，不晚报!”“自信，不晚报!”“坚持不晚报!”的口号。主题词仍然沿用“反对晚报!”的标语形式，而图案却分别是由报纸构成的奥运五环标志、体操吊环、运动鞋，使文字与图像完美地结合起来，表达了《北京晚报》及时全面地报道奥运赛事的信息。

2000年末报刊征订之际，《北京晚报》又推出了“生活，不晚报!”和“时尚，不晚报！”的系列广告，进一步强化了“晚报，不晚报!”的主题。

《北京晚报》充分发挥晚报的先天优势，在“晚”字上做足了文章，他们使相对滞后的晚报出版发行反其道而行之，反而造就了新闻的“早报”。有的晚报改早上出报，虽有了早新闻，却实在成了“晚报”；有的地方，日报、晚报和晨报等几大报纸都挤到上午出版，实际上都成了“日报”，新闻雷同，毫无特色，而当日的新闻却又无人报道，为市场留下了空白。因此，《北京晚报》“晚报，不晚报！”的广告效果自然出众。（参考资料：邱章乐、杨一华编著《商界思维》，黑龙江人民出版社2004年版）

启示　**晚报如果报道昨天的新闻，只能是“晚报”，但是，报道当天凌晨到中午的新闻，又是名副其实的“早报”!《晚报》有早报的优势，而这种优势是对晚报的一种补偿。《北京晚报》正确定位，扬长补短，发挥优势，办出了特色，受到广大市民读者的欢迎，创造了良好的社会效益和经济效益，其补偿思维发挥了明显作用。**

跋

读者朋友，当您读完这本书后，一定会由衷地感叹：中华民族不仅是勤劳的民族、勇敢的民族，也是智慧的民族。这些优秀智慧，值得研究学习，值得继承弘扬。您还会有一些感想吧？有一些反思吧？有几个案例让您受到启迪、为之激动吧？如果本书能让您消除心中阴霾，豁然开朗；能为您扫除障碍，奋而起行，那将是编者最大的欣慰！中国智慧思维如汪洋大海，本书遴选的300个案例，不过是沧海一粟，但我们可以由此继续前进，到智慧的海洋中去畅游、去冲浪！

通过阅读本书，读者能够增长知识、启迪智慧、优化思维。人类是智慧思维的动物。古代思想家王充说：“人，物也，万物之中有智慧者也。”（《论衡·辨祟》）“倮（lǔo，同‘裸’）虫三百，人为之长。‘天地之性人为贵’，贵其识知也。”（《论衡·别通》）培根说：“知识就是力量。”笔者认为，知识加智慧更有力量。

工农商学兵，东西南北中，什么工作不需要智慧？三百六十行，哪一行不需要创新？都需要。因此，学习智慧思维，是我们长期面临的一个重要任务。

人们在回首往事时，往往发现过去有些选择是不智慧的，有些选择是错误的，有些选择是很糟糕的，认为如果放在今天，就不会做出当初那样欠妥的选择，而会做出比较高明的选择。那么，今天自己所做的选择都是很好的吗？也未必。过了三五年或者若干年后，再回首今天这段岁月，可能会发现有些选择仍不大恰当，效果仍不如意。但是，今天有今天的条件限制，总会有想不到、想不全之处。这是历史的局限性，无法全部超越。

有些选择只有一次，不可逆转。例如袁世凯在戊戌变法时，选择向荣禄告密，泄露了康有为、谭嗣同等的武装行动计划，导致慈禧太后先下手为强，镇压了维新派，囚禁了光绪皇帝，以致变法失败。这是一个罪恶的选择。维新变法的失败与后来出现的义和团运动、《辛丑条约》的签订，中国滑向半殖民地半封建社会的深渊，有着深层次的内在联系。当辛亥革命胜利后，袁世凯大权在握，他不是选择振兴中华、洗雪国耻，而是又做出了一个错误的选择——复辟帝制。当他发现帝制无法推行时，再取消帝制，但是倒不回去了，结果只当了八十三天皇帝，就一命呜呼了，死时不足五十七岁，“骨朽人间骂未销”！

还有些选择，开始是微小的，但可能影响未来，影响个人命运。例如，有的官员未能慎微慎独慎初，一步步发展下去，私欲发酵膨胀，以致搞贪腐，终有一天东窗事发，受到纪律的处分，甚至法律的制裁。所以，即使最初看上去分量不大的选择也不能轻视。

当然，有的选择是可以重来的。例如种庄稼，今年可以选择种水稻，明年可以选择种麦子，后年可以选择种土豆。再如走路，从甲地出发到乙地，可以选择走大路，也可以选择走小路。再如登山，可以选择从南面上，也可以选择从北面上。这些选择，选错了问题不大，可以重选；但在大的问题上千万不能错，否则，一失足成千古恨，一失言成终身误。

人生就是选择，在既有的社会背景下，不选择甲，就选择乙；不选择A，就选择B。当你做出了一种选择，你就必须对这个选择负责。你就在你的人生“存折”里面记录了一笔，或是正数，或是负数，总有一天要结算“利息”。所以，必须“三思而行”，立体思维，谋定而后动。

智慧思维也就是选择思维，两利相权取其重，两害相权取其轻。或主动选择，或被动选择；或自觉选择，或盲目选择；或清醒选择，或糊涂选择；不选择也是一种选择，是选择了不选择。有了选择的意识，是选择的起点；有了备选的方案，是选择的条件；正确的选择靠智慧，智慧的选择助成功。选择了集思广益，就不独断专行；选择了反思审问，就不自以为是。“人生自古谁无死”，文天祥选择“留取丹心照汗青”，高唱《正气歌》；

“人固有一死”，司马迁选择“重于泰山”，忍辱著史。

要把重点放在培养创新意识上，有了创新意识方能产生创新思维，有了创新思维方能有创新思路，有了创新思路方能出创新成果，有了创新成果方能开创新局。第一级思维，是本能思维，个人本位，趋利避害；第二级思维，是理性思维，利己利人，顾及他人；第三级思维，是智慧思维，顾全大局，合作共赢。

怎样才能运用更高的智慧做出更好的选择呢？历史经验告诉人们，有几个前提必须注意。

第一，熟悉情况，了解全局。还是老祖宗那句话：“知己知彼，百战不殆。”

第二，熟悉规矩，懂得“行情”。一事当前，规矩怎样要求，别人怎样期待，必须明了，不可鲁莽行事，不可凭想当然主观武断。

第三，记住准则和底线。例如，讲求义利之道，“临财毋苟得，临利毋苟取”“君子爱财，取之有道”；讲究气节，“富贵不能淫，贫贱不能移，威武不能屈”；讲究全局，“老吾老，以及人之老；幼吾幼，以及人之幼”，“己欲立而立人，己欲达而达人”，勿见利忘义、斤斤计较，不能目光短浅、气量狭小。

第四，做到换位思考。俗话说“要想公道，打个颠倒”；孔子讲“己所不欲，勿施于人”；谚语说“赠人玫瑰，手留余香”；等等。即使笨了一点儿，吃了一点儿亏，也不必在意，相信善恶到头终有报。

第五，多学点历史知识。掌握历史参照系，不重蹈历史覆辙。读《史记》《资治通鉴》及其他历史知识读物，很有必要。

第六，多学点哲学知识。读读毛泽东的《实践论》《矛盾论》《人的正确思想是从哪里来的？》，读读艾思奇的《大众哲学》，读读王伟光主编的《新大众哲学》等，很有益处。

第七，多学点法学知识。读读中共中央宣传部、中国法学会组织编写，由高等教育出版社2021年出版的《习近平法治思想概论》，很有必要。

这既是一本优秀教材，也是一本很好的普及读物，在2023年获得中国法学会特等奖。要多懂点法律知识，遵循法治思维。

第八，多读点文学名著。文学名著是生活的百科全书，能从中学习各种有益的知识。名著指导人学习真善美，批评假丑恶，培养正气，让人励志前行。

第九，遵循“三严三实”。习近平总书记指出：既严以修身、严以用权、严以律己；又谋事要实、创业要实、做人要实。“三严三实”，首先是党政干部的为官之道和行为准则，其次是普通民众为人处世和做人做事的根本遵循。

第十，多向群众学习，多做调查研究。常言道：“凡事要好，勤问三老”“三个臭皮匠，赛过诸葛亮”“没有调查就没有发言权”。要多交几个诤友、挚友，决策之前认真论证，做到海纳百川、集思广益。

读者朋友，如果您是家长，应该要求孩子从小汲取智慧，志存高远，长大后做智慧良才；

如果您是教师，应该引导学生学习智慧思维，培养智慧思维，做新时代智慧英才；

如果您是少年，就应该尽早立志，学习智慧思维，追求智慧思维，长大后做智慧思维之人；

如果您是青年，就应该在实现现代化的平台上空，张开智慧思维的翅膀，高高飞翔；

如果您是中年人，就应该用智慧思维，发挥中坚作用，做时代的栋梁；

如果您是老年人，就应该总结经验，汇集智慧，当好家庭和社会的智囊；

如果您是领导干部，就应该运用智慧思维，为官一任，造福一方；

如果您是普通一兵，就应该运用智慧思维，过河拱卒，勇往直前；

如果您愿做志士仁人，就应该运用智慧思维，立德、立功、立言！

读者朋友，人生的意义在有为，人生的价值在奉献。“日出江花红胜火，春来江水绿如蓝”，“潮平两岸阔，风正一帆悬”。让我们在以习近平同志为核心的党中央坚强领导下，在习近平新时代中国特色社会主义思想指引下，用锐利的眼光观察社会，用清醒的头脑思考人生，用智慧的思维引领前行，用智慧的力量改造世界，搞好学习，干好工作，处理好关系，锻炼好身体，调理好生活，踔厉奋发，行稳致远，走向辉煌！

后　记

编著《中国智慧思维300例》一书，源于我很早以前的一个想法。我常常羡慕自然科学家、企业家的业绩，他们的发明创造促进了生产力的发展，带来了社会的进步、民生的福祉，为万众赞扬。例如，任正非创建了华为公司，把5G技术做到了世界一流，华为手机畅销全球，大众点赞“中华有为”；雷军，把小米手机做到了大众喜爱，如今小米汽车也驶入了寻常百姓家，为母校武汉大学捐赠教学大楼和巨额奖学金；关玉香，退休后开始创业，把罐头铁皮做到了极致，产品走出了亚洲；董明珠，将格力空调的技术和管理，一再改进完善，产品深受用户欢迎，职工待遇一再提高；曹德旺，把汽车玻璃造得光耀中华，福泽五洲，社会捐赠落落大方；还有张瑞敏、李书福、刘永好等，各有千秋。自然科学家、企业家贡献出新技术、新品牌，我作为一位社会科学工作者，能贡献点什么呢？思来想去，还是从自身实际出发，选择为社会贡献一点智慧吧。于是，着手收集资料，思考启示，打腹稿，敲键盘，反复修改，送走那一个个冬夏与春秋……

在《后记》里必须记录的是，本书在确定主题、遴选资料、撰写初稿、修改校对过程中，得到了多位老师、友人、亲人的支持与帮助。于化民、陈巍然、叶祥松、齐书深、黄振位、张宏尊、雷祯孝、陈智愚、章涛、万川、马小泉、樊文龙、张浩、杨定明、周淑萍、车效梅、梁严冰、王长坤、高迎涛、南新中、万冬明、王燕、周丹、戈阳等奉献了智慧和热情。《东坡赤壁诗词》杂志主编南东求教授应我邀请，帮助校对，消灭了若干差错，贡献甚大。郭凡、顾涧清、叶敏娟、张冬青、杨兵、张燕峰等同志在帮助寻找原文作者以提供授权责任书方面，费心诸多，为本书主编提供了很大的方便。特别要提到的是张海鹏先生，他是中国社会科学院学部委员、一级研究员、中国史学会原会长、中国社会科学院近代史研究所原所长，还有其他不少社会兼职，尽管非常忙碌，仍然抽出十来天时间，阅改了全部书稿，提出了详细的进一步修改意见，并撰写简评，使该书大为增色。在此，谨对上述老师、友人、亲人表示衷心的感谢！

特别要提到的还有：中国社会科学院学部委员、一级研究员、第十三届全国政协常委、全国政协民族和宗教委员会原主任、中国社会科学院原院长、南开大学终身教授王伟光；国防大学原政委、上将、解放军总政治部宣传部原部长、教授、研究生导师赵可铭；中国公共关系协会会长，国务院新闻办原副主任，第十三届全国政协委员、大会新闻发言人郭卫民；中国科学院原党组副书记兼中国科技大学党委原书记、国际欧亚科学院院士、第六届中国管理科学学会理事长郭传杰；第十四届全国政协常委、全国政协经济委员会副主任、全国工商联副主席、中国民间商会副会长、西北大学原校长、陕西省原副省长方光华，还有上面提到的张海鹏，他们积极支持本书的编撰出版，提出宝贵指导意见，审读书稿并撰写简评，提携后学，其精神与境界，感人至深！在此表示由衷的敬意和谢忱！

最后要提到的是，中央党校出版集团大有书局总经理严宏伟、编辑叶敏娟，在出版本书过程中，表现了高度的责任感和专业的编辑素养。在此表示真诚由衷的谢意！

需要说明的是，本书引用了大量参考文献和参考资料，对引用的文献和资料都注明了来源出处，尽量做到可靠和权威。对引用的文献和资料，做了若干修改润色，以保持全书统一的风格。其中，引用《思维与智慧》杂志较多。我参阅了该杂志从2019年到2023年一共五年的文章，共达一百五十多期，收获甚丰，故引用得稍多一些。特别感谢该杂志提供的帮助。对其他书籍、报纸的引用同样要感谢。经多方联系，全部资料的著作权人都联系上了。他们真心同意本书引用其资料文章，感谢本书将帮助这些被引用的资料文章增加读者，扩大影响。如有万一遗漏未能取得联系的作者，恳请主动联系本书主编。本书主编的联系邮箱：Zhousy2024@126.com。如对该书有批评、建议，欢迎通过上述邮箱来函，来信必复，对重要建议，一定酬谢。

谨记于北京万寿路学思斋

2025 年 4 月 1 日